Le droit et la fiscalité miniers de la République démocratique du Congo

Collection « Études africaines »

dirigée par Denis Pryen et son équipe

Forte de plus de mille titres publiés à ce jour, la collection « Études africaines » fait peau neuve. Elle présentera toujours les essais généraux qui ont fait son succès, mais se déclinera désormais également par séries thématiques : droit, économie, politique, sociologie, etc.

Dernières parutions

Christian SCHOENAERS, *Trois hommes des Lumières à l'île de Goreé,* 2020.

André LISONGOMI BATIBONDA, *Afromarché électoral. Heuristique des ambivalences des pratiques électorales en République Démocratique du Congo,* 2020

Samba DIOP, *La diaspora africaine en Norvège. Immigration et intégration en Europe*, 2020

Abel Renaud EBA, *L'Afrique, l'ultime réserve pétrolière du monde face à la transition énergétique. Un zoom sur les matières premières minérales énergétiques et le développement de l'Afrique*, 2020.

Fabrice MODOMPTE DEG-TIGUEY, *Le contentieux des contrats miniers et pétroliers en République centrafricaine,* 2020.

Barthélemy MAHOUKOU et Nadège OKEMY ANDISSA, *Formation qualifiante et évaluation de stage au Congo Brazzaville. Constats et perspectives*, 2020.

Gaston MBEMBA-N'DOUMBA, *Femmes et petits commerces du fleuve Congo entre Brazzaville et Kinshasa*, 2020.

Ernestine Antoinette NGO MELHA, *Inclusion scolaire des élèves en situation de handicap en France et au Cameroun*, 2020.

Julien Coomlan HOUNKPÈ, *Le droit de la preuve dans l'espace OHADA*, 2020

Michael AKINPELU, *La langue française au Nigéria. La difficile intégration,* 2020.

Mohamed HARAKAT, *La nouvelle diplomatie économique en Afrique. Paradigmes et modèles*, 2020

Jivet Ndela Kubokoso

Le droit et la fiscalité miniers de la République démocratique du Congo

Bilan et perspectives d'avenir

Préface de Modeste Bahati Lukwebo

L'Harmattan

5-7, rue de l'École-Polytechnique ; 75005 Paris

http://www.editions-harmattan.fr/

ISBN : 978-2-343-20112-2
EAN : 9782343201122

DÉDICACE

À mes enfants:
Chloé Maya NDELA
Sara Mona NDELA
Pierre Antony NDELA
Océane Gema NDELA

PRÉFACE

Pays minier par excellence, la RDC bénéficie d'une réserve naturelle d'une richesse exceptionnelle ; elle dispose d'une grande diversité d'espèces minérales aux faciès multiples.

A titre illustratif, elle dispose de 10% des réserves mondiales le cuivre, 1ere réserves mondiales cobalt, 3/4 des réserves mondiales de diamant, or, cobalt et d'uranium.

Avec ces nombreuses richesses, la RDC devrait occuper une position envieuse dans le classement des pays émergents.

Mais malheureusement, cela n'est pas le cas, elle occupe les dernières places des classements Inter nationaux, en termes d'indice de : pauvreté (115/135), soit 63,60% de la population vivent en dessous du seuil de la pauvreté[1], pour l'indice de développement humain (185/197), soit 0,435,[2] pour l'indice de perception de la corruption (161/180)[3] et pour l'indice des climats des affaires (182/183)[4]. Et l'activité minière contribue à peine à 5% du budget de l'état.

La législation minière Congolaise actuelle est régie par la loi n° 007/2002 du 11 juillet 2002 revisé par la loi n° 18/001du 9 mars 2018[5], complétée par le décret d'application n° 038/2003 du 26 mars 2003 et revisée par le décret n° 18/024 du 8 juin 2018 [6] portant règlement minier.

La motivation profonde de la mise en place de ce nouveau dispositif minier est :

- Le souci d'accroitre le niveau de contrôle de la gestion du domaine de l'état, des titres miniers et des carrières ;
- De repréciser les éléments relatifs à la responsabilité sociale et environnementale des entreprises minières à l'égard des communautés affectées par les projets miniers

---

[1] Banque mondiale donnée 2012

[2] IDH de PNUD pour l' année 2017,

[3] Transparency International rapport 2017

[4] Banque Mondiale doing Busness 2017

[5] Loi n° 007/2002 du 11 juillet 2002 modifie et complété par la loi n° 18/001 du 9 mars 2018

[6] Décret n° 038/2003 du 26 mars 2013 modifié et complété par le décret n° 18/024 du 8 juin 2018

- Equilibrer le régime fiscal, douanier et de change dans le cadre de partenariat entre l'état et les opérateurs miniers
- Conformer le code minier à l'évolution du contexte juridique politico administratif, marqué par l'avènement d'une nouvelle constitution en 2006 mettant en jeu des nouveaux intervenants dans la gestion du code.[7]

Il convient de constater que quinze ans après la mise en œuvre de la politique minière de 2002, force est de constater qu'il y a un attrait significatif des investissements miniers. La croissance économique était revenue en RDC, et il y a accroissement de production de certaines matières premières minérales.

Mais toute fois, ce dispositif de 2002 présentait un certain nombre des lacunes, notamment :

- Absence d'encrage de l'industrie minière par rapport à d'autres secteurs économiques
- Le régime fiscal n'a pas produit des effets escomptés, et n'a été tourné qu'à la faveur des investisseurs et de leurs sous-traitants.
- Les questions de Responsabilités Sociales des Entreprises (RSE), n'ont pas été traitées
- Le manque de respect des droits des communautés locales, l'indemnisation des communautés en cas de délocalisation économique et/ou physique, les problèmes des enfants et femmes dans les mines artisanales,

En tout état de cause, il existe en RD Congo, un vrai décalage entre le scandale géologique de ce pays et la pauvreté criante de la population.

L'exposé des motifs du code minier révisé est révélateur : «l'essor du secteur minier, censé rapporter à l'état des recettes substantielles pour son développement économique et social n'a pas su rencontrer ces attentes »[8]

Compte tenu du fait que les immenses richesses en ressources minérales qui devraient théoriquement rapporter à l'état Congolais des recettes substantielles pour son développement économique et social, mais malheureusement, elles n'ont pas pu combler les attentes fondées sur le code minier de 2002 ;

Plusieurs questions méritent d'être posées :

- Pourquoi les recettes minières de la RD Congo sont toujours faibles, et participent faiblement au budget de l'Etat ?
- Est-ce que la structure fiscale minière est-elle adaptée ?
- Est-ce parce que l'Etat ne participe-t-il pas suffisamment et directement à l'exploitation minière.

---

[7] Code minier modifié page 228

[8] Code minier modifié page 227

Le code minier de 2018 qui a révisé, modifié et complété celui de 2002, a-t-il répondu à toutes les préoccupations et attentes du peuple Congolais ?

Existe-t-il des lacunes à ce nouveau dispositif ?

Que faut-il faire pour changer la donne et renverser la tendance ?

Comment réinventer la fiscalité minière…

Dans le but d'accompagner le pouvoir public Congolais dans sa réflexion sur une meilleure législation minière ; dans le souci d'apporter le bon conseil aux investisseurs miniers et pour apporter la bonne information à la société civile, le professeur Jivet NDELA KUBOKOSO a réalisé une étude sur ce code minier Congolais, révisé en 2018.

Il a relevé ses faiblesses et lacunes, et c'est sur cette base qu'il a proposé quelques pistes des solutions.

Cette initiative mérite d'être saluée et signalée.

La tâche n'est pas aisée car le sujet est sensible, complexe et stratégique.

Pour réaliser une telle étude, l'auteur doit posséder une bonne connaissance du secteur minier, et une bonne expérience professionnelle dans ce domaine.

Le professeur jivet NDELA KUBOKOSO étudie les problématiques du droit et fiscalité miniers depuis plus de 20 ans.

En effet dans le cadre de ses études doctorales, il a préparé et soutenu une thèse de doctorat à l'université paris I Sorbonne en France, sur le thème : le droit et la fiscalité miniers : cas de la RDC, ladite thèse a été reçue avec la mention très honorable.

L'auteur est professeur des universités en RDC et il enseigne le droit et la fiscalité miniers et d'autres matières de Droit privé ; il est avocat, mandataire en mines et expert auprès de différentes institutions nationales et internationales.

Il a à son actif plusieurs articles scientifique qui traitent du même sujet.

L'ouvrage intitulé le droit et la fiscalité miniers de la rdc (bilan et perspectives d'avenir), traite plusieurs thématiques intéressantes regroupées en 3 parties :

Ière partie : LE DROIT ET LA FISCALITE MINIERS DE LA RD CONGO

CHAP 1-L'histoire du droit minier congolais,

CHAP 2-le droit et la fiscalité miniers de la RDC,

CHAP 3- le régime fiscal et douanier particulier pour les petites mines et l'exploitation minière artisanale

CHAP 4- le régime douanier général des mines

CHAP 5- la problématique de la taxe pour la promotion des investissements perçu par le fond de promotion et des investissements (FPI)

CHAP 6- les problèmes techniques et juridiques d'assiettes et de recouvrement des taxes, impôts, et droits miniers.

CHAP 7- critique du système fiscal minier Congolais

CHAP 8- pratique de la fraude, de l'évasion fiscale et la corruption dans le secteur minier

IIème partie : LES ACTEURS QUI INTERVIENNENT DANS L'ACTIVITE MINIERE

CHAP 1- les acteurs politiques et gouvernementaux
CHAP 2- les services techniques de l'activité minière
CHAP 3- Les commissions et les directions
CHAP 4- Les directions et les services connexes à l'activité minière

IIIème partie : APPROCHE CRITIQUE DU CODE MINIER ET PROPOSITIONS DE REFORME

CHAP 1-approche critique du code minier de 2002 avant la reforme
CHAP 2-approche critique du code minier de 2002 après la révision
CHAP 3 – propositions de réforme de l'activité minière et de l'administration Fiscale
CHAP 4- Propositions d'harmonisation des politiques administratives et fiscales minières de différentes provinces.

Cette étude vient à point nommé au moment de la vulgarisation du code minier révisé.

Elle a l'avantage de rencontrer les préoccupations de l'Etat Congolais, des investisseurs et de la société civile.

Nul doute que cet ouvrage fera date et sera l'objet d'un accueil mérité dans les milieux des praticiens, chercheurs et étudiants.

Nous félicitons l'auteur et nous souhaitons à l'ouvrage tous les succès qu'il mérite.

Modeste BAHATI LUKWEBO
Ministre Honoraire de l'économie Nationale et du Plan
Professeur des Universités

SIGLES ET ABRÉVIATIONS

ACE : Agence Congolaise de l'environnement
AID : Association Internationale de Développement
APE : Accord de Partenariat Economique
ACP : Afrique Caraïbe Pacific
AMR : Avis de Mise en Recouvrement
AFD : Agence Française de Développement
AIB : Association Internationale de la Bauxite
AOF : Afrique Occidentale Française
AECI : Agence Espagnole de Coopération Internationale
AUSAID : Austraian Agency for Internationale Développement
BERD : Banque Européenne de Reconstruction et de Développement
BHP : Broken Hill Proprietary co ltd
BSAC : British South of Africa company
BGR : Bundesaustont fur Geowisten Schaften Geomin
BID : Banque Internationale de Développement
BAD : Banque Africaine de Développement
BEI : Banque Européenne d'Investissement
BFCE : Banque Française de Commerce Extérieur
BRGM : Bureau de Recherche Géologique et Minière
BID : Banque Interaméricaine de Développement
CAMI : Cadastre Minier
COPIREP : Comité de Pilotage de la Réforme des Entreprises Publiques
CVRD : Compagnie Vale do Rio Doce
CNUCED : Conférence des Nations Unies pour Le Commerce et le Développement
CIPEC : Conseil Intergouvernemental des Pays Exportateurs du Cuivre
CPC : Compagnie de Potasse Du Congo
CIF : Cost Insurrance And Freight
CCFM : Certificat de la Capacité Financière Minimum
CFGL : Compagnie des Chemins de Fer de Grands Lacs
CK : Compagnie du Katanga
CSK : Compagnie Spéciale du Katanga
CONUF : Compagnie des Mines d'Uranium de Franceville
CCA : Contribution sur Le Chiffre d'Affaires
CDI : Centre des Impôts
CIS : Centre des Impôts Synthétique
DGE : Direction Générale des Grandes Entreprises
DA : Depletion Allowance
DFID : Depart for International Development
DGC : Direction Générale De Contribution
DGDA : Direction générale des douanes et accises
DGI : Direction Générale des Impôts
DGRAD : Direction Générale des Recettes Administratives
DSpt : Droits superficiaires prorata temporis
DST : Droits superficiaires totaux pour l'année entière
ETD : Entités Territoriales Décentralisée
EIES : Etude d'Impact Environnemental et social
FOB : Franco à Bord

Ff : Franc Fiscal
FAC : Fond d'Aide et de Coopération
FED : Fond Européen de Développement
FMI : Fond Monétaire International
GATT : General Agreement Tarifs and Trade
IDE : Investissement Direct Etranger
IPB : Impôt professionnel sur les benefices
IPM : Impôt Personnel Minier
IPR : Impôt Professionnel sur es Rémunérations
ITA : International Tin Association
ITC : Conseil International de l'Etain
IRM : Impôt Cédulaire sur les Revenus Miniers
INCO : Internationale Compagnie
KFW : Kreditazstal Fur Wiederauf Bau
KE : Kupfer exploration Gesell Schaft
LT : Long Terme
LMSM : Light Metals Smelters Association
LME : London Metal Exchange
MMAJ : Metal Mining Agnecy onf Japon
MMAJ : Metal Mining of Japon
MPM : Matières Premières Minérales
n : nombre de jours compris entre la date de la décision d'octroi du Permis de Recherches ou celle de la décision définitive d'octroi du Permis d'Exploitation.
N' : nombre de jours écoulés entre le 1erjanvier de l'année considérée
NOEI : Nouvelle Ordre Economique Internationale
NCCM : Nchanga Consolidated Copper Mine
NIOC : National Iron One Compagny
OPEP : Organisation des Pays Exportateurs du Pétrole
OECF : Overseas Economic Cooperation Fund
OTDC : Oketedi Developpement Compagny
OFIDA : Office des Douanes et Assises
OPIC : Overseas Private Investment Corporation
PNUD : Programme des Nations Unies pour le Développement
PUK : Pechiney Ugine Kuhlmann
PVD : Pays en Voie de Développement
PRG : Provision pour Reconstruction de Gisement
Pme : Petites et Moyennes Entreprises
Par : Plan d'Atténuation et de Réhabilitation
PAR : Plan d'Atténuation et de Réhabilitation
PGES : Plan de Gestion Environnemental et social
PCDSP : Projet Compétitivité et Développement du Secteur Privé
PVD : Pays en Voie de Développement
PIB : Produits Intérieur Brut
RDC : République Démocratique Du Congo
RFA : République Fédérale d'Allemagne
RTZ : Rio Tinto Zinc
SGM : Société de Minerai Belge
SYSMIN STABEX : Système de Stabilisation des Recettes D'exportation
SEP : Société en Participation
SFI : Société Financière Internationale
SOMIMA : Société Minière de Mauritanie
TOM : Territoire d'Outre Mer
URSS : Unions des Républiques Socialistes Soviétiques
USA : United State of America
UE : Union Européenne
UMHK : Union Minière du Haut Katanga
ZEA : Zone d'exploitation artisanale.

SOMMAIRE

INTRODUCTION

Présentation de la RD Congo et de son potentiel minier

La République Démocratique du Congo est située au cœur de l'Afrique centrale.

Sa superficie, est de 2.345 000 km², avec une population de 86 895 208 habitants (2016).

C'est le deuxième plus grand pays d'Afrique (en taille), après l'Algérie.

Et le quatrième plus grand pays d'Afrique en terme de population.

Il s'étend de l'océan atlantique au plateau de l'est, et il correspond à la majeur partie du bassin du fleuve Congo.

Le Nord du pays est un des plus grands domaines de la forêt équatoriale au monde.

L'Est du pas borde le grand rift Est africain[9], domaine des montagnes, des collines, des grands lacs mais aussi des volcans.

Le Sud et le centre sont des domaines des savanes arborées, et forment un haut plateau riche en minerais.

A l'extrême ouest, à une quarantaine de kilomètre au nord de l'embouchure du fleuve Congo, s'étale une cote sur l'océan atlantique.

Le pays partage ses frontières avec l'enclave de Kabinda (Angola), et la république du Congo à l'ouest,

Elle est bornée au Nord par la République Centrafricaine et le Soudan du Sud.

Au sud, par l'Angola et la Zambie, à l'Est par l'Ouganda, le Rwanda, le Burundi et la Tanzanie, et à l'ouest par la République du Congo, l'enclave de Kabinda et l'océan Atlantique.

La capitale est la ville province de Kinshasa, avec 10 000 000 d'habitants.

Les villes principales sont :

- LUBUMBASHI (1,8 M/HAB)
- MBUJI MAYI (1,7 M/HAB)

---

[9] Ensemble géologique constitué d'une serie de failles, de dorsales et de rifts s'étirant sur environ 6 000 km de longueur du nord au sud et 40 à 60 km de largeur depuis le levant jusqu'à L'Afrique Australe en passant par la mer rouge et les grands lacs Africains.

- GOMA (1,1 M/HAB)
- KANANGA (1,1 M/HAB)
- KISANGANI (0,9 M/HAB)
- BUKAVU (0,8 M/HAB)

La langue officielle est le Français, et il existe 4 langues nationales : Lingala, kikongo, tshiluba, et le swahili.
La monnaie locale est le Franc Ccongolais (CDF)..

DONNEES ECONOMIQUES

PIB : 42,056 Milliards USD (2016) ;
PIB par habitants : 499 USD / hab (2016) ;
Principaux clients : chine (37%), Zambie (19%), Italie (8%), Belgique (4%), Finlande (3%), Etats unis (2%).
Principaux fournisseurs : chine (20%), Afrique du sud (18%), Zambie (11%), Belgique (6%), Inde (3%), France (3%).
Le potentiel économique est considérable, le barrage d'Inga qui se situe sur le fleuve Congo, à 200 km de Kinshasa, reste ainsi, le plus gros potentiel hydroélectrique d'Afrique.
Il fait partie des projets structurants recensés par le G20. Mais l'exploitation de ces opportunités nécessite de profondes réformes en matière de gouvernance.
La RDC a adhéré au traité OHADA en 2012, mais les progrès restent fragiles.

Evolution du taux de croissance[10]

Années	**Taux de croissance**
2014	9,5%
2015	6,9%
2016	2,4%
2017	3,7 %
2018	4,1 %

La RDC bénéficie d'une réserve naturelle d'une richesse exceptionnelle ; forets, terres arables, ressources hydrauliques, (2ème bassin fluviale du globe) et potentiel hydroélectrique de 100 000 MW.
La RDC est riche en matière première minérale :

- le cuivre ((10% des réserves mondiales),
- cobalt (1ere réserves mondiales),
- diamant, or, cobalt, (3/4 des réserves mondiales) uranium,

[10] Banque Mondiale, IDA, BIRD (Africa Can)

La RDC reste pourtant un pays pauvre.

Elle occupe les dernières places des classements Internationaux, en termes d'indice de: pauvreté (115/135), pour l'indice de développement humain (168/183), pour l'indice de corruption (164/178) et pour l'indice des climats des affaires (175/183).

Le taux d'alphabétisation n'est que de 63,82% (2015) l'accès direct à l'eau potable est assuré pour moins de la moitié des congolais, (46%) ; on estime que 80% de la population vit avec moins de 1 $ par jour.

Le pays peine à se remettre de plusieurs années des conflits armés, qui ont fait des millions de victime et détruit les principales infrastructures.

A peine 10% des terres arables sont exploitées. L'enclavement de plusieurs zones vitales est source de couts prohibitifs (Matadi), la Main d'œuvre qualifiée est rare, le taux d'accès à l'électricité es le plus faible de l'Afrique avec 6%.

La dépendance extrême aux variations du cout des matières premières minérales constitue une fragilité structurelle de l'économie congolaise qui est très peu diversifiée.

RELIEF

Le relief de la RDC est composé de la cuvette centrale, des plateaux du sud et du sud-est, des collines et massifs du bas Congo, d'une zone littorale et du bourrelet montagneux de l'est.

➢ La cuvette centrale

C'est une vaste dépression de 750.000 km² dont l'altitude varie entre 340 m (Lac Tumba et Maï-Ndombe) et 700 m (collines de l'Uélé).

Elle est limitée au Nord par la ligne de partage des eaux de l'Ubangui et du Chari, à l'Est par la dorsale montagneuse qui borde le rift Est africain, au Sud et Sud-Est par les plateaux du Kasaï et du Katanga, à l'Ouest par le fleuve Congo et le plateau du Kwango.

Le paysage est calme et abrite un réseau hydrographique dense, dont les zones inondables constituent d'immenses marécages.

Certaines de ses rivières, telles que le Kasaï et la Tshikapa charrient des eaux brunes imprégnées des matières organiques, essentiellement ferrugineuses.

➢ Les plateaux du sud et du sud est

Ces plateaux comprennent : les plateaux du Kwango et du Kasaï

➢ **Les collines et massifs du bas Congo**

Il s'agit des collines et massifs granitiques et quartzitiques connus sous le vocable local de « Mont de cristal ».

VEGETATION

La végétation présente une très grande diversité selon les conditions climatiques, le relief et les sols qui sont eux-mêmes différents d'une région à l'autre.

Les paysages épais et massifs très homogènes occupent environ 1.000.000 de km^2 dans la cuvette centrale.

Il s'agit notamment de :

- Forêts denses qui s'étendent de part et d'autres de l'équateur.
- Forêts claires vers l'Est
- Savanes et steppes vers le Sud et l'extrême Nord ainsi que des forêts galeries le long des cours d'eau.

La RDC occupe la 11ème place au monde du point de vue de sa superficie.

La fraction du territoire occupée par l'homme ne représente que 4,5% de sa superficie, soit 105 579 Km^2.

SOLS

Les sols de la RDC appartiennent à la catégorie des sols tropicaux et équatoriaux profondément décomposés et riches en fer et en alumine.

POPULATION

La population congolaise s'élève à environ 95 784 841 habitants (2019)[11].

La population congolaise est très dynamique, son taux d'accroissement annuel moyen est de 3,070 %. Par an.

La population congolaise est très hétérogène sur le plan ethnique, linguistique et culturel.

On distingue 4 groupes principaux :

- Le groupe BANTOU : le plus important, avec 50 à 60 millions d'habitants couvre les 2/3 de la population.
- Le groupe SOUDANAIS : occupe le nord du pays
- Le groupe NILOTIQUE : occupe le Nord et le sud Kivu et dans l'Ituri
- Le groupe PYGMOIDE : les pygmés sont repartis sur tout le territoire national, leur nombre est estimé à environ 200 000 habitants.

[11] www.populationdata.net

DONNEES GEOLOGIQUES

Les gîtes exploités sont répartis dans des massifs précambriens qui bordent au sud, à l'est et au nord-est une vaste cuvette centrale sédimentaire.

Ainsi, en tournant dans le sens contraire des aiguilles d'une montre, on rencontre successivement du sud au nord: les **exploitations diamantifères du Kasai** (Mbuji-Mayi, Tshikapa) ainsi que quelques gîtes de cuivre (Tshiniama, Lubi); l'arc cuprifère du Shaba méridional, riche également en cobalt et en uranium, avec les centres miniers de Kolwezi (Cu-Co), de Likasi (Cu), de Kambove (Cu-Co), de Shinkolobwe (U) et de Lubumbashi (Cu), sans négliger la mine de Kipushi exploitée pour le zinc, le cuivre et le germanium. Toujours au Shaba ;

On croise successivement en remontant vers le nord le granite à étain de Mitwaba et la pegmatite stannifère de Manono. La province de Kivu, englobant la région du Maniema, est particulièrement riche en gîtes d'étain (Kalima), souvent accompagné de columbo-tantalite.

La pegmatite à béryl, columbite et uranium de Kobokobo y est aussi localisée, ainsi que les placers aurifères de la Mobale. Au nord de la province du Kivu affleure la carbonatite de Lueshe riche en pyrochlores et, à la frontière rwandaise, la région des volcans renferme des laves dans lesquelles plusieurs nouveaux silicates ont été découverts.

Au nord de la RDC, dans l'ex Province Orientale, se situe les célèbres exploitations aurifères de Kilo-Moto.

A l'extrémité occidentale du pays, à l'ouest de la capitale Kinshasa, le Congo central renferme quelques gîtes de vanadates de plomb et de zinc (Kusu-Senge), tandis que le massif du Niari est le siège de belles minéralisations en silicates de cuivre mais principalement sur le territoire du Congo Brazzaville.

Les réserves connues des matières premières minérales se présentent comme suit :

- 20 milliards de tonnes de manganèse
- 110 millions de tonnes de cuivre
- 10,5 millions de tonnes de cobalt
- 20 millions de tonnes de zinc
- 15 millions de tonnes de fer
- 40 millions de tonnes d'or
- 150 millions de tonnes de minerais de niobium
- 730 millions de tonnes de carats de diamants
- 750 mille tonnes de cassitérite
- 175,500 tonnes de lithium

S'ajoute à ces richesses, près d'une quarantaine d'autres matières premières, encore non évaluées, il s'agit de substances ayant pour noms tel que: Amblygonite, argent, argiles, smectiques et nobles, bastnaésites, bauxite, béryl, bismuth, cadmium, charbon, chrome, diatomite, étain, gaz méthane, germanium, granite gypse, marbre, monazite, nickel, oncre, phosphate, platine plomb, pyrite, rhénium, sables asphaltites, salines, schiste bitumineux, sel gemme, silice, spodumène, talc, tantale, tungstène, uranium, vanadium, wolfram [12]...

ORGANISATION POLITICO-ADMINISTRATIVE

La RDC est subdivisée en 26 provinces dont la ville de Kinshasa.

N°	Province	Chef-lieu	Superficie (km²)
1	**Bas-Uele**	Buta	148 331
2	**Équateur**	Mbandaka	103 902
3	**Haut-Katanga**	Lubumbashi	132 425
4	**Haut-Lomami**	Kamina	108 204
5	**Haut-Uele**	Isiro	89 683
6	**Ituri**	Bunia	65 658
7	**Kasaï**	Tshikapa	95 631
8	**Kasaï-Central**	Kananga	60 958
9	**Kasaï-Oriental**	Mbuji-Mayi	9 481
10	**Kinshasa**	Kinshasa	9 965
11	**Kongo-Central**	Matadi	53 920
12	**Kwango**	Kenge	89 974
13	**Kwilu**	Kikwit	78 219
14	**Lomami**	Kabinda	56 426
15	**Lualaba**	Kolwezi	121 308
16	**Mai-Ndombe**	Inongo	127 465
17	**Maniema**	Kindu	132 520
18	**Mongala**	Lisala	58 141
19	**Nord-Kivu**	Goma	59 483
20	**Nord-Ubangi**	Gbadolite	56 644
21	**Sankuru**	Lusambo	104 331
22	**Sud-Kivu**	Bukavu	65 070
23	**Sud-Ubangi**	Gemena	51 648
24	**Tanganyika**	Kalemie	134 940
25	**Tshopo**	Kisangani	199 567
26	**Tshuapa**	Boende	132 957

Tableau 1

[12] http://www.agoravox.fr/actualites/in 28 juillet 2009

La province est divisée en district et le district en territoire ; les villes quant à elles, sont subdivisées en communes urbaines.

Chaque province est dirigée par un gouverneur de province, chaque district par un commissaire de district, chaque territoire par un administrateur du territoire et chaque commune par un bourgmestre.

LE POTENTIEL MINIER CONGOLAIS

Les richesses minières de la RDC sont reparties dans les 6 régions qui entourent la cuvette centrale et forment le socle ancien.

- **L'ex province du Katanga, divisée en 4 nouvelles provinces ((haut Katanga, haut lomami, lualaba, Tanganyika)**

C'est la principale région minière qui jadis a attisé les convoitises et a été le théâtre de plusieurs guerres qu'a connu le pays, la guerre du Katanga (1977-1978) la guerre de l'AFDL en 1997.

cette région renferme dans le sous-sol, une variété des minerais à savoir : le cuivre, le zinc, le cobalt, l'étain, l'uranium, l'argent, l'or, le plomb, le manganèse, le charbon, le cadnium, le germanium…

- **Les provinces de nord Kivu et sud Kivu**

C'est la région de l'est du pays, frontalière avec le Rwanda, le Burundi et l'Ouganda.

Cette région de Kivu est la deuxième région du pays après le Katanga, à posséder les meilleurs gisements stannifères.

On extrait principalement dans cette région, de l'or ainsi que divers minerais accompagnateurs comme le Colombo, la Tantalite, le Wolfranite, la cassiterite…

On a localisé à Luesha (dans le nord Kivu), un important gisement de pyrochlore, ainsi que le nobium.

On exploite de l'or dans le Maniema, tandis que le gaz méthane a été découvert dans les profondeurs du lac kivu.

- **L'ex province du Kasaï oriental divisée en 3 nouvelles provinces (Kasaï oriental, lomami, sankuru)**

Les régions du Kasaï sont mondialement connues pour leurs importants gisements de diamants.

Le Kasaï oriental renferme le diamant industriel dont l'exploitation est assurée par la MIBA (société minière de Bakwanga), elle possède 8 centres d'extraction des minerais à ciel ouvert dont 3 gisements alluvionnaires, 3 gisements gravier et 2 gisements kimberlites (la roche mère de diamant).

- **L'ex province du Kasaï Occidental divisée en 2 nouvelles provinces (Kasaï, Kasaï central)**

Elle renferme le diamant de joaillerie dont l'exploitation est de type artisanal. Des comptoirs d'achat agréés s'occupent de l'achat des diamants aux exploitants artisanaux.

- **L'ex Province Orientale divisée en 4 nouvelles provinces (bas Uélé, haut Uélé, ituri, tshopo)**

C'est la région nord est du Congo. Elle renferme d'importants gisements aurifères de la RDC. Ces gisements sont exploités par l'office des mines de Kilo moto. Il existe dans cette région, d'importants gisements de fer.

- **L'ex province d Bas-Congo (kongo central)**

Région sud-ouest du pays, sa principale richesse est le pétrole. Il existe également un gisement de bauxite à Tshela, mais celui-ci n'est pas encore exploité.

LES RESERVES GEOLOGIQUES[13]

Substances minérales	Quantités de réserve (tonne)
Lithium	455 000000
Zinc	7 000 000
Cobalt	6000 000
Fer (plus de 60% fe)	10 000 000 000
Cassitérite	800 000
	1 000 000 000
Or	750
Diamant (carats)	700 000 000
Cuivre	75 000 000

Tableau 2

LES PRINCIPAUX INDICES DES GITES MINERAUX ET DES PIERRES ORNEMENTALES[14]

PROVINCES	PRINCIPAUX INDICES DES GITES MINERAUX ET DES PIERRES ORNEMENTALES
BANDUNDU	Diamant, kaolin, argiles
CONGO CENTRAL	Bauxite, cuivre, plomb, zinc, vanadium, phosphate, or, diamant, manganèse, marbre, granites, noir et rose, sel gemme, fer, argiles, pyrite, talc, silice, kaolin, barytine, sable et calcaire asphaltiques, calcaire et quartzite.
EX EQUATEUR	Diamant, or, fer, calcaire, kaolin, argiles, cuivre, granite, niobium, ocre
EX KASAI OCCIDENTAL	Diamant, argiles, or, chrome, nickel, cobalt, platine, cuivre, fer, kaolin, plomb
KASAI ORIENTAL	Diamant, argiles, chrome, cobalt, cuivre, nickel, or, fer, kaolin, talc
EX KATANGA	Cuivre, cobalt, uranium, colombo-tantalite, or, platine, lithium, talc, wolfram, zinc, argiles, bismuth, cadmium; germanium; cassitérite, charbon, fer, granites, gypse, kaolin, manganèse, salines, béryl (émeraude), saphir
KINSHASA	Argiles, silice, kaolin, sable de verrerie et grès arkosique

[13] plan stratégique de développement du secteur minier (2016 – 2021) Rapport final R-2 pge 11

[14] CTCPM Guide de l'investisseur du secteur de mines

MANIEMA	Or, cassitérite, amblygonite, argiles, cuivre, diamant, fer, kaolin, manganèse, colombo-tantalite, plomb, talc, wolfram
NORD KIVU	Argiles, cassitérite, basnesite, béryl, charbon, granite, monazite, niobium, or, platine, wolfram, colombo-tantalite
EX PROVINCE ORIENTALE	Or, argent, diamant, argiles, cuivre, fer, kaolin, colombo-tantalite, ocre, schistes bitumeux, talc
SUD KIVU	Or, cassitérite, amblygonite, argent, argiles, basnaesite, béryl, bismuth, diamant, diatomite, monazite, niobium, wolfram, colombo-tantalite.

Tableau 3

VOLUME DE PRODUCTION DE 2011 à 2016[15]

Cette présence massive a entrainé l'accroissement notable du volume de production minière de la R.D. Congo de 2006 à 2014 comme le témoigne le tableau ci-dessous.

	Unité	2011	2012	2013	2014	2015	2016
Cuivre	t	499 198	619 942	919 588	1 031 859	995 805	978 414
Cobalt	t	99 475	86 433	76 517	72 584	69 328	58 304
Zinc	t	14 758	10 572	12 114	13 418	14 193	8 364
Diamant	1000c	18 598	20 157	17 387	16 699	17 152	14 011
Or brut	Kilo	414	4529	8429	18 978	25 806	21 586

Tableau 4

[15] Banque mondiale et rapport trimestriel FEC chambre des mines septembre 2016

PREMIERE PARTIE

Le droit et la fiscalité miniers de la République démocratique du Congo (bilan et perspectives d'avenir)

CHAPITRE I

Histoire du droit minier congolais

SECTION I : L'ORIGINE DU DROIT MINIER ET LA PERIODE COLONIALE

Le droit minier Congolais trouve son origine dans les pratiques australes et coutumières.

Ces pratiques et coutumes ont subi de nombreuses influences des droits occidentaux.

§ 1. L'APPORT DU DROIT COUTUMIER INDIGENE

Avant la colonisation, le secteur minier était régi par le droit coutumier indigène.

Chaque peuple appliquait sa propre coutume sur ses ressources minières.

Il est rappelé que la RDC dispose de plus de 400 dialectes, ce qui signifie plus de 400 coutumes et usages. Le droit minier Africain est un droit oral.

Une étude approfondie de ces coutumes et pratiques minières est très difficile du fait de l'absence de documents écrits.

En règle générale, la richesse du sous-sol dépendait du souverain, les sujets avaient le droit d'exploiter les matières premières minérales pour le compte du roi et c'est ce dernier qui assurait la redistribution.

Ces droits miniers indigènes ont été influencés par les pratiques occidentales.

§ 2. L'APPORT DU DROIT OCCIDENTAL

Outre l'apport du Droit minier traditionnel, le droit minier Congolais a subi les influences du droit minier Français et du droit minier Anglais.

A. Apport du droit minier Français

Le droit minier Français trouve sa source dans la séparation entre la propriété du sol et la propriété de la mine[16].

Dans les anciennes colonies françaises, le droit français a été adapté aux réalités et à l'évolution des relations que la France entretenait avec ces colonies.[17]

Le droit minier Français a été adapté dans les anciennes colonies Françaises. Cette adaptation dépendait de chaque colonie et à l'évolution des relations que la France entretenait avec les différentes colonies.

I. Les bases du droit minier Français

Le droit minier Français trouve sa source essentielle dans l'article 552 du code civil qui pose le principe essentiel de la «séparation de la propriété de sol et de la mine ».

La propriété du sol emporte la propriété du dessus et du dessous, le propriétaire peut faire au-dessus, toutes les plantations et constructions qu'il juge à propos, sauf les exceptions établies au titre des servitudes ou services fonciers.

Il peut faire en-dessous, toutes les constructions et fouilles qu'il jugera à propos et tirer de des fouilles tous les produits qu'elles peuvent fournir, sauf les modifications résultantes des lois et règlements relatifs aux mines et des lois et règlements de police.

Ainsi, l'article 7 du code minier Français abonde dans ce sens en matière de recherche de mines : « les travaux de recherches pour découvrir les mines ne peuvent être entrepris que :

- Soit par le propriétaire de la surface ou avec son consentement, après déclaration au préfet.
- Soit à défaut de ce consentement, avec l'autorisation du ministre chargé des mines, après que le propriétaire a été mis en demeure de présenter ses observations dans des conditions fixées par un règlement d'administration publique.
- Soit en vertu d'un permis exclusif de recherches. »

Les dispositions de l'article 552 du code civil pose des limites :

L'article 21 du code minier Français stipule : « les mines ne peuvent être exploitées, même par le propriétaire de la surface, qu'en vertu d'une concession ou d'un permis d'exploitation. »

On constate qu'en matière de droits de recherche, le droit Français est assez souple, et l'article 552 s'applique sans difficulté[18].

---

[16] Art 552 du code civil Français

[17] C'est seulement en 1954 qu'il a été tenté un effort d'unification des réglementations minières applicables dans ces territoires (décret n° 54-110 du 13 novembre 1954)

Le droit Français qui pose le principe de la séparation du droit de propriété et de la mine, a permis que le propriétaire du terrain peut faire les travaux en dessous et au-dessus, sauf pour les travaux de mine ou il lui faut une autorisation.

C'est le corollaire du Droit minier Congolais qui stipule que le sol appartient à l'état qui le met à la disposition de mineur.[19]

II. Le droit minier français appliqué dans les colonies

a. Protectionnisme des droits des autochtones

Dans les anciennes colonies françaises, la législation française avait commencé par reconnaître le droit des autochtones qui vivaient sur place avant la colonisation.

Pour gagner la confiance de ces autochtones, l'état Français avait commencé par signer des traités avec les chefs indigènes.

Ces traités ont évolué par la suite, sous forme de décrets.

Ainsi par exemple, il y avait le traité de BAMBOUK[20].

Les dispositifs de ce traité laissaient aux indigènes, le droit de rechercher de l'or, comme ils avaient l'habitude de le faire, mais toute fois, à condition qu'ils ne gênent pas le travail des Européens.

Aucun Etranger quel qu'il soit ne pouvait bénéficier de mêmes droits que les autochtones.

Dans les traités signés entre la France et certains pays d'Afrique : Le Sénégal (1896), le Soudan (1896) et la Guinée (1897), ces traités permettaient aux autochtones de conserver leurs droits coutumiers d'exploitation des ressources minérales. Toutefois, ils étaient autorisés à exploiter jusqu'à une profondeur maximale de 12 Mètres.

Pour les exploitations de plus de 12 mètres, ils étaient obligés de solliciter une autorisation.

Dans le même état d'esprit, le décret de 1899 dans son article 9, reconnaissait aux indigènes, de toute l'Afrique noire, « le droit coutumier d'exploiter les gîtes superficielles d'or et de sel jusqu'à la profondeur à laquelle ils pouvaient atteindre suivant les conditions de chaque gisement avec leurs procédés actuels ».

Ce texte n'excluait pas la possibilité pour les entreprises industrielles d'exploiter les gisements profonds, échappant aux techniques locales et à cet effet, de forger des puits après entente avec les indigènes ou avec des autorisations administratives.

---

[18] Notamment l'article 69 du code minier, qui dispose que « nul droit de recherche ne vaut, sans le consentement du propriétaire de la surface… »

[19] Art 3 al 1 du code minier

[20] Vallée de Falémé au Sénégal.

Ce protectionnisme de droit des autochtones avait été modifié suite à un conflit juridique entre l'administration et la compagnie des mines de SIGUIN (en Guinée) en 1929.

En effet, l'administration avait ordonné unilatéralement, l'arrêt de travaux entrepris par cette compagnie à FATOYA, sans qu'il ait une plainte des indigènes.

Dans son arrêt du 22/11/1929, le Conseil d'état avait reconnu le droit à l'indemnité de la compagnie minière Siguin, au motif que « l'exploitation de Fatoya bien que connue et encouragée de l'administration, était cependant contraire au décret de 1899 »

Ce décret réservait l'exploitation des carrières aux autochtones.

Le conseil d'état avait estimé que tant que les autochtones ne se plaignaient pas, l'exploitation minière était permise partout, sous réserve de détenir les autorisations nécessaires. Cet arrêt a été à l'origine de l'évolution de la protection des droits des autochtones.

b. Du protectionnisme limité, à la création des réserves

Le décret du 22 octobre 1924, portant réglementation minière en AOF (Afrique occidentale Française), dans son article 17, renforce le droit coutumier des indigènes.

Par cet article, les lieutenants gouverneurs devraient définir des régions ou périmètres à l'intérieure desquelles, le droit coutumier serait consacré et que toute activité Européenne devait être exclu, même sur les gisements inaccessibles aux procédés indigènes.

En dehors de ces régions, et sur les terrains libres, les indigènes conservaient le droit non exclusif d'exploiter les gisements traditionnels, en se limitant à leurs procédés habituels.

Ces droits étaient formellement limités aux indigènes originaires de la région considérée.

Ce texte fut repris 10 ans plus tard en l'article 22 bis du décret du 20 décembre 1934 portant règlement en AOF.

Les arrêtés pris à la suite de ce décret de 1934 définirent pour l'or, une région assez vaste en haute Guinée et un assez grand nombre de périmètres circulaires dans le BAMBOUK (confins sénégalo-soudanais).

Ce droit minier Français applicable dans les colonies, est à l'origine de la base d'exploitation minière artisanale, dont certaines zones sont exclusivement réservées à l'exploitation artisanale.

B. Le système anglais

Le droit minier Anglais est un système dualiste : il applique le système d'accession et le système domanial.

I. Le système d'accession

Le système d'accession trouve sa source, dans la « common law » Anglais.

Dans ce système, la propriété du sol emporte la propriété des minéraux gisant dans ou sur le sol.

En fait, le propriétaire du terrain est propriétaire de son sous-sol. Ce système présente un certain nombre d'inconvénient pour l'exploitation des matières premières minérales :

- Il implique le morcellement des propriétés qui gêne la prospection et l'exploitation.
- L'opposition d'un seul propriétaire peut compromettre tout un programme minier.
- Les privilèges des propriétaires empêchent l'état de prendre des initiatives et de pratiquer une politique minière gouvernementale.

Ce système est valable lorsque l'exploitation minière est artisanale, et est limitée à des faibles profondeurs.

Il convient mal à la pratique scientifique et technique moderne de l'activité minière.

Il existe plusieurs exceptions à ce système :

- l'or et l'argent sont la propriété de la couronne. Nul ne peut l'exploiter sans l'autorisation[21]. Dans certaines régions, et pour certains minerais, (Etain, et fer), d'autres systèmes s'appliquent.
- Ce système Anglais de l'accession, jadis pratiqué dans certains pays comme l'Australie, la Nouvelle Zélande, le Canada, a été aboli à cause de ses inconvénients.
- Dans d'autres pays, il est encore partiellement appliqué, mais l'état peut passer outre l'opposition ou l'inactivité des propriétaires.
- C'est le cas de l'Irlande et de la République Sud-Africaine.
- Ce système s'applique encore de nos jours aux Etats Unis[22]. Un assouplissement aux inconvénients du système se trouve dans la possibilité de séparer le droit minier en droit de surface. Dans ce cas, le droit à la mine, détenu par le propriétaire du terrain, peut être négocié et suit un sort différent.

A ce système d'accession, s'oppose, le système domanial.

---

[21] C'est la loi de 1934 qui a substitué à ce système d'accession, un autre système, selon lequel, le droit minier appartient à la couronne. Voir à ce sujet, la thèse de AMI Aslami thèse Paris 1 : étude comparative du régime juridique des contrats de concession minière en droit anglais et Américain –1992.

[22] Aux Etats Unis, le régime minier repose sur le système d'accession qui reconnaît au propriétaire de la surface du sol, la propriété du sous-sol.

II. Le système domanial

Le système domanial est une vielle idée selon laquelle, le souverain est propriétaire des mines.

Le principe est le suivant : « La propriété des mines est distincte de la propriété foncière et elle constitue un attribut du souverain », c'est le système Français.

Dans les pays de langue Française, on parle de «propriété exclusive de l'état » ou appartient à l'état. Ce principe ouvre la voie à une discussion qui n'est pas simplement théorique.

Les biens appartenant à l'état sont très généralement classés en 2 catégories :

- Le domaine public, inaliénable, imprescriptible, comporte des liens qui sont à la disposition de tout un chacun.
- Le domaine privé qui comporte les biens que l'état possède comme le ferait un particulier, mais il ne peut en disposer que selon certaines procédures.

Par ce principe, les mines ne peuvent pas être classifiées dans la catégorie de domaines publics de l'état, car elles sont aliénables, prescriptibles.

On peut tenter de les classifier dans le domaine privé de l'état. Or, l'usage du domaine privé de l'état se fait au cas par cas, il n'y a pas de règle stricte qui s'applique dans ce domaine.

Dans les pays industrialisés, l'activité minière n'est pas traitée au cas par cas, le code minier réglemente l'ensemble de l'activité.

Dans ce cas, l'activité minière ne peut être considérée comme relevant du domaine privé de l'état.

§ 3. APPORT DU ROI LÉOPOLD II (PUISSANCE COLONIALE), POUR L'ÉDIFICATION DU DROIT MINIER CONGOLAIS

L'acte général de Berlin du 26 février 1885 relatif à la limitation des frontières, avait consacré le principe de libre concurrence dans le bassin du Congo.

Au départ, les investissements belges étaient localisés dans les mines, l'agriculture, l'exportation et dans les infrastructures de transport.

Ensuite, d'autres investissements s'y sont ajoutés dans les secteurs tels que : l'industrie manufacturière, les services…

Les mines et les transports représentaient 70% des investissements de l'époque.

Toute l'économie du Congo de l'époque était orientée vers l'exportation des matières premières minérales, et à l'importation des technologies.

Cette situation n'a pas favorisé l'émergence d'un tissus industriel intégré et complet.

La stratégie du Roi Léopold 2 consistait à octroyer des concessions (qui étaient sa propriété), aux groupes privés qui devaient en contrepartie, payer des impôts à l'état indépendant du Congo(sa propriété également).

Ces groupes prenaient des participations dans les sociétés créées, et obtenaient des dividendes.

L'acte de Bruxelles signé le 2 juillet 1890 apporta une modification à l'acte général de Berlin et autorisa le Roi Léopold II à percevoir sur les marchandises importées du Congo, une taxe ad valorem pouvant atteindre 10%.

Le décret du 16 décembre 1910, modifié et complété par celui du 16 avril 1919, avait réglementé la recherche et l'exploitation minière uniquement dans le Katanga.

Le traité de saint germain en laye du 10 septembre 1919 a maintenu les principes édictés par les actes de Bruxelles et de Berlin sus indiqués.

Les recettes réalisées par le système mis en place ont permis au Roi Léopold II, et par la suite au pouvoir colonial, de prendre des participations dans d'autres sociétés naissantes.

Afin de pouvoir contrôler toute l'économie du Congo, le pouvoir colonial avait créé la société générale de Belgique, qui était une holding qui avait des filiales dans les mines et les autres activités de l'économie du Congo.

La stratégie utilisée par la société générale pour étendre sa domination sur l'économie fut :

- l'utilisation des holdings spécialisées pour exercer la contrôle sur les sociétés se trouvant sous sa dépendance.
- L'utilisation des compagnies à charte.
- La participation directe dans le capital des sociétés installées.
- Les participations indirectes dans les filiales.

Après acquisition de la banque d'outre-mer, la société générale a fait de la compagnie du Congo pour le commerce et l'industrie « CCCI », une holding de tête pour contrôler une soixantaine de société congolaise ayant des activités dans diverses branches.

Ainsi par exemples, la compagnie du Katanga « CK » créée en 1891 par la CCCI, est devenue une société a portefeuille de la société générale pour les activités minières.

La CK a acquis les intérêts du comité spécial du Katanga « CSK », société à charte créée en 1900, elle-même principale actionnaire de la compagnie géologique et minière des ingénieurs et industriels belges « GECAMINES » et de l'union minière du haut Katanga « UMHK » qui après sa nationalisation deviendra la GECAMINES.

Cet apport du système du Roi Léopold II a inspiré les rédacteurs du code minier de 2002, plus précisément dans les dispositions par lesquelles, l'état congolais pouvait percevoir d'une part de dividendes en provenance de leurs participations dans les activités minières, et par la perception des impôts provenant de cette activité.

CONCLUSION

Le droit Anglais comporte une partie du droit minier Français dans son principe « d'accession », et il emprunte au droit indigène dans son aspect « domanial ».

Comme nous l'avons évoqué ci haut, le système dans lequel la propriété du sol emporte par accession la propriété du tréfonds, imprègne fortement les législations minières de type anglo saxon et françaises.

Ce système a l'avantage de la simplicité, mais il constitue un sérieux handicap à la mise en valeur des ressources minérales d'un pays.

Le système par lequel les gisements appartiennent à celui qui les découvre a été fréquemment adopté dans les pays où la mise en valeur des ressources minérales s'est développée tardivement.

Ce système constitue un puissant stimulant au développement de la recherche minière, mais il suscite la spéculation et met trop l'accent sur l'initiative individuelle pour garantir un développement économique d'un pays.

Le système par lequel les gisements appartiennent à l'état est à la base du droit minier moderne, au sens où il permet à la puissance publique de contrôler, voir même d'orienter et faciliter la mise en valeur des ressources minérales.

En revanche, le système par lequel, les gisements appartiennent au propriétaire du sous-sol et que l'inventeur du gisement n'a pour rôle que de l'exploiter, ce système ne permet pas le développement économique d'un pays, et la plus part des pays qui l'on pratiqué, sont entrain de l'abandonner.

Dans toutes les lois minières de ces dernières années, on retrouve l'affirmation du principe selon lequel, tous les gisements de minerai du pays appartiennent à l'état, c'est le cas de la RDC, BOTSWANA, INDONESIE…

Dans des pays où l'abandon du système de l'accession se heurte à des anciennes traditions comme en Grande Bretagne, l'état a instauré d'énormes avantages fiscaux ou financiers aux sociétés minières, et il a créé les mêmes avantages pour les procédures d'expropriation.

Cette évolution qui correspond à la volonté de faire prédominer l'intérêt général sur les intérêts privés, se manifeste par la participation des Etats dans les sociétés d'exploitation minières opérant sur leurs territoires et par l'affirmation d'un droit de regard sur les activités minières.

Ce qui est le cas de la RDC.

Le code minier révisé affirme «le principe de la propriété de l'état sur ses substances minérales dans les gîtes minérales… »[23]

Ce code reconnaît au titulaire d'un droit minier ou de carrières, d'exploitation, « la propriété des produits marchands ».[24]

---

[23] Art 3 code minier

[24] code minier titre premier chap 1er al 3.op cit

SECTION II : PERIODE AVANT 1997 (règne et chute de MOBUTU)

Avant 1997, le apparaître des nouvelles règles minières.

Le décret du 24 septembre 1937 instaura la séparation entre le sol et les mines.

Droit minier Congolais a connu 3 périodes :

- la période avant 1965 : la base du droit minier Congolais
- la période de 1965 à 1970 : introduction du double régime d'imposition
- la période de 1970 à 1997 : péripétie du droit minier congolais.

§ 1. AVANT 1965 (PÉRIODE DE TROIS VIEILLES)

Avant l'arrivé au pouvoir de la junte militaire (le 24 novembre 1965), il n'existait pas une fiscalité minière spécifique.

Tel que nous l'avons évoqué ci-dessus, le droit minier était détenu par trois sociétés à charte (titre concédant des privilèges).

Les trois sociétés qui détenaient le monopole de l'exploitation minière étaient :

- le comité spécial du Katanga (CSK)
- le comité national du Kivu
- la compagnie des chemins de fer de grands lacs (CFGL)

Les textes qui régissaient le droit minier de ces sociétés étaient :

- le décret du 8 juin 1888,
- et le décret du 10 mars 1893.

Aucun projet d'industrialisation minière ne pouvait être entrepris sans l'avis préalable de ces sociétés.

Il a fallu attendre 1937, pour voir apparaître des nouvelles règles minières.

Le décret du 24 septembre 1937 instaura la séparation entre le sol et les mines.

Ce décret instituait le paiement des impôts et taxes ci-dessous :

- droits de sortie (pris en charge par les résultats d'exploitation)[25]
- droits d'entrée (incorporés au prix de revient des marchandises)[26]
- taxes et impôts divers (comptabilisés en charges)
- les provisions pour impôts
- les taxes mobilières sur les dividendes

---

[25] les sociétés minières devraient payer l'impôt ensuite les déduire du résultat de l'entreprise.

[26] Les droits payés s'additionnaient au prix de revient des biens.

Le système fiscal de cette époque n'était pas conçu pour laisser des rentes minières à l'état, mais il était taillé à la mesure des trois sociétés exploitantes.

Ce décret de 1937 resta en vigueur jusqu'à l'indépendance (le 30 juin 1960).

§ 2. DE 1965 À 1969 (GENÈSE DU DROIT MINIER CONGOLAIS)

L'arrivé au pouvoir de la junte militaire en 1965 a apporté une nouvelle dynamique dans l'organisation de l'activité minière.

A partir de cette année, l'activité minière avait fait l'objet de plusieurs textes législatifs.

- l'ordonnance loi du 21 mai 1966[27] a institué le droit du sous-sol sur les concessions minières.
- L'ordonnance loi du 11 mai 1967[28] a abrogé le décret de 1937 et proclamé la loi minière nationale.

Cette ordonnance loi de 1967, appelée « code minier », était devenu le texte de base sur l'activité minière au Congo.

Ce code minier avait apporté les changements suivants :

- Outre les impôts et taxes acquittés par les sociétés minières conformément au décret du 24 septembre 1937, elles devaient verser la taxe de statistique et les taxes rémunératoires.[29]
- Ce texte a introduit l'autorisation personnelle de prospection, le droit de concession et le permis d'exploitation artisanal. Ainsi, pour toute exploitation artisanale, il fallait un permis d'exploiter.

L'ordonnance loi du 10 février 1967 compléta celle de 1967, et instaura :

- La contribution réelle annuelle sur la superficie des propriétés bâties et non bâties dans la RDC.
- Dans le même Etat d'esprit, cette ordonnance a étendu cette contribution aux véhicules et aux superficies des concessions minières et des hydrocarbures.
- Les contributions cédulaires sur les revenus locatifs professionnels et mobiliers furent également créées, ainsi que l'impôt sur les rémunérations des expatriés.

L'ordonnance loi du 14 mai 1969 institua un droit de sortie complémentaire sur les produits cuivreux qui quittent la RDC.

---

27 Ordonnance-loi n° 66/326

28 Ordonnance-loi n° 67/231

29 Les taxes rémunératoires étaient perçues à l'occasion de l'institution et du renouvellement des titres miniers.

Cette dernière loi permettait à l'état de tirer profit des bénéfices exceptionnels que procurait une situation du marché mondial favorable.

- L'ordonnance loi du 5 décembre 1969 instaura la contribution sur le chiffre d'affaires.
- Le code des investissements.

Les autorités de l'époque se sont rendues compte que la loi minière n'était pas suffisante pour attirer les investisseurs. D'où l'instauration du code des investissements publié en 1969.

Le code des investissements du 26 juin 1969 a été instauré suite à la réforme monétaire du 24 juin 1967. Le but de cette réforme monétaire était d'assainir les finances publiques, et de Créer un climat de confiance favorable à l'investissement.

Ce code des investissements octroyait plusieurs avantages fiscaux dont les plus importants sont :

- exonération des droits d'entrée,
- exonération de l'impôt sur le chiffre d'affaires à l'importation
- exonération des droits proportionnels et fixes sur les actes de constitutions des SARL.
- exonération de la contribution foncière sur les revenus professionnels pour une durée de 5 ans.

Ces dispositifs du code des investissements n'ont pas attiré les investisseurs tel que prévu.

D'où la volonté du gouvernement d'élargir l'assiette des avantages fiscaux, en tenant compte de la longueur du temps qui marquent la mise en exploitation et la rentabilisation des investissements de grande taille.

Les avantages accordés devaient tenir compte de la grandeur des concessions, ainsi que la durée de jouissance.

Ainsi, il a été mis en place un régime conventionnel qui octroyait des exonérations plus larges.

Ce fut la réforme du 2 janvier 1974. Elle a accordé les avantages fiscaux suivants :

- exonération sur la fiscalité directe et indirecte, ainsi que sur les droits d'entrée pour les outillages et biens d'équipements destinés aux activités de la société, à condition de ne pas trouver ces objets sur le marché local à des conditions de prix, de qualité et de délai de livraison identique.
- d'autres avantages pouvant réduire les coûts de construction et d'exploitation ont également été mis en place, ils avaient pour but, d'augmenter la durée d'amortissement par rapport à la durée prévue par le régime général.
- le Gouvernement a instauré également le système de « stabilisation fiscale » c'est à dire qu'aucun impôt ou taxe à venir ne pouvaient être

mis à charge de l'investisseur bénéficiaire de la convention d'investissement.

Ces dispositifs n'ont eu qu'un succès relatif, car au cours de l'années d'instauration, seulement 3 conventions ont été signées : Sodimiza, Gulf, Zaïre). Ce régime conventionnel instituait dans la plupart des cas, le payement de la contribution globale forfaitaire.

Toute signature de la convention d'établissement avec l'état entraînait des conséquences fiscales suivantes :

- le payement de la contribution globale et forfaitaire,
- le payement des taxes rémunératoires afférentes à l'institution ou au renouvellement des droits miniers,
- le payement de la taxe de statistique.

Les sociétés minières bénéficiaires de cette convention d'Etablissement étaient exonérées jusqu'à l'expiration de la 20ème année suivant la date du début d'exploitation de chaque mine.

Pour ces entreprises, ces exonérations concernaient tous les impôts, taxes, droits d'entrée et de sortie existant au moment de la signature de la convention ou qui seraient créées ultérieurement, de quelque nature et de quelque assiette que ce soit, y compris l'impôt mobilier sur les dividendes et intérêts sur les prêts et l'impôt exceptionnel sur les rémunérations des expatriés.

Il existait quelques restrictions à ces exonérations :

- Notamment pour les outillages et machines importés neufs en RDC, et destinés exclusivement aux activités précisées dans la convention, les exonérations étaient accordées à condition que ces objets ne soient pas disponibles sur le marché local dans des conditions de prix, de qualité et de délai de livraison équivalent.
- Concernant les travaux de sous-traitante, au cas où l'entreprise bénéficiaire de la convention devrait faire appel à une entreprise sous-traitant étrangère, dans ce cas, ledit sous-traitant devrait être approuvé par l'administration fiscale.

EN CONCLUSION

Les différentes ordonnances-lois sus-indiquées, ont introduit un double régime d'imposition des sociétés minières.

Un régime de droit commun, et un régime complémentaire pour les sociétés bénéficiaires des conventions d'établissement.

§ 3. DE 1970 À 1997 (PÉRIPÉTIE DU DROIT MINIER CONGOLAIS)

- **Le système d'exonération partielle des impôts pour les dépenses de développement national**

En 1979, les pouvoirs publics ont voulu inciter les sociétés minières existantes à procéder à l'autofinancement, et aux nouveaux investissements.

Pour cela, ils ont complété le code des investissements en instaurant le régime d'exonération partielle. L'objectif poursuivi étant de favoriser les entreprises qui financent à l'aide de leurs propres ressources accumulées au fil des exercices d'exploitation, un projet jugé avantageux pour le pays.

L'avantage fiscal concédé par ce régime consistait à réduire de 50% l'impôt professionnel dû sur les bénéfices mis en réserve en vue du réinvestissement.

- **Généralisation de la contribution générale forfaitaire**

Le système de la contribution générale forfaitaire a été généralisé. Elle consistait au paiement de 50% du montant des bénéfices nets imposables.

Le versement se faisait de la façon suivante : la société verse à l'état, avant chaque fin du mois, un acompte provisionnel de 12,5% de la valeur frontière des produits miniers expédiés au cours du mois précédent.

En instaurant ce taux, le législateur a estimé qu'au cours des 12 mois, le total des versements mensuels atteindra le 50% des bénéfices nets.

Si au cours d'un exercice fiscal, le montant total des acomptes versés est inférieur aux 50% du bénéfice imposable, la différence est réglée au trésor public.

Dans le cas contraire, la différence est reportée à la fin du ou des exercices suivants, en tant que crédit à valoir sur le montant éventuel dû.

Même s'il reste un crédit à valoir, la société continuera néanmoins à verser mensuellement au trésor, l'acompte provisionnel. Elle n'était pas autorisée à demander le remboursement de ce crédit.

Même si le résultat financier réalisé par la société est déficitaire, elle était obligée de verser le minimum de 12,5% de la valeur frontière des produits expédiés

Les sociétés conventionnées ne devaient commencer à verser la CGF qu'à l'expiration de la 5ème année suivant la date du début d'exploitation de chaque mine.

La valeur frontalière à la base de laquelle on appliquait le taux de la CGF était déterminée par le London Métal Exchange, qui déterminait également la quantité à fournir sur le marché mondial pour chaque producteur.

CRITIQUE DU SYSTEME

➢ **Pour l'Etat :**

- Ce système était très intéressant pour l'État, car ce système lui permettait d'avoir des revenus stables et réguliers.
- Par ailleurs, l'Etat bénéficiait de la garantie de non remboursement des sommes acquises.
- Ce système permettait à l'État de s'adapter aux évolutions du marché (la valeur frontalière était déterminée par le cours de marché).

➢ **Pour l'entreprise :**

Le seul avantage de ce système ne concerne que les entreprises qui ont signé la convention d'investissement.

En effet, grâce à ce système, ces entreprises payaient la CGF que 5 ans après le début d'exploitation.

D'autres modifications substantielles de la période :

- En 1981, l'ordonnance loi du 2 avril 1981 modifia la loi minière de 1967. Elle institua sans préjudice des dispositions du code de contribution, une redevance superficiaire annuelle au profit des communautés traditionnelles dont les droits de concession foncière ont été lésés en tout ou partie du fait de l'octroi des droits miniers. Cette ordonnance a permis aussi la constitution de provision pour la reconstruction des gisements, à condition que celle-ci soit employée dans les 2 années de sa constitution pour les travaux de prospection, de recherche, et de développement minier. Cette provision devait être inférieure ou égale à 15% du montant brut des ventes sans pour autant excéder 50% du bénéfice imposable. Après 2 ans de leurs constitutions, ces provisions devaient être employées automatiquement ou être réincorporées aux résultats de l'exercice suivant.
- L'ordonnance loi du 2 avril 1981 fut modifiée par celle du 5 novembre 1982. Cette dernière libéralisa l'exploitation artisanale et supprima le permis d'exploitation artisanale.
- L'ordonnance loi de 1982[30] fixa clairement les dispositions fiscales applicables aux comptoirs d'achat agrées, tandis que un arrêté départemental définissait les obligations fiscales des exploitations artisanales.
- L'ordonnance loi n° 86-007 du 27 décembre 1986 réglementa le séjour et la circulation des étrangers dans les zones minières.
- En 1988, l'ordonnance loi n° 88-032 du 29 septembre 1988 fixa la durée des droits exclusifs de reconnaissance et d'exploitation des ressources minérales à 5 ans, renouvelable deux fois pour la même durée.

Mais à chaque renouvellement, le titulaire devrait abandonner la moitié de la surface précédemment détenue.

---

[30] Ordonnance loi n° 82-039 du 5 novembre 1982.

SECTION III : DEPUIS 1997 (CHANGEMENT DE RÉGIME POLITIQUE)

Après la chute du Président MOBUTU, le 17 mai 1997, le droit minier a connu deux grandes évolutions

§ 1. LA PÉRIODE DE 1997 À JUILLET 2002[31]

- L'arrêté ministériel du 12 novembre 1998, a modifié le taux de l'impôt sur la superficie des concessions minières et d'hydrocarbures. Pour l'exploitation des mines, le taux a été fixé à 0,004 $ US par hectare de concession, pour les concessions de recherche, le taux a été fixé à 0,02 $ Us par hectare.
- L'arrêté ministériel n° 001 du 10 février 1999 apporta une modification provisoire des droits de sortie du diamant et de l'or. le taux a été fixé à 1,5% pour l'exploitation artisanale de diamant et de l'or, et il a été fixé à 3% pour la production industrielle desdits produits.
- L'arrêté ministériel n° 001- du 9 février 1999 a fixé un régime de taxation unique applicable aux activités d'exploitation artisanale de l'or et du diamant (creuseurs et comptoirs d'achat), cet arrêté a également fixé les valeurs minimales d'achat pour les comptoirs agréés.

§ 2. DE JUILLET 2002 À MARS 2018

Le droit minier Congolais avant la révision était régi par l'ordonnance loi du 11 juillet 2002[32], qui a été complétée par le décret d'application du 26 mars 2003[33] portant règlement minier.

Les raisons qui ont conduit les nouvelles autorités à mettre en place un nouveau code minier sont principalement les suivantes :

A la fin des années 90, le Congo qui comptait parmi les dix premiers producteurs mondiaux de certaines MPM telles que le cobalt, le diamant, le cuivre, l'étain, le zinc, le tantale, l'or, a disparu du rang des grands producteurs de ces matières premières minérales.

Les raisons principales de ce déclin sont :

- Le maintien d'un cadre légal peu attractif pour les investissements miniers.
- L'insuffisance sinon l'absence des travaux de recherches géologiques et minières.
- Le désinvestissement dans le secteur minier.

---

[31] Le 11 juillet 2002 est la date de l'ordonnance qui a institué le code minier.

[32] Loi n° 007/2002

[33] Décret n° 038/2003

- L'instabilité politique exacerbée par des conflits ethniques et les guerres.
- La chute des cours de la plupart des métaux produits par le pays.
- La dégradation généralisée du cadre macroéconomique.

Depuis la signature des accords de Sun city[34] en 2003, et le retour de bailleurs de fonds, absents en RDC depuis plusieurs années, ces derniers avaient suggéré une refonte rapide et en profondeur de l'Etat et des législations nationales sectorielles, en contrepartie de l'annulation de la majeure partie de la dette.

L'objectif essentiel de ces réformes étaitla mise en valeur des richesses naturelles du pays, afin que les investissements directs étrangers (IDE) puissent servir de moteur pour la relance de la croissance économique.

C'est dans ce contexte qu'une loi minière avait été mise en place.

Le code minier de juillet 2002 qui sera analysé ci-après, est divisé en deux parties (1ère partie : généralités et la 2ème partie : la loi).

Chaque partie comporte 17 titres, soit au total 34 titres regroupés dans 344 articles.

Le décret n° 038/2003 du 26 mars 2003[35] portant règlement minier, est venu compléter le code minier.

Il est divisé en 24 titres, et comporte 597 articles.

§ 3. LA LOI DU 9 MARS 2018 MODIFIANT ET COMPLÉTANT LA LOI DU 11 JUILLET 2002

Dix ans après la promulgation du Code minier de 2002, les parties prenantes (Gouvernement, Entreprises minières et Société civile) se sont activées à analyser les points forts et les points faibles de la législation minière de 2002.

Le code minier de 2002 avait atteint l'un de ses principaux objectifs, à savoir attirer les investisseurs.

Mais, la population Congolaise n'avait pas bénéficié de la manne et des retombées de cette activité minière.

L'autre des objectifs de la mise en place du code de 2002 était de mettre en place des procédures rapides d'octroi des titres miniers.

Le CAMI a été créé à cet effet, et rempli tant bien que mal cet objectif.

Les grands sujets auxquels le code minier de 2002 n'avait pas résolu sont divers, et on peut citer entre autres :

- La question de la transparence des procédures,
- La transparence dans les contrats,
- La transparence dans la perception et la gestion des taxes, etc.

---

[34] Signé le 2 avril 2003 en Afrique du Sud.

[35] Journal officiel spécial du 1 er avril 2003.

- Le régime fiscal n'a pas produit des effets escomptés, et n'a été tourné qu'à la faveur des investisseurs et de leurs sous-traitants.
- Les questions de Responsabilités Sociales des Entreprises (RSE),
- Le manque du respect des droits des communautés locales,
- La dégradation de l'environnement, les revendications des communautés locales relatives à l'accès à la propriété minière,
- Les problèmes des relocations et la mise en place de plans de développement durable visant à améliorer le bien-être économique et social des communautés affectées par les projets miniers pendant et après l'exploitation,
- L'indemnisation des communautés en cas de délocalisation économique et/ou physique,
- Les problèmes de la consultation publique au cours de l'élaboration de l'étude d'impact environnemental et social pour permettre la participation active des communautés locales affectées par les projets miniers ou de carrière tel que prévue par le règlement minier,
- Les problèmes d'exécution des plans d'atténuation et de réhabilitation prévues au plan environnemental en cours ou à la cessation des activités de recherches ou d'exploitation minières,
- Les problèmes des enfants et femmes dans les mines artisanales,
- L'insuffisance des données géologiques,
- L'inexistence d'une politique de promotion des investissements,
- L'absence de modalités objectives d'exécution et de suivi des projets d'exploration et d'exploitation,
- L'inadéquation des systèmes de recouvrement fiscal, etc.

Ces différentes lacunes qui n'étaient pas traitées dans le code minier, ont nécessité sa révision.

Pour la réforme du code minier, il avait été institué en 2012, une commission technique du gouvernement pour réaliser un projet de révision dudit code minier.

Ce projet de loi a été présenté aux parties prenantes à savoir, la société civile, le gouvernement, les opérateurs économiques. Après plusieurs amendements, le projet a été validé et présenté au parlement en tant que projet de loi.

Les Principales modifications contenues dans la loi modificative du code minier sont les suivantes :

A. Précision de la répartition des compétences entre le Président de la République et le premier ministre.[36]

Le code minier révisé a affecté au premier ministre les rôles qui ont été précédemment confiés au Président de la République.

Ainsi, la nouvelle rédaction de l'art 9 se présente comme suit ;

« Conformément aux dispositions du présent Code et des autres textes en la matière, le Premier Ministre est compétent pour :

« a) édicter ou modifier le Règlement minier pour l'application du présent Code ;

b) classer, déclasser ou reclasser les substances minérales en mines ou en produits des carrières et inversement ;

c) confirmer la réservation d'un gisement soumis à l'appel d'offres faite par arrêté du Ministre ;

d) déclarer une substance minérale substance minérale stratégique ;

e) décréter une zone interdite aux travaux miniers, à l'activité minière ou aux travaux de carrières ;

f) déclarer le classement ou le déclassement d'une substance minérale en substance réservée ;

g) délimiter ou classer une portion du territoire en aire protégée.

Le Premier Ministre exerce les prérogatives ci-dessus par voie de décret, délibéré en Conseil des Ministres sur proposition du Ministre, et le cas échéant, des Ministres compétents. »

B. La répartition des compétences entre le Gouverneur, le Ministre provincial et le chef de division provincial[37]

a. Le Gouverneur de Province

Le code minier révisé a étendu le rôle du gouverneur de province :

Le gouverneur de province est compétent pour :

- élaborer et proposer, conformément aux normes générales du planning national, à l'assemblée provinciale la politique provinciale relative aux programmes miniers, minéralogiques, industriels, énergétiques d'intérêt provincial ;
- superviser l'exécution par le gouvernement provincial des édits relatifs à la politique provinciale relative aux programmes miniers, minéralogiques, industriels,énergétiques d'intérêt provincial ;
- proposer l'érection d'une zone interdite aux activités minières ;
- émettre un avis en cas d'institution d'une zone d'exploitation artisanale.[38]

---

[36] Titre I chapitre 2 code minier révisé

[37] Titre I chapitre 2 section 3 du code minier révisé

[38] Art 11 du code minier révisé

b. Le ministre provincial

Le rôle du ministre provincial a été renforcé mais néanmoins, il doit obtenir l'avis de conformité du chef de division provincial de mines.

« Le Ministre provincial est compétent, après avis de conformité du Chef de Division provinciale des mines, pour :

- exécuter, sous la supervision du Gouverneur de province, et le cas échéant en concertation avec d'autres départements ministériels provinciaux impliqués, les édits relatifs à la politique provinciale relative aux programmes miniers, minéralogiques, industriels, énergétiques d'intérêt provincial ;
- délivrer les cartes d'exploitant artisanal ;
- délivrer les cartes des négociants des produits d'exploitation artisanale ;
- autoriser la détention des produits miniers par des bijoutiers, joailliers, artistes et dentistes ;
- exercer, en harmonie avec les services techniques du ministère des mines et des établissements sous tutelle du Ministre, la supervision des activités des services du ministère de mines installés en province
- délivrer un récépissé au titulaire d'un droit minier ou de carrières avant le commencement de ses activités dans la province, conformément aux dispositions de l'article 215 du présent Code ;
- accorder aux artistes agréés par le ministère en charge de la Culture et des Arts l'autorisation spéciale dont il est question à l'article 115 du présent Code ;
- octroyer les autorisations de recherches des produits de carrières et les Autorisations d'exploitation de carrières de matériaux de construction à usage courant ;
- décider de l'ouverture des carrières pour les travaux d'utilité publique sur les terrains domaniaux. » [39]

C. L'organisation de l'exploitation artisanale des personnes physiques de nationalité congolaise à travers les coopératives minières agréées (art 26 du code minier)

« Sans préjudice des dispositions de l'article 27 ci-dessous, seules les personnes physiques majeures de nationalité congolaise détentrices des cartes d'exploitant artisanal et affiliées aux coopératives minières ou des produits de carrières agréées sont éligibles à l'exploitation artisanale »[40]

D. La participation de l'Etat dans les entreprises minières a été relevées de 5 à 10% cette participation se fera lors de la

[39] Art 11 bis du code minier révisé

[40] Art 26 al 1 du code minier révisé

transformation du permis de recherche en permis d'exploitation (art 71 litera d)

« L'octroi du Permis d'Exploitation est subordonné aux conditions suivantes dans le chef du requérant :

« d- céder à l'Etat 10 % des parts ou actions constitutives du capital social de la société requérante. Ces parts sont libres de toutes charges et non diluables ; »

E. La clause de stabilité a été ramenée de 10 à 5 ans : art 276: « les droits attachés ou découlant d'un permis de recherche ou droit minier d'exploitation ....demeurent acquis, et intangibles pendant une période de 5 ans :

« L'Etat garantit au titulaire des droits octroyés sous l'empire de la présente loi, la garantie de stabilité du régime fiscale, douanier et de change qui demeure acquise et intangible jusqu'à la fin d'une période de cinq ans, à compter de la date de :

- l'entrée en vigueur du présent Code pour les droits miniers d'exploitation valides existant à cette date ;
- l'octroi du droit minier d'exploitation acquis postérieurement en vertu d'un permis de recherches valide existant à la date de l'entrée en vigueur de la présente »

F. L'art 276 met en place deux mécanismes de stabilités :

- Les titulaires des permis d'exploitation valides à l'entrée en vigueur du code minier révisé.
- Les titulaires des permis d'exploitation transformés postérieurement en vertu de permis recherche valide à la promulgation du code minier révisé.

G. L'art 77 bis al 1 a introduit une disposition particulière qui porte sur la notion de la mine distincte.

En fait des lors que l'exploitation d'une mine existante porte sur l'exploitation des substances minérales non associés, le titulaire du permis d'exploitation est obligée de solliciter un droit minier distinct sur ces substances minérales.

« Le titulaire d'un permis d'exploitation qui désire exploiter les substances minérales non associées est obligé de demander un droit minier d'exploitation distinct sur ces substances, conformément aux dispositions du présent code.

Dans le cas où le titulaire du permis d'exploitation ne sollicite pas une telle extension, la direction des mines le met en demeure de la solliciter dans un délai de soixante jours… »

H. Il est inséré un art 77 ter qui porte sur l'extension de l'usine d'exploitation.

L'objectif poursuivi est le suivi des investissements. En fait le titulaire d'un permis d'exploitation qui désire étendre son usine, doit solliciter l'autorisation du ministre des mines.

L'art 220 bis cite les différentes taxes, droits et impôts applicables à percevoir au profit du pouvoir central.

Le contribuable visé est soumis, au profit du pouvoir central, dans le cadre de ses activités minières, aux impôts, taxes, droits et redevances ci-après:

I. Impôts, taxes, droits et redevances suivant les modalités du code minier

- Impôt sur les bénéfices et profits
- Impôt professionnel sur les prestations de services rendus par des personnes physiques ou morales non établies en RDC
- Impôt sur les revenus mobiliers
- Impôt professionnel sur les rémunérations
- Impôt exceptionnel sur les rémunérations
- Impôt exceptionnel sur les rémunérations des expatriés
- Droits d'entrée
- Droits d'accises
- Droit proportionnel pour approbation et enregistrement des hypothèques
- Droits pour approbation, et enregistrement des cessions
- Taxe pour approbation et enregistrement d'amodiation, de contrat d'option et de transmission
- Droits superficiaire annuels par carré
- Droits proportionnels par carré
- Droits proportionnels pour la cession des parts
- Redevance minière
- Bonus de signature
- Pas de porte

J. Impôts, taxes, droits et redevances suivant les modalités du droit commun

- Taxe sur la valeur ajoutée
- Taxe sur l'autorisation de minage temporaire
- Taxe sur les exportations des échantillons destinés aux analyses et essais industriels lorsque ceux-ci sont exportés en violation de l'art 50 al 3 du code minier, vendus aux tiers au profit ou par le fait du titulaire

avant ou après analyse ou essai, et enfin en cas d'exportation qui revêt un caractère commercial

- Droit d'octroi de la carte de travail pour étranger
- Taxe sur la télécommunication
- Droit d'enregistrement des dragues
- Taxe d'agrément des dépôts des explosifs
- Redevance annuelle et caution pour les entités de traitement de toutes les catégories et tailleries
- Agrément de boutefeux

K. Il est introduit un dispositif particulier sur le cahier des charges type pour les sociétés minières en rapport avec leur responsabilité sociale vis-à-vis des populations locales (art 285 septies)

« Le cahier de charges définit la responsabilité sociale des titulaires de droits miniers d'exploitation ou de l'autorisation d'exploitation de carrière permanente vis-à-vis des communautés locales affectées par les activités minières.

Le cahier de charges a pour objet d'orienter et d'organiser la mise en œuvre des engagements des titulaires de droits miniers d'exploitation ou de l'autorisation d'exploitation de carrière permanente relatifs à la réalisation des infrastructures socio-économiques et services sociaux au profit des communautés locales affectées par ses activités minières.

Il vise également à servir de cadre d'accord devant permettre la concrétisation des actions du développement durable visant à améliorer le bien-être économique, social et culturel des populations locales affectées par les activités minières des titulaires de droits miniers d'exploitation ou de l'autorisation d'exploitation de carrière permanentes pendant et après l'exploitation

Les titulaires de droits miniers d'exploitation ou de l'autorisation d'exploitation de carrière permanente sont tenus, selon le cas, dans un délai de un an ou trois ans à partir de la délivrance de son titre minier ou de carrière, d'élaborer et de déposer le cahier de charge définissant la responsabilité sociale vis-à-vis des communautés locales affectées par les activités minières et d'en obtenir l'approbation auprès de la direction chargée de protection de l'environnement miner.

Le règlement minier détermine les règles afférentes aux négociations ainsi que les modalités pratiques de l'établissement, du dépôt, de la recevabilité, de l'instruction et de l'approbation du cahier de charges définissant la responsabilité sociale vis-à-vis des communautés locales affectées par les activités minières. »

L. Il est introduit un avis social pour l'obtention d'un permis d'exploitation (art 42 du code minier)

« l'Agence Congolaise de l'Environnement, le Fonds national de promotion et de service social, en collaboration avec la Direction chargée de la protection de l'environnement minier et, le cas échéant, tout autre organisme de l'Etat concerné, instruisent l'EIES et le PGES relatifs à la demande de droit minier d'exploitation ou de l'autorisation d'exploitation de carrière permanente, le PAR relatif à une demande d'autorisation d'exploitation de Carrière temporaire, le dossier de la demande de transfert du droit minier ou de l'autorisation d'exploitation de carrières permanente, ainsi que le plan pour la contribution du projet au développement des communautés environnantes. »

M. Désormais, les activités de sous traitance dans le secteur des mines et des carrières sont exercées exclusivement par les sociétés congolaises (art 108 quinquies)

Les activités de sous-traitance déterminées à l'article 1 point 48 du présent Code sont exercées conformément à la Loi n°17/001 du 8 février 2017 fixant les règles applicables à la sous-traitance dans le secteur privé.

Est qualifié de Sous-traitant : « toute personne morale de droit congolais à capitaux congolais fournissant du matériel ou effectuant des travaux et/ou prestations des services nécessaires pour le compte du titulaire dans le cadre de ses activités minières en vertu de son titre minier et comprenant notamment la construction des infrastructures industrielles, administratives, socio-culturelles et autres nécessaires au projet ainsi que toutes autres prestations directement liées au projet minier » ;[41]

N. Le titulaire des titres miniers est tenu de rapatrier 60% du prix de vente en phase d'amortissement et 100% une fois l'amortissement est terminé (art 269)

« Le titulaire qui, en phase d'amortissement de son investissement, exporte les produits marchands des mines est :

- autorisé à garder et à gérer dans son compte principal et ses comptes de service de la dette étrangère les recettes de ses ventes à l'exportation à concurrence de 40 %. Les modalités de l'approvisionnement des comptes destinés au service de la dette étrangère, ainsi que les modalités de paiement du service de la dette étrangère du titulaire, sont établies dans les conventions d'emprunt conclues par l'emprunteur avec ses bailleurs de fonds étrangers ;

[41] Art 1 litera 48

- Tenu de rapatrier obligatoirement dans son compte tenu en République Démocratique du Congo, 60 % des recettes d'exportation dans les quinze jours à dater de l'encaissement au compte principal »

« En cas d'amortissement de son investissement, il est tenu de rapatrier 100 % des recettes de ses ventes à l'exportation dans son compte national principal en République Démocratique du Congo dans le délai prescrit au litera b de l'alinéa précèdent »

O. la notion de substance minérale stratégique a été introduite dans le code minier (Art 7 bis)

« Si la conjoncture économique nationale ou internationale le permet, le Premier Ministre peut, par décret délibéré en Conseil des Ministres, sur avis des Ministres sectoriels concernés, déclarer certaines substances minérales substances stratégiques.

L'accès, la recherche, l'exploitation et la commercialisation des substances stratégiques sont régis par des dispositions règlementaires particulières. »

P. La valeur commerciale brut a été définie comme assiette de la redevance minière (art 240)

« Le titulaire du permis d'exploitation du permis d'exploitation des rejets, du permis d'exploitation des petites mines, e l'autorisation d'exploitation de carrières permanentes, autres que celles des matériaux de construction d'usage courants, et l'entité de traitement de catégorie B agréées sont assujettis à une redevance minière dont l'assiette est calculée sur la base de la valeur commerciale brute.

Les titulaires visés à l'alinéa précédent du présent article sont redevables de cette redevance sur tout produit marchand, à compter de la date de commencement de l'exploitation effective.

La redevance minière est calculée et due au moment de la sortie du produit marchand » du site de l'extraction ou des installations de traitement pour expédition.

Q. Les taux de la redevance minière ont été révisés à la hausse (art 241)

« Les taux des redevances minières sont de :

- 0 % pour les matériaux de construction d'usage courant ;
- 1 % pour les minéraux industriels, les hydrocarbures solides et autres substances non citées ;
- 1 % pour le fer et les métaux ferreux ;
- 3,5 % pour les métaux non ferreux et/ou de base ;

- 3,5 % pour les métaux précieux ;
- 6 % pour les pierres précieuses et de couleur ;
- 10 % pour les substances stratégiques.

Le Règlement minier précise les éléments concernés

R. La confirmation des dispositions visant la fin du régime conventionnel (art 340)

« Toutes les conventions minières en vigueur à la promulgation de la présente loi sont régies par les dispositions du présent Code. »

Tableau comparatif des dispositions fiscales du Code minier de 2002 et les amendements apportés par la révision de 2018

IMPOTS – TAXES ET REDEVANCES	CODE DE 2002	CODE DE 2018
Redevances		
Taux de la redevance-métaux précieux	2,5%	3,5%
Taux de la redevance-métaux non-ferreux	2,0%	3,5%
Substances /métaux stratégiques	n/a	10%
Assiette de la redevance (nette/brute)	Nette	Brute
Répartition : central/provincial/ local/fonds gen. Futures	60/25/15/0	50/25/15/10
Impôts sur les bénéfices		
Taux de l'impôt sur les bénéfices	30%	30%
Report des pertes (années)	5 (sauf amortissements)	5
Report des pertes (années)	Exceptionnel (60% 1ère année)	Linéaire
Cloisonnement des projets (mines distinctes)	Non	Oui
Taxes spéciales profits excédentaires	n/a	Impôt sur les profits excédentaires 50%
Autres et impôts secteur minier		
Pas de porte	n/a	1% de la valeur en place d'un gisement étudie, documenté ou travaillé appartenant à l'Etat
Impôt sur le revenu des valeurs mobilières	Contribution mobilière de 10% sur les dividendes et 0% sur les intérêts	Impôt mobilier de 10% sur les dividendes et 0% sur les intérêts

Participation gratuite de l'Etat	5%	10% +5% à chaque renouvellement du permis d'exploitation
Droits de douanes	2% en phase de développement puis 5%, sauf carburant 3%	2% en phase de développement, puis 5%, sauf biens intermédiaires 10%. Droit commun à partir de la 6ème année d'exploitation.
Contribution / taxe sur la superficie des concessions minières	De 0,02 à 0,04 USD/ha (recherche) puis de 0,04 à 0,08 USD (exploitation)	De 0,2 à 0,4 USD/ha (recherche) puis de 0,4 à 0,8 USD/ha (exploitation)
Droits superficiaires annuels par carré	Recherche : 0,03 USD/ha (2 ans) puis 0,31 (1ère période), 0,41 (2ème période) 0,51 (3ème période). Exploitation : 5 USD/ha	
Impôt exceptionnel sur les rémunérations versées au personnel expatrié	10%	50% du taux du droit commun pendant 10 ans, puis droit commun
Impôt professionnel sur les prestations de services	n/a	14% des paiements à des personnes non établies en RDC
Contribution sur les chiffres d'affaire à l'intérieur/TVA	10%	Droit commun
Autres taxes et impôts droit commun		
Contribution/impôt sur les véhicules (sauf dans l'enceinte du projet minier)	Contribution sur les véhicules	Impôt sur les véhicules
Taxe spéciale de circulation routière	Oui	Oui
Contribution / impôts sur les revenus locatifs	Contribution cédulaire sur les revenus locatifs	Impôt sur les revenus locatifs
Impôt professionnel rémunérations	Oui	Oui
Taxe sur l'autorisation de minage temporaire	n/a	Oui
Droit d'octroi de la carte de travail pour étranger	n/a	Oui
Taxe sur la télécommunication	n/a	Oui
Taxe d'agrément des dépôts des explosifs	n/a	Oui
Droit d'enregistrement des dragues	n/a	Oui
Redevance annuelle et caution pour les entités de traitement	n/a	Oui
Agrément de boutefeux	n/a	Oui

Taxes et redevances du secteur forestier et protection de l'environnement	n/a	Taxe d'implantation et taxe rémunératoire annuelle de l'environnement, taxe de déboisement
Droit proportionnels	n/a	Pour approbation et enregistrement des cessions et hypothèques et pour la cession des parts et actions sociales taux de droit commun
Autres dispositions		
Applications des amendements	n/a	Immédiate pour l'ensemble des amendements
Stabilisation de la législation	10 ans après tout amendement du code	5 ans après l'entrée en vigueur du code 2018
Participation obligatoire de personnes physique de nationalité congolaise au capital social.	n/a	10%
Règles de la sous traitance contenu local	n/a	Application de la loi n°17/001 du 08 février 2017 seules sociétés dont la majorité du capital est détenue par des congolais
Régime de changes		
Rapatriement obligatoire des recettes d'exportation	40%	60% et 100% après amortissement
Utilisation des recettes rapatriées	n/a	Uniquement pour les dépenses domestiques en faveur des résidents
Redevance de contrôle / suivi de change due à la Banque Centrale	2/1000 sur opération depuis ou à destination de l'étranger	2/1000 sur 100% des recettes d'exploitation

Tableau 5

Ainsi, outre la présentation historique du Droit minier Congolais, la première partie de cet ouvrage comportera huit autres chapitres :

1) Le droit et la fiscalité miniers de la RDC (Chapitre II),
2) Régime juridique et fiscal particulier de l'exploitation minière à petite échelle et l'exploitation minière artisanale (chapitre III)
3) Le régime douanier général des mines (chapitre IV)
4) La problématique de la taxe de promotion pour l'industrie (chapitre V)
5) Les problèmes techniques et juridiques d'assiettes et de recouvrement des taxes, impôts, et droits miniers (chapitre VI).
6) Critique du système fiscal minier congolais (chapitre VII)
7) La pratique de la fraude et de l'évasion fiscale sera présentée au (chapitre VIII)

CHAPITRE II

Le droit et la fiscalité miniers de la République démocratique du Congo

Tel qu'il est indiqué ci-dessus, le droit minier Congolais actuel est régi essentiellement par deux textes : La loi minière du 11 juillet 2002 tel que modifiée et complétée par la loi n° 18/001 du 9 mars 2018, et son décret d'application du 26 mars 2003 tel que complété et modifie par le décret n° 18/024 du 8 juin 2018.

Toutefois, au niveau des provinces, il existe plusieurs édits qui réglementent l'activité minière artisanale, particulièrement dans le domaine des taxes.

Ces textes paraissent théoriques, trop nombreux et complexes.

Cette complexité s'explique par la diversité des matières premières minérales du pays, par les types d'exploitations définies par les textes miniers, et enfin par la diversité des acteurs qui interviennent dans l'administration du code minier et dans l'activité minière elle-même.

Le code minier congolais Actuel fait partie de la quatrième génération des reformes des codes miniers initiés par les organismes de Breton Woods.

Il est rappelé que la première génération des codes miniers a été introduite au cours des années 80 et a été illustrée par le Ghana.

La seconde génération, celle des années 90 a été illustrée par la Guinée.

Et la troisième génération des années 2000, concerne les pays tels que la Tanzanie, le Mali, et le Madagascar.

La quatrième génération est celle des années 2010.

Pour une bonne compréhension du sujet, nous examinerons successivement :

Le droit minier de la RDC (section I), la fiscalité minière de la RDC (section II),

Il est précisé que que les activités de prospection, l'exploration et d'exploitation des hydrocarbures liquides ou gazeux ainsi que les activités ou opérations concernant les eaux thermales ou minérales sont exclues du code minier, car elles sont traitées par la loi portant régime général des hydrocarbures ou par les législations particulières, selon le cas.[42]

SECTION I : LE DROIT MINIER DE LA RDC

§ 1. LES TITRES MINIERS DE LA RDC

Les titres miniers de la RD Congolais sont :

- le permis de recherche,
- le permis d'exploitation,
- le permis d'exploitation des rejets,
- le permis d'exploitation des petites mines,
- Les autres titres et droits liés à l'activité minière (De la détention, transport, entreposage, stockage et commercialisation).
- Les titres liés à l'exploitation artisanale
- Des marches boursiers des substances minérales de production artisanale

A. Le permis de recherche

I. Les Droits et les obligations du titulaire du permis de recherche

Le permis de recherche confère à son titulaire, le droit exclusif d'effectuer, à l'intérieur du périmètre sur lequel il est établi, et pendant la durée de sa validité, les travaux de recherches des substances minérales classées en mines pour lesquelles le permis est accordé et les substances associées si le titulaire demande l'extension du permis à ces substances.

En application des dispositions de l'article 50 bis du code minier, le titulaire du permis de recherche est tenu, avant de commencer les travaux de recherche, de préparer et de déposer un plan d'atténuation et de réhabilitation (PAR)[43].

Le titulaire d'un Permis de recherches est autorisé à prélever des échantillons des substances minérales dans le Périmètre faisant l'objet de son Permis de recherches pour des analyses ou des essais industriels dans le laboratoire ou dans l'usine de son choix.

Tout échantillon prélevé dans le cadre du Permis de recherches est propriété de l'Etat.

Sans préjudice de la législation douanière, si le titulaire désire envoyer les échantillons prélevés à l'étranger pour analyse ou essais, il doit déposer préalablement une description desdits échantillons reprenant notamment leurs nombre, volume et poids auprès de la Direction de géologie et obtient

---

[42] Art 2 dernier alinéas du code minier

[43] Art 110 du règlement minier

le visa de ce service sur une copie de la description, qui vaut laissez-passer pour les échantillons prélevés.

Le Permis de recherches confère également à son titulaire le droit d'obtenir un Permis d'exploitation pour tout ou partie des substances minérales qui font l'objet du Permis de recherches et les substances associées à l'intérieur de la superficie couverte par le Permis de recherches s'il en découvre un gisement économiquement exploitable.

Les travaux de recherche doivent commencer dans un délai d'un an à compter de l'obtention dudit permis de recherche.[44]

II. Les Périmètres du permis de recherche et la garantie financière

La superficie du permis de recherche ne peut dépasser un maximum de 400 Km^2, soit 471 carrés.[45]

Nul n'a le droit de détenir plus de 50 permis de recherche (société mère y compris ces filiales), dont l'ensemble de la superficie ne peut dépasser 20 000 km^2 sur l'ensemble du territoire national[46], soit 23.542 carrés.[47]

Outre les conditions d'éligibilités sus-indiquées, le requérant du permis de recherche doit justifier de la capacité financière nécessaire pour la réalisation de son projet.

Cette garantie financière doit correspondre à dix fois le montant total des droits superficiaires annuels par carré payable pour le permis sollicité.

Le demandeur doit joindre à sa demande la preuve de la capacité financière.[48]

La preuve de la capacité financière doit correspondre au budget prévu pour l'exécution du programme de recherches.

Dans tous les cas, le requérant doit produire l'attestation bancaire relative à la disponibilité des fonds propres, dûment appuyée d'un extrait bancaire original délivré par une banque congolaise agréé, conformément à l'article 58 du Code Minier.

Ces fonds affectés à ladite capacité financière sont bloqués et peuvent être vérifiés à tout moment par le Cadastre Minier pendant toute la période d'examen du dossier de demande.[49]

III. La demande du permis de recherche et l'instruction cadastrale

La demande du permis de recherche est déposée au choix du requérant, soit au cadastre minier central, soit au cadastre minier provincial concerné.

---

[44] Art 197 du code minier
[45] Chaque carré couvre une superficie de 84,955 hectares. (art 2 point 10 du règlement minier)
[46] Article 53 du code minier.
[47] Art 95 du règlement minier
[48] Art 54 du code minier
[49] Art 80 du règlement minier

Le cadastre minier se prononce sur la recevabilité de la demande, et instruit le dossier.

La demande du permis de recherche ne peut faire l'objet des instructions techniques et environnementale.[50]

Pour obtenir le permis de recherche, le requérant doit fournir les documents suivants :

1) L'attestation fiscale ou l'équivalent, en cours de validité délivrée par l'Institution compétente du pays d'origine du requérant ;
2) L'attestation de bonne vie et mœurs et l'extrait du casier judiciaire en cours de validité pour les associés de la personne morale, délivrés par les autorités compétentes du pays d'origine ;
3) L'engagement écrit de déclarer en République Démocratique du Congo les profits et revenus réalisés.[51]

A l'issue de l'instruction cadastrale, le cadastre minier central émet l'avis cadastral et le transmet au ministre des mines, avec une copie du dossier et un projet d'arrêté.

Le ministre des mines a 30 jours à compter de la réception du dossier de la demande dans ces services, pour prendre l'arrêté d'octroi du permis de recherche et le transmettre au cadastre minier central.

Tout refus d'octroi du Permis de Recherches est motivé et donne droit aux recours prévus par les dispositions des articles 313 et 314 du Code.

Le cadastre minier délivre le permis de recherches après présentation par le demandeur, du récépissé de paiement des droits superficiaires.

VI. Durée du permis de recherche et renouvellement

La durée du permis de recherche est de 5 ans renouvelable une fois pour la même durée pour toutes les substances minérales.[52]

Le Permis de recherches est renouvelable sous certaines conditions.

A l'occasion du renouvellement, le titulaire du Permis de recherches renonce d'office à au moins 50 % du périmètre couvert par son permis et doit élaborer et obtenir l'approbation du Plan d'atténuation et de réhabilitation révisé pour l'activité proposée, avant de poursuivre les travaux de recherches minières.[53]

B. Le permis d'exploitation

I. Généralités sur le Permis d'exploitation

Le titulaire d'un permis de recherche peut à tout moment demander la transformation partielle de celui-ci en permis d'exploitation ou en permis

---

[50] Art 55 du code minier
[51] Art 23 bis du code minier op cit
[52] Art 52 du code minier
[53] Art 62 du code minier al 3

d'exploitation de petites mines, pour une partie de la superficie couverte par son permis de recherche, tout en maintenant ses droits exclusifs de recherches sur le reste de la superficie.

Le permis d'exploitation confère à son titulaire, le droit exclusif d'effectuer à l'intérieur du périmètre sur lequel il est établi et pendant la durée de sa validité, les travaux de recherches, de développement, de construction et d'exploitation visant les substances minérales pour lesquelles le permis est établi et les substances associées s'il en a demandé l'extension.

Le permis d'exploitation est un droit réel, immobilier, exclusif, cessible, transmissible et amodiable. Ce droit est constaté par un titre minier dénommé certificat d'exploitation.[54]

II. Les droits conférés par le permis d'exploitation

Le Permis d'exploitation confère à son titulaire le droit exclusif d'effectuer, à l'intérieur du Périmètre sur lequel il est établi et pendant la durée de sa validité, les travaux de recherche, de développement, de construction et d'exploitation visant les substances minérales pour lesquelles le permis est établi et les substances associées ou non associées s'il en a demandé l'extension.

Le titulaire du Permis d'exploitation a l'obligation de traiter et de transformer sur le territoire congolais les substances minérales qu'il exploite.[55]

III. La durée du permis d'exploitation et les limites dudit permis

La durée de validité du permis d'exploitation ne peut dépasser 25 ans.

Il est renouvelable sur demande de son titulaire pour des périodes n'excédant pas 15 ans.[56]

La superficie du périmètre du permis d'exploitation est celle du permis de recherche dont il découle, ou celle de la partie du périmètre du permis de recherche transformée en permis d'exploitation, et ne peut dépasser 471 carrés.[57]

Une personne et ses affiliées ne peuvent détenir plus de 50 permis d'exploitation.[58]

IV. Les conditions d'octroi du Permis d'exploitation

L'octroi du Permis d'Exploitation est subordonné aux conditions suivantes dans le chef du requérant :

[54] Art 65 du code minier
[55] Art 64 bis du code al 2
[56] Art 67 du code minier
[57] Art 142 du règlement minier
[58] Art 68 al 2 du code minier

1) Démontrer l'existence d'un gisement économiquement exploitable en présentant une étude de faisabilité, accompagnée d'un plan d'encadrement technique des travaux de développement, de construction et d'exploitation de la mine ;
2) Démontrer l'existence des ressources financières nécessaires pour mener à bien son projet selon un plan de financement des travaux de développement, de construction et d'exploitation de la mine ainsi que le plan de réhabilitation du site à sa fermeture. Ce plan précise chaque type de financement, les sources de financement visées et les justifications de leur disponibilité probable. Dans tous les cas, le capital social apporté par le requérant ne peut être inférieur à 40 % desdites ressources ;
3) Obtenir au préalable l'approbation de l'EIES et du PGES du projet ;
4) Céder à l'Etat 10 % des parts ou actions constitutives du capital social de la société requérante. Ces parts sont libres de toutes charges et non diluables ;
5) Créer, à chaque transformation, dans le cadre d'une mine distincte ou d'un projet minier d'exploitation distinct, une société affiliée dans laquelle la société requérante détient au moins 51 % des parts ou actions sociales ;
6) Déposer un acte d'engagement de se conformer au cahier des charges définissant la responsabilité sociétale vis-à-vis des communautés locales affectées par les activités du projet ;
7) Avoir respecté les obligations de maintien de la validité du permis prévues aux articles 196, 197, 198 et 199 du présent Code, en présentant :

- La preuve de la certification de commencement des travaux dûment délivrée par le Cadastre minier ;
- La preuve de paiement des droits superficiaires annuels par carré et de l'impôt sur la superficie des concessions minières ;

8) Donner la preuve de la capacité de traiter et de transformer les substances minérales en République Démocratique du Congo et déposer un acte d'engagement de traiter et de transformer ces substances sur le territoire congolais.[59]

La participation des personnes physiques de nationalité congolaise est requise pour la constitution de capital social des sociétés minières.

Les personnes visées à l'alinéa précédent détiennent au moins 10 % de capital social.[60]

[59] Art 71 du code minier
[60] Art 71 bis du code minier

V. Les éléments essentiels pour la demande et l'octroi du permis d'exploitation

a. La demande du permis d'exploitation

Toute demande du Permis d'Exploitation est établie sur un formulaire dûment rempli et signé par le requérant ou son mandataire en mines.

Le formulaire de demande du Permis d'Exploitation est retiré au Cadastre Minier central ou provincial.

La demande établit par le requérant, doit être déposée auprès du Cadastre Minier

Il est joint à la demande les documents ci-après :

- Une copie du Certificat de Recherches en cours de validité ;
- Le rapport sur le résultat de recherches en ce qui concerne la nature, la qualité, le volume et la situation géographique de la ressource minérale identifiée ;
- L'étude de faisabilité de l'exploitation du gisement ;
- Le plan d'encadrement technique des travaux de développement, de construction et d'exploitation de la mine ;
- L'EIES et le PGES pour le projet ;
- Le rapport sur les consultations avec les communautés locales et leurs représentants en application notamment des dispositions de la loi portant principes fondamentaux relatifs à la protection de l'environnement ;
- Le plan pour la contribution du projet au développement des communautés environnantes ;
- Le plan de financement avec identification des sources de financement visé ;
- La preuve de paiement des frais de dépôt.[61]

b. La déclaration notariée de cession à l'Etat de 10% du capital social de la société

Dans sa demande d'obtention du permis d'exploitation, le requérant doit produire, une déclaration notariée de cession à l'Etat de 10% du capital social de la société, représentés par des parts ou des actions, libres de toutes charges et non-diluables, ladite déclaration doit est établie par la personne ou les personnes légalement compétentes de la société.

La déclaration de cession ou l'ace d'engagement de cession doit préciser les éléments suivants :

- la dénomination sociale de la société;
- les statuts de la société dont copie est jointe à la déclaration d'engagement;
- la forme, et la valeur des parts ou actions de son capital social;

---

[61] Art 69 du code minier

- le nombre et la valeur totale des parts du capital social de la personne morale au moment de la déclaration notariée ;
- le nombre et la valeur totale des parts sociales ou actions du capital social de la personne morale prévus immédiatement après la cession de 10% des parts ou actions du capital social à l'Etat ;
- la forme, les affectations, le nombre et la valeur des 10% des parts du capital social de la personne morale qui seront cédés à l'Etat.

La partie finale de l'acte d'engagement comprend une requête tendant à demander à l'État congolais d'apporter les précisions sures :

- La personne publique qui va acquérir les parts ou les actions ;
- La date de la première rencontre sur la question de cession des parts ou des actions de la société ;
- Les personnes physiques mandatées par l'État congolais à cette rencontre. [62]

La déclaration d'engagement fait l'objet d'instruction technique.

La Direction des Mines vérifie la sincérité des données renseignées dans l'acte d'engagement.

c. La participation des personnes physiques de nationalité congolaise au capital social

Les sociétés minières doivent réserver au moins 10 % de leur capital social à des personnes physiques de nationalité congolaise en vertu de l'article 71 bis du Code Minier.

Les parts sociales réservées aux personnes physiques de nationalité Congolaise peuvent être acquises de la manière suivante :

- 5% à un ou plusieurs congolais capables d'acquérir les parts ou actions sociales ;
- 5% aux employés de l'entreprise minière.

La cession des parts ou actions sociales visées dans le présent article est libre.

Toutefois, l'Assemblée Générale, le Conseil d'administration ou la gérance, selon le cas, peut refuser d'approuver ou de consentir à la cession sollicitée si celle-ci est de nature à entamer les 10% des parts ou actions dévolues aux personnes physiques de nationalité congolaise. [63]

En cas de décès d'un associé ou actionnaire congolais visé par le présent article, la transmission de ses parts ou actions est faite en faveur de ses héritiers. S'il n'a pas d'héritiers, la transmission se fera conformément au droit commun des sociétés commerciales.

---

[62] Art 144 du règlement minier

[63] Art 144 bis du règlement minier

d. La recevabilité et la confirmation de la demande de permis d'exploitation

- **Recevabilité de la demande du permis d'exploitation**

Dès réception de la demande de Permis d'Exploitation, le Cadastre Minier vérifie si elle est recevable. La demande est recevable si elle est dûment établie, déposée et accompagnée des pièces requises conformément aux dispositions des articles 145 à 146 du règlement minier. En cas de recevabilité de la demande, le Cadastre Minier l'inscrit dans le cahier d'enregistrement général et délivre au demandeur un récépissé

En cas d'irrecevabilité de la demande, le Cadastre Minier renvoie le dossier de demande au requérant. Tout renvoi pour irrecevabilité est dûment motivé

- **Confirmation de la recevabilité de la demande sur les aspects environnemental et social du projet**

Au plus tard le jour ouvrable suivant celui du dépôt de la demande du Permis d'Exploitation recevable, le Cadastre Minier transmet à la Direction chargée de la Protection de l'Environnement Minier les documents joints à la demande pour la confirmation de leur recevabilité et la détermination des frais de dépôt afférant à l'instruction environnementale du projet de la demande.

Dans un délai de cinq jours ouvrables suivant la réception de ces éléments du dossier de la demande, la Direction chargée de la Protection de l'Environnement Minier vérifie :

- La recevabilité des documents, qui consiste à s'assurer que l'Etudes d'Impact Environnemental et le Plan de Gestion Environnementale de Projet sont déposés en trois exemplaires, certifiés conformes à la Directive sur l'Etudes d'Impact Environnemental par le requérant ou par un bureau d'études environnementales ;
- Le paiement effectif des frais de dépôt partiels afférant à l'instruction environnementale de la demande dont le montant est fixé par un arrêté interministériel des Ministres ayant respectivement les Mines et les Finances dans leurs attributions.

A l'issue de la confirmation de la recevabilité des éléments de la demande concernant les aspects environnemental et social du projet et de la détermination du montant des frais de dépôts y afférents, la Direction chargée de la Protection de l'Environnement Minier émet et transmet au Cadastre Minier central son avis de confirmation ou non confirmation de la demande de Permis d'Exploitation.

L'avis dont question à l'alinéa précédent confirme ou infirme :

- La conformité des éléments de la demande concernant les aspects environnemental et social du projet contenus au dossier à l'Etude d'Impact Environnemental et au Plan de Gestion Environnementale du Projet ;

- Le paiement du montant des frais de dépôt complémentaires afférant à l'instruction environnementale de la demande, fixé en tenant compte de la situation du périmètre.

La notification de l'avis de confirmation de la recevabilité doit indiquer le résultat de la confirmation de la recevabilité des éléments de la demande concernant les aspects environnemental et social du projet, le montant des frais de dépôt complémentaires afférant à l'instruction environnementale de la demande, les modalités de leur règlement et la date limite pour le paiement des frais de dépôt mentionnés, et la correction éventuelle des éléments de la demande concernant les aspects environnemental et social, qui sera trente jours après la date de la notification.

e. L'instruction cadastrale de la demande du Permis d'Exploitation

Dans un délai de dix jours ouvrables à compter de la date du dépôt de la demande du Permis d'Exploitation, le Cadastre Minier central ou provincial doit procéder à l'instruction cadastrale de la demande.

L'instruction cadastrale consiste à vérifier si :

- Le périmètre est constitué de carrés uniformes et indivisibles conformes au quadrillage cadastral du Territoire National ;
- Le périmètre a la forme d'un polygone composé de carrés entiers contigus et le polygone ne renferme pas de terrains ne faisant pas partie du périmètre ;
- Le requérant est le Titulaire du ou des Permis de Recherches en cours de validité dont le périmètre de recherches comprend le périmètre demandé au titre du Permis d'Exploitation;
- Le requérant est éligible à obtenir le Permis d'Exploitation ;
- L'octroi du Permis d'Exploitation n'a pas pour effet le dépassement des limites relatives à la superficie ou au nombre de Permis d'Exploitation.

S'il s'agit d'une demande de transformation partielle d'un ou de plusieurs Permis de Recherches, le Cadastre Minier provincial vérifie en outre si :

- Le périmètre non transformé est constitué de carrés faisant partie du périmètre de recherches existant ;
- Le périmètre non transformé a la forme d'un polygone constitué de carrés entiers contigus et le polygone ne comporte pas de terrains ne faisant pas partie du périmètre.

Si l'instruction cadastrale révèle des erreurs dans la forme du périmètre de recherches non-transformé ou dans l'identification des carrés qui en font partie, le Cadastre Minier corrige les erreurs et indique le périmètre à retenir et les carrés y contenus.

A l'issue de l'instruction cadastrale, le Cadastre Minier central ou provincial rend son avis cadastral.

f. La notification, de l'affichage et de la transmission de l'avis cadastral

Le Cadastre Minier central ou provincial où la demande a été déposée régulièrement notifie son avis cadastral au requérant sans frais par le moyen le plus rapide et le plus fiable et procède à son affichage dans la salle de consultation publique et l'inscrit sur la fiche technique de la demande.

En cas d'avis cadastral favorable, le Cadastre Minier prépare et transmet au Ministre, dans les cinq jours ouvrables suivant la date de l'avis cadastral, un projet d'arrêté portant octroi de Permis d'Exploitation avec son avis cadastral et les éléments pertinents du dossier de la demande.

En cas d'avis cadastral défavorable, le Cadastre Minier central prépare et transmet au Ministre un projet d'arrêté portant refus d'octroi de Permis d'Exploitation avec son avis cadastral et les éléments pertinents du dossier de la demande dans un délai imparti prévu dans l'alinéa précédent.

Tout refus doit être motivé.

g. Du paiement des frais de dépôt pour l'instruction environnementale de la demande de Permis d'Exploitation

Dès réception de la notification de l'avis de confirmation de la recevabilité, le requérant paie les frais de dépôt pour l'instruction environnementale de sa demande de Permis d'Exploitation et corrige les éléments de la demande concernant les aspects environnemental et social, en cas de besoin, conformément à ladite notification.

Au moment du paiement des frais de dépôt et du dépôt éventuel des corrections, le Cadastre Minier central ou provincial délivre au requérant un récépissé indiquant son identité complète et son adresse, les références de la demande du Permis d'Exploitation, le montant payé, les documents déposés, la date du paiement et du dépôt, et le nom du bureau du Cadastre Minier qui a délivré le récépissé et de l'agent du Cadastre Minier qui le délivre. Le Cadastre Minier inscrit le paiement et le dépôt complémentaire sur la fiche technique de la demande et au cahier d'enregistrement général.

Après ces inscriptions, le Cadastre Minier transmet le dossier de la demande à la Direction des Mines, à l'Agence Congolaise de l'Environnement, à la Direction chargée de la Protection de l'Environnement Minier et au Fonds National de Promotion et de Service Social pour l'instruction technique, environnementale et sociale,.

A défaut du requérant d'effectuer le paiement des frais de dépôt et de corriger les éléments concernés avant l'expiration de la date limite précisée dans la notification, le Cadastre Minier établit un avis de non-recevabilité des éléments de la demande concernant les aspects environnemental et social du projet qu'il transmet au Ministre avec un projet de décision motivée de refus du Permis d'Exploitation dans les cinq jours ouvrables suivant l'expiration de la date limite indiquée dans la notification.

h. L'instruction technique, environnemental et social de la demande de Permis d'Exploitation

➢ Instruction technique

Pour l'instruction technique de la demande de Permis d'Exploitation, la Direction des Mines vérifie si :

- Les conditions d'octroi prévues à l'article 71 du Code Minier sont remplies ;
- La déclaration de l'engagement du requérant de céder à l'Etat 10% des parts ou actions du capital social est susceptible de satisfaire à la condition d'octroi précisée à l'article 71 alinéa d du Code Minier.
- Apporter la preuve de la capacité de traiter et de transformer les substances minérales en République démocratique du Congo, et déposer un acte d'engagement, de traiter et de transformer ces substances sur le territoire congolais.

Dans le délai de soixante jours de la réception du dossier, la Direction des Mines émet un avis technique favorable ou défavorable, assorti des justifications techniques suffisamment claires pour soutenir l'avis favorable ou défavorable, conformément aux dispositions de l'article 74 du Code Minier. L'avis technique est transmis au Cadastre Minier central.

Dans les cinq jours ouvrables à compter de la réception de l'avis technique, le Cadastre Minier central le notifie au requérant sans frais par le moyen le plus rapide et le plus fiable et procède à son affichage dans la salle de consultation publique et celle du Cadastre Minier provincial où la demande a été déposée ainsi qu'à son inscription sur la fiche technique de la demande.

➢ L'instruction environnementale et sociale

L'instruction environnementale et sociale de la demande et la transmission du Certificat environnemental au Ministre pour décision.

Le Cadastre Minier central transmet au Ministre un projet d'Arrêté accompagné des avis cadastral, technique et du certificat environnemental pour décision, dans un délai de cinq jours ouvrables à compter de la réception du certificat environnemental.

i. De la décision du Ministre

Si les avis cadastral, technique, environnemental et social à la suite de l'instruction de la demande du Permis d'exploitation sont favorables, le Ministre prend sa décision d'octroi dans un délai de trente jours ouvrables à compter de la date de la réception du dossier de demande lui transmis par le Cadastre minier.

Si l'avis cadastral sur une demande de Permis d'exploitation est défavorable, le Ministre prend sa décision de rejet de la demande dans le délai de trente jours ouvrables à compter de la date de réception du dossier de demande lui transmis par le Cadastre minier.

Si l'avis technique sur une demande de Permis d'exploitation est défavorable mais l'avis cadastral favorable, le Ministre prend sa décision de rejet dans un délai de trente jours ouvrables à compter de la date de réception du dossier de demande lui transmis par le Cadastre minier.

En cas de transformation partielle du ou des Permis de Recherches du requérant, la décision préliminaire et conditionnelle, ainsi que la décision définitive, précise les périmètres de recherches non transformés.

A défaut de la décision dans le délai requis, le Permis d'Exploitation est, selon que les avis cadastral, technique et le certificat environnemental sont favorables ou défavorables, réputé accordé ou refusé.

Dès la réception de la décision préliminaire et conditionnelle, le Cadastre Minier l'inscrit sur la fiche technique de la demande et dans le cahier d'enregistrement général.

Dès la réception de la décision d'octroi définitive, le Cadastre Minier central inscrit à titre provisoire le Permis d'Exploitation dans le registre des droits octroyés.

La décision de refus est inscrite par le Cadastre Minier dans le cahier d'enregistrement général.

A défaut d'inscription d'office du Permis d'Exploitation octroyé ou réputé octroyé, par le Cadastre Minier dans le délai requis, le requérant ou son mandataire adresse à ce dernier une demande d'inscription de son droit dans les soixante jours ouvrables à compter de l'expiration du délai imparti à l'autorité de décision.

A défaut d'inscription par le Cadastre Minier du Permis d'Exploitation octroyé ou réputé octroyé dans les délais visés à l'alinéa précédent, le requérant ou son mandataire peut recourir à la procédure de l'inscription par voie judiciaire conformément à l'article 46 du Code Minier.

➢ **De la notification de la décision du Ministre**

Dans les cinq jours à compter de la réception de la décision du Ministre, le Cadastre Minier central ou provincial où la demande a été déposée la notifie au requérant sans frais par le moyen le plus rapide et le plus fiable et procède à son affichage dans la salle de consultation publique.

La notification de la décision définitive d'octroi du Permis d'Exploitation indique le montant à payer par le requérant au titre des droits superficiaires prorata temporis par carré pour la première année de la validité du Permis d'Exploitation.

La notification précise également la date limite pour le paiement de cette somme et pour la cession à l'Etat de 10% des parts ou actions du capital social de la requérante personne morale. Le délai limite sera de trente jours ouvrables après la date de la décision définitive d'octroi.

j. Le paiement des droits superficiaires annuels pour la 1ère année de validité et de la cession des parts ou actions du capital social à l'Etat

➢ **Payement des droits superficiaires annuels**

Dans les trente jours ouvrables à compter de la notification de la décision définitive d'octroi du Permis d'Exploitation, le Titulaire du Permis d'Exploitation paie le montant des droits superficiaires prorata temporis indiqué dans la note de débit, sur un compte bancaire ouvert au nom du Cadastre Minier central.

S'il y a une décision préliminaire et conditionnelle du Ministre, les droits superficiaires prorata temporis pour le Permis d'Exploitation ne sont dus que lorsque la décision préliminaire devient définitive.

➢ **De la cession des parts ou actions du capital social à l'Etat**

Avant la date limite indiquée dans la notification de la décision définitive d'octroi du Permis d'Exploitation, le Titulaire du Permis d'Exploitation et ses associés ou actionnaires procèdent à la cession de 10% des parts ou actions du capital social à l'Etat.

C. Permis d'exploitation des rejets

Dans l'activité minière, très souvent, la technologie mise en œuvre pour extraire les substances minérales ne permette pas la récupération de toutes les substances minérales.

Ainsi, il se constitue au tour des lieux d'exploitations minérales, des rébus, des taillings, qui peuvent être traités par la technologie moderne et permettre ainsi, la récupération des substances minérales déjà extraites de sous-sol.

Pour l'exploitation de ces rébus à ciel ouvert, la législation minière congolaise a créé une catégorie à part de titres miniers dénommés « permis d'exploitation des rejets ».

Ce permis est ouvert :

- Aux titulaires du permis d'exploitation dont le gisement résulte de ses travaux

- Aux cessionnaires partiels d'un permis d'exploitation pour la surface sur laquelle se trouvent les rejets.
- Toute personne requérante des droits d'exploitation des gisements qui ne font plus l'objet d'un permis d'exploitation en cours de validité.

Ce permis confère les mêmes droits que le permis d'exploitation et concerne les surfaces sur lesquelles sont entassées les rejets et les surfaces nécessaires pour l'installation des usines.

A la différence du permis d'exploitation, Le délai minimum pour commencer les travaux est d'un an.

Le permis d'exploitation des rejets se limite à l'exploitation à la surface, et ne s'étend pas en profondeur.

Le Permis d'Exploitation des Rejets est un droit réel, immobilier, exclusif, cessible, transmissible et amodiable conformément aux dispositions du présent Code.

Ce droit est constaté par un titre minier dénommé Certificat d'Exploitation des Rejets.

Le permis d'exploitation de rejets est constaté par un titre minier dénommé «certificat d'exploitation des rejets ».

La durée du permis d'exploitation de rejets est de 5 ans, renouvelable plusieurs fois pour la même durée.

Le périmètre du permis d'exploitation des rejets est soit inclus dans le périmètre du permis d'exploitation du cédant, soit libre de tout droit minier.

La procédure de l'instruction de la demande de transformation partielle du Permis d'Exploitation en Permis d'Exploitation des Rejets, est la même que celle du Permis d'Exploitation.

Toutefois, s'il s'agit d'une demande de Permis d'Exploitation des Rejets sur une superficie libre de tout droit minier et si l'avis cadastral est favorable, le Cadastre Minier central ou provincial remplace l'inscription à titre indicatif du périmètre demandé sur la carte de retombes minières par l'inscription provisoire du périmètre pour lequel l'avis cadastral favorable a été émis.

L'instruction technique ainsi qu'environnementale de la demande de Permis d'Exploitation des Rejets se fait conformément aux dispositions de l'article 71 du code minier.

Si l'avis cadastral sur une demande de Permis d'Exploitation des Rejets est défavorable, ou qu'il est favorable contrairement à l'avis technique, le Ministre prend la décision de rejet de la demande dans le délai de quinze jours ouvrables à compter de la date de réception du dossier de demande transmis par le Cadastre Minier central.

Si les avis cadastral et technique de la demande du Permis d'Exploitation des Rejets sont favorables mais le certificat environnemental n'est pas encore rendu, le Ministre prend une décision préliminaire et conditionnelle dans un délai de vingt jours ouvrables à compter de la date de la réception du dossier de demande lui transmis par le Cadastre Minier central et diffère sa décision finale d'octroi ou de refus du Permis d'Exploitation des Rejets jusqu'à la réception du certificat environnemental.

En cas d'erreur manifeste dans la transcription de l'avis technique, le Ministre peut toutefois rendre une décision préliminaire et conditionnelle.

La décision préliminaire et conditionnelle du Ministre confirme que le Permis d'Exploitation des Rejets sera octroyé une fois que le certificat environnemental favorable est rendu.

Le Ministre rend sa décision définitive d'octroi ou de refus motivée du Permis d'Exploitation des Rejets par arrêté dans un délai de trente jours à compter de la date de réception du certificat environnemental lui transmis par le Cadastre Minier central.

Le délai de trente jours ouvrables de la décision du Ministre court conformément aux dispositions de l'article 45 alinéas 1 du Code Minier.

A défaut de décision dans le délai requis, la décision est réputée conforme aux avis cadastral, technique et au certificat environnemental.

Sur présentation du récépissé du paiement des droits superficiaires pour la première année de validité du Permis d'Exploitation des Rejets, le Cadastre Minier central ou provincial délivre au Titulaire le Certificat d'Exploitation des Rejets établi en son nom.

Le Certificat d'Exploitation des Rejets comportera les éléments suivants :

- Le numéro du titre ;
- L'identité du Titulaire ;
- Les coordonnées géographiques des sommets du périmètre et le nombre des carrés y compris ;
- La durée de validité du Permis d'Exploitation des Rejets ;
- Les références de la décision d'octroi ;
- Les substances minérales pour lesquelles il a été accordé ;
- Les noms et signature du responsable du Cadastre Minier.

Après la délivrance du ou des certificat(s), le Cadastre Minier central reporte le périmètre d'exploitation des rejets définitivement sur la carte de retombes minières.

D. Permis d'exploitation des petites mines

Le permis d'exploitations des petites mines est requis lorsque les conditions techniques caractérisant certains gisements des substances minérales ne permettent pas d'en faire une exploitation à grande échelle économiquement rentable, mais permettent une exploitation minière de petite taille avec un minimum d'installations fixes utilisant des procédés semi-industriels ou industriels, ceux-ci sont considérés comme gisement d'exploitation minière à petite échelle.

L'exploitation minière à petite échelle présente les caractéristiques suivantes :[64]

- Le montant de l'investissement requis varie entre 100 000 $US et 2 000 000 $ US.
- Les réserves exploitables ne dépassent pas une durée de vie de 10 ans.
- Les opérations d'extraction, de transport, et de traitement de minerais sont suffisamment mécanisées.

Le périmètre d'octroi, ne peut dépasser celui du permis de recherche.

Lorsqu'il s'agit d'un gisement résultant des travaux de recherches effectués par l'état et soumis à l'appel d'offres, le périmètre ne peut dépasser cent carré au maximum.

Toute demande de permis d'exploitation à petite échelle, doit être accompagnée :

- D'une déclaration notariée du montant de son capital social et de sa composition en parts sociales.
- Une déclaration du montant de la participation au capital social du requérant établie par des personnes de nationalité congolaise qui détiennent dans l'ensemble au moins 25% du capital social du requérant.
- L'acte d'engagement aux normes nationales, régionales et internationales sur la transparence, la traçabilité et la certification dans les industries extractives.

La procédure d'octroi est la même que celle du permis d'exploitation sauf quelques exceptions telles que la participation de l'état à 10% du capital social qui n'est pas exigée pour ce type d'exploitation.

La durée du permis est de 5 ans, renouvelable une fois pour la même période.

Toutefois, à la demande du titulaire et après avis favorable de la Direction des Mines, le Ministre peut proroger la durée au-delà de dix ans, suivant le cas et pour les substances dont l'exploitation dépasse dix ans.

E. Les autres titres et droits liés à l'activité minière (de la détention, transport, entreposage, stockage et commercialisation)

1. L'industrialisation

Le titulaire d'un droit minier d'exploitation ou d'une Autorisation d'exploitation de carrière permanente est tenu de traiter ou de faire traiter les substances minérales en produits marchands dans ses propres installations ou auprès des entités de traitement agréées établies sur le territoire national.

---

[64] Art 204 du règlement minier

Tout titulaire d'un droit minier d'exploitation ou d'une autorisation d'exploitation de carrière permanente est tenu de présenter à la Direction des mines son plan d'industrialisation contenant un programme de traitement des produits miniers extraits de son périmètre dans ses propres installations ou auprès des entités de traitement agréées établies sur le territoire national.

Par dérogation aux dispositions de l'article 108 bis du code minier, le titulaire d'un droit minier d'exploitation peut être autorisé, pour une durée d'une année, à faire traiter ses produits miniers à l'extérieur du territoire national par un arrêté interministériel du Ministre ainsi que de celui ayant le commerce extérieur dans ses attributions, délibéré en Conseil des Ministres, moyennant le paiement de la taxe y afférente. L'autorisation n'est accordée que si le titulaire démontre à la fois :

- L'inexistence d'une possibilité de traitement dans le territoire national à un coût économiquement rentable pour le projet minier ;
- L'existence d'un contrat de traitement à façon des produits miniers à l'extérieur du territoire national conclu avec une firme établie à l'étranger ;
- Son acceptation que les statistiques du métal produit à l'issue du traitement à l'étranger seront comptabilisées en exportation pour le compte de la République Démocratique du Congo ;
- Son acceptation d'être assujetti aux droits et taxes dus au Trésor public en rapport avec le traitement exceptionnel des substances minérales brutes à l'étranger.[65]

Toute personne non détentrice d'un titre minier d'exploitation qui se propose de se livrer uniquement au traitement des substances minérales requiert et obtient une autorisation de traitement auprès du Ministre des mines[66]

Toute personne qui se propose de se livrer uniquement à la transformation des substances minérales, se conforme à la législation en la matière.

Toute personne non détentrice d'un titre minier d'exploitation qui se propose de se livrer uniquement au traitement des substances minérales réserve au moins 50 % du capital social aux Congolais.[67]

2. Du transport, de l'entreposage, du stockage, de la commercialisation et de l'exportation des produits miniers

Les personnes citées à l'article 5 alinéa 3 du Code minier, ont le droit de transporter ou de faire transporter par le transporteur de leur choix, les

[65] Art 108 ter du code minier

[66] Art 108 quater du code minier

[67] Art 108 quater b al 2 du code minier

produits miniers qui proviennent de leurs sites d'exploitation, usines, comptoirs ou points d'achat pour les négociants, selon le cas.

Dans ce cas, elles sont tenues, de faire identifier leur transporteur.

Elles ont, en outre, le droit d'entreposer ou de stocker leurs produits miniers dans des sites clôturés, aménagés à cette fin, situés aux alentours des lieux de chargement, à condition de respecter la réglementation sur la sécurité du site et sur le contrôle de la pollution industrielle.

La commercialisation des produits miniers qui proviennent des Périmètres d'exploitation ou des entités de traitement ou de transformation agréées s'effectue conformément aux lois et règlements en vigueur en République Démocratique du Congo.

Le titulaire d'un Permis d'exploitation peut vendre ses produits aux clients de son choix au prix juste par rapport aux conditions du marché.

Toutefois, en cas de vente locale, il ne peut vendre ses produits qu'à une personne morale exerçant l'activité minière ou à des manufactures ayant un lien avec l'activité minière.

F. Les titres liés à l'exploitation artisanale des ressources minérales[68]

L'exploitation minière artisanale se réalise par 3 acteurs : les creuseurs, les négociants et les comptoirs agréés.

Seules les personnes physiques majeures de nationalité congolaise détentrices des cartes d'exploitant artisanal et affiliées aux coopératives minières ou des produits de carrières agréées sont éligibles à l'exploitation artisanale.

Seules les personnes physiques majeures de nationalité congolaise peuvent acquérir et détenir les cartes de négociant.

Sont éligibles au titre de comptoir d'achat des substances minérales d'exploitation artisanale :

- toute personne physique majeure de nationalité congolaise ;
- toute personne physique majeure de nationalité étrangère ayant un domicile dans le Territoire National ;
- toute personne morale de droit congolais ayant son siège social et administratif dans le Territoire National et dont l'objet social porte sur l'achat et la vente des substances minérales d'exploitation artisanale.[69]

I. Les creuseurs

a. Particularité de l'exploitation minière artisanale : Les Zones d'exploitation artisanale

Lorsque certains facteurs économiques, techniques qui caractérisent certains gîtes d'or, de diamant ou de toute autre substance minérale ne

---

[68] Art 109 du code minier

[69] Art 26 du code minier

permettent pas d'en assurer une exploitation industrielle ou semi-industrielle, mais permettent une exploitation artisanale, de tels gîtes sont érigés dans les limites d'une aire géographique déterminée en zone d'exploitation artisanale, couvrant maximum deux carrés.

L'institution d'une zone d'exploitation artisanale est faite par voie d'arrêté du Ministre après avis de l'Organisme spécialisé de recherches, du Gouverneur de province, du Chef de Division provinciale des mines, de l'autorité de l'entité territoriale décentralisée et du Cadastre minier.

Un périmètre minier ou de carrières faisant l'objet d'un titre minier ou de carrières en cours de validité ne peut être transformé en zone d'exploitation artisanale.

Un tel périmètre est expressément exclu des zones d'exploitation. artisanale

L'institution d'une zone d'exploitation artisanale est notifiée par le Secrétaire général aux mines au SAEMAPE pour l'encadrement et l'assistance des exploitants artisanaux.

L'institution d'une zone d'exploitation artisanale est notifiée par le Secrétaire général aux mines au SAEMAPE pour l'encadrement et l'assistance des exploitants artisanaux affiliés à une coopérative minière agréée et au Cadastre minier qui la porte sur la carte de retombes minières.

Tant qu'une zone d'exploitation artisanale existe, aucun titre minier ou de carrières ne peut y être octroyé.

Sur la base des données pertinentes sur la minéralisation et la gîtologie d'une zone d'intérêt identifiée par l'organisme spécialisé de recherches, le SAEMAPE peut requérir l'institution d'une zone d'exploitation artisanale.

Toutefois, l'organisme spécialisé de recherches peut à tout moment procéder aux travaux de prospection et de recherches dans les zones d'exploitation artisanale.

Dans des zones d'exploitation artisanale, seuls les détenteurs des cartes d'exploitation artisanale en cours de validité pour la zone concernée sont autorisés à exploiter l'or, le diamant ou toute autre substance minérale qui est exploitable artisanalement.

Les cartes d'exploitant artisanal des mines et/ou des produits de carrières sont délivrées par le Ministre provincial des mines du ressort aux personnes éligibles et qui s'engagent à respecter la réglementation en matière de protection de l'environnement, de l'hygiène et de la sécurité dans les zones d'exploitation artisanale, conformément aux modalités fixées par le Règlement minier, après en avoir pris connaissance.[70]

Dans les dix jours de la réception du dossier, le Ministre Provincial signe la carte d'exploitant artisanal et la transmet au Chef de Division Provinciale qui la remet au requérant après enregistrement.

La carte d'exploitant artisanal contient notamment les mentions ci-après :

[70] Art 111 bis du code minier

- Les noms et post noms, adresse, date de naissance et signature de l'exploitant artisanal;
- L'engagement de l'exploitant artisanal d'adhérer à une coopérative minière et/ou des produits de carrières ;
- La photographie la plus récente de l'exploitant artisanal ;
- Les substances minérales pour lesquelles la carte est établie ;
- La date de délivrance de la carte et celle de son expiration ;
- La Division Provinciale des Mines, le nom et la signature du Ministre Provincial des Mines ayant délivré la carte d'Exploitant Artisanal.

La Division Provinciale des Mines inscrit la date de remise de la carte ou de son renouvellement ainsi que le nom du détenteur dans le registre des cartes d'Exploitant Artisanal qu'elle tient à jour

Tout requérant de cartes d'exploitant artisanal dépose sa demande à la Division Provinciale des Mines où se situe la zone d'exploitation artisanale.

Dès réception de la demande de carte d'Exploitant Artisanal, la Division Provinciale des Mines vérifie sa recevabilité.

La demande est recevable si elle est dûment remplie, signée et appuyée des documents ci-après :

- L'engagement de respecter la réglementation en matière de protection de l'environnement, de l'hygiène et de la sécurité dans les zones d'exploitation artisanale, le code de conduite de l'exploitant artisanal comme condition de la validité de sa carte d'exploitant artisanal ;
- La carte d'exploitant artisanal expirée en cas de demande de renouvellement éventuel, le cas échéant ;
- Deux photographies récentes du requérant, en format passeport.

En cas de recevabilité de la demande de carte d'Exploitant Artisanal, la Division Provinciale des Mines procède à l'instruction de la demande.

En cas d'irrecevabilité de la demande, la Division Provinciale des Mines restitue le dossier de demande avec mention des motifs de renvoi au requérant et la mention des pièces manquantes.

Dès que la preuve de paiement est déposée, la Division Provinciale des Mines émet et notifie au requérant par le moyen le plus rapide et le plus fiable son avis dans les deux jours ouvrables à compter de son dépôt.

Dans le même délai la Division provinciale des Mines transmet le dossier au Ministre provincial pour décision.

Dans un délai de dix jours ouvrables à compter de la transmission du dossier de la demande avec avis favorable par la Division Provinciale, le Ministre Provincial des Mines prend la décision d'octroi ou de refus d'octroi de la carte d'Exploitant Artisanal. Seule la non éligibilité du requérant justifie la décision de refus.

Passé ce délai, le récépissé du paiement vaut carte de négociant et le Chef de Division est tenu d'inscrire le nom du requérant dans le registre des négociants.

Le Chef de Division Provinciale des Mines notifie au requérant sa décision et procède à son affichage dans la salle de consultation publique de la Division Provinciale des Mines.

La durée de la carte d'exploitation artisanale est de 1 an renouvelable pour la même durée sans limitation de durée.

La coopérative minière ou des produits de carrières et l'exploitant artisanal des mines, chacun en ce qui le concerne, respectent les normes en matière de sécurité, d'hygiène, d'utilisation de l'eau et de protection de l'environnement qui s'appliquent à son exploitation conformément à la réglementation en vigueur.

b. La fermeture d'une zone d'exploitation artisanale

Lorsque les facteurs qui ont justifié l'institution d'une zone d'exploitation artisanale ont cessé d'exister ou qu'un nouveau gisement ne relevant pas de l'exploitation artisanale vient à être découvert, le Ministre, sur avis de l'organisme spécialisé de recherches, du SAEMAPE et du Gouverneur de la province concernée, procède à la fermeture de la zone d'exploitation artisanale.

La fermeture d'une zone d'exploitation artisanale est notifiée par le Secrétaire général aux mines à la Division provinciale des mines du ressort, au Cadastre minier et au SAEMAPE.

Ce dernier en informe les coopératives minières ou des produits de carrières agréées, selon le cas, et se charge éventuellement de la relocalisation dans une autre zone d'exploitation artisanale légalement instituée.

Dans ce cas, les coopératives minières ou des produits de carrières agréées sont tenues de libérer la zone d'exploitation artisanale dans les soixante jours à compter de la notification de la décision de fermeture.

La coopérative minière ou de produits de carrières agréée travaillant dans la zone d'exploitation artisanale concernée dispose d'un droit de préemption pour solliciter un Permis en vue d'une exploitation à petite échelle [71]

Cette coopérative minière ou de produits de carrières agréée dispose d'un délai de cent quatre-vingt jours, à compter de la notification de fermeture par le Secrétaire général aux mines, pour faire connaître si elle entend faire jouer son droit de préemption conformément aux dispositions du présent Code.

[71] Art 110 al 4 du code minier

c. Des coopératives minières et des produits de carrière

➢ **Généralités et demande d'agrément**

Les coopératives minières et des produits de carrière sont constituées conformément à l'acte uniforme sur le droit de sociétés coopératives.

Les membres de la coopérative minière et/ou des produits de carrières ont l'obligation d'adhérer aux principes coopératifs ci-après :

- l'adhésion volontaire est ouverte à tous ;
- le pouvoir démocratique exercé par les coopérateurs ;
- la participation économique des coopérateurs ;
- l'autonomie et l'indépendance ;
- l'éducation, la formation et l'information ;
- la coopération entre organisations à caractère coopératif ;
- l'engagement volontaire envers la communauté.

Toute demande d'agrément de coopérative minière et/ou des produits de carrières se fait conformément aux dispositions de l'article 114 bis du Code Minier.

La demande d'agrément est adressée au Ministre des mines et déposée auprès de la Division Provinciale des Mines du ressort.

Le formulaire de demande d'agrément de coopérative minière et/ou des produits de carrières, à retirer à la Division Provinciale des Mines du ressort, reprend les informations suivantes :

- Les dénominations, date de création, adresse de la coopérative minière et/ou des produits de carrières ;
- Les identités complètes, adresse et autres coordonnées des membres fondateurs ;
- La zone d'exploitation artisanale et les substances minérales pour lesquelles l'agrément est demandé ;
- L'engagement de respecter la réglementation en matière de protection de l'environnement, de l'hygiène et de la sécurité dans les zones d'exploitation artisanale.

➢ **Décision d'octroi de l'agrément**

Dès que la demande d'agrément de coopérative minière et/ou des produits de carrières est déclarée recevable, la Division Provinciale des Mines du ressort instruit quant au fond le dossier.

Dans un délai de 10 jours elle émet ses avis et les adresse au Ministre par voie hiérarchique, via la Direction des Mines, avec copie au requérant.

Dans un délai de vingt jours ouvrables à compter de la transmission du dossier de la demande avec avis de la Division Provinciale du ressort, le Ministre prend la décision d'octroi ou de refus d'octroi de l'agrément de la coopérative minière et/ou des produits de carrières.

La décision d'octroi ou de refus est notifiée dans un délai de 30 jours ouvrables, à dater de la décision du Ministre, au SAEMAPE et au Cadastre minier par le Secrétaire général aux mines.

Toute décision de refus doit être motivée et ne peut se fonder que sur la non-éligibilité du requérant.

Le refus de l'agrément donne droit au recours conformément aux dispositions des articles 313 et 316 du Code Minier.

Le Chef de Division Provinciale notifie au requérant la décision et procède à son affichage dans la salle de consultation publique de la Division Provinciale des Mines.

➢ **Les Obligations des coopératives minières**

Toute coopérative minière et/ou des produits de carrières a l'obligation d'organiser, avec l'Administration des Mines, spécifiquement le SAEMAPE, des sessions de formation de ses membres.

Les sessions de formations sont organisées notamment pour corriger les faiblesses constatées à l'issue de l'audit institutionnel et renforcer les capacités managériales, techniques, etc.

Durant l'exercice de leurs activités, les coopératives minières et/ou des produits de carrières sont soumises à un encadrement technique assuré par l'Administration des Mines, spécifiquement le SAEMAPE sur les modalités du respect du Code de conduite environnemental, les règles de l'art, de la sécurité et de l'hygiène.

Cet encadrement est complété par un audit institutionnel annuel diligenté par le Ministre qui en reçoit les rapports pour disposition.

La coopérative minière et/ou des produits de carrière est autorisé à :

- exploiter toute substance minérale exploitable artisanalement ;
- commercialiser localement les produits de la substance minérale exploitable artisanalement ;
- transporter des produits des mines et de carrières vers un centre de négoce ou une entité de traitement ;
- transformer les produits miniers et de carrières moyennant une autorisation préalable accordée par le Ministre.

➢ **Octroi exceptionnel d'un permis de recherches aux coopératives minières et/ou des produits de carrières**

Les coopératives minières et/ou des produits de carrières qui désirent procéder à la recherche de substances minérales classées en mines et de carrières à l'intérieur d'une zone d'exploitation artisanale à l'aide de procédés industriels ou semi-industriels sont tenus de solliciter un Permis de Recherches auprès du Ministre. [72]

---

[72] Art 234 du règlement minier

II. Les négociants

a. Généralités

Les détenteurs de la carte de négociant pour une zone d'exploitation artisanale en cours de validité sont autorisés à acheter l'or, le diamant ou toute autre substance minérale exploitable artisanalement auprès des personnes qui détiennent les cartes d'exploitant artisanal.

La carte de négociant est délivrée par le Ministre provincial à la personne majeure de nationalité congolaise qui la demande.[73]

Le requérant d'une carte de négociant produit, à l'appui de sa demande, son attestation de nationalité et la preuve de sa déclaration ou de son immatriculation au Registre de Commerce et de Crédit Mobilier.

La durée de la carte de négociant est d'un an. Elle est renouvelable pour la même durée et sans limitation.

b. Les obligations des détenteurs des cartes de négociant

Tout Négociant a l'obligation de tenir à jour un registre sur lequel il consigne pour chaque transaction les éléments suivants :

- Date, lieu et nom de l'acheteur ou du vendeur;
- Quantité, qualité et prix des minerais achetés ou vendus.

Tout Négociant est tenu de déposer un rapport sur son activité au Ministre Provincial des Mines qui lui a délivré sa carte de négociant et à la Division Provinciale des Mines au début de chaque mois à compter de la date de remise de la carte de négociant. Ce rapport doit comporter les éléments suivants :

- Nom et adresse du Négociant ;
- Nombre d'achats et des ventes réalisés pour le mois antérieur, avec le chiffre d'affaires
- Pour chaque type de minerai, la quantité et la qualité de minerais achetés ainsi que la valeur payée, la quantité de minerais vendus et la valeur reçue, et la quantité en stock au dernier jour de chaque mois.

Le Négociant qui ne dépose pas son rapport à la Division Provinciale des Mines selon les modalités de l'alinéa du présent article, s'expose au retrait de sa Carte de négociant

[73] Art 117 code minier

III. Des comptoirs agrées[74]

a. Généralités

Les comptoirs agréés sont autorisés à acheter, à vendre et à exporter les substances minérales d'exploitation artisanale conformément aux dispositions du présent Code et de ses mesures d'application.

L'agrément au titre de comptoir d'achat et de vente des substances minérales d'exploitation artisanale est accordé par le Ministre.

L'agrément au titre de comptoir d'achat et de vente des substances minérales d'exploitation artisanale est valable pour une durée d'un an, renouvelable sans limitation.

Une redevance dont le montant est déterminé par voie réglementaire est perçue au profit du Trésor public lors de l'agrément et à chaque renouvellement.

Le requérant à l'agrément au titre de comptoir est tenu de constituer une caution conformément aux modalités de versement fixées par voie règlementaire.

Le nombre de comptoirs agrées d'achat de l'or, de diamant et d'autres substances minérales d'exploitation artisanale dans le Territoire National est illimité.

b. La demande d'agrément au titre de comptoir d'achat

La demande d'agrément au titre de comptoir d'achat et de vente des substances minérales d'exploitation artisanale est adressée, par toute personne éligible à la Direction des Mines et comporte les éléments ci-après :

- La preuve de l'inscription au Registre de Commerce et de Crédit Mobilier ;
- Les statuts notariés, s'il s'agit d'une personne morale ;
- L'extrait de casier judiciaire de la première résidence datant de trois mois au plus et l'attestation de bonne conduite, vie et mœurs, s'il s'agit d'une personne physique ;
- Le numéro d'Identification Nationale ;
- Le numéro impôt ;
- La preuve de détention d'un compte ouvert au nom du requérant dans une banque agréée ;
- La lettre d'immatriculation à la Banque Centrale du Congo et le numéro Import-Export.

La Direction des Mines accuse réception de la demande, l'inscrit sur un registre, l'instruit et s'assure qu'elle est régulière quant à la forme, la fait

[74] Art 120 code minier

rectifier ou la compléter pour autant que de besoin. Elle peut provoquer toute enquête nécessaire.

En cas d'enquête, elle requiert des informations utiles sur l'authentification des documents annexés auprès de services publics qui les ont émis.

Dans tous les cas, l'instruction de la demande ne peut excéder trente jours à compter de la date du dépôt de la demande d'agrément.

Passé ce délai, l'avis favorable de la Direction des mines est réputé acquis

Après instruction, la Direction des Mines transmet le dossier avec avis au Ministre pour décision.

La Direction des Mines notifie au requérant son avis et sa transmission au Ministre.

Si l'avis de la Direction des Mines est favorable, le Ministre prend la décision dans un délai qui ne peut excéder trente jours ouvrables.

Passé ce délai, le requérant a droit à un recours admiratif tel prévu par les conformément aux dispositions des articles 313 et 314 du Code.

Si l'avis de la Direction des Mines est défavorable, le Ministre prend la décision de refus d'agrément dans un délai qui ne peut excéder quinze jours ouvrables à compter de la date de la réception du dossier transmis par la Direction des Mines.

La décision de refus est motivée et donne droit aux recours prévus par les dispositions des articles 313 et 314 du code.

c. Des obligations des comptoirs agréés

Les comptoirs agréés doivent se soumettre au :

- Contrôle lors de l'achat et de la vente des produits de l'exploitation artisanale par l'Administration des Mines et par un organisme public chargé de l'expertise, et d'autre part,
- Fournir les rapports de leurs activités conformément au présent Code et ses mesures d'application.

Les comptoirs agréés sont également tenus aux obligations ci-après :

- Communiquer au Ministre et à la Banque Centrale du Congo à dater de l'agrément,
- Les emplacements fixes et contrôlables des bureaux d'achat de l'or, du diamant et des autres substances minérales d'exploitation artisanale ;
- Acheter l'or, le diamant et autres substances minérales d'exploitation artisanale présentés aux comptoirs agréés quelles que soient leurs grosseur, quantité et qualité ;
- Payer les impôts et taxes relatifs à leurs activités ;
- Disposer en propriété d'au moins un immeuble en matériaux durables dans chaque entre d'activités endéans une année ;
- Avoir au sein de la société une participation de 25 % au moins du capital social réservée aux congolais.

d. Des acheteurs des produits miniers artisanaux des comptoirs agrées

Seul l'acheteur des comptoirs agréés ayant reçu l'agrément du Ministre et dont le nom figure sur la liste annuelle des acheteurs agréés est autorisé à acheter l'or, le diamant ou toute autre substance minérale de production artisanale auprès des coopératives minières et des négociants pour le compte des comptoirs agréés.

Le nombre d'acheteurs par comptoir est limité par arrêté du Ministre qui est publié au Journal Officiel chaque année au mois de janvier.

La durée de l'agrément est d'un an renouvelable.

Pour exercer la profession d'acheteur des comptoirs agréés, il faut :

- être porteur d'une carte de travail pour étranger du secteur minier artisanal en cours de validité pour les expatriés ou d'une carte de travail en cours de validité pour les nationaux ;
- déposer à la Direction des Mines des photographies récentes de format moyen;
- se conformer à la réglementation des activités des comptoirs.

Toute personne dont l'agrément a été retiré par le Ministre n'est pas éligible pour obtenir le titre d'acheteur des comptoirs agréés pendant trois ans.

Toute demande d'agrément est adressée au Ministre et déposée à la Direction des Mines entre le premier janvier de l'année et le premier mars. Elle comporte les éléments suivants :

- Nom et adresse du siège du domicile ou de la résidence du requérant dans le Territoire National
- Pour les nationaux, copie certifiée conforme de la carte de travail délivrée par le comptoir employeur ;
- Pour les requérants de nationalité étrangère, copie certifiée conforme de la carte de travail pour étranger ainsi qu'une autorisation de séjour et de circulation dans les zones minières et/ou de carrières artisanales en cours de validité ;
- Nom et adresse du comptoir agréé pour lequel l'acheteur exerce ses activités, s'il s'agit d'une personne physique ;
- Raison sociale ou dénomination sociale et siège social du comptoir agréé pour le compte duquel l'acheteur exerce ses activités, s'il s'agit d'une personne morale ;
- Deux photographies récentes de format moyen du requérant ;
- Engagement écrit et signé du requérant de n'acheter les produits miniers artisanaux qu'auprès de coopératives minières agréées et/ou des négociants ayant une carte en cours de validité pour la zone d'exploitation artisanale et de respecter la réglementation relative aux activités des comptoirs agréés ainsi que les mécanismes institués de traçabilité des substances minérales ;

La Direction des Mines vérifie si la demande est recevable. La demande est recevable si le dossier de la demande comprend les éléments prévus par les dispositions de l'article précédent.

L'instruction de la demande ne peut excéder trente jours à compter de la date de demande. Passé ce délai, l'avis favorable de la direction des mines est réputé acquis Dans ce cas, la Direction des Mines doit notifier au requérant de l'avis favorable d'office et transmettre sans délai le dossier au Ministre.

Si la demande est recevable, le requérant paie les frais de dépôt et autres droits dus conformément à la législation en la matière et dépose les preuves de paiement à la Direction des Mines.

La Direction des Mines transmet dans les deux jours ouvrables de la recevabilité de la demande, le dossier de la demande au Ministre, pour décision.

Si la demande n'est pas recevable, la Direction des Mines rend le dossier de la demande au requérant avec mention des pièces manquantes.

Dans un délai de quinze jours ouvrables à compter de la réception du dossier de demande, le Ministre accorde ou refuse l'agrément au requérant.

Toute décision de refus doit être motivée et ne peut être fondée que sur la non-éligibilité du demandeur ou sur le fait que le quota annuel d'acheteurs a été atteint.

Le Ministre transmet sa décision à la Direction des Mines qui affiche le résultat dans sa salle de consultation publique.

La décision de refus ou d'agrément est notifiée à l'impétrant par le moyen le plus rapide et fiable.

Passé ce délai, le requérant peut saisir le tribunal compétent. La décision du tribunal vaut agrément et le Ministre des Mines est tenu de régulariser la procédure.

La Direction des Mines inscrit le nom de l'acheteur agréé et la date d'expiration de l'agrément sur la liste annuelle des acheteurs agréés et appose sa photo d'identité dans les deux jours ouvrables à compter du premier jour de publication des résultats de la décision du Ministre.

La Direction des Mines a l'obligation de tenir à jour la liste annuelle des acheteurs agréés et affiche cette liste dans la salle de consultation publique.

Les comptoirs agréés ont l'obligation de lever copie moyennant payement des frais de cette liste, après qu'elle a été affichée à la Direction des Mines.

Ils doivent également adresser un rapport mensuel à la Division Provinciale des Mines du ressort avec copie à la Direction des Mines reprenant notamment la liste actualisée des acheteurs exerçant en leur sein.

G. Des marches boursiers des substances minérales de production artisanale

Seuls les marchés boursiers ayant reçu l'agrément de la Banque Centrale du Congo et du Ministre et dont les noms figurent sur la liste annuelle des marchés boursiers agréés, sont autorisés à organiser les marchés d'achat et de vente des substances minérales de production artisanale auprès des comptoirs, des coopératives minières agréées et des négociants ayant une carte en cours de validité pour la zone d'exploitation artisanale.

Les personnes désirant créer les marchés boursiers présentent une étude détaillée du projet au Gouverneur de la Banque Centrale du Congo qui en apprécie l'opportunité.

La décision de ce dernier est communiquée au Ministre en vue de l'octroi de l'agrément.

L'agrément du marché boursier emporte autorisation d'organiser des marchés d'achat et de vente des substances minérales précieuses et semi-précieuses de production artisanale.

§ 2. LES CONDITIONS D'ÉLIGIBILITÉ ET PROCÉDURES D'OCTROI DES TITRES MINIERS

Pour exercer l'activité minière au Congo, et obtenir les titres miniers, il faut remplir un certain nombre de critères.

Les titres miniers sont délivrés selon certaines modalités.

A. Les conditions d'éligibilité aux droits miniers

L'article 23 du code minier traite de l'éligibilité aux droits miniers et de carrières.

Le droit minier Congolais distingue 3 catégories de personnes susceptibles d'obtenir les droits miniers.

Sont éligibles aux droits miniers et de carrières :

1- Toute personne morale de Droit Congolais qui a son siège social et administratif au Congo, et dont l'objet social est l'activité minière.
2- Toute personne morale de Droit Etranger, dont l'objet social porte exclusivement sur les activités minières et qui se conforme aux lois de la République.
3- Tout organisme à vocation scientifique.

Concernant les personnes morales de droit étranger, elles sont tenues d'élire domicile auprès d'un mandataire en mines et carrières établi dans le territoire national et d'agir par son intermédiaire.

Les personnes morales désireuses d'investir dans le secteur minier sont tenues de fournir les documents ci-après :

a. L'attestation fiscale ou l'équivalent, en cours de validité délivrée par l'institution compétente du pays d'origine du requérant.
b. L'attestation de bonne vie et mœurs et l'extrait du casier judiciaire en cours de validité pour les associés de la personne morale, délivrée par les autorités compétentes du pays d'origine.

c. L'engagement écrit de déclarer en RD CONGO, les profits et revenus réalisés.

B. L'éligibilité a l'exploitation minière artisanale [75]

- Seules les personnes physiques majeures de nationalité congolaise détentrice des cartes d'exploitation artisanale et affiliées aux coopératives minières des produits de carrières agrées sont éligibles à l'exploitation artisanale.
- Seules les personnes physiques majeures de nationalité congolaise peuvent acquérir et détenir les cares de négociant.
- Sont éligibles au titre de comptoir d'achat des substances minérales d'exploitation artisanale :
  1- Les personnes physiques majeures de nationalité congolaise
  2- Les personnes physiques majeures de nationalité& étrangère ayant un domicile dans le territoire national
  3- Toute personne morale de droit congolais ayant son siège social e administratif dans le territoire national et dont l'objet social porte sur l'achat et la vente des substances minérales artisanale.

C. Des incompatibilités pour l'exercice de l'activité minière artisanale et la remise en cause de l'éligibilité aux droits minier

I. Les incompatibilités pour l'exercice de l'activité minière artisanale[76]

Ne sont pas éligibles pour solliciter et obtenir les cartes d'exploitant artisanal, de négociant, l'agrément au titre de coopérative minière ou des produits de carrières ainsi que l'agrément au titre de comptoir d'achat et de vente des substances minérales d'exploitation artisanale :

a. Les agents et fonctionnaires de l'Etat, les magistrats, les membres des Forces Armées, Les agents de la Police nationale et des Services de Sécurité, les employés des organismes publics habilités à procéder aux opérations minières. Toutefois, cette incompatibilité ne concerne pas leur prise de participation dans le capital des sociétés minières ;
b. Toute personne frappée d'incapacité juridique prévue par les lois de la RDC
c. Toute personne frappée d'interdiction, notamment :

- La personne condamnée par un jugement coulé en force de chose jugée pour des infractions à la législation minière et de carrières ou à celles se rapportant aux activités économiques de ses droits miniers et de carrières et de ses sociétés affiliées et ce, pendant dix ans ;
- La personne à laquelle la carte d'exploitation artisanale ou de négociant a été retirée et ce, pendant trois ans ;

[75] Art 26 du code minier
[76] Art 27 du code minier

- La personne à laquelle l'agrément au titre des comptoirs d'achat et de vente des substances minérales d'exploitation artisanale a été retirée et ce, pendant cinq ans.

II. De la remise en cause de l'éligibilité aux droits miniers[77]

Un droit minier obtenu par fraude ou par méconnaissance des critères d'éligibilité, peut être remis en cause et entraîner son annulation par le juge.

Cette demande peut être diligentée par le Cadastre minier, l'officier du ministère public ou de tout tiers lésé, à condition que la demande soit adressée dans les trois mois qui suivent la publication de la loi minière au Journal Officiel, ou à défaut, dans les trois mois qui suivent la date de la prise de connaissance dudit droit.

L'inéligibilité du titulaire peut être constatée par une décision de justice, coulée en force de chose jugée, laquelle est notifiée au Cadastre minier par l'officier du ministère public, le juge ou tout tiers lésé.

Dans ce cas, le Cadastre minier prépare et envoie à l'autorité d'octroi, dans les dix jours qui suivent la notification, un projet d'arrêté du retrait dudit droit avec effet rétroactif au jour de la perte de l'éligibilité.

§ 3. DES MODALITÉS D'OCTROI ET DES PROCÉDURES DES TITRES MINIERS

En RDC, les titres miniers sont octroyés soit par la voie classique de demande d'octroi de titres miniers, soit par la procédure exceptionnelle de soumission à l'appel d'offres de certains gisements des substances minérales.

A- La procédure exceptionnelle de soumission à l'appel d'offres[78]

Cette procédure s'applique aux gisements dits «réservés et soumis à l'appel d'offres ». Pour être soumis aux procédures d'appel d'offres, ces gisements doivent avoir le caractère suivant :

- Ils doivent être connus, et avoir une valeur importante et se trouver à l'intérieur des carrés bien identifiés ou des carrés limitrophes.
- Ces gisements doivent être de gisements étudiés, documentés ou éventuellement travaillés par l'Etat ou par les organismes de l'Etat, et sont considérés comme « un actif d'une valeur importante connue. » Ces gisements ne doivent pas se trouver dans un carré faisant l'objet d'un droit minier ou d'un droit de carrière d'exploitation au nom de l'Etat.

[77] Art 27 bis du code minier

[78] Article 33 du code minier.

- Ces gisements ne doivent pas se trouver dans un carré faisant l'objet d'un droit minier ou d'un droit de carrière d'exploitation au nom d'un tiers.

La procédure d'appel d'offres est la suivante :

I. L'arrêté du ministre des mines portant sur la réservation des gisements à soumettre à l'appel d'offre.

La réservation des gisements dont les droits miniers et de carrières sont soumis à l'appel d'offres, fait l'objet d'un arrêté du ministre des mines. La décision du ministre des mines pour soumettre un titre minier à l'appel d'offre, peut avoir pour origine :

- Soit, la proposition de l'autorité ou d'un service de l'Etat concerné.
- Soit à sa propre initiative, après consultation du cadastre minier centrale.

L'arrêté portant réservation du gisement dont les droits sont soumis à l'appel d'offres indique :

- la province, le territoire ou la ville où se trouve le périmètre du gisement en cause ;
- les coordonnées géographiques des sommets du périmètre et le nombre de carrés y compris;
- l'identification du droit minier ou de carrières existant au nom de l'Etat ou de l'un de ses services sur le périmètre, le cas échéant.

Une copie de l'arrêté est transmise au Cadastre Minier central immédiatement pour report sur la carte de retombes minières des périmètres sur lesquels porte la réservation des droits.

Des copies de l'arrêté sont également transmises à la Direction de Géologie et à la Direction des Mines le jour de la signature.

L'arrêté prend effet dès la signature par le ministre des mines.[79]

II. L'Arrêté du premier Ministre confirmant la réservation

Le premier ministre confirme la réservation des droits miniers et/ou de carrières sur le gisement soumis à l'appel d'offres dans les trente jours de l'entrée en vigueur de l'arrêté du Ministre.

III. Appel d'offres

L'appel d'offres, doit préciser les termes et conditions des offres ainsi que la date et l'adresse auxquels les offres devront être déposées.

---

[79] Article 45 du décret portant règlement minier

Il est publié au Journal Officiel et peut également être publié dans les journaux locaux et internationaux spécialisés.

Une fois l'appel d'offres est lancé, les offres déposées sont examinées promptement par une Commission Interministérielle dont les membres sont nommés et convoqués par le Ministre afin de sélectionner la meilleure offre sur la base de :

- Programme des opérations proposées et des engagements des dépenses financières y afférentes ;
- Ressources financières et techniques disponibles de l'offrant ;
- L'expérience antérieure de l'offrant dans la conduite des opérations proposées ;
- Divers autres avantages socio-économiques pour l'Etat, la province et la communauté environnante, y compris le bonus de signature offert.

L'appel d'offres se fait conformément à la procédure prévue par la législation congolaise en matière de passation des marchés publics et à celle généralement admise ou reconnue par la pratique minière internationale.

A la conclusion de la procédure de l'appel d'offres, le Ministre publie le résultat de la sélection et la levée de la réservation.

L'appel d'offres est conclu endéans neuf mois à compter de la réservation du gisement à soumettre à l'appel d'offres.

Il est précisé que l'accès à l'exploitation d'un gisement étudié, documenté ou travaillé appartenant à l'Etat, obtenu par appel d'offres, est conditionné par le versement d'un pas de porte à ce dernier, représentant 1 % de la valeur en place dudit gisement. La valeur en place du gisement est définie comme étant le prix obtenu pour ledit gisement dans le cadre de l'appel d'offres.

Lorsque le gisement a été étudié, documenté ou travaillé par une société commerciale appartenant à l'Etat, le pas de porte revient à 100 % à cette société.[80]

IV. Commission interministériel d'adjudication

Après l'ouverture des soumissions, la Commission Interministérielle d'Adjudication des offres procède à une analyse technique et financière des soumissions, et établit le classement des soumissions.

La Commission peut interroger les soumissionnaires pour obtenir d'eux des précisions ou des compléments d'informations sur le contenu de leurs soumissions.

A l'issue de l'analyse des offres et après délibération, la Commission choisit, en toute indépendance, l'offre qu'elle juge la meilleure et ayant rempli les conditions de l'appel d'offres ou du cahier spécial de charges.

Dès qu'elle a opéré son choix, la Commission clôture les séances, et dresse un procès-verbal de clôture des séances d'adjudication.[81]

---

[80] Art 33 bis du code minier

Dans les quinze jours de la réception du procès -verbal portant choix de l'adjudicataire, le Ministre prend un arrêté portant octroi des droits miniers ou de carrières à l'adjudicataire désigné par le procès-verbal de la Commission.

Dans les trente jours à compter de la date de l'octroi des droits miniers ou de carrières adjugés, l'adjudicataire paie les droits superficiaires afférents à la première année de validité de son droit ainsi que le bonus de signature. [82]

L'accès à l'exploitation d'un gisement étudié, documenté ou travaillé appartenant à l'Etat, obtenu par appel d'offres, est conditionné par le versement d'un pas de porte à ce dernier, représentant 1 % de la valeur en place dudit gisement. La valeur en place du gisement est définie comme étant le prix obtenu pour ledit gisement dans le cadre de l'appel d'offres.

Lorsque le gisement a été étudié, documenté ou travaillé par une société commerciale appartenant à l'Etat, le pas de porte revient à 100 % à cette société.[83]

B- La procédure classique d'octroi des titres miniers

La demande des titres miniers obéit à un formalisme particulier et est soumis à un certain nombre d'instructions.

I. Demande des titres miniers

La demande des droits miniers est rédigée sur la base d'un formulaire à retirer auprès du Cadastre minier, et est spécifié par droit concerné.

Les renseignements ci-après doivent être mentionnés :

a) Les statuts de la demanderesse[84], l'inscription au Registre de Commerce et de Crédit Mobilier, et la preuve de publication au Journal officiel ;
b) Les renseignements sur l'identifiant fiscal ;
c) La qualité et le pouvoir de la personne habilitée à engager la personne morale et l'identité de son mandataire si la demande est introduite par ce dernier ;
d) L'adresse du siège social de la personne morale, ainsi que tous les changements ultérieurs ;
e) Le type de droit minier ou de carrières demandé ;
f) L'indication des substances minérales pour lesquelles le droit minier et/ou de carrières est sollicité
g) L'emplacement géographique du périmètre sollicité ;
h) Le nombre de carrés constituant la superficie du périmètre requis ;

---

[81] Art 59 du règlement minier

[82] Art 62 du règlement minier

[83] Art 33 bis du code minier

[84] Etant rappelé que seule les personnes morales peuvent exercer les activités minières art 23 du code minier

i) L'identité des sociétés affiliées du requérant ;
j) La nature, le nombre et la superficie des périmètres de droit minier ou de carrières déjà détenus par le requérant et ses sociétés affiliées ;
k) La preuve de la capacité financière du requérant.

Le dossier de demande comprend le formulaire de demande dûment rempli et signé, les pièces d'identité du requérant et les autres documents requis selon le type de droit postulé. [85]

Le requérant dépose le dossier de demande auprès du Cadastre Minier, accompagné de la preuve de paiement au titre de frais de dépôt. Ces frais ne sont pas remboursables quelle que soit la suite réservée à la demande.

La demande de droit minier ou de carrières n'est recevable que si elle remplit les conditions ci-après :

- L'existence de tous les renseignements requis ci-dessus :
- La production de la preuve du paiement des frais de dépôt ainsi que celle du numéro fiscal, d'identification nationale et du Registre de Commerce et de Crédit Mobilier pour les personnes morales ;
- La conformité de la forme et de la localisation du Périmètre concerné par la demande s'il s'agit d'une demande des droits miniers ou celle d'exploitation de carrière permanente :
  - L'existence de l'entièreté du périmètre demandé à l'intérieur du périmètre faisant l'objet du permis de recherches ou de l'Autorisation de recherches des produits de carrières, s'il s'agit d'une demande des droits miniers ou celle d'exploitation de carrière permanente ;
  - La production de la preuve d'immatriculation du requérant au Registre du Commerce et de Crédit Mobilier s'il est légalement assujetti à cette obligation.

C'est le cadastre minier qui se prononce sur la recevabilité de la demande au moment du dépôt du dossier.

Au cas où la demande est jugée recevable, le Cadastre Minier délivre au requérant un récépissé indiquant le jour, heure et minute du dépôt, qui fait foi, et inscrit la demande dans le registre correspondant, avec mention des jour, heure et minute du dépôt.

II. Instructions de la demande des titres miniers

L'instruction de la demande commence par l'instruction cadastrale suivie de l'instruction technique et de l'instruction environnementale.

[85] Art 35 du code minier

a. L'instruction cadastrale

Le Cadastre minier central ou provincial procède à l'instruction cadastrale dans un délai de vingt jours ouvrables au maximum à compter du dépôt de la demande.

A ce titre, le Cadastre minier vérifie si :

- Le requérant est éligible pour le type de droit minier et/ou de carrières demandé ;
- Les limites du nombre de droit minier et/ou de carrières, de la forme et de la superficie du Périmètre demandé ont été respectées ;
- Le périmètre demandé empiète sur un périmètre faisant l'objet d'un droit minier ou de carrière ou d'une demande en instance d'instruction, sauf empiétements autorisés à l'article 30 du Code minier.

Lors de l'instruction cadastrale des demandes des droits miniers et/ou de carrières, les règles suivantes s'appliquent en cas d'empiètements autres que ceux prévus à l'article 30 du Code :

- Lorsqu'une demande des droits miniers et/ou de carrières de recherches porte sur un périmètre dont plus de 25 % empiètent sur un autre périmètre minier ou de carrières en cours de validité ou est introduite pendant qu'une autre demande est en instruction, cette demande est rejetée ;
- Lorsqu'une demande des droits miniers et/ou de carrières de recherches porte sur un périmètre dont 25 % au maximum empiètent sur un autre périmètre minier ou de carrières en cours de validité ou est introduite pendant qu'une demande est en instruction, la situation est corrigée de façon à éliminer les empiètements.

Dans tous les cas, les demandes suivantes ne peuvent être rejetées pour cause d'empiétement lors de l'instruction cadastrale :

- La demande de droits miniers ou de carrières d'exploitation du titulaire de droit minier ou de carrières de recherches sur le même périmètre ;
- La demande de transformation des droits miniers ou de carrières de recherches ou d'exploitation en plusieurs droits miniers ou de carrières de recherches ou d'exploitation sur le même périmètre
- La demande du Permis d'exploitation des rejets du titulaire du droit minier couvrant le périmètre sur lequel sont entreposés les rejets.

b. L'instruction technique

Dans le cadre de l'instruction technique, la Direction des Mines détermine si les conditions d'octroi du droit minier ou de carrière sollicitée sont satisfaites.

Elle transmet son avis technique au Cadastre Minier dans le délai d'instruction prescrit à chaque type de demande.

Dans un délai maximum de cinq jours ouvrables à dater de la réception de l'avis technique, le Cadastre Minier procède à :

- L'affichage du résultat de l'avis technique dans la salle de consultation de ses locaux. Une copie dudit avis est communiquée au requérant ;
- La transmission du dossier de demande, avec l'avis cadastral et l'avis technique, à l'autorité compétente pour décision.

c. L'instruction environnementale et sociale

l'Agence Congolaise de l'Environnement, le Fonds national de promotion et de service social, en collaboration avec la Direction chargée de la protection de l'environnement minier et, le cas échéant, tout autre organisme de l'Etat concerné, instruisent l'EIES et le PGES relatifs à la demande de droit minier d'exploitation ou de l'autorisation d'exploitation de carrière permanente, le PAR relatif à une demande d'autorisation d'exploitation de carrière temporaire, le dossier de la demande de transfert du droit minier ou de l'autorisation d'exploitation de carrières permanente, ainsi que le plan pour la contribution du projet au développement des communautés environnantes.

À la conclusion de l'instruction environnementale réalisée, Une copie du certificat environnemental est communiquée au requérant.

Dans un délai maximum de cinq jours ouvrables à compter de la réception du certificat environnemental, le Cadastre minier procède à :

- L'affichage du certificat environnemental de l'Agence Congolaise de l'Environnement dans la salle déterminée par le Règlement minier. Une copie du certificat environnemental est communiquée au requérant ;
- Transmission du dossier de demande, avec l'avis cadastral, l'avis technique et le certificat environnemental, le cas échéant, à l'autorité compétente pour décision.

d. La fin de l'instruction de la demande

L'instruction de la demande des droits miniers et/ou de carrières prend fin au jour de la notification de la décision d'octroi au requérant ou de la décision du juge prévue à l'article 46 du Code au Cadastre Minier.

e. La décision d'octroi

A la réception du dossier de demande avec avis cadastral et, le cas échéant, technique, environnemental et social favorables, l'autorité compétente prend et transmet sa décision d'octroi au Cadastre minier dans le délai de décision prescrit pour chaque type de demande de droit minier ou de carrières.

Dans ce cas, le Cadastre Minier procède à l'inscription du droit accordé, à la notification de la décision d'octroi au requérant et à son affichage dans la salle déterminée par le Règlement Minier.

Au cas où l'autorité compétente ne transmet pas sa décision tel qu'indiqué ci haut, la décision d'octroi du droit minier ou de carrières est réputée accordée.

Le requérant demande au Cadastre minier, dans les soixante jours de l'expiration du délai imparti à l'autorité compétente, de procéder à l'inscription de son droit et à la délivrance du titre y afférent.

Passé ce délai, le droit est d'office renoncé.

f. De la décision de refus d'octroi

A la réception du dossier de la demande avec avis cadastral, et le cas échéant, technique et environnemental défavorables, l'autorité prend et transmet sa décision de refus motivée au Cadastre Minier dans le délai prescrit pour chaque type de demande de droit minier ou de carrières.

Dans ce cas, le Cadastre Minier procède à l'inscription de la décision de refus d'octroi des droits sollicités, à la notification de la décision au requérant et son affichage dans la salle déterminée par le Règlement Minier.

g. Du délai d'octroi ou de refus de droit minier

Le délai d'octroi ou de refus d'octroi de droit minier ou de carrières imparti à l'autorité compétente commence à courir au jour de la réception du dossier transmis par le Cadastre minier avec les avis cadastral et, le cas échéant, technique, environnemental et social requis.

L'autorité compétente saisie du dossier par le Cadastre Minier prend à son tour, dans les 30 jours ouvrables qui suivent la réception dudit dossier, la décision d'octroi ou de refus du droit sollicité et la notifie au requérant.[86]

h. De l'extinction des droits miniers

Les droits miniers s'éteignent par :

- **La caducité** : Les droits miniers et/ou de carrières deviennent caducs de plein droit
- **L'annulation** : Ils peuvent faire l'objet d'annulation, avec effet rétroactif, par décision du juge administratif saisi en annulation par un officier du ministère public ou un tiers lésé, dans les trois mois qui suivent la publication de la décision d'octroi au Journal Officiel ou à défaut, dans les trois mois qui suivent la date de la prise de connaissance de son existence, pour illégalité, en cas d'incompétence

[86] Art.45.- code minier

de l'autorité d'octroi, de vice de forme ou en cas de détournement de pouvoir par l'autorité d'octroi.

- **L'expiration** : Les droits miniers et/ou de carrières expirent lorsqu'ils arrivent à terme,
- **La renonciation** : Ils s'éteignent par renonciation totale de leurs titulaires, le retrait.

A l'issue de la déchéance du titulaire, le Permis de recherches, le Permis d'exploitation, le Permis d'exploitation des rejets et le Permis d'exploitation de petite mine, les autorisations d'exploitation de carrières permanente autres que celles des matériaux de construction d'usage courant sont retirés par le Ministre, et par le Ministre provincial de mines pour les Autorisations d'exploitation de carrières permanente, conformément à l'article 290 du Code minier.

Les droits miniers et/ou de carrières peuvent être retirés ou rapportés, sans effet rétroactif, par l'autorité d'octroi en cas d'illégalité lors de l'octroi, dans les trois mois qui suivent la publication de la décision d'octroi au Journal Officiel ou à défaut, dans les trois mois qui suivent la date de la prise de connaissance de son existence, soit à la demande d'un tiers lésé, soit à l'initiative de l'autorité d'octroi.

Schéma de la décision d'octroi des titres miniers[87]

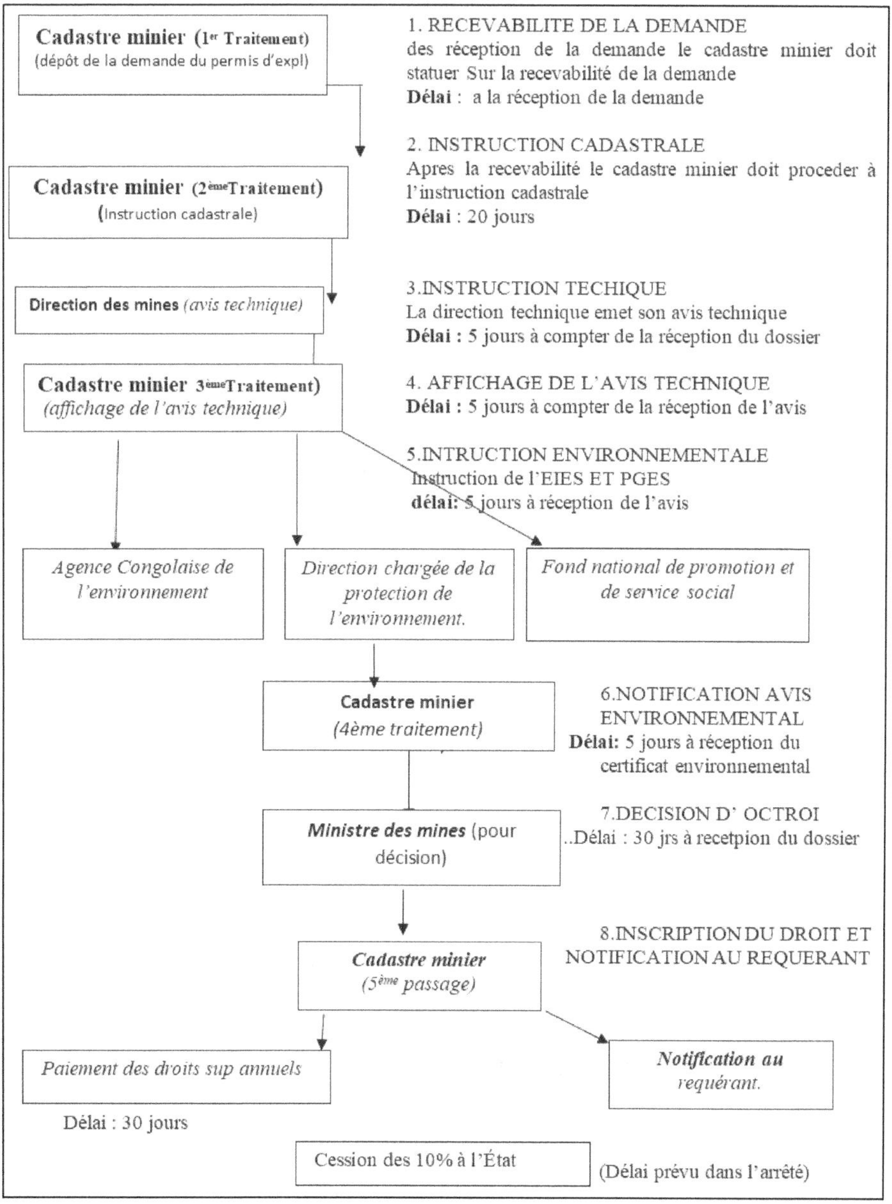

Schéma 1

[87] Compilation personnelle

§ 4. LES OBLIGATIONS DES TITULAIRES DES DROITS MINIERS

Les titulaires des titres miniers doivent répondre à un certain nombre d'obligations.

A. Les obligations relatives à la validité du titre minier

Afin de maintenir la validité de son droit, le titulaire de titre minier doit commencer les travaux dans les délais ci-après indiqués, et il doit également payer le droit superficiaire annuel par carré.

I. Obligation de commencer les travaux

a. Pour le permis de recherche

- **Délai pour commencer les travaux**

L'obligation de commencer les travaux dans un délai d'un an à compter de la délivrance du titre constatant son droit. Le titulaire de titre minier doit déposer dans l'année de l'obtention du titre, au cadastre minier central ou provincial, la preuve du commencement de travaux de recherche.

- **Les opérations attestant le commencement des travaux de recherche**

Le titulaire d'un permis de recherche doit réaliser les opérations suivantes dans un délai d'une année à compter de la délivrance de son certificat de recherche.

La preuve de commencement de travaux peut se matérialiser par la fourniture d'une attestation sur l'honneur, indiquant l'exactitude des informations suivantes :

- Le séjour de travail d'au moins dix jours dans le périmètre de recherches par au moins deux géologues engagés par le Titulaire ;
- Les activités de recherches assorties d'un rapport à adresser à la Direction de Géologie en vue de sa validation et comportant notamment les éléments suivants :
  - La description du terrain et la localisation des travaux à effectuer ;
  - Les données relatives à l'accessibilité et du contexte géographique (altitude, topographie, végétation) du terrain ;
  - Le contexte géologique et les zones minéralisées rencontrées lors des travaux préliminaires
  - Les données fournies doivent être vérifiables, sincères et traçables ;
  - Les noms des personnes qualifiées ayant établi ledit rapport.
  - L'obtention de l'approbation de son Plan d'Atténuation et de Réhabilitation ;
  - Le dépôt de deux copies de son Plan d'Atténuation et de Réhabilitation approuvé dont une au Cadastre Minier provincial et

l'autre à la Division Provinciale des mines du ressort de son périmètre de recherches ;

- La transmission du Plan d'Atténuation et de Réhabilitation aux autorités locales à titre d'information et explication des mesures d'atténuation et de réhabilitation prévues ;
- La mise en place de la sûreté financière pour assurer ou garantir le coût des mesures d'atténuation et de réhabilitation de l'environnement.

➢ **Preuve de commencement de travaux.**

Dans le délai prévu à l'article 386 du règlement minier le Titulaire d'un Permis de Recherches est tenu de fournir au Cadastre Minier Central ou Provincial la preuve du commencement des travaux de recherches suivant une attestation contenant la déclaration écrite sur honneur relative à l'exactitude des renseignements portant sur la réalisation des opérations susmentionnées.

L'attestation de commencement des travaux comporte notamment les mentions suivantes :

- La dénomination sociale, l'adresse et tous autres éléments d'identification du Titulaire ;
- Les références du Permis de Recherche et du Certificat de Recherches ;
- La date de l'approbation du Plan d'Atténuation et de Réhabilitation ;
- Le Cadastre Minier provincial ainsi que la Division Provinciale des mines où le Plan d'Atténuation et de Réhabilitation approuvé a été déposé et la date du dépôt ;
- Les noms et adresses des autorités locales auxquelles le Plan d'Atténuation et de Réhabilitation a été transmis et expliqué, ainsi que les dates des entretiens au regard du Plan d'Atténuation et de Réhabilitation ;
- La forme, le montant et la date du dépôt ou d'ouverture de la sûreté de réhabilitation ;
- Les dates, les itinéraires, les noms des participants et le programme de travail réalisé, avec le visa de l'Administrateur du territoire où le séjour de travail a eu lieu et, le cas échéant, de l'autorité administrative de l'aéroport de l'origine des survols.

L'attestation de commencement des travaux de recherches est à retirer

➢ **Procédure de preuve de commencement de travaux**

L'attestation de commencement des travaux de recherche est à retirer au Cadastre Minier central ou provincial. Elle est dûment remplie et signée par le Titulaire du Permis de Recherches.

Le Titulaire joint à son attestation de commencement des travaux les documents ci-après :

- Une copie de la décision d'octroi du Permis de Recherche ;
- Une copie du Certificat de Recherche ;
- Les accusés de réception du Plan d'Atténuation et de Réhabilitation signés par le Responsable du Cadastre Minier provincial, le Chef de Division Provinciale des mines ainsi que par chaque autorité locale à qui le Plan d'Atténuation et de Réhabilitation a été transmis.
- Une copie de la déclaration d'ouverture du centre de recherches conformément à l'article 484 du règlement minier. ;
- Un calendrier d'exécution des travaux, à titre indicatif ;
- Une copie du récépissé du Gouverneur de Province ou un accusé de réception de la lettre de transmission des documents repris à l'article 481 alinéas 1 du règlement minier. ;
- Une copie de la preuve du versement de la sûreté financière.

b- Pour le permis d'exploitation.

➢ **Délai pour commencer les travaux**

Le titulaire du permis d'exploitation est tenu de commencer les travaux de développement et de construction dans un délai de 3 ans à compter de la délivrance du titre.

➢ **Commencement des travaux de développements et de construction**

Le titulaire du droit minier doit réaliser les opérations suivantes :

- dépôt de deux copies de son plan de gestion environnementale et social (PGES) du projet approuvé au cadastre minier provincial ou le projet minier est situé.
- la transmission d'un sommaire de son PGE aux autorités locales et l'explication des mesures d'atténuation et de réhabilitation prévue.
- la constitution d'une sûreté financière pour la réhabilitation du périmètre.
- l'engagement des travaux de développement et de construction pour un montant supérieur à cinq fois le montant des droits superficiaires exigibles pour la première année entière de la durée du permis d'exploitation.

➢ **Preuve de commencement des travaux de développements et de construction**

Dans le délai prévu à l'article 390 du règlement minier ci haut indiqué, le Titulaire d'un Droit Minier d'Exploitation ou d'une Autorisation d'Exploitation Permanente est tenu de fournir au Cadastre Minier la preuve du commencement des travaux de développement et de construction suivant une attestation contenant la déclaration écrite sur l'honneur par le Titulaire sur l'exactitude des renseignements portant sur la réalisation des opérations susmentionnées.

L'attestation de commencement des travaux de développement et construction comporte notamment les mentions suivantes :

- la dénomination sociale, l'adresse et tous autres éléments d'identification du Titulaire ;
- les références de l'acte d'octroi du Droit Minier d'Exploitation ou de l'Autorisation d'Exploitation de Carrières Permanente et des certificats y afférents ;
- l'indication du Cadastre Minier provincial et de la Division Provinciale des Mines où le Plan de Gestion Environnementale du Projet a été déposé et la date du dépôt ;
- les noms et adresses des autorités locales auxquelles un sommaire du plan de gestion environnementale du projet a été transmis et expliqué, ainsi que les dates des entretiens au sujet du Plan de Gestion Environnementale du Projet ;
- la forme, le montant et la date du dépôt ou d'ouverture de la sûreté de réhabilitation ;
- la description des travaux de développement et de construction engagés ;

➢ **Obligation de construction du bâtiment devant abriter le siège social**

Le titulaire d'un droit minier d'exploitation est tenu de construire un bâtiment abritant son siège social selon les normes des standards internationaux au chef-lieu de la province d'exploitation dans les cinq ans à dater de la délivrance du titre.

Le budget alloué à la construction de ce bâtiment doit correspondre à 1% du budget d'investissement contenu dans l'étude de faisabilité.

A la fin des travaux de construction, le titulaire transmet au Cadastre Minier une copie certifiée de son certificat d'enregistrement avec la description du bâtiment. Le Cadastre Minier vérifie auprès du conservateur des titres immobiliers compétents l'authenticité du titre immobilier.

Dès la réception de la lettre de confirmation de l'existence du titre immobilier et du bâtiment, le Cadastre Minier délivre une attestation de construction du siège social.

c. Pour le permis d'exploitation des petites mines ou de permis d'exploitation des rejets

- **Délai pour commencer les travaux**

Le titulaire du permis d'exploitation des petites mines ou du permis d'exploitation des rejets est tenu de commencer les travaux de développement et de construction dans un délai de 1 an à compter de la délivrance du titre minier

- **Opérations à réaliser dans le cadre de travaux**

Les opérations à réaliser ainsi que la procédure de validation de l'attestation de commencement de travaux est la même que celle du permis d'exploitation décrite ci-dessus.

II. L'obligation de payer le droit supérficiaire annuel par carré

Le paiement de droit superficiaire annuel permet à l'Etat de couvrir les coûts des prestations et de la gestion des droits constatés par les titres miniers.

Ainsi, il est perçu des droits superficiaires annuels par carré sur chaque titre minier ou de carrières délivré au profit du cadastre minier qui en rétribue une quotité aux services du ministère des mines chargés de l'administration du code minier.

Ne sont pas assujettis au droit superficiaire annuel :

- les autorisations d'exploitation de carrière temporaire.
- le titulaire d'un droit minier découlant d'une convention minière contenant des clauses de stabilité contenue dans ladite convention.

Le titulaire des titres minier a l'obligation de s'acquitte des droits superficiaires annuels par carré pour chaque année.

Le payement de ces droits superficiaires annuels doit intervenir avant la fin du premier trimestre de l'année civile.

Concernant la première année, les droits sont payés par carré au prorata temporise à la délivrance du titre initial ou à la dernière année de la période de validité du titre.

Les droits superficiaires annuels par carré sont payés au guichet du Cadastre Minier qui a délivré le titre minier ou de carrière. Ce dernier en donne quittance au titulaire au moment du paiement.

III. Obligation de respecter ses engagements vis-à-vis des obligations sociales conformément au chronogramme repris dans le cahier des charges

L'élaboration du cahier des charges

A dater de la délivrance du titre minier d'exploitation ou de l'Autorisation d'Exploitation des carrières permanente et au plus tard dans les six mois avant le début de l'exploitation, un cahier des charges est élaboré conformément aux prescriptions contenues dans l'annexe relative au Modèle-type de Cahier des charges de responsabilité sociétale du Décret du 08 juin 2018. (Annexe 17)

De la transmission de la décision d'approbation du Gouverneur de Province

Ledit cahier des charges ainsi que le chronogramme des engagements vis-à-vis des obligations sociales est transmis au gouverneur de la province où se situe le projet pour approbation.

Dans les trente jours ouvrables à dater de la réception du dossier par le Gouverneur, celui-ci transmet au Cadastre Minier central sa décision d'approbation du cahier des charges lui déposé par le titulaire,

A défaut de décision d'approbation du cahier des charges dans le délai requis, celui-ci est réputé approuvé. [88]

Dans les cinq jours ouvrables, le Cadastre Minier central notifie la décision d'approbation du Gouverneur de Province au titulaire et transmet le dossier à l'Agence Congolaise de l'Environnement et à la Direction chargée de la Protection de l'Environnement Minier pour information.

Le Cadastre Minier établit une attestation d'approbation du chronogramme repris dans le cahier des charges. Il la transmet au titulaire et l'inscrit dans le registre de commencement des travaux.

B. Autres obligations relatives aux titres miniers, de carrières ou d'agrément au titre d'entité de traitement ou de transformation

I. Les obligations environnementales et sociétales

a. Pendant les recherches

Toutes les opérations de recherche, et d'exploitation minière et de carrière, doivent préalablement faire l'objet d'un plan environnemental et social préalablement approuvé.

Cette obligation ne s'applique pas aux opérations d'exploitation artisanale, qui sont soumises au code de bonne conduite tel qu'indiqué ci-après.

---

[88] Article 403 ter: du règlement minier

La détention et le respect d'un plan d'environnement approuvé exonèrent son titulaire des dommages causés sur l'environnement par ses activités[89].

b. Lors de la recherche et l'exploitation de carrière temporaire

Le requérant aux titres miniers de recherche et d'exploitation de carrière doit présenter et faire approuver le PAR, par les autorités compétentes, avant le commencement de travaux.

L'approbation du PAR relève de la compétence du service chargé de la protection de l'environnement au sein du Ministère des Mines en collaboration avec le Ministre de l'Environnement.

c. Le PAR (plan d'atténuation et de réhabilitation)[90]

Les opérations de recherche des mines ou des carrières ainsi que les opérations d'exploitation en vertu d'une autorisation d'exploitation de carrière temporaire, doivent faire l'objet d'un plan d'atténuation et de réhabilitation préalablement établi et approuvé.

1. Pour les opérations de recherche minière ou de carrières :

- Le PAR doit être déposé après l'octroi du titre minier. Son approbation par la direction chargée de la protection de l'environnement minier est une condition préalable du commencement des opérations de recherches.
- Le PAR doit être déposé en quatre exemplaire au bureau du cadastre minier qui a délivré le titre.
- Le titulaire est tenu de payer les frais d'institution et d'évaluation du plan au bureau du cadastre minier.
- Après vérification, le PAR est transmis à la direction chargée de la protection de l'environnement pour instruction.
- En cas de recevabilité du Plan d'Atténuation et de Réhabilitation, le Cadastre Minier délivre au Titulaire, contre paiement des frais d'instruction et d'évaluation, un récépissé indiquant le jour du dépôt et inscrit l'information sur la fiche technique afférente.
- En cas d'irrecevabilité du Plan d'Atténuation et de Réhabilitation, le dossier est rendu au Titulaire avec mention des motifs de renvoi.

Lorsque le Plan d'Atténuation et de Réhabilitation est déclaré recevable, le Cadastre Minier transmet un exemplaire à l'Agence Congolaise de l'Environnement et un autre à la Direction de Protection de l'Environnement Minier pour instruction.

---

[89] Article 405 al 1 du règlement minier.

[90] Chapitre 4 du titre XVIII du règlement minier

La Direction de la Protection de l'Environnement Minier vérifie s'il est conforme au modèle repris en Annexe VI du Décret d'application [91]

L'Agence Congolaise de l'Environnement en collaboration avec la Direction chargée de la Protection de l'Environnement Minier instruisent et déterminent si le contenu du Plan d'Atténuation et de Réhabilitation est conforme au modèle proposé par le Décret ainsi qu'aux instructions et mesures de réhabilitation et de restauration de la directive sur le Plan d'Atténuation et de Réhabilitation

Dans un délai de vingt jours ouvrables à compter du dépôt du Plan d'Atténuation et de Réhabilitation, l'Agence Congolaise de l'Environnement délivre un certificat environnemental sur base de l'avis favorable ou défavorable émis par le Comité Permanent d'Evaluation.

A défaut de décision dans le délai prescrit, le Plan d'Atténuation et de Réhabilitation est réputé approuvé.

A la demande du Titulaire intéressé, le Cadastre Minier où le Plan d'Atténuation et de Réhabilitation a été déposé, lui délivre une attestation à cet effet.

2. Pour les opérations d'exploitation de carrière temporaire

Le PAR doit être déposé en même temps que la demande de l'autorisation d'exploitation de carrière.

Le Plan d'Atténuation et de Réhabilitation est déposé en quatre exemplaires au Cadastre Minier central ou provincial en même temps que la demande d'Autorisation d'Exploitation de Carrières Temporaire.

Lorsque le Plan d'Atténuation et de Réhabilitation est conforme au modèle en annexe VI du décret d'application, le Cadastre Minier le déclare recevable et délivre au titulaire un récépissé ou quittance indiquant le jour du dépôt et inscrit l'information sur la fiche technique afférente.

En cas d'irrecevabilité du Plan d'Atténuation et de Réhabilitation, le dossier est rendu au titulaire avec mention écrite des motifs de renvoi.

L'instruction du PAR consiste à vérifier :

- la description du milieu ambiant du périmètre en cause ;
- la description des travaux prévus par le Titulaire du Permis de Recherches ;
- la conformité des mesures d'atténuation et de réhabilitation proposées par le Titulaire avec le modèle Plan d'Atténuation et de Réhabilitation et sa directive;
- le caractère suffisant du budget des mesures d'atténuation et de réhabilitation ainsi que de la sûreté financière de réhabilitation du site proposée.

[91] Pge 344 du règlement minier

Lorsque le besoin de l'instruction l'exige, le Comité Permanent d'Evaluation peut demander au requérant, une seule fois, tout complément d'information se rapportant aux éléments repris à l'alinéa précédent et nécessaire à l'instruction du Plan d'Atténuation et de Réhabilitation.

Le requérant est tenu de fournir le complément d'information dans les dix jours ouvrables à partir de la réception de la demande.

A l'issue de l'instruction, le Comité Permanent d'Evaluation transmet l'avis favorable ainsi que le dossier du Plan d'Atténuation et de Réhabilitation à l'Agence Congolaise de l'Environnement pour l'établissement du certificat environnemental.

L'Agence Congolaise de l'Environnement transmet le certificat environnemental au Cadastre Minier pour dispositions avec copie à la Direction de Protection de l'Environnement Minier.

Les frais de dépôt perçus lors du dépôt d'une demande de Permis de Recherches ou d'Autorisation de Recherches des Produits de Carrières couvrent à la fois les coûts de l'instruction cadastrale et les coûts de l'instruction environnementale du Plan d'Atténuation et de Réhabilitation dont le dépôt est anticipé dans les six mois suivant l'octroi du droit demandé.

Le barème des frais de dépôt et les modalités de sa répartition en faveur des services intervenants au sein du Comité Permanent d'Evaluation est déterminé par Arrêté Interministériel des Ministres ayant respectivement les Mines et les Finances dans leurs attributions.

A l'issue de l'instruction, la direction chargée de la protection de l'environnement minier transmet l'avis environnemental ainsi que le dossier du PAR au cadastre minier central ou provincial. Ce dernier notifie au requérant, l'avis environnemental et transmet le dossier à l'autorité compétente pour décision.[92]

Ensuite, le cadastre minier central ou provincial transmet l'avis au ministre de mine dans un délai de 5 jours de la réception de l'avis.

c. Lors de l'exploitation

Conformément à l'article 450 du règlement minier, toutes les opérations d'exploitation hormis l'exploitation de carrières temporaire, doivent faire l'objet d'une étude d'impact environnemental et social du projet et d'un plan de gestion environnementale et social du projet.

Le plan de gestion environnemental et social du projet constitue le plan de la mise en œuvre des mesures d'atténuation et de réhabilitation développé par le PAR. EIES et PGES (étude d'impact environnemental et social et plan de gestion environnemental du projet).

Pour les opérations d'exploitation de mines et des petites mines, et carrières permanentes, doivent faire l'objet d'une EIES et de PGES, préalablement établis et approuvés.

---

[92] Art 441 du règlement minier

L'EIES présente une description de l'écosystème avant les opérations minières, y compris la faune et la flore, les sols et la topographie, la qualité de l'air, des eaux, souterrains, et de surface.

Elle en précise les aspects qui peuvent être affectés qualitativement et quantitativement par l'activité minière ou l'exploitation des carrières.

Elle contient également, les mesures envisagées pour la protection de l'environnement, l'élimination ou la limitation des pollutions et la reconstitution des sites ainsi que pour vérifier l'efficacité envisagée desdites mesures.

Toutes les opérations minières résultant d'une activité intégrée, y compris les opérations de concentration, de traitement et de transport font partie de la même étude d'impact environnemental du projet. Au cours de l'élaboration du EIES, le requérant doit mettre en place un programme de consultation du public.

Ce programme de consultation public aura pour objectif, de permettre la participation active des populations locales affectées par le projet dans l'opération. Le titulaire du droit minier doit établir une bonne relation avec les populations locales.

Le programme de consultation du public au cours de l'élaboration de l'Etude d'Impact Environnemental et Social doit prévoir notamment la présentation et l'explication du programme des travaux d'exploitation, des impacts négatifs et positifs produits par le projet et des mesures d'atténuation et de réhabilitation aux communautés locales affectées et recueillir leurs réactions, questions et préoccupations.

Le représentant de la société minière chargé des relations publiques avec les communautés locales devra transmettre aussitôt que possible à l'Administrateur du Territoire, aux autorités politico-administratives locales, aux organisations communautaires de base et aux représentants des communautés concernées un résumé écrit de l'Etude d'Impact Environnemental et Social ou le Plan de Gestion Environnementale et Sociale dans la langue locale qui résumera le programme des travaux d'exploitation, les impacts négatifs et positifs produits par le projet et les mesures de réhabilitation proposées.

Le demandeur, en tant que Titulaire d'un droit de recherches minières ou de carrières, doit établir de bonnes relations avec chaque communauté directement affectée par le projet et entreprendre notamment les mesures suivantes :

- connaître les populations concernées, leurs activités principales, leurs valeurs sociales et culturelles ;
- informer les communautés locales du programme des travaux d'exploitation et des impacts négatifs et positifs du projet d'exploitation;
- consulter les populations affectées lors de la détermination du programme des mesures d'atténuation et de réhabilitation ;

- dédommager les personnes affectées par le projet d'exploitation conformément aux dispositions du Code et à l'Annexe XVIII relative à l'expropriation, l'indemnisation, la compensation, le déplacement et la réinstallation des communautés affectées par les projets miniers

L'EIES et le PGES doivent être déposés en même temps que la demande du droit d'exploitation. Leur approbation par l'autorité compétente est une condition d'octroi du droit d'exploitation.

1. Les objectifs du PGES

- Assurer la sûreté du lieu d'implantation pendant et après l'opération minière ou de carrières.
- Réduire les effets nuisibles de l'opération minière ou de carrière sur l'atmosphère et sur les sources et cours d'eau à un niveau acceptable.
- Intégrer la mine ou la carrière et les infrastructures au paysage par des aménagements appropriés pour protéger la faune et la flore.
- Réduire l'érosion, les fuites d'eau ou de produits chimiques et les accidents du relief terrestre occasionnés par l'opération minière ou de carrière ainsi que ses effets nuisibles sur l'habitat des espèces de faune et flore locale.
- Améliorer le bien-être des populations locales en mettant en œuvre des programmes de développement économique et social et en prévoyant l'indemnisation des populations en cas de déplacement de leur lieu d'habitation.
- Réduire les effets nuisibles de l'opération minière ou de carrières tel que choc, bruit, poussière… sur les populations humaines et animales qui habitent les alentours du lieu.
- Eviter l'introduction de parasites et de plantes indésirables ainsi que le développement ou la propagation de maladies dans des lieux où ils n'étaient pas présents,
- Favoriser la repousse rapide et le renouvellement des espèces végétales indigènes ou compatibles avec l'écosystème de la zone d'implantation.

2. Procédure d'approbation de l'EIES et PGES

Le requérant doit déposer auprès du cadastre minier, en annexe de sa demande de sa demande de permis d'exploitation, de permis d'exploitation de petites mines, de permis d'exploitation des rejets et de l'autorisation d'exploitation de rejets, son étude d'impact environnemental et social et son plan de gestion environnementale et social en trois exemplaires.

Pour l'instruction des EIES et PGES, il a été créé, un comité permanent d'évaluation en sigle : CPE, composé de 14 membres permanents :

- le Directeur de la Direction chargée de la Protection de l'Environnement Minier, plus deux délégués de son service ;
- trois délégués de l'Agence Congolaise de l'Environnement ;
- deux délégués du Fonds National de Promotion et Service Social ;
- un délégué de la Direction de l'Action Sociale du Ministère des Affaires Sociales
- un délégué de la Direction des Mines ;
- un délégué de la Direction de Géologie ;
- un délégué de la Cellule Technique de Coordination et de Planification Minière ;
- un délégué de la Direction de l'Aménagement du Territoire du Ministère des Travaux Publics et Aménagement du Territoire ;
- un délégué de l'Institut Congolais pour la Conservation de la Nature ;
- un délégué de la Direction des ressources en eau du Ministère de l'Environnement ;
- un délégué de la Direction de la Protection Végétale du Ministère de l'Agriculture ;
- un délégué de la Direction de la Protection Animale du Ministère de l'Agriculture ;
- un délégué du Ministère ayant l'élevage et la pêche dans ses attributions ;
- un délégué du Ministère de la Santé Publique;
- un délégué du Service d'Assistance et d'Encadrement de l'Exploitation Minière à Petite Echelle en sigle « SAEMAPE » ;
- un délégué de l'Organisme en charge de la protection contre les rayonnements ionisants.

Les membres sont désignés, suivant les cas, par leur Ministre ou Chef des Services respectif et nommés par Arrêté du Ministre en charge des Mines. Le Directeur de la Direction chargée de la Protection de l'Environnement Minier préside le Comité Permanent d'Evaluation. L'Agence Congolaise de l'Environnement assume la Vice-présidence et un secrétariat technique comprenant trois membres issus de l'Agence Congolaise de l'Environnement, du Fonds National de promotion et de Service Social et la Direction de Protection de l'Environnement Minier.

Le directeur chargé de la protection de l'environnement minier préside la commission permanente d'évaluation. Son service assure le secrétariat.

Le titulaire du titre minier et de carrière est tenu de fournir une sûreté pour garantir l'accomplissement de leurs obligations environnementales pendant la recherche et ou l'exploitation. L'autorité compétente d'approbation est la direction chargée de la protection de l'environnement minier.

Cette commission se réunit sur convocation par son président, chaque fois que l'instruction de l'EIES et du PGES s'impose ou chaque fois qu'une demande de clarification préalable l'exige.

Lors de l'instruction environnementale de la demande du permis, la CPE détermine si l'EIES et le PGES sont conformes à la directive sur étude d'impact environnemental du projet.

L'instruction environnementale ne peut dépasser 6 mois (180 jours), à compter de la transmission de l'EIES à la direction chargée de la protection de l'environnement minier. Passé ce délai, la CPE donne son avis.

Dans un délai de 5 jours, à compter de la réception de l'avis environnemental, le cadastre minier central notifie au requérant l'avis, et procède à l'affichage, dans le même temps, il transmet le dossier de l'EIES du projet et l'avis environnemental au ministre ou au chef de division provinciale des mines, lorsqu'il s'agit d'une demande d'autorisation d'exploitation des carrières permanente des matériaux de construction à usage courant, pour décision d'octroi ou de refus d'octroi du droit d'exploitation, y compris l'approbation ou le refus d'approbation de l'EIES et PGES.

Rapport annuel de réalisation des travaux d'exploitation

Dans les cent jours qui suivent la date anniversaire de l'approbation de l'Étude d'Impact Environnemental et Social et du Plan de Gestion Environnementale et Sociale, le Titulaire est tenu de déposer chaque année, un rapport auprès de l'Agence Congolaise de l'Environnement, du Fonds National de Promotion et de Service Social et de la Direction chargée de la Protection de l'Environnement Minier.

Ce rapport doit décrire sommairement :

- les travaux d'exploitation réalisés et leur impact sur l'environnement ;
- les travaux d'atténuation et de réhabilitation qui ont été réalisés ;
- l'état d'avancement des mesures d'atténuation et de réhabilitation par rapport à celles prévues dans le Plan de Gestion Environnementale et Sociale approuvé ;
- les frais engagés en relation avec la mise en œuvre de ces travaux d'atténuation et de réhabilitation ;
- l'état d'avancement et les résultats de la mise en œuvre du plan de développement durable et du cahier des charges.

L'audit environnemental et social

Tous les deux ans à partir de la date d'approbation de l'Etude d'Impact Environnemental et Social initiale, le Titulaire d'un droit minier ou de carrières est tenu de faire réaliser, à ses propres frais, un audit par un Bureau d'études environnementales agréé autre que celui qui a élaboré l'Etude d'Impact Environnemental et Social ou le Plan de Gestion Environnementale et Sociale.

L'audit constatera l'avancement des travaux d'atténuation et de réhabilitation par rapport au calendrier prévu, la conformité des impacts sur l'environnement avec les normes techniques de la directive sur l'Etude d'Impact Environnemental et Social et toutes autres observations sur les impacts des activités minières ou de carrières sur l'environnement ; ainsi que le niveau d'exécution du cahier des charges.

Le rapport de l'audit environnemental et social

Le Bureau d'études environnementales agréé chargé de l'audit environnemental et social rédige un rapport et en transmet les copies à l'Agence Congolaise de l'Environnement, au Fonds National de Promotion et de Service Social et à la Direction chargée de la Protection de l'Environnement Minier et une autre au Titulaire dans un délai de nonante jours ouvrables à compter de la date du commencement des travaux d'audit.

Le contrôle des travaux d'atténuation et de réhabilitation

Les travaux d'atténuation et de réhabilitation réalisés par le Titulaire sont soumis aux inspections effectuées par l'Agence Congolaise de l'Environnement en collaboration avec la Direction chargée de la Protection de l'Environnement Minier et le Fonds National de Promotion et de Service Social, pour vérifier leur état d'avancement par rapport au calendrier prévu et leur conformité par rapport aux mesures prévues dans le Plan de Gestion Environnementale et Sociale ainsi que le cahier des charges approuvés.

Sûreté pour garantir les obligations environnementales

Conformément à l'article 204 al 4 du code minier, le titulaire du droit minier et de carrières est tenu de fournir une sûreté pour garantir l'accomplissement de leurs obligations environnementales pendant la recherche et ou l'exploitation.

En plus de cette garantie, il est autorisé à constituer une provision pour réhabilitation du site conformément aux dispositions de l'article 258 du code minier.

Les fonds de la sûreté financière de réhabilitation de l'environnement sont mis à la disposition de l'Etat et géré aux fins de la réhabilitation du site des opérations minières.

En cas d'inexécution ou d'exécution fautive par le titulaire, de ses obligations d'atténuation et de réhabilitation, le tribunal territorialement compétent peut prononcer, à la requête du ministre ou de son délégué la confiscation de la sûreté financière de réhabilitation de l'environnement en faveur de l'Etat, représenté par le ministre.

L'attestation de libération des obligations environnementales dégage le titulaire d'un droit minier ou de carrières soumis à l'EIES du projet de son projet de son obligation de réhabilitation environnementale vis à vis de l'Etat.

Code de bonne conduite du prospecteur et de l'exploitation artisanale

Tout prospecteur minier doit s'engager à respecter le code de bonne conduite du prospecteur. Ce code est parti intégrante de la déclaration de prospection.

Le non-respect du code de conduite du prospecteur expose le prospecteur au retrait éventuel de son attestation de prospection.

Tout exploitant artisanal est tenu de respecter le code de bonne conduite de l'exploitation artisanale. Le non-respect de ce code, expose le titulaire au retrait de son droit.

Le détenteur de la carte d'exploitation artisanale est tenu de contribuer au fond de réhabilitation institué en vue de financer la réalisation des mesures d'atténuation et de réhabilitation des zones d'exploitation artisanale.

Le taux de cet impôt est fixé à 10% du montant fixé pour l'obtention de la carte d'exploitation artisanale.

II. Obligations relatives à la protection du patrimoine culturel

Lors de travaux liés aux recherches ou à l'exploitation minière, au cas où le titulaire découvre des indices archéologiques, il doit informer l'autorité administrative locale et l'autorité chargée de la culture arts et musées.

En cas de mise à jour des éléments culturel national biens meubles et autres, il est interdit au titulaire du titre minier de les déplacer, il lui appartient d'informer par écrit les autorités locales et l'autorité administrative chargée de la culture arts et musées.

Au cas où les autorités informées ne réagissent pas dans un délai de 60 jours, le titulaire du titre minier doit les enlever, les sécuriser et de les conserver pour le compte de l'Etat. L'Etat doit rembourse au titulaire de titres miniers les coûts engagés pour l'enlèvement, la sécurisation et la conservation des éléments trouvés.

A défaut du remboursement dans un délai de 6 mois après le dépôt du titulaire d'une demande de remboursement justifiée par des factures auprès du ministère chargé de la culture des arts et musées, le titulaire a droit à un crédit d'impôt dont le montant est égal au total des dépenses qu'il a effectué. Ce crédit d'impôt est à valoir sur la redevance minière, en particulier sur les 50% revenant au trésor public.

A défaut de remboursement des coûts engagés par le Titulaire pour le compte de l'Etat conformément aux dispositions de l'article 206 du Code Minier dans un délai de six mois après le dépôt par le Titulaire d'une demande de remboursement justifiée par des factures auprès du Ministère chargé de la Culture, des Arts et des Musées, le Titulaire a droit à un crédit dont le montant est égal au total des dépenses qu'il a effectuées pour enlever, sécuriser, conserver et acheminer les éléments du patrimoine culturel national. Ce crédit est à valoir sur la redevance minière, en particulier sur les 50% revenant au Trésor public.[93]

III. Obligation de sécurité et d'hygiène

L'exploitation des mines est soumise aux mesures de sécurité d'hygiène et de protection édictée par des règlements spéciaux.

Le titulaire de titre minier est tenu de publier les consignes de sécurité au regard des conditions particulières de son exploitation dans les formes approuvées par la direction des mines.

En cas d'urgence ou de refus par le titulaire de se conformer à des mesures de sécurité et d'hygiènes, celles-ci seront prises et exécutées d'office par l'état aux frais de l'intéressé.

Les agents de l'administration des mines dûment habilités ont qualité d'Officier de Police Judiciaire pour rechercher et constater toutes infractions au présent code et à ses mesures d'exécution.

Tout accident grave ou mortel survenu dans une mine ou une carrière ou dans ses dépendances, doit être porté, sans délai et par les moyens de communication les plus rapides, à la connaissance de la Direction des Mines et des autorités administratives et judiciaires du ressort.

La publication des consignes de sécurité

Tout titulaire d'un droit minier ou de carrières d'exploitation est tenu de publier les consignes de sécurité au regard des conditions particulières de son exploitation. Ces consignes sont transmises à la Direction des Mines et portées à la connaissance de son personnel et du public pouvant accéder à son site d'exploitation.

Le Règlement Minier détermine les modalités de publication des consignes de sécurité.

IV. L'autorisation de construction et de la planification des infrastructures

Le titulaire de droits miniers ou d'Autorisations d'Exploitation des Carrières Permanente est tenu de construire et de maintenir toutes les infrastructures nécessaires aux activités liées aux titres ou à l'autorisation environnementale afférente

Toute infrastructure à construire par le titulaire fait l'objet d'un plan soumis à l'autorité compétente de l'administration pour visa, après consultation de l'autorité locale territorialement compétente.

---

[93] ART 490 du regl minier

L'utilisation des infrastructures du projet

Les voies de communication créées par le titulaire à l'intérieur ou à l'extérieur du Périmètre minier ou de carrières peuvent être utilisées, lorsqu'il n'en résulte aucun obstacle par l'exploitation et sous réserve de l'accord du titulaire, par les services des établissements miniers, industriels et commerciaux voisins sur leur demande, moyennant une juste compensation fixée de commun accord entre parties, et comportant une participation des intéressés à l'entretien desdites voies.

Les voies de communication créées à l'extérieur et à l'intérieur du Périmètre peuvent être ouvertes au public moyennant une juste compensation à convenir entre le titulaire et la commune ou l'entité cadastrale locale dont les habitants utilisent ces voies de communication.

Les droits de l'Etat sur les Infrastructures construites par l'opérateur minier

Sauf accord contraire exprès et écrit entre le titulaire et l'Etat, toute infrastructure d'utilité publique construite par le titulaire d'un droit minier ou de carrières qui reste en place à l'expiration ou à la cessation de la validité de son droit, tombe dans le domaine public de l'Etat.

V. Des obligations du titulaire vis-à-vis des communautés affectées par le projet d'exploitation

Le Titulaire d'un droit minier ou de carrières d'exploitation a, vis-à-vis des populations affectées par le projet d'exploitation, les obligations de :

- recueillir leurs informations et préoccupations sur les impacts du projet d'exploitation
- élaborer un plan de leur consultation ;
- les informer sur le projet d'exploitation et sur les mesures de réhabilitation et d'atténuation des impacts environnementaux conformément à son Étude d'Impact Environnemental du projet et Plan de Gestion Environnementale du Projet ;
- maintenir un dialogue constructif avec elles

Des phases de réalisation du plan de consultation des communautés affectées par les activités minières

Le plan de consultation des communautés affectées par le projet d'exploitation comprend quatre phases principales :

- la phase de prise de contact, d'explication et d'information ;
- la phase de présentation des mesures d'atténuation et de réhabilitation proposées par le Titulaire et les réponses et réactions des populations affectées par le projet d'exploitation ;

- la phase de présentation du projet d'Étude d'Impact Environnemental et Social révisée et les réponses et réactions des communautés affectées par le projet d'exploitation ;
- la phase de présentation de l'Étude d'Impact Environnemental et Social finale et transmission d'une copie du résumé de l'Étude d'Impact Environnemental du projet finale écrit dans la langue locale ou le dialecte de chaque communauté concernée aux représentants des populations affectées par le projet d'exploitation à travers notamment les autorités administratives locales, les organisations communautaires de base.

Des communautés affectées par les activités minières

Les communautés affectées par les activités minières sont déterminées notamment au moyen des critères ci-après :

- L'emplacement d'une communauté sur ou à proximité du site d'exploitation;
- L'emplacement d'une communauté sur ou à proximité du réseau routier utilisé ou construit pour les besoins du projet d'exploitation ;
- L'emplacement d'une communauté sur ou à proximité d'une infrastructure importante du projet d'exploitation : centrale électrique, usine de traitement des eaux, aéroport ou port à construire pour le projet ;
- L'existence d'une activité de subsistance de la communauté sur le site d'exploitation telle que la pêche, la chasse, la cueillette, l'élevage, la culture ;
- La présence d'un cours d'eau sur ou à proximité du site d'exploitation utilisé comme source d'approvisionnement en eau potable ou source de subsistance par une communauté

Des modalités d'indemnisation, de compensation et de réinstallation des communautés affectées par le déplacement

Les modalités pratiques du processus d'indemnisation, de compensation et de réinstallation des communautés affectées par le déplacement sont déterminées dans l'Annexe 18 : « directive relative à la délocalisation, l'indemnisation, la compensation, au déplacement et a la réinstallation des communautés par affectées les projets miniers »[94]

L'expropriation, l'indemnisation, la compensation, le déplacement et la réinstallation des communautés affectées par les projets miniers du présent Décret.

[94] Règlement minier page 408

VI. De la tenue des registres et des rapports

Les registres et des documents

Les journaux, registres et les documents dont la tenue est obligatoire, selon le type d'activité minière ou celui de droit minier ou de carrières, sont notamment :

- pour tout type de permis minier ou d'autorisation de carrières, le journal de chantier dans lequel sont consignés les événements survenus à l'intérieur du périmètre minier ou de la zone d'activité minière, notamment les accidents, les visites et inspections administratives ;
- le journal des travaux de recherches et/ou d'exploitation réalisés ;
- le registre des présences dans lequel sont portés régulièrement l'identité et les références des employés ;
- le registre des échantillons pris et expédiés ;
- le registre des travaux d'atténuation et de réhabilitation réalisés.
- pour les Permis d'Exploitation, les Permis d'Exploitation des Rejets, les Permis d'Exploitation de Petite Mine et les Autorisations d'Exploitation de Carrières Permanente
- les journaux et registres prévus au point 1 du présent article ;
- le registre d'extraction ;
- le registre des ventes ;
- le registre des expéditions et des autorisations d'origine ;
- le registre des exportations des substances minérales pour traitement à l'extérieur, le cas échéant
- le journal de transformation, en cas de transformation des substances minérales extraites, indiquant s'il y a lieu l'origine, la quantité et la valeur des substances minérales utilisées comme intrants dans la transformation ;
- le plan d'occupation de la surface à une échelle exploitable comprise entre 1/100 et 1/20.000 selon la nature des travaux, qui indique le plan des travaux effectués ;
- les plans topographiques vertical et horizontal suffisamment détaillés pour permettre de localiser les galeries et tunnels dans les cas de travaux souterrains ;
- le journal où sont consignés tous les faits importants relatif à l'exécution, l'avancement, les renforcements et l'aménagement des travaux souterrains ;
- tout autre registre prévu par le Plan de Gestion Environnemental du Projet approuvé.

De la tenue des registres

Les registres sont reliés et cotés par feuillets ou par page à l'aide des numéros d'ordre. Ils sont tenus par ordre de date, sans blanc, lacune ni transport en marge.

Tous les registres et journaux sont cotés et paraphés selon le cas lors de chaque visite d'inspection par les inspecteurs de la Direction des Mines et de la Direction de Géologie.

Les registres et journaux concernant les travaux d'atténuation et de réhabilitation sont paraphés lors de chaque visite d'inspection par les inspecteurs de la Direction chargée de la Protection de l'Environnement Minier.

Dépôt des relevés du registre des expéditions et des autorisations d'origine

Le Titulaire de droit minier d'exploitation ou d'Autorisation d'Exploitation de Carrières Permanente remet contre récépissé, ou fait parvenir sous pli recommandé avec avis de réception, à la Direction des Mines avec copie à la Division Provinciale des Mines du ressort, un relevé semestriel du registre d'extraction.

Dans le mois qui suit la fin de chaque exercice, le Titulaire de droit minier d'exploitation ou d'Autorisation d'Exploitation de Carrières Permanente remet contre récépissé ou fait parvenir sous pli recommandé avec avis de réception, à la Direction des Mines avec copie à la Division Provinciale des Mines du ressort, un relevé du registre des expéditions et des autorisations d'origine.

Les doubles des factures établies à l'occasion des ventes de l'exercice, sont joints à ce relevé du registre.

Le défaut ou le refus de communiquer le relevé du registre des expéditions et des autorisations d'origine est assimilé à la tenue irrégulière des documents visée à l'article 293 du Code Minier

Du rapport annuel d'activités

Le Titulaire de droit minier d'exploitation ou d'Autorisation d'Exploitation de Carrières Permanente remet, contre récépissé ou fait parvenir sous pli recommandé avec demande d'avis de réception, avant le 31 mars de l'année suivant celle considérée, un rapport d'activités au Secrétariat Général aux Mines, à la Direction des Mines et à la Direction de Géologie, avec copies à la Division Provinciale des Mines et aux services des Mines du ressort.

Le rapport fait apparaître notamment :

- l'état d'avancement des travaux ;
- les résultats de la recherche ;
- la main-d'œuvre employée ;

- le tonnage extrait, transformé et vendu ;
- les expéditions des produits marchands et leurs prix de vente.
- l'état de mise en œuvre des mesures de transparence, de traçabilité et de certification conformément aux normes nationales, régionales et internationale souscrites par la République Démocratique du Congo.

VII. Des obligation liées aux inspections

De l'obligation des inspections

Les opérations de recherches et d'exploitation en vertu des droits miniers ou de carrières sont soumises aux inspections périodiques ou ponctuelles par les Agents et Inspecteurs de la Direction de Géologie, de la Direction des Mines, de la Direction chargée de la Protection de l'Environnement Minier en collaboration avec l'Agence Congolaise de l'Environnement et le Fonds National de Promotion et de Service Social pour contrôler leur conformité aux obligations en matière de sécurité, d'hygiène, de santé, de protection de l'environnement, de la tenue des registres de leurs activités, et de véracité des rapports de leurs opérations.

Du programme des inspections

Sans préjudice des dispositions de l'alinéa 3 du présent article, les opérations de recherches sont inspectées deux fois par an par la Direction de Géologie et une fois par année par la Direction chargée de la Protection de l'Environnement Minier en collaboration avec l'Agence Congolaise de l'Environnement.

Sans préjudice des dispositions de l'alinéa 3 du présent article, les opérations d'exploitation sont inspectées une fois par trimestre par la Direction des Mines et deux fois par an par la Direction chargée de la Protection de l'Environnement Minier avec l'Agence Congolaise de l'Environnement et le Fonds National de Promotion et de Service Social.

Les inspections ponctuelles sont effectuées chaque fois que les circonstances l'exigent, sur autorisation préalable du Ministre.

Les agents qui effectuent les inspections informent le Titulaire au préalable des dates, heures et objets de leurs missions d'inspection sauf si cette information est de nature à entraver l'efficacité du contrôle.

Des Agents et Inspecteurs habilités à faire les inspections et à constater les infractions en matière minière

Les agents de la Direction de Géologie, de la Direction des Mines et de la Direction chargée de la Protection de l'Environnement Minier en collaboration avec l'Agence Congolaise de l'Environnement et le Fonds National de Promotion et de Service Social qui effectuent l'inspection des opérations de recherches ou d'exploitation doivent être munis d'un ordre de mission ou de service dûment signé par leur chef de service.

Les Géologues de la Direction de Géologie, les Ingénieurs des Mines ainsi que les agents qualifiés dûment habilités de la Direction chargée de la Protection de l'environnement Minier en collaboration avec l'Agence Congolaise de l'Environnement et le Fonds National de Promotion et de Service Social ont le pouvoir d'exercer les inspections des travaux de recherches et d'exploitation, conformément aux dispositions du présent chapitre.

Les Ingénieurs des Mines, les Géologues de la Direction des Mines et de la Direction de Géologie ainsi que les agents de la Direction chargée de la Protection de l'environnement Minier en collaboration avec l'Agence Congolaise de l'Environnement et le Fonds National de Promotion et de Service Social, dûment habilités, ont qualité d'officier de Police Judiciaire pour rechercher et constater sur procès-verbal les infractions du Code Minier et du présent Décret dans le cadre de leurs missions d'inspection.

Des modalités des inspections

Les Agents et Inspecteurs en mission d'inspection ont libre accès aux installations techniques et administratives, aux registres et documents, et aux travaux de prospection, de recherches, d'exploitation et de transformation.

Lors de leurs missions, ils se font présenter les plans et registres, et y apposent leur visa. Ils peuvent faire précéder ce visa de toutes observations ou recommandations techniques sur les matières soumises à leur surveillance. Lesdites recommandations sont exécutoires surtout pour le cas de péril imminent, et leur non-observance engage la responsabilité de l'opérateur minier concerné.

En outre, les Agents et Inspecteurs en mission d'inspection peuvent prendre ou ordonner, en cas d'urgence, toutes les mesures utiles pour protéger le personnel ou les populations en danger, y compris éventuellement l'arrêt de l'exploitation en cas de danger imminent et grave pour la sécurité du personnel. Dans ce cas, les inspections peuvent être faites conjointement par les agents visés à l'article précédent et des représentants d'autres ministères concernés.

Des rapports d'inspection

Les Agents et Inspecteurs chargés de missions d'inspection préparent un rapport pour chaque inspection effectuée, qui est transmis selon l'ordre hiérarchique. La Direction de Géologie, la Direction des Mines et la Direction chargée de la Protection de l'environnement Minier envoient au Titulaire une lettre de recommandations ou d'observations à la suite de chaque mission d'inspection.

VIII. Obligation de rapatriement d'une partie des recettes[95]

Le titulaire qui, en phase d'amortissement de son investissement, exporte les produits marchands des mines est :

- Autorisé à garder et à gérer dans son compte principal et ses comptes de service de la dette étrangère les recettes de ses ventes à l'exportation à concurrence de 40 %. Les modalités de l'approvisionnement des comptes destinés au service de la dette étrangère, ainsi que les modalités de paiement du service de la dette étrangère du titulaire, sont établies dans les conventions d'emprunt conclues par l'emprunteur avec ses bailleurs de fonds étrangers ;
- Tenu de rapatrier obligatoirement dans son compte tenu en République Démocratique du Congo, 60 % des recettes d'exportation dans les quinze jours à dater de l'encaissement au compte principal prévu à l'article 267 du Code minier.

En cas d'amortissement de son investissement, il est tenu de rapatrier 100 % des recettes de ses ventes à l'exportation dans son compte national principal en République Démocratique du Congo [96]

Dans les quinze jours à dater de l'encaissement au compte principal prévu à l'article 267 du Code minier.

Ne peut garder une quotité des recettes d'exportation ou des préfinancements à l'étranger que le titulaire des droits miniers qui a communiqué les coordonnées bancaires et qui transmet trimestriellement à la Banque Centrale du Congo le rapport de ses activités enregistrées dans le compte principal, tel que disposé à l'article 271 du Code minier.

La quotité rapatriée est destinée à couvrir les dépenses domestiques en faveur des résidents et ne peut servir à financer les transactions reprises à l'article 264 du présent Code.

SECTION II : LA FISCALITE MINIERE DE LA RDC

§ 1. LA FISCALITÉ LIÉE AUX TITRES MINIERS

A. La fiscalité minière liée aux activités de recherche

Avant le début de l'exploitation minière, le requérant sollicite le permis de recherches. A ce stade, il doit payer des droits fixes liés particulièrement aux frais de dossier, et un droit adosser sur la superficie du permis.

---

[95] ART 269 CODE MINIER

[96] Art 269 al 2 du code minier

I. Droits fixe liés aux permis de recherches

L'article 98 al 3, du règlement minier indique «au moment du dépôt de la demande de permis de recherches, le requérant paye au cadastre minier, central ou provincial, les frais de dépôt y afférents… ».

Le montant est fixé par décret du ministre qui a les mines dans ces attributions.

Actuellement lors du dépôt de la demande, il est dû la somme de 1000 USD par carré minier au titre de l'instruction cadastrale.

II. Le droit superficiaire annuel par carré lié au permis de recherches

Le requérant au permis de recherches supporte des droits superficiaires annuels par carré. L'objet de ces droits, est la prise en charge des coûts des prestations et de la gestion des droits constatés par les titres miniers. Ces droits sont versés au cadastre minier, qui rétribue une quotité aux services du ministère des mines, chargé de l'administration du code[97].

Ces droits sont payés pour la première année, au moment de la délivrance du titre minier ou des carrières, au prorata temporise à la délivrance du titre initial, ou à la dernière année de validité du titre.

Ces droits sont payés pour la première année, dans un délai de 30 jours à compter de la date de la décision d'octroi du permis de recherches. Par la suite, ces droits sont versés avant la fin du premier trimestre de l'année civile.

Les taux des droits superficiaires annuels pour le permis de recherches sont fixés à l'équivalent en Franc Congolais tel qu'indiqué ci-après.

La durée du Permis de recherches est de cinq ans renouvelables une fois pour la même durée pour toutes les substances minérales.

Ainsi, les droits superficiaires annuels portant sur la recherche minière sont payés en équivalent en Francs Congolais comme suit :

- Pour les deux premières années de la première période de validité : 0,03 USD par hectare
- Pour le reste des années de la première période de validité : 0,31 USD par hectare
- Pour la deuxième période de validité : 0,51 USD par hectare
- Pour la troisième période de validité : 1,46 USD par hectare

[97] Article 199 du code minier.

Schématiquement,[98] la situation se présente comme suit ; En hectare[99]

1ère période de validité		2ème pér validité	3ème période de validité
1ere et 2é an →	3 - 4 et 5 an →	6 an 7 an →	8 – 9 et 10 an →
0,03$US P/ha	0,31$US Pa/ ha	0,51 $us P/ ha	1,46$us P/ ha

Soit en carre minier :

- USD 3,53 pour chacune des deux premières années de la première période de validité du permis
- USD 36, 52 pour chacune des années de la première période de validité après les deux premières années
- USD 60,04 pour chaque année de la période de renouvellement. [100]

Autorisation de Recherches des Produits de Carrières

Le titulaire d'une Autorisation de Recherches des Produits de Carrières paie au titre des droits superficiaires annuels par carré la somme en Francs Congolais équivalent à 0,05 USD par hectare à la délivrance de son titre et à la date de son renouvellement éventuel.

Soit Le taux des droits superficiaires annuels par carré pour l'Autorisation de Recherches des Produits de Carrières est fixé à l'équivalent en Francs Congolais de USD 5,89 pour chaque année de la validité de l'autorisation sans distinction entre la période initiale et la période de renouvellement.[101]

B. Le droit et fiscalité liés aux permis d'exploitation

I. Droits fixes liés aux permis d'exploitation.

➤ **Les frais de dossier liés à l'instruction cadastrale**

Toute demande de permis d'exploitation fait l'objet d'un versement de frais de dépôt partiel de dossier afférent à l'instruction cadastrale,

Le montant est fixé par décret du ministre qui a les mines dans ses attributions.

---

[98] Source : compilation personnelle

[99] Art 199 al 2 du code minier

[100] Art 395 du règlement minier

[101] Art 397 du règlement minier

➢ **Les frais de dossier liés à l'instruction environnementale**

Dès la notification de l'avis cadastral, le requérant paie les frais de dépôt pour l'instruction environnementale de sa demande de permis d'exploitation.

Le montant est fixé par décret du ministre qui a les mines dans ses attributions.

II. Les droits superficiaires annuels par carré applicables aux permis d'exploitation

Les taux dépendent du type de permis d'exploitation en cause.

a. Pour le PERMIS D'EXPLOITATION

Le titulaire d'un Permis d'Exploitation paie au titre des droits superficiaires annuels par carré la somme en Francs Congolais équivalent à **5,00 USD par hectare, soit 588,96 USD Par carré minier** quelle que soit la période de validité de son titre.[102]

b. PERMIS D'EXPLOITATION DES REJETS

Le titulaire d'un Permis d'Exploitation des Rejets paie au titre des droits superficiaires annuels par carré la somme en Francs Congolais équivalent à **8,00 USD par hectare, soit 942, 32 USD Par carré minier** quelle que soit la période de validité de son titre.[103]

c. PERMIS D'EXPLOITATION DE PETITE MINE

Le titulaire d'un Permis d'Exploitation de Petite Mine paie au titre des droits superficiaires annuels par carré la somme en Francs Congolais équivalent **à 2,30 USD par hectare, soit 270,92 USD Par carré minier** quelle que soit la période de validité de son titre.[104]

d. Autorisation d'Exploitation de Carrières Permanente

Le titulaire d'une Autorisation d'Exploitation de Carrières Permanente paie au titre des droits superficiaires annuels la somme en Francs Congolais équivalent à 2,00 USD par hectare quelle que soit la période de validité de son titre.[105]

Soit Le taux des droits superficiaires annuels par carré pour les Autorisations d'Exploitation de Carrières Permanente est fixé à l'équivalent en Francs Congolais d'USD 235,58 pour chaque année de la validité de

---

[102] Art 199 al 3 du code minier

[103] Art 199 al 4 du code minier

[104] Art 199 al 5 du code minier

[105] Art 199 al 6 du code minier

l'autorisation sans distinction entre la durée initiale et les périodes de renouvellement.

Il est précisé que les taux des droits superficiaires annuels par carré ci-dessus peuvent être ajustés conformément aux dispositions de de l'art 325 du code minier. (Ces montants sont ajustés annuellement par décision du responsable du Cadastre Minier sur avis de la Banque Centrale du Congo afin de maintenir constante leur valeur)

III. Les modalités de recouvrement des droits superficiaires annuels par carre

a. Modalités de recouvrement

Le cadastre minier central calcul le montant total des droits superficiaires annuels par carré pour chaque contribuable, au cours du mois de janvier de chaque année. Les notes de débits ainsi établis, sont transmises aux cadastres miniers provinciaux concernés.

Au plus tard à la fin du mois de janvier de chaque année, le Cadastre Minier provincial concerné notifie et transmet à chaque Titulaire du ressort la note de débit des droits superficiaires annuels par carré dus pour l'année en cours et procède à l'affichage de la liste des droits miniers ou de carrières en cours de validité avec le montant total des droits superficiaires annuels par carré dus par chacun.

Il incombe au Titulaire de se présenter au Cadastre Minier provincial qui a délivré son droit en personne ou par mandataire pour retirer sa note de débit.

Le cadastre minier central ou provincial perçoit les droits superficiaires annuels.

Les droits superficiaires annuels par carré sont payés au plus tard le dernier jour ouvrable du mois de mars de chaque année. Toute réclamation de correction d'une note de débit des droits superficiaires, est présentée au cadastre minier central ou provincial, avant la fin du mois de février de l'année en cours, (soit un mois après avoir pris connaissance de la note de débit).

Ces droits sont payables au plus tard, le dernier jour ouvrable du mois de mars de chaque année.

Ces droits sont repartis par le cadastre minier central dans les 30 jours suivant l'établissement du rapport annuel sur la comptabilité desdits produits comme suit :[106]

1. cadastre minier centrale : 50%
2. direction des mines : 7%
3. direction de géologie : 5%
4. direction chargée de la protection de l'environnement : 6%
5. Direction des carrières : 4%

[106] ART 402 règlement minier

6. direction de l'inspection minière : 3%
7. cellule technique de coordination et de planification minière (CTCPM) : 3%
8. service d'assistance et d'encadrement du small scale mining : 16% dont 10% sont destinées au développement des communautés locales de base ou se déroulent les activités minières artisanales et ou à petite échelle.
9. Commission interministérielle d'adjudication : 1,5%
10. Commission interministérielle chargée d'approbation des listes : 1,5%
11. Comité permanent d'évaluation : 2%.

Soit un total de 99%, il manque1% pour atteindre 100%.

b. Le droit superficiare annuel prorata temporis[107]

➢ **Au début de l'exploitation**

Pour la première année :

les droits superficiaires annuels par carré sont payés par le Titulaire prorata temporis dans un délai de trente jours à compter de la date de la décision d'octroi aux taux prévus aux taux ci haut indiqué, selon la formule suivante :

$$\mathrm{DSpt} = \frac{\mathrm{DSTxn}}{\mathrm{N}}$$

Exemple : le DSPT = 100 USD

Supposons que le PR a été délivre de façon définitive, le 1er mars 2019 ; le Droit superficiaire prorata temporis de la période de référence s'élevé à 100 USD

Le total des jours entre mars et décembre 2019 est de 306 Jours

L'année 2019 compte 365 Jours

Ainsi le DSpt sera égal à $100\mathrm{x}\frac{306}{365}$ Soit 83,83

➢ **Pour la dernière année de la période de validité :**

Les droits superficiaires annuels par carré sont payés par le Titulaire conformément aux taux indiqués ci haut, prorata temporis selon la formule suivante :

$$\mathrm{DSpt} = \mathrm{DST\ x}\ \frac{\mathrm{n}'}{\mathrm{N}}$$

<u>Exemple</u>

Supposons que le PR expire, le 30 Septembre 2019 ; le Droit superficiaire prorata temporis de pour la période de référence s'élève à 100 USD.

[107] Art 394 du règlement minier

Le total des jours entre le 1er janvier et le 30 Septembre 2019 est de 273 Jours.

L'année 2019 compte 365 Jours.

Ainsi le DSpt sera égal à $100\text{x}\frac{273}{365}$ Soit 74,79

DSpt : droits superficiaires prorata temporis

DST : droits superficiaires totaux pour l'année entière

n : nombre de jours compris entre la date de la décision d'octroi du Permis de Recherches ou celle de la décision définitive d'octroi du Permis d'Exploitation, selon le cas, et le 31 décembre de l'année considérée.

N' : nombre de jours écoulés entre le 1erjanvier de l'année considérée.

c. Pertinence de la répartition des droits superficiaires annuels

Les modalités de répartition de droits superficiaires annuels tels que précisée ci-dessus, laisse croire à un partage d'un « butin ».

Plusieurs services du ministre des mines, dont les membres sont censés être des fonctionnaires de l'état, bénéficient de la répartition des droits superficiaires annuels.

On peut s'interroger si les services du ministère des mines sont des services de l'état ou non.

Comme nous l'avons suggéré ci haut, concernant la mise en place d'un guichet unique, cela permettrait de réduire sensiblement le nombre des intervenants et améliorera l'efficacité des services et apportera un « plus » dans le budget de l'état, au lieu du « saupoudrage » et de « partage du gâteau » tel que pratiqué actuellement.

Tel qu'il sera examiné plus loin sur les acteurs de l'administration du code minier, il conviendrait de réduire sensiblement l'intervention de plusieurs acteurs, par le même effet, réduire le nombre des bénéficiaires de droits superficiaires annuels et des percepteurs.

Par ailleurs, comme nous l'avons précisé, le code minier Congolais qui fait partie de la troisième génération des codes miniers édictés par les institutions de Breton woods, montre à quel point le rôle de l'état est minimisé.

C'est ainsi que dans la répartition sus-indiquée, l'état n'est pas intéressé directement.

L'autre versant négatif et non de moindre importance, des codes miniers de la troisième génération, c'est l'absence de la prise en charge du développement, de la réduction de pauvreté et de l'aspect social de projet minier.

En effet, dans la lecture de ces codes miniers, les entreprises minières qui jadis avaient l'obligation de contribuer au développement national (création des hôpitaux, routes, écoles…) sont pratiquement exonérées de cette tâche.

Celles-ci sont déléguées aux organismes décentralisés, qui pour le cas de la RDC, sont en cours d'installation et ne disposent pas encore d'expérience ni des structures et personnels pour cette tâche.

Ainsi, il conviendrait d'introduire dans le code miner certaines obligations aux entreprises minières afin de les obliger à participer au développement du pays et à la lutte contre la pauvreté.

§ 2. LE SYSTÈME FISCAL MINIER DE LA RDC

A. Les personnes bénéficiaires du régime fiscal et douanier privilégie

Peuvent bénéficier de ce régime privilégié, pour leurs activités minières les personnes ci-après :

1- Le Titulaire de droits miniers,
2- Le Titulaire d'une autorisation d'exploitation de carrières permanente autre que celle des matériaux de construction d'usage courant,
3- Les sous-traitants
4- Les détenteurs d'un agrément au titre d'entité de traitement [108]

B. Les limites du régime fiscal et douanier privilégié

Le régime fiscal, douanier et des taxes applicables aux activités minières du titulaire des titres miniers et porte sur les opérations réalisées sur le territoire national.

Ce régime est exclusif (il n'y a que ce code qui s'applique), hormis certaines dispositions de droit commun, expressément cité ou renvoyé, il est exhaustif

Ce régime concerne les impôts, taxes, droits, redevances et autres prélèvements parafiscaux perçus tant au profit du Gouvernement qu'à celui des provinces et des entités territoriales décentralisées.[109]

Autrement dit, le Titulaire de droits miniers, le Titulaire d'une autorisation d'exploitation de carrières permanente autre que celle des matériaux de construction d'usage courant, les sous-traitants et les détenteurs d'un agrément au titre d'entité de traitement sont notamment exonérés de toutes redevances et frais en rémunération des services rendus à l'importation des biens, du matériel, de l'équipement et des consommables, y compris le carburant et les lubrifiants, directement liés aux activités minières et des carrières pour lesquelles il détient un droit en cours de validité. [110]

Il existe une confusion de ce dispositif avec l'art 220 quater qui dispose :

« Le titulaire est soumis, dans le cadre de l'exercice des activités autres que ses activités minières, aux autres droits, taxes et redevances de la compétence du Pouvoir central et de celui des provinces et des entités territoriales décentralisées prévus par les lois fixant nomenclature ainsi

---

[108] art 219 du code minier
[109] Art 220 code minier
[110] Al 3 art 509 règlement minier

qu'aux redevances et taxes rémunératoires qui contribuent aux frais de fonctionnement des services publics personnalisés. »

Alors que l'article 509 al 3 du règlement minier exonère « de toutes redevances et frais en rémunération des services rendus à l'importation des biens, du matériel, de l'équipement et des consommables, y compris le carburant et les lubrifiants, directement liés aux activités minières et des carrières pour lesquelles il détient un droit en cours de validité. », l'art 220 quater du code minier soumet à l'operateur minier à tous les impôts et taxes ayant trait à leurs activités autres que ses activités minières.

L'exclusivité et l'exhaustivité sur les activités minières a une limite à savoir :

Le Premier Ministre peut, par décret délibéré en Conseil des Ministres, accorder un certain nombre des mesures incitatives à l'endroit de provinces souffrant de déficit d'infrastructures pour booster leur essor économique à partir des ressources minières.[111]

Ces impôts et taxes peuvent être perçus pour le bénéfice du gouvernement central, ou pour les autres entités décentralisées.

C. Le régime fiscal minier national

I. La fiscalité liée aux activités minières des bénéficiaires

Le régime fiscal minier général comporte des impôts et taxes spécifiques prévus par le code minier, et également prévus par le droit commun.

a. Les impôts, taxes spécifiques au code minier et les taxes de droit commun perçus au profit du pouvoir central.[112]

1. Les impôts, taxes, droits et redevances spécifiques au Code minier :

- Impôt sur les bénéfices et profits ;
- Impôt professionnel sur les prestations de services rendus par des personnes physiques ou morales non établies en République Démocratique du Congo ;
- Impôt sur les revenus des capitaux mobiliers ou impôt mobilier ;
- L'impôt professionnel sur les rémunérations ;
- L'impôt exceptionnel sur les rémunérations des expatriés ;
- Droits d'entrée ;
- Droits d'accises ;
- Droit proportionnel pour approbation et enregistrement des hypothèques ;
- Droit proportionnel pour approbation et enregistrement des cessions ;

[111] Al 3 art 220 du code minier
[112] Art 220 bis du code minier

- Droit proportionnel pour approbation et enregistrement d'amodiation, de contrat d'option et de transmission ;
- Droits superficiaires annuels par carré ;
- Droits proportionnels pour la cession des parts et actions sociales ;
- Redevance minière ;
- Redevance sur les carburants terrestres et lubrifiants ;
- Bonus de signature ;
- Pas de porte.

2. Les impôts, taxes, droits et redevances de droit commun :

- Taxe sur la Valeur Ajoutée, en sigle TVA ;
- Taxe sur l'autorisation de minage temporaire ;
- Taxe sur les exportations des échantillons destinés aux analyses et essais
- Industriels lorsque ceux-ci sont exportés en violation de l'article 50 alinéa 3 du Code
- Minier ; vendus aux tiers au profit ou par le fait du titulaire avant ou après analyse ou essai, et enfin en cas d'exportation qui revêt un caractère commercial ;
- Taxe d'implantation et taxe rémunératoire annuelle de l'environnement ;
- Taxe de déboisement ;
- Droit d'octroi de la carte de travail pour étranger ;
- Taxes sur la télécommunication ;
- Taxe d'agrément des dépôts des explosifs ;
- Droit d'enregistrement des dragues ;
- Redevance annuelle et caution pour les entités de traitement de toutes les catégories et tailleries ;
- Agrément de boutefeux.

b. les impôts et taxes miniers et de droit commun perçus au profit des provinces et des entités territoriales décentralisées

Le titulaire est soumis, au profit des provinces et autres entités décentralisées, aux taxes et impôts ci-après :

1. Les impôts :

- Impôt foncier ;
- Impôt sur les véhicules ;
- Impôt sur les revenus locatifs.

2. Les taxes d'intérêts communs suivants :

- La taxe spéciale de circulation routière ;
- La taxe de superficie sur les concessions minières.

II. La fiscalité liée aux activités non minières des bénéficiaires du régime privilégié du code minier

Le titulaire des titres minier est soumis, dans le cadre de l'exercice des activités autres que ses activités minières, aux autres droits, taxes et redevances de la compétence du Pouvoir central et de celui des provinces et des entités territoriales décentralisées prévus par les lois fixant nomenclature ainsi qu'aux redevances et taxes rémunératoires qui contribuent aux frais de fonctionnement des services publics personnalisés. [113]

LES TEXTES APPLICABLES

Art.1.- (Loi n°2018-01) **Des Définitions**

Point 2.

Activités minières : tous services, fournitures ou travaux de l'art des mines directement liés à la recherche, à l'exploitation minières et au traitement et/ou transformation des substances minérales, y compris les travaux de développement, de construction et d'infrastructure ;

QUE SIGNIFIE L'ART DES MINES

Art.2.- (Loi n°2018-01) **Du champ d'application**

AL 1

Les dispositions du présent Code s'appliquent, dans leur intégralité et dans leur ensemble, aux **opérations de recherches, d'exploitation industrielle, semi-industrielle et artisanale ainsi que de traitement, de stockage, de détention, de transport, de commercialisation et d'exportation des substances minérales.**

Al 2

Sont exclues du champ d'application du présent Code, la prospection, l'exploration et l'exploitation des hydrocarbures liquides ou gazeux ainsi que les activités ou opérations concernant les eaux thermales ou minérales **qui sont régies par** la loi portant régime général des hydrocarbures ou **par les législations particulières, selon le cas.**

Notion de l'activité minière et régime « exclusif et exhaustif »

art.220.- (Loi n°2018-01) du régime fiscal, douanier et des taxes

Sans préjudice des dispositions de l'article 221 du présent Code, le régime fiscal, douanier et des taxes **applicables aux activités minières du**

[113] Art 220 quater

titulaire sur le territoire national est celui défini exclusivement et exhaustivement au titre IX du présent Code.

Art.220 quater. - (Loi n°2018-01) **du régime des taxes, droits et redevances applicables aux activités autres qu'activités minières du titulaire**

Sans préjudice des dispositions de l'article 234 alinéas 3 du présent Code, le titulaire est soumis, **dans le cadre de l'exercice des activités autres que ses activités minières**, aux autres droits, taxes et redevances de la compétence du Pouvoir central et de celui des provinces et des entités territoriales décentralisées **prévus par les lois fixant nomenclature ainsi qu'aux redevances et taxes rémunératoires qui contribuent aux frais de fonctionnement des services publics personnalisés**.

L'EXCLUSION EXPRESSE DU BENEFICE DU CODE MINIER

L'al 4 de l'art 219 du code minier dispose :

« Les titulaires des autorisations de recherches des produits de carrières et d'exploitation de carrières temporaire, celles d'exploitation de carrières permanente non visées au litera b ci-dessus sont assujetties au régime fiscal, douanier et de recettes non fiscales de droit commun. »

ESPRIT DU LEGISLATEUR SUR LE SUJET

L'esprit du législateur est fondé sur les 2 notions ci haut indiquées :

- Le régime privilégié s'applique de manière exclusive et exhaustive (à savoir le code et rien que le code).
- Activité minière : ce régime privilégié s'applique uniquement aux activités minières du bénéficiaire ; **(le régime privilégié ne s'applique RIEN QUE AUX ACTIVITES MINIERS DU BENEFICIAIRE)**

Ces deux notions connaissent deux limites :

Pour les activités non minières, le législateur les renvoie dans certains cas :

- A une législation particulière qu'il cite, c'est le cas de l'article 234 alinéas 3
- Et dans d'autres cas, il les renvoi au Droit commun, c'est le cas de **l'Art.225.al 6**

CAS DE RENVOI A UNE LEGISLATION SPECIFIQUE CITEE

Art.220 quater.- (Loi n°2018-01) **du régime des taxes, droits et redevances applicables aux activités autres qu'activités minières du titulaire**

Sans préjudice des dispositions de l'article 234 alinéas 3 du présent Code, le titulaire est soumis, **dans le cadre de l'exercice des activités autres que**

ses activités minières, aux autres droits, taxes et redevances de la compétence du Pouvoir central et de celui des provinces et des entités territoriales décentralisées **prévus par les lois fixant nomenclature ainsi qu'aux redevances et taxes rémunératoires qui contribuent aux frais de fonctionnement des services publics personnalisés**.

CAS DE RENVOI A UN DISPOSITIF DE DROIT COMMUN

Art.225.- (Loi n°2018-01) **de la liste des biens bénéficiant du régime privilégié**

Al 6

L'importation par le titulaire ou ses sous-traitants des matériels, biens, équipements et autres biens qui ne figurent pas sur les listes approuvées, **est soumise aux dispositions du régime de droit commun.**

Plus clairement, les principes de : « exhaustivité et exclusivité » ont des limites telles qu'indiquées ci haut.

La définition de l'activité minière plus précisément la notion même de l'art des mines n'est pas si clairement précisée par le législateur et pose ainsi un réel doute sur son application.

Et tout ce qui est doute, bénéficie au requérant.

D. Le régime fiscal minier particulier à certaines provinces minières (particularité des politiques fiscales du secteur minier artisanal en RDC avant la réforme de 2018).

I. Les dispositifs nationaux qui s'appliquent à l'activité minière au niveau des provinces.

a. Le code minier et son règlement d'application

L'article 537 du règlement minier cite les contributions, impôts, taxes et redevances applicables dans ce secteur. C'est notamment le cas de :

➢ **Pour les exploitants artisanaux :**

- Les droits d'entrée et la TVA pour le petit matériel, équipements, liés à l'exploitation artisanale,
- Le droit d'entrée pour réactifs,
- La taxe rémunératoire sur la carte d'exploitant artisanal

➢ **Pour les négociants :**

- La taxe rémunératoire sur la carte de négociant ;

- **Pour les comptoirs agréés :**
  - La redevance annuelle anticipative à payer au trésor public, lors de L'agrément du comptoir et du renouvellement de celui-ci ;
  - La caution à payer lors de l'agrément ;
  - La taxe ad valorem, les droits de sortie, la TVA, les taxes rémunératoires pour les services intervenants ;
  - La taxe d'intérêt commun de 1% sur les transactions d'or et de diamant ;
  - Les impôts et taxes pour lesquels les comptoirs agréés sont des redevables légaux
  - La taxe rémunératoire sur la carte de travail d'étranger.

Les Ministres ayant les Mines et les Finances dans leurs attributions fixent par voie d'Arrêté Interministériel conjointement le taux, l'assiette et les modalités de perception des droits, taxes et redevances relevant du régime douanier, fiscal et parafiscal applicables à l'exploitation artisanale ainsi que les sanctions applicables en cas de contravention.

En ce qui concerne les comptoirs agréés, l'Arrêté Interministériel susvisé détermine également :

- Les valeurs minimales des achats annuels et les quotités trimestrielles d'achat des substances minérales précieuses ;
- Le montant de la caution à payer lors d'agrément du comptoir ;
- Le montant de la redevance annuelle anticipative à verser au compte du Trésor, lors de l'agrément et le renouvellement de celui-ci ;
- Le taux de la taxe ad valorem à payer à chaque exportation ;
- Le montant de la taxe sur la carte de travail d'étranger ;
- Les modalités de la caution et de la perception des redevances et taxes visées.

Outre ces impôts, **les opérateurs économiques de ce secteur ne sont pas exonérés** de leurs obligations douanières, fiscales et parafiscales et du paiement des autres contributions, impôts, droits, taxes ou redevances prévus par la législation douanière, fiscale et parafiscale de Droit Commun.[114]

Au niveau provincial, il existe d'autres dispositifs nationaux, mais qui ont une portée provinciale.

b. Ordonnance-loi n° 18/003 DU 13 MARS 2018

Cette ordonnance loi fixe la nomenclature des droits, taxes et redevances du Pouvoir Central.

[114] L' Article 538 du règlement minier

Ladite Ordonnance-Loi fixe la nomenclature des droits, taxes et redevances à percevoir, à l'initiative des administrations et services d'assiette, au profit du Gouvernement central.

Cette nomenclature des droits, taxes et redevances concerne exclusivement.

Les finances du Pouvoir central

c. Ordonnance-loi n° 13/003 du 23 février 2013

Cette ordonnance loi concerne la réforme des procédures relatives à l'assiette, au contrôle et aux modalités de recouvrement des recettes non fiscales.

Ladite ordonnance-loi défini les procédures d'exécution des opérations des recettes du Pouvoir Central encadrées par l'Administration des recettes non fiscales, elle vise les procédures d'assiette et de perception des recettes non fiscales du Pouvoir Central, les modalités de l'exercice du contrôle, les voies de recours, le droit de communication, ainsi que les dispositions particulières se rapportant à certaines catégories de recettes, notamment les recettes pétrolières et de participation.

L'assiette des droits, taxes et redevances revenant au Pouvoir Central ainsi que les procédures de sa constatation sont fixés par des législations sectorielles.

Les taux ainsi que la période de paiement des droits, taxes et redevances sont fixés par arrêté conjoint du ministre ayant les finances dans ses attributions et celui dont l'administration les constate et les liquide.

Toute la chaine de la procédure ci haut indiquée est appliquée dans les Provinces sauf que l'organisme collecteur qui perçoit pour le compte du gouvernement central est la DGRAD.

Concernant les différentes Provinces, la récolte des droits et taxes est effectuée par les régies financières provinciales qui perçoivent les fonds pour le compte des gouvernements provinciaux.

d. arrêté interministériel du 18/08/2014

Cet arrêté interministériel n°0349/cab/min/mines/01/2014 et n°cab/min/finances/2014/149 du 18/08/2014 fixe les taux des droits, taxes et redevances à percevoir à l'initiative du ministère des mines ;

e. Procédure applicable dans le cadre de la procédure de traçabilité des produits miniers

ARRETE INTERMINISTERIEL N° 149 /CAB.MIN/MINES/01/2014 DU 5 JUILLET 2014 PORTANT MANUEL DE PROCEDURES DE TRACABILITE DES PRODUITS MINIERS: DE L'EXTRACTION A L'EXPORTATION.

Plusieurs arguments ont concourus à la rédaction de cet arrêté.

C'est notamment le cas de :

- Nécessite d'harmonisé les procédures de traçabilité des produits miniers marchands et des opérations y relatives de l'extraction à l'exportation
- Nécessité d'adapter le manuel des procédures de traçabilité aux prérogatives légales ou statutaires dévolues à certains services publics
- Nécessite de faire appliquer les principes et les critères de l'ITIE ainsi que les lignes directrices du Guide de l'OCDE sur le devoir de diligence pour les chaines d'approvisionnement en minerais sans le lien avec des conflits par tous les opérateurs miniers tout au long de la chaine de production, d'approvisionnement, de transport, et de commercialisation des minerais en vue de garantir la transparence et la bonne, d'une part, et de rompre les liens entre le financement des groupes armés et l'exploitation illégale des ressources minières d'autre part.

Ce texte n'appelle pas de commentaires particuliers à l'exception du manque de clarté sur les services rendus par le SAEMAP qui déclenche le payement de 20% du service rendu.

Plusieurs questions peuvent se poser sur la base imposable, à savoir sur quelle base on va imposer les 20% indiqués dans cet arrêté.

L'autre difficulté dans cette procédure est qu'au bout de la chaine, la personne qui supporte réellement le cout de la procédure est le creuseur.

Tous les frais payés en aval lui sont répercutés d'une façon ou d'une autre en amont.

Cette situation ne fait qu'aggraver la situation difficile de cette population.

f. Droits, taxes et redevances illégitimes

Certaines études ont montré que malgré ce cadre légale de droits et taxes à percevoir par l'état, il existe sur le terrain des pratiques malhonnêtes qui visent à percevoir en toute illégalité des fonds.[115]

---

[115] PAG rapport de dec 2011 sur la transparence dans le système de taxation du secteur minier artisanale RDC

N°	Types des taxes illégales	Motifs	Destinations	Montants
1	Autorisation de frappe	Taxe clandestine dans un périmètre minier privé et vente des minerais à l'extérieur du périmètre minier privé	Gardiennage des périmètres miniers privés	Varie d'un puit à un autre
2	Cotisations des puits ou des carrières		Préposé SAEMAP	2 000 à 5 000 FC par puits
3	Droits de sortie des produits bruts	Sortie des produits bruts du puits	Préposé SAEMAP	2 000 FC par sac sorti

Tableau 6

Commentaires sur la politique nationale relative à l'encadrement Fiscal et douanier de l'activité minière artisanale

Tel qu'il est indiqué ci haut, l'Ordonnance-loi n° 13/001 du 23 février 2013 fixe la nomenclature des impôts, droits, taxes et redevances des Provinces et des Entités Territoriales Décentralisées ainsi que leurs modalités de Répartition.

En dehors de certains impôts, de droits communs tels que l'impôt professionnel sur les revenus, la taxe foncière et autres impôts et taxes, tous les droits, taxes et impôts relatifs à l'exploitation minière artisanale relèvent des Provinces et entités territoriales décentralisés.

L'Ordonnance-loi n° 18/003 DU 13 MARS 2018 fixe la nomenclature des droits, taxes et redevances du Pouvoir Central et l'ordonnance n° 18/004 DU 13 MARS 2018 Fixe la nomenclature des impôts, droits, taxes et redevances de la province et de l'entité territoriale décentralisée ainsi que les modalités de leur répartition.

Pour la perception des fonds, Chaque Province de la république applique la procédure prévue par l'ordonnance loi n° 18/004 DU 13 MARS 2018.

Mais toutefois, il existe de divergence de procédure d'une Province à une autre.

Conclusion sur la politique édictée par les dispositifs nationaux

L'analyse de différents textes montrent que l'Etat ou le gouvernement central n'a pas « la main » sur les politiques, procédures et lois dans le domaine de l'exploitation minière artisanale.

Cette carence peut s'expliquer par certaines dispositions de la loi, notamment :

- Le rôle de l'Etat dans la mise en œuvre des politiques, procédures et applicabilité du code minier est très limité. En effet, son rôle principal est de « promouvoir et de réguler le développement du secteur minier par l'initiative privée ». (art 8).

- A part le ministre des mines, ses services et ses organes, aucun autre service ou organisme Public ou étatique n'est compétent pour faire appliquer le code minier (art 16).
- Le régime fiscal et douanier applicable aux exploitants artisanaux, aux négociants et aux comptoirs agréés est régi par voie réglementaire conformément aux modalités fixées par le Règlement Minier.
- Ainsi, les Provinces qui ont héritées de cette activité par la loi sur la nomenclature de 2018, tentent d'appliquer leurs politiques dans ce domaine, en s'adaptant sur les différents droits, taxes, redevances notamment en utilisant les leviers de la base imposable, ainsi que celui des taux....
- Cette situation est dommageable, car tel qu'il est indiqué dans le contexte ci haut, cette activité peut représenter 80% des exportations des matières premières minérales, par conséquent elle devrait être un peu plus considérée par les autorités.
- Il faut noter également que dans certaines Provinces, il y a la présence de certains éléments (ANR, DGM, POLICES...) sur les sites miniers.
- Ces derniers n'hésitent pas à improviser des impôts et droits, sans qu'il y ait un soubassement légal et contrôlé des autorités compétentes.

II. Le cadre juridique de l'exploitation minière artisanale

Conformément au code minier, le terme « exploitation minière artisanale » couvre, les activités des creuseurs, négociants et comptoirs d'achats agréés.

a. Les creuseurs

Les creuseurs sont des personnes physiques qui se trouvent au début de la chaine d'exploitation minière artisanale.

En effet, ce sont les personnes qui exploitent les ressources minières dans des conditions qui ne sont ni industrielles, ni semi industrielles.

En RDC, cette activité doit s'exercer dans une zone bien déterminée.

➢ Les limites de la zone d'exploitation artisanale dans les ZEA.

Pour l'encadrement du secteur minier artisanal, le législateur du code minier indique :

« Lorsque les facteurs techniques et économiques qui caractérisent certains gîtes d'or, de diamant ou de toute autre substance minérale ne permettent pas d'en assurer une exploitation industrielle ou semi-industrielle, mais permettent une exploitation artisanale, de tels gîtes sont érigés, dans les limites d'une aire géographique déterminée, en zone d'exploitation artisanale. ».[116]

En outre le paragraphe 2 de l'article 109 du code minier précité indique : « L'institution d'une zone d'exploitation artisanale est faite par voie d'Arrêté du Ministre après avis de la Direction des Mines et du Gouverneur de la province concernée. »

Les personnes habilitées à réaliser les opérations d'exploitation minière artisanale, doivent détenir la Carte d'Exploitation Artisanale en cours de validité.[117]

Dans la pratique, et sur le terrain, l'applicabilité de ce texte reste limitée pour plusieurs raisons dont les plus importants sont :

Certaines provinces ne disposent pas des zones d'exploitation artisanale.

C'est notamment le cas de la Province Orientale, où il n'existe pas une seule ZEA.

Dans ces conditions, les détenteurs des cartes d'exploitation artisanale sont amenés à exploiter dans des zones non indiquées sur leurs cartes d'exploitation artisanale.

Certaines ZEA ne contiennent pas assez de minéralogie nécessaire pour une exploitation artisanale optimale, c'est le cas de la Province de Maniema.

Dans ce cas également, les titulaires des cartes d'exploitation minière artisanale sont amenés à exercer leurs activités dans des zones non indiquées sur leurs cartes.

Il convient de préciser que la création de ZEA pose quelques difficultés.

En effet, pour la création des ZEA, certaines conditions doivent être réunies, notamment, l'existence de matières premières minérale dans la zone, et que le site concerné ne permet pas une exploitation industrielle ou semi industrielle dans la zone concernée.

Concernant la procédure de délivrance de la carte de creuseurs.

C'est le chef de division des mines qui est compétent pour délivrer les cartes de creuseurs[118].

Conformément à la procédure de payement, le chef de division délivre une note de débit au requérant, et celui-ci paye auprès de la régie financière locale, et le creuseur doit justifier du payement au chef de division, et par la suite, celui-ci établi et délivre la carte.

Or dans la pratique, et dans certaines provinces, les notes de débits ne sont pas délivrées, et les cartes sont délivrées directement par le chef de division, au prix et conditions arbitraires.

---

[116] Art 109 du code minier.

[117] L'article 223 du règlement minier,

[118] article 11 du code minier,

- **Le respect des obligations sécuritaire d'hygiène et de l'environnement.**

L'une des obligations majeures des creuseurs est définie par l'art 112 du code:

« Le détenteur d'une carte d'exploitant artisanal doit respecter les normes en matière de sécurité, d'hygiène, d'utilisation de l'eau et de protection de l'environnement qui s'appliquent à son exploitation conformément à la réglementation en vigueur. Il doit indemniser les exploitants agricoles pour tout dommage engendré par son activité »

Et l'art 416 du règlement minier qui porte sur le code de conduite de l'exploitant artisanal, stipule dans le paragraphe 2 : « Le détenteur de la Carte d'Exploitation Artisanale ne peut réaliser les opérations d'exploitation que conformément au code de conduite de l'exploitant artisanal. A défaut d'observer ce code de conduite, la Carte d'Exploitation Artisanale lui est retirée ».

Ces obligations aussi importantes ne sont pas toujours respectées sur le terrain, par le manque d'informations appropriées aux creuseurs, manque d'encadrement et manque de contrôle.

b. Le négociant

Sont Négociants, les détenteurs de la carte de négociant pour une zone d'exploitation artisanale en cours de validité, sont autorisés à acheter l'or, le diamant ou toute autre substance minérale exploitable artisanalement auprès des personnes qui détiennent les cartes d'exploitant artisanal.[119]

Les titulaires des cartes de négociant ne doivent les utiliser que dans les zones d'exploitation artisanale pour laquelle la carte a été délivrée.[120]

L'applicabilité de ce texte appelle de notre part les remarques suivantes :

- **Limitation de l'activité dans une zone spécifique.**

Les titulaires des cartes de négociants ne doivent acheter les matières premières minérales uniquement dans la circonscription de la zone pour laquelle la carte a été délivrée.

Or sur le terrain les négociants se permettent d'acheter les matières premières minérales auprès de n'importer quel creuseur, quelque soit la circonscription de la zone.

- **Obligation de déposer un rapport sur son activité.**

« Tout Négociant est tenu de déposer un rapport sur son activité au Gouverneur qui lui a délivré sa carte de négociant et à la Division

---

[119] Art 116 et 117 du code minier

[120] Article 242 du règlement minier précise :

Provinciale des Mines de la Province, tous les six mois à compter de la date de remise de la carte de négociant ».[121]

Dans la pratique ce rapport n'est jamais déposé et aucune sanction n'est prévue.

c. Les Comptoirs agréés

Les comptoirs agréés sont autorisés à acheter, à vendre et à exporter les substances minérales d'exploitation artisanale conformément aux dispositions du présent Code.[122]

Seul l'acheteur des comptoirs agréés ayant reçu l'agrément du Ministre et dont le nom figure sur la liste annuelle des acheteurs agréés est autorisé à acheter l'or, le diamant ou toute autre substance minérale exploitable artisanalement auprès des exploitants artisanaux et des négociants pour le compte des comptoirs agréés.»[123]

Les comptoirs agréés sont autorisés à acheter, à vendre et à exporter les substances minérales d'exploitation artisanale.

L'agrément au titre de comptoir d'achat et de vente des substances minérales d'exploitation artisanale est accordé par le Ministre des mines.

Chaque comptoir peut avoir des acheteurs, et ces derniers pour opérer sur le terrain, doivent obtenir l'agrément du ministère des mines.

Le nombre d'acheteurs par comptoir est limité annuellement par arrêté du Ministre des mines. Cet arrêté est publié au Journal Officiel chaque année au mois de janvier.[124]

Sur le terrain, on constate que les comptoirs emploient certains acheteurs non agréés.

Et la plupart des comptoirs ont pris l'habitude d'ouvrir des bureaux et établissements secondaires, dans d'autres provinces et ils conservent le siège social dans une Province différente.

Cette situation crée une sorte de déséquilibre entre les comptoirs fortunés et les comptoirs non fortunés. En même temps, cette situation crée un positionnement de monopole d'achat des matières premières minérales par les comptoirs qui disposent de plus de moyens financiers.

Ce positionnement de monopole fausse la libre concurrence entre les comptoirs, Ainsi, les comptoirs bénéficiaires de la situation de monopole peuvent influencer fortement le prix d'achat des matières premières minérales.

---

[121] Art 250 du code minier

[122] Art 120 du code minier

[123] L'article 258 du règlement minier

[124] Art 258 regl min op cit

➢ **Des obligations des comptoirs agréés.**

Les comptoirs agréés doivent, d'une part, se soumettre au contrôle lors de l'achat et de la vente des produits de l'exploitation artisanale par l'Administration des Mines et par un organisme public chargé de l'expertise, et d'autre part, fournir les rapports de leurs activités conformément au présent Code et ses mesures d'application.

Les comptoirs agréés sont également tenus aux obligations ci-après :

- Communiquer au Ministre et à la Banque Centrale du Congo à dater de l'agrément, les emplacements fixes et contrôlables des bureaux d'achat de l'or, du diamant et des autres substances minérales d'exploitation artisanale
- Acheter l'or, le diamant et autres substances minérales d'exploitation artisanale présentés aux comptoirs agréés quelles que soient leurs grosseur, quantité et qualité ;
- Payer les impôts et taxes relatifs à leurs activités ;
- Disposer en propriété d'au moins un immeuble en matériaux durables dans chaque centre d'activités endéans une année ;
- Avoir au sein de la société une participation de 25 % au moins du capital social réservée aux congolais.[125]

d. les coopératives minières

La coopérative minière et/ou des produits de carrière est autorisé à :

- Exploiter toute substance minérale exploitable artisanalement ;
- Commercialiser localement les produits de la substance minérale exploitable artisanalement ;
- Transporter des produits des mines et de carrières vers un centre de négoce ou une entité de traitement ;
- Transformer les produits miniers et de carrières moyennant une autorisation préalable accordée par le Ministre.
- Une coopérative minière et/ou des produits de carrières est constituée conformément à l'acte uniforme sur le droit de sociétés coopératives.

Les membres de la coopérative minière et/ou des produits de carrières ont l'obligation d'adhérer aux principes coopératifs à savoir :

- L'adhésion volontaire est ouverte à tous ;
- Le pouvoir démocratique exercé par les coopérateurs ;
- La participation économique des coopérateurs ;
- L'autonomie et l'indépendance ;
- L'éducation, la formation et l'information ;
- La coopération entre organisations à caractère coopératif ;
- L'engagement volontaire envers la communauté. [126]

---

[125] Art 126 du code minier

Seuls les membres d'une coopérative minière ou des produits de carrières agréées sont autorisés à accéder à la zone d'exploitation artisanale pour exploiter toute substance minérale classée en mine ou produit de carrières.

Il ne peut être attribué qu'une zone d'exploitation artisanale composée de deux carrés à la coopérative minière.

L'accès à la zone d'exploitation artisanale repose sur les conditions suivantes :

- Être éligible à l'exploitation artisanale des mines et/ou des produits de carrières conformément aux dispositions de l'article 222 bis du Règlement ; ;
- Être membre d'une coopérative minière et/ou des produits de carrières agréée ;
- Avoir une carte d'exploitant artisanal en cours de validité pour les membres des coopératives minières et/ou des produits de carrières ;
- S'engager à respecter le code de bonne conduite de l'exploitant artisanal et les normes en matière de sécurité, d'hygiènes, d'utilisation d'eau et de la protection de l'environnement. [127]

> **De l'obligation des coopératives minières et/ou de carrières sont d'assurer la formation de leurs membres[128]**

Toute coopérative minière et/ou des produits de carrières a l'obligation d'organiser, avec l'Administration des Mines, spécifiquement le SAEMAPE, des sessions de formation de ses membres.

Les sessions de formations sont organisées notamment pour corriger les faiblesses constatées à l'issue de l'audit institutionnel et renforcer les capacités managériales, techniques, etc.

> **L'encadrement technique et institutionnel des coopératives minières et/ou des produits de carrières agréées[129]**

Durant l'exercice de leurs activités, les coopératives minières et/ou des produits de carrières sont soumis à un encadrement technique assuré par l'Administration des Mines, spécifiquement le SAEMAPE sur les modalités du respect du Code de conduite environnemental, les règles de l'art, de la sécurité et de l'hygiène.

Cet encadrement est complété par un audit institutionnel annuel diligenté par le Ministre qui en reçoit les rapports pour disposition.

---

[126] Art 233 bis règlement minier

[127] Art 233 Sexies du regl minier

[128] Article 233septies du regl minier

[129] Article 233 octies du regl minier

III. Les dispositifs provinciaux qui s'appliquent à l'activité minière artisanale au niveau des provinces

Tel qu'il est indiqué ci haut, conformément à l'ordonnance LOI N° 18/004 DU 13 MARS 2018 les règles de perception des impôts, droits, taxes et redevances provinciaux et locaux sont fixées par voie d'édits ou des décisions des organes délibérants, conformément à la législation nationale.[130]

Il découle de ce texte que les Provinces sont libres de choisir la base légale pour fixer les règles de perception, soit par voie d'édits, ou par des décisions des organes délibérants.

Cette politique du Gouvernement Central, qui consiste à affecter aux Provinces certains droits, et taxes, présente des aspects positifs et en même temps des aspects négatifs.

➢ **Les aspects positifs**

L'activité minière artisanale se présente comme une activité de proximité, de ce fait, le contrôle, l'encadrement et le suivi ne peuvent se faire réellement qu'au niveau local, à savoir par les Provinces.

Le fait que le gouvernement central a délégué ces taxes et impôts aux Provinces permet un meilleur encadrement et gestion du secteur.

➢ **Les aspects négatifs**

Les aspects négatifs de cette situation résident par le fait, que cette affectation aux Provinces et entités décentralisés ne s'est pas déroulée avec les précautions et les mesures d'encadrement et d'accompagnement nécessaires.

En effet, la plupart des taxes, droits et redevances qui relèvent de cette activité sont captés directement par l'exécutif provincial.

Alors que les ETD où les activités minières artisanales sont réellement exercées, à savoir les localités territoires et chefferie, ces ETD sont souvent oubliés au niveau de l'affectation des droits, redevances et taxes.

Ainsi, ces ETD ne bénéficient pas directement des retombées fiscales de cette activité. Et ne se contentent que de ce que les gouvernements provinciaux veulent bien leurs accordés.

L'analyse du tableau récapitulatif des taxes et redevances applicables dans l'activité minière artisanale appelle de notre part les observations suivantes :

- La nomenclature telle qu'étayée dans la loi du 23 février 2013, fait la différence entre les différentes taxes, et leurs affectations, à savoir soit des taxes d'intérêts commun, soit des droits et taxes affectés aux villes ou encore des droits et taxes affectés aux chefferies. Or, l'examen de

[130] (al 2 art 1). Ord loi du 23 février 2013

la nomenclature de chaque Province cible montre que aucune Province cible ne suit la répartition telle qu'indiquée ci haut.

- Il convient également de souligner que dans les libellés de différents édits, on ne retrouve pas les mêmes mentions et termes tels que mentionnés dans la nomenclature de la loi précitée. Et les taux et les bases imposables divergent d'une Province à l'autre.
- La plupart des Provinces édictent chaque année des arrêtés du gouvernement D'autres édictent des arrêtés qui sont valables pour une durée de deux années. Seule la Province du Nord Kivu procède par les édits pour fixer la nomenclature des droits, taxes et redevances de la Province. Et l'ancienne Province Orientale procède par des notes circulaires du gouvernement qui fixe la nomenclature des droits, taxes et redevances à percevoir pour le compte de la Province.
- En ce qui concerne l'activité minière artisanale, toutes les taxes sont récoltées par les régies financières provinciales, à l'exception de deux taxes, notamment la redevance de 1% qui est récoltée par le CEEC et qui est repartie suivant la clef de répartition définie par chaque Province. Et la rémunération pour le service rendu par le SAEMAP qui est perçu par cette dernière et reparti suivant la clé de répartition définie par chaque Province.
- Par ailleurs, toutes les procédures de récolte des droits, taxes et redevances par les Provinces obéissent aux procédures pratiquées par la DGRAD Loi n° 04/015 du 16 juillet 2004 fixant la nomenclature des actes générateurs des Recettes Administratives, Judiciaires, Domaniales et de Participations ainsi que leurs modalités de perception.

Compte tenu de ce qui précède, chaque Province pratique les taux définis soit par l'arrêté gouvernemental de la Province, soit par l'édit ou par circulaire.

Tel qu'il est indiqué ci haut, conformément aux dispositions de l'article 16 du code minier :

« En dehors du Ministère des Mines, de ses services et de ses organes prévus dans le présent Code et chargés de son administration, aucun autre service ou organisme public ou étatique n'est compétent pour faire appliquer les dispositions du présent Code et de ses mesures d'application. »

Il relève de ce dispositif que toutes les prescriptions nationales applicables dans le secteur minier artisanal, ne doivent être appliquées sur le terrain que par le Ministère des mines et ses services techniques.

Dans la pratique, le Ministère des Mines agit sur le terrain à travers son chef de division des mines de la Province.

Le grand travail d'application du code et règlement miniers dans chaque Province, au niveau de l'exploitation minière artisanale, repose sur la structure technique du ministère des mines à savoir le SAEMAP.

Malheureusement, son manque d'efficacité dans les différentes Provinces laisse un vide et un sentiment de « débrouillardise » qui crée des poches d'insécurité et de vide juridique et d'encadrement.

Face à cette situation, chaque Province se débrouille dans la limite et le respect de la loi.

Ainsi, le seul levier juridique qui existe et qui permet aux Provinces d'appliquer réellement leurs politiques et vision du secteur minier artisanal, est la possibilité qu'accorde l'ordonnance loi n° 13/001 du 23 février 2013.

C'est par ces mécanismes que la plupart des Provinces profitent pour appliquer leurs politiques et visions, qui restent malheureusement que limiter dans le jeu des libellés des droits et redevances, l'application d'un taux modéré ou excessif….

Ainsi, chaque province développe sa propre politique minière.

Il convient donc d'examiner les spécificités de politique de chaque province.

IV. Cas de l'ancienne province orientale

a. Généralités

Située au Nord Est de la RDC, l'ancienne Province Orientale s'étend sur 503.239km², soit 22% du territoire national.

Elle occupe la première place en superficie avant le Katanga et l'Equateur.

Elle comptait en 2005 près de 6,6 millions d'habitants, soit 12% de la population nationale.

Sa population urbaine représente 7,5% du milieu urbain de la RDC. Sa densité est faible (13hab/km²) par rapport à la moyenne nationale (24hab/km²).

Avec la loi de la décentralisation, l'ancienne Province Orientale est divisée en 4 Provinces :

Le HAUT UELE (capital : Isiro), LE BAS UELE (capital Buta), LA TSHOPO (capital Kisangani) et L'ITURI. (Capital : Bunia).

Concernant les matières premières minérales, on y trouve :

Or, diamant, fer, argent, argile, cuivre, caolin, niobium, ocre, schiste, bitumineux, talc.

D'après certaines estimations, on compte 100 000 et 200 000[131] exploitants miniers artisanaux, plus précisément les creuseurs.

[131] PARTENARIAT AFRIQUE CANADA (PAC) entretien avec le coordonnateur national

b. La pratique du code et le règlement miniers dans l'ancienne Province Orientale.

Les creuseurs

Conformément au code minier, les creuseurs sont autorisés à exploiter l'or, le diamant ainsi que d'autres substances minérales exploitables artisanalement. [132]

Dans l'ancienne Province orientale, comme il n'existe pas des ZEA, les cartes d'exploitation minière artisanale sont délivrées sans aucune affectation à une zone particulière telle que le stipule le code minier.

En effet, l'art 111 du code minier dispose : « Dans les zones d'exploitation artisanale, seuls les détenteurs des cartes d'exploitant artisanal en cours de validité pour la zone concernée sont autorisés à exploiter l'or, le diamant ou toute autre substance minérale qui est exploitable artisanalement. »

Suivant la base de données IPIS de 2014, on estime le nombre de creuseurs dans cette Province, à 47 933.[133]

Les négociants

Les titulaires des cartes de négociants ne doivent acheter leurs matières uniquement dans la circonscription de la zone pour laquelle elle a été délivrée.[134]

Comme il n'existe pas des ZEA dans l'ancienne Province orientale, les négociants ne respectent pas cette obligation.

En outre, Tout Négociant est tenu de déposer un rapport sur son activité au Gouverneur qui lui a délivré sa carte de négociant et à la Division Provinciale des Mines de la Province tous les six mois à compter de la date de remise de la carte de négociant. [135]

Dans la pratique ce rapport n'est jamais déposé.

D'après la base de données IPIS de 2014, on estime le nombre de négociants dans la Province à 21.

Les Comptoirs

Dans l''ancienne Province orientale, au moment de la réalisation de cette étude, nous n'avons constaté l'existence d'un seul comptoir d'achat agrée.

Cette absence des comptoirs s'explique par le fait que les comptoirs préfèrent s'installer dans les Provinces où ils peuvent exporter facilement leurs matières premières minérales, notamment à l'est de la RDC.

---

[132] Titre 4 chap 1 (page 10)
[133] Rapport ITIE op cit page 25
[134] art 242 du règlement minier :
[135] Art 250 du reglement minier

Et selon certaines personnes interrogées, il semble que les comptoirs désertent la Province du fait d'une multitude de taxes, impôts applicables dans la province et des tracasseries excessives.

Mais toutefois il existe une multitude de bureaux d'achats qui fonctionnent dans cette province, et sous la forme des établissements, à savoir le siège ou la maison mère se situe dans une autre Province et toutes les obligations fiscales et réglementaires sont assurées au niveau de ce siège ou maison mère.

La politique poursuivie par ces comptoirs, consistent à faire diversifier leurs sources d'achats. Ainsi, elles ouvrent des antennes ou représentations dans les différentes Provinces.

Et ces antennes ou établissements subissent moins de tracasserie et différentes obligations qui sont déjà assumées par la maison mère.

Si cette stratégie est bénéfique pour les comptoirs agréés, mais toute fois, elle n'est pas intéressante pour les Gouvernements Provinciaux.

La stratégie employée par des comptoirs agréés empêche certaines Provinces de bénéficier de la fiscalité et des droits liés à l'existence des comptoirs agréés sur leurs territoires.

c. Cadre Fiscal et douanier applicable à l'activité minière artisanale dans l'ancienne Province Orientale.

La base légale de la fiscalité minière artisanale de l'ancienne Province orientale est la note circulaire ° 001/CAB/MIN.PRO/FEICE/AUMR/2014.

Tel qu'il est indiqué ci haut, normalement cette nomenclature devait être conforme à l'ordonnance n° 13/001 du 23 février 2013.

Mais en comparant les deux nomenclatures, on constate les faits suivants :

- Les droits, taxes et redevances ne sont pas regroupés par type d'impôts tel que mentionné dans la nomenclature précitée (à savoir, par droits, redevances, impôts, taxes…)
- Les droits taxes et redevances ne sont pas reparties par ETD (à savoir les droits d'intérêts communs, pour les villes, pour les chefferies…)
- Les droits, taxes, redevances sont éclatés par taux de base, frais administratifs, frais techniques) alors que la nomenclature de 2013 ne prévoit pas cette possibilité
- Certains droits, taxes et redevances prévues dans la nomenclature de 2013, ne sont pas repris dans la nomenclature de la Province, c'est notamment le cas de :
  - Taxe sur autorisation d'exploitation des eaux naturelles de surface ou souterraines
  - Taxe sur autorisation de construction des fours à charbon de bois de type traditionnel
  - Redevance sur l'exploitation des eaux naturelles de surface ou souterraines autres que les lacs, le fleuve et ses affluents

- Taxe d'incitation à la transformation locale des concentrés des minerais
- Taxe sur chantier d'exploitation artisanale des diamant/or

La politique de l'ancienne Province orientale en matière fiscale se caractérise par la spécification ou le choix de droits, taxes et redevances par rapport à la production de la Province, et également par l'application de taux et du choix de la base imposable. C'est ainsi qu'on constate que la carte des creuseurs pour l'ancienne Province orientale revient à 25 $ alors que dans certaines Provinces, elle est à 10 ou 20 $.

La taxe sur enregistrement des dragues et motopompes d'exploitation artisanale s'élève à 5 000 $ pour les dragues de 8 pouces, et à 2 000 $ pour les dragues de 1 à 8 pouces. Cette taxation est relativement élevée par rapport à d'autres Provinces.

Ce choix d'élever volontairement le taux de certaines taxes par rapport aux autres provinces, caractérise une politique particulière de chaque Province.

Il convient également de préciser que l'ancienne Province orientale est la seule Province qui éclate la totalité de taxes à percevoir par frais administratif, frais technique...

d. Particularité de l'exploitation minière artisanale dans l'ancienne Province Orientale.

L'ancienne Province Orientale est l'une des Provinces de la RDC où il n'existe pas des Zones d'exploitation minière artisanale.

Certaines ONG de la société civile[136], œuvrent pour la création de ces ZEA, mais leurs taches se révèlent difficiles.

Elles sont confrontées aux obligations du code minier qui exige des études techniques pour la création d'une ZEA.[137]

Des premiers travaux d'organisation de ZEA avaient débuté sur un site estimé rentable, mais curieusement, ledit site a été revendiqué par un opérateur économique minier puissant qui a empêché la création de la ZEA sur ce site, aux motifs que lui-même détenait déjà un titre sur ledit site.

C'est ainsi que ce projet a été stoppé pour le moment, et l'ONG en question est à la recherche d'un autre site susceptible de contenir des substances minérales en termes de teneur, quantité et valeur.

Compte tenu de cette absence de ZEA, l'exploitation minière artisanale s'organise sous forme de foyer minier, à savoir si quelqu'un trouve un gisement minier sur le sol dont il est propriétaire, il organise de ce fait un foyer minier, et il devient de ce fait administrateur de foyer minier.

[136] Partenariat Afrique Canada (op cit)
[137] Art 109 du code minier

Ainsi, ce propriétaire foncier va autoriser et coordonner les travaux de creuseurs qui travaillent sur le site, et ces derniers lui verseront un pourcentage sur leurs productions.

Des telles pratiques sont contraires à la réglementation en vigueur.

En effet l'une des innovations du code minier est que :

« Les droits découlant de la concession minière sont distincts de ceux des concessions foncières de sorte qu'un concessionnaire foncier ne peut se prévaloir de son titre pour revendiquer un droit de propriété quelconque sur les substances minérales contenues dans le sous-sol. »[138]

V. Cas de la province de Maniema

a. Généralités

Située presque au centre de la RDC, la Province du Maniema couvre une superficie de 132.250 Km², soit 5,6 % de la superficie totale du pays. Elle est limitée au Nord par l'ancienne Province Orientale, au Sud par l'ancienne Province du Katanga, à l'Est par le Sud- Kivu et le Nord- Kivu et à l'Ouest par l'ancienne Province du Kasaï Oriental.

Elle compte environ 2 millions d'habitants.

La Province de Maniema a pour capitale la ville de Kindu.

Le sous-sol de la Province du Maniema regorge de réserves minières mais dont l'exploitation, faute de prospection sur la rive gauche du Lualaba, est limitée aux gisements de la rive droite. Ceux-ci contiennent principalement de l'étain ainsi que la cassitérite, le wolframite, le coltan, la monazite.

Quant aux minerais précieux, on trouve par endroits de l'or, du diamant et autres pierres précieuses telles que saphir, béryl, améthyste, rubis, etc.

Dans la Province du Maniema, il existe environ 31 zones d'exploitation artisanale, dont l'ensemble couvre environ 664 m².

Et des ZEA sont situées autour de 9 principales zones minières : Bikenge, Salambela, kailo, Punia, Lubita, et kasese

b. Le code et le règlement miniers applicables dans la Province de Maniema.

Il est rappelé que le code et le règlement minier de la RDC ont institué 3 acteurs dans l'activité minière artisanale, à savoir, les creuseurs, les négociants et les comptoirs agréés.

Chaque acteur fait l'objet d'une réglementation propre avec des obligations différentes ;

Dans le Maniema, la pratique a créé une autre catégorie d'acteur à savoir le Manageur.

Cette catégorie d'acteur a été créée par des négociants.

[138] Chap I paragraphe 3, généralités code minier page 2

En effet, dans le but d'augmenter leurs capacités d'achat de matières premières minérales, les négociants de la Province de Maniema mandatent un certain nombre d'individus, qui descendent directement sur les puits de production de matière première minérale et achètent pour le compte des négociants des matières premières minérales.

Ces nouveaux acteurs opèrent sans titre, et ne sont pas soumis à la réglementation dans la matière.

Par ailleurs, cette nouvelle classe d'acteurs crée une classe de commission qui se répercute sur les creuseurs.

Dans le Maniema, sur la plupart des sites miniers, les creuseurs s'organisent et élisent un chef de puits. Chaque puits comporte 4 à 5 creuseurs et travaillent sous la responsabilité du chef de puits.

C'est le chef de puits qui paye les taxes et impôts pour tout le monde.

On constate donc le fait que le chef de puits possède une carte de creuseur, il en fait bénéficier à d'autres personnes qui travaillent sous sa supervision.

Les creuseurs de la Province du Maniema s'organisent également en coopérative.

Il en existe très peu dans cette Province, ce manque d'engouement pour la coopérative s'explique en partie par les frais très élevés pour l'agrément d'une coopérative (941 000 FC).

Nous avons détecté deux coopératives opérationnelles dans le Maniema.

La coopérative minière pour le développement communautaire (COMIDECO) qui se trouve à Mangala (25 km de Kailo).

La coopérative de Numbi qui se trouve sur la route entre Kindu et Kalima.

Dans la pratique, les creuseurs qui travaillent dans une mine gérée par la coopérative, ils doivent payer à la coopérative des droits qui s'élèvent à environ 500 FC par semaine.

Au dire de plusieurs personnes interrogées, les coopératives ne sont pas très efficaces et ne protègent par réellement les intérêts des creuseurs, et elles sont souvent manipulées et contrôlées par les négociants qui trouvent ainsi des sources d'approvisionnement.

Selon la base de données IPIS de 2014, on estime le nombre de creuseurs dans cette Province, à 17 464 et le nombre de négociants à 196.

c. Cadre Fiscal et douanier applicable à l'activité minière artisanale dans la Province de Maniema.

Le cadre fiscal provincial en matière de droit, taxe et redevance de l'exploitation minière artisanale, est L'ARRETE PROVINCIAL N°15/018/CAB/GP-MMA/2015 DU 06/03/2015.

L'analyse de la nomenclature de droits et taxes applicables dans la Province de Maniema n'appelle pas de commentaires particuliers dans la mesure où la plupart de taxes, droits et taxes énumérées dans la nomenclature de 2013 sont repris dans la nomenclature de la Province.

Concernant les taux appliqués dans la Province du Maniema, ils correspondent tout à fait aux normes applicables dans les autres Provinces.

La particularité fiscale de la Province de Maniema est l'exploitation minière artisanale dans la concession de SAKIMA.

Cette exploitation minière artisanale dans la concession appartenant à SAKIMA a créé un système dualiste d'imposition. A savoir, les exploitants miniers artisanaux qui œuvrent en dehors de la concession de SAKIMA, payent seulement les droits prévus dans la législation nationale et provinciale.

Par contre, ceux qui œuvrent dans la concession de SAKIMA ; payent les droits, taxes ci-après[139]:

En plus de droits pour l'obtention de la carte d'exploitation artisanale, ils payent 0,15 $/kg de matières premières extraits.

Et les négociants payent en plus de droits liés à l'obtention de la carte de négociant 1,3$/kg de matières premières négociés, ils payent également 3% de la valeur de l'or

d. Particularité de l'exploitation minière artisanale dans la Province de Maniema

La particularité de l'exploitation minière artisanale dans le Maniema est que la société SAKIMA qui ne dispose plus d'assez de moyens pour exploiter l'ensemble de sa concession minière, elle a autorisé certains exploitants miniers artisanaux à exploiter sur sa concession.

En contrepartie de cette exploitation, société SAKIMA perçoit un pourcentage sur la production des exploitants miniers artisanaux.

La répartition de frais de rémunération des services rendus par le SAEMAP est repartie différemment selon que la matière première minérale a pour origine la concession SAKIMA ou si elle provient d'une concession hors SAKIMA.

La clé de répartition de cette redevance est reproduite ci-après[140].

VI. Cas De La Province Du Nord Kivu

a. Généralités

La Province du Nord- Kivu est située à cheval sur l'Equateur.

Elle est limitée à l'est par les Républiques de l'Ouganda et de Rwanda (Sud-Est), au Nord et à l'ouest par l'ancienne Province Orientale, au Sud-ouest par la Province du Maniema et au Sud par la Province du Sud- Kivu.

---

[139] Arrêté provincial n°11/062/CAB/GP-MMA/2011 DU 18/05/2011

[140] Tableau 7 (annexe)

Sa superficie est de 59.631 Km2, soit environ 2,5 % de l'étendue du territoire national.

Sa population est estimée à 5 400 000 habitants.

La Province du Nord- Kivu a pour capital la ville de GOMA.

b. Le Code et le Règlement Miniers applicables dans la Province du Nord- Kivu

Dans la Province du Nord- Kivu, les politiques minières nationales et provinciales

Dans le domaine de l'exploitation minière artisanale a du mal à s'appliquer pour des raisons suivantes :

- Largement informel, le secteur de l'exploitation minière artisanale dans la Province du Nord- Kivu était pendant plusieurs décennies contrôlé en grande partie par les groupes armés.
- Cette activité est souvent localisée dans les territoires enclavés de la Province, et contribue de manière significative à l'économie locale. Ainsi, les territoires restent méfiants à l'égard de la législation nationale et Provinciale dans le secteur, et manifestent une certaine résistance aux autorités Provinciales.

Tel qu'il est indiqué ci haut, le principal argument qui empêche l'application de la législation minière artisanale dans la Province, est que les sites miniers sont enclavés.

Cet enclavement s'explique par l'absence de routes et de la situation de délabrement assez avancé de plusieurs routes.

Ainsi, de nombreux villages ne sont accessibles qu'après plusieurs jours de marche.

Outre cette problématique d'enclavement, il se pose trois autres problèmes pour l'application de la législation minière dans la Province. :

- La « certification » de la conformité des expéditions de minerais « libres de conflit »,
- La « traçabilité » des minerais depuis leur mine d'origine
- Et le processus de « diligence raisonnable » par lequel toute entreprise impliquée dans la filière commerciale s'assure de ne pas utiliser de minerais des conflits.

Ces trois derniers éléments constituent des contraintes supplémentaires pour l'exploitation minière artisanale.

Ainsi, les exploitants miniers artisanaux de la Province, tentent d'éviter toutes ces contraintes, et de ce fait, ils évitent également l'application de la législation en la matière.

Pour restaurer l'autorité de l'Etat dans l'ensemble de la Province et veiller à la bonne application de la législation dans le secteur de l'exploitation minière artisanale,

c. Actions complémentaires et simultanées peuvent être menées.

- Le rétablissement effectif de l'autorité de la chaîne de commandement au sein de l'armée et la démilitarisation des sites d'exploitation minière artisanale.
- Le renforcement des activités des organes techniques du ministère des mines, notamment dans la précision des concessions exploitables industriellement ou artisanalement.
- Soutien au secteur artisanal (formation, organisation accès aux crédits…).
- Veiller à intégrer l'activité minière artisanale dans le développement économique locale, sur le plan socio-économique que sur les aspects environnementaux et le respect des droits collectifs et individuels.

Selon la base de données IPIS de 2014, on estime le nombre de creuseurs dans cette Province à 55 757, et les négociants : 247.

d. Cadre Fiscal et douanier applicable à l'activité minière artisanale dans la Province du Nord- Kivu

L'édit en application est l'édit du 22 JUILLET 2013 n° 001/213.

Généralement, dans les différentes Provinces, les gouverneurs prennent chaque année des arrêtés sur la nomenclature des droits, taxes et redevances.

Mais dans la Province du Nord- Kivu les édits sont actualisés tous les 2 ans.

Les avant derniers édits sont ceux du 14 mars 2011 n° 001/RTE/011. Ce dernier édit ayant lui-même annulé et remplace celui du 25 mai 2009 n° 004/2009.

Cette nomenclature n'appelle pas des observations particulières à part quelques droits spécifiques et quelques précisions qui ne sont pas reprises par d'autres Provinces, c'est notamment le cas de :

Taxe rémunératoire sur l'exploitation artisanale de minerais autres que l'or et le diamant (cassitérite, wolframite, coltan) cette taxe est de 7% de 1% que perçoit le SAEMAP.

Cette taxation peut s'expliquer par le fait que la Province de Nord- Kivu ne dispose pas de l'or et de diamants.

Les Provinces qui produisent le diamant, ont institué la taxation de diamant dit « stone » à un taux de 10% de sa valeur.

Pour combler ce manque à gagner, la Province du Nord- Kivu a instauré cette taxation spécifique sur l'exploitation artisanale de minerais autres que l'or et le diamant

Ce qui procure à la Province des revenus supplémentaires.

On peut citer également le cas de la Redevance pour atténuation et réhabilitation de l'environnement qui est éclaté entre les grandes sites (500$/site) et les petits sites (250$/sites).

e. Particularité de la Province du Nord- Kivu

L'une des particularités de la Province du **Nord- Kivu**, est l'insuffisance et l'état de délabrement des infrastructures de transport qui rendent difficile la circulation des personnes et des biens.

Cette province dispose de 1.634 Km de Routes Nationales dont 259 bitumées, 589 km des Routes Provinciales Prioritaires et 3.420 km des routes de desserte agricole.

Ces routes sont en mauvais état car elles ne sont plus entretenues. Mais ces dernières années, certaines routes ont été réhabilitées notamment les routes nationales 2 et 3.

La Province du Nord- Kivu est la seule Province sur les 7 Provinces cibles, qui appliquent l'Edit comme cadre légale pour légiférer en matière de Droits, taxes et redevance applicables à la Province.

L'autre particularité de la Province du Nord- Kivu est la distinction entre petit site et grand site d'exploitation minière artisanale.

Le fait de différencier petit et grand site minier artisanal, cela donne la possibilité, à la Provinces du Nord- Kivu, de disposer d'une large latitude pour élargir sa base imposable.

En effet, cela permet de créer certains droits, redevances et taxes qui ne sont pas prévus dans l'ordonnance loi de 2003.

Notamment la redevance pour atténuation et réhabilitation de l'environnement tel qu'indiqué ci haut.

VII. Cas de la province du sud KIVU

a. Généralités

La Province du Sud-Kivu a une superficie de 69.130 Km2 et sa population, est estimée à 3.500.000 habitants, soit une densité moyenne de 50,6 habitants par Km2.

Le Sud-Kivu est situé à l'Est de la République Démocratique du Congo, La Province est limitée à l'Est par la République du Rwanda dont elle est séparée par la rivière Ruzizi et le lac Kivu, le Burundi, la Tanzanie, sont séparés du Sud-Kivu par le lac Tanganyika.

- Au Sud-Est, on a l'ancienne Province du Katanga
- Au Sud, à l'Ouest et au Nord-Ouest on a la Province du Maniema
- Au Nord, on a la Province du Nord-Kivu.

La ville de Bukavu, située au Sud du lac Kivu est le chef-lieu de la Province du Sud-Kivu.

L'exploitation minière artisanale dans le sud Kivu a une grande ampleur.

En effet plusieurs exploitations minières sont situées dans les territoires suivants : Kalebe, Kabare, Mwenga, Shabunda, Fizi, Walungu.

Dans certains sites miniers, on trouve une grande concentration des puits.

A titre d'illustration, on peut citer le site de Kamitunga, où l'on compte environ 194 puits à part la grande mine souterraine de Mobale qui était exploité par l'ancienne société SOMINKI.

Cela laisse supposer l'existence d'environ 1000 à 2000 creuseurs à raison de 5 à 10 par puits.

Il existe environ 2000 négociants dans la Province du Sud Kivu, mais d'après une étude réalisée dans le cadre d'un séminaire sur le Droit minier[141], environ 37 négociants seulement sont identifiés, le reste opèrent en toute clandestinité pour éviter de payer les droits exigés par la provinciale.

b. Le code et le règlement minier applicables dans la Province.

Comme dans la Province du Maniema, dans la Province du Sud Kivu, on rencontre un nouvel acteur dans l'activité minière artisanale : le « manager ».

Celui-ci est chargé par le négociant pour se rapprocher des puits, et acquérir pour le compte de ce négociant, des substances minérales.

Généralement, ces managers exercent leurs activités sans titres ni autorisation.

Ils créent ainsi un échelon supplémentaire dans le processus d'exploitation minière artisanale.

La difficulté d'accessibilité sur les sites miniers, constituent également un vrai problème pour la mise en œuvre et l'application du code et règlement miniers.

Un autre élément rend également difficile le déploiement de la législation minière dans cette Province, c'est l'application stricto sensu, du code coutumier.

Le droit des mwamis, (chefs coutumiers).

Ce système fut institutionnalisé d'abord au Katanga et plus tard à travers le Congo-belge par des décrets qui établissaient le système des chefferies comme unité administrative locale.

Souvent, les dirigeants des chefferies étaient nommés parmi les chefs nouvellement installés à l'époque.

D'après une étude menée par les chercheurs de SARW[142]

Les Mwamis se sont considérés comme ayant le pouvoir sur leurs sujets.

Sur le terrain, ils occupent une position double : une qui découle des droits Héréditaires et traditionnels qui sont souvent vagues, et l'autre qui leur est donnée par une nomination politique comme agent administratif en chef de la Chefferie.

Ils exercent un contrôle total sur les deux questions. Ils approuvent les droits en partant de ce principe, ils imposent aussi des taxes ayant des bases juridiques douteuses.

---

[141] Séminaire droit minier UPC 2eme licence année 2015 Mr kABADI NONGEMBA et autres

[142] le coût de l'or congolais: la pauvreté, les abus et l'ecroulement des structures familiales et communautaires

Ainsi, les gens qui veulent exercer des activités minière dans le périmètre des sols sous leurs contrôle, ils doivent payer deux sortes de taxes – la première à l'État, et la seconde aux chefs coutumiers).

En matière d'exploitation minière artisanale, ses frais sont payés d'une façon ou d'une autre : soit en nature(un pourcentage sur la production journalière ou de la semaine), soit en numéraire.

Dans certaines chefferies, la loi coutumière demande à ce que 1/10ième de la quantité produite de cassitérite, de coltan et d'or soit remise au chef coutumier.

Les paiements se font chaque samedi. Par exemple, les mineurs artisanaux travaillent pour eux-mêmes du lundi au vendredi, mais toute la production du samedi .appartient au Mwami.

Le nombre de mineurs qui œuvrent sous la tutelle des mwamis varient entre 2000 et 3000 personnes.

Avec des tels chiffres, on comprend aisément la puissance de ces mwamis.

Selon les données de la base de données de IPIS 2014, on estime le nombre de creuseurs pour la Province à 66 856, et les négociants à 243.

c. Cadre Fiscal et douanier applicable à l'activité minière artisanale

La politique fiscale de la Province en matière d'exploitation minière artisanale, est organisée par L'ARRETE PROVINCIAL N° 015/ 003/ GP/S K du 5 janvier 2015.

A part l'absence de quelques taxes telles que la taxe de boute feu et la taxe transactionnelle pour les matériaux de construction (ligne n°1 et 4 du Tableau n° 1 ci-après), la plupart des droits et taxes appliqués dans les différentes Provinces sont repris par la Province du Sud-Kivu.

Les taux appliqués sont dans la norme de différentes Provinces.

Comme dans beaucoup d'autres Provinces, il n'existe pas de différence fondamentale entre les divers droits, taxes et redevances.

Il n'est pas non plus fait allusion à la répartition entre les taxes d'intérêt commun, les taxes destinées aux villes, et aux chefferies.

En dehors de frais et taxes déterminés dans la nomenclature, les taxes et droits sont payés à des officiels locaux.

Ainsi par exemple, dans les mines de kamitunga, il a été constaté des prélèvements ci-après ;

- Taxe à payer au service de mines de Kamitunga : 75$ par an, soit 6,25 $ par mois
- Taxe à payer à la chefferie 67,5$ soit environ 5,62$ par mois
- Taxe à payer aux militaires elle est fixée à 1$ par jour.[143]

[143] Séminaire Droit Minier Upc op cit

D'après certaines sources, les creuseurs non autochtones payent une taxe mensuelle de 5 $ en plus d'une redevance journalière de 0,5 $.[144]

d. Particularité de la Province du Sud Kivu

D'après certaines informations, la filière de l'activité minière artisanale dans le sud Kivu souffre des éléments suivants :

e. Le délabrement des infrastructures routières

Tel qu'il est indiqué ci haut, la situation du transport est catastrophique au Sud-Kivu,

L'absence d'accès routier à la plupart des sites d'exploitation contraint à évacuer le minerai soit par portage humain, soit par des avions petits porteurs lorsque les cours atteignent des niveaux qui autorisent ce mode de transport onéreux.

Cette absence des infrastructures rend plus difficile le travail nécessaire pour l'application de la législation minière en la matière.

f. L'absence ou l'insuffisance d'organisation.

L'enclavement de certains sites miniers rend l'isolement des acteurs difficiles et les fragilisent.

En effet, l'individualisme caractérise les différents acteurs dans les filières minières. Chaque intervenant a tendance à considérer l'autre comme un obstacle potentiel à son épanouissement personnel.

Il en résulte que certains acteurs deviennent plus fragiles et facilement exploitables par les autres.

Le plus fragile d'entre tous est le creuseur.

Dans le sud Kivu, Il est ponctionné dès la mine par les propriétaires terriens.

Ils travaillent individuellement et ne disposent pas des informations sur les prix des matières premiers, sur le marché local ou international, par exemple,

Ils se retrouvent en position de faiblesse pour négocier quoi que ce soit aussi bien avec les autorités locales qu'avec les négociants ou leurs représentants.

g. La multiplicité des taxes.

Sur certains sites enclavés, il règne une cacophonie sur la nature et le montant exacts des taxes à payer par chaque acteur.

---

[144] Séminaire upc op cit

Cette situation est amplifiée par l'absence de vulgarisation du code minier auprès des exploitants qui ne savent pas quelles taxes sont légales ou non.

Plusieurs services de l'État et institutions coutumières tracassent régulièrement les creuseurs en leur imposant des taxes illégales ainsi que des pourboires.

Selon certains négociants, même si tous vos documents sont en règle et établis en bonne et due forme, vous devez donner quelque chose pour être tranquilles.

h. L'insuffisance des sources de financement.

N'ayant accès à aucun moyen de financement, les acteurs de la filière minière artisanale du sud Kivu n'ont aucune perspective d'avenir.

Les creuseurs par exemple sont condamnés à rester d'éternels creuseurs.

Chacun évolue en exploitant ceux qui sont à l'échelle inférieure.

Les centres miniers sont dépourvus d'institutions de micro finance susceptibles d'accorder des crédits destinés à financer les activités des exploitants. Ceux-ci ne peuvent compter que sur leurs fonds propres qui s'avèrent généralement dérisoires.

VIII. Cas de l'ancienne province du Kasaï Occidental

a. Généralités

L'ancienne Province du Kasaï occidental s'étend sur 154 741 km^2 et comptait en 2005, près de 4,3 millions d'habitants, soit 7,6% de la population nationale de la RDC, avec une répartition hétérogène la densité moyenne est légèrement supérieure (28 hab./km^2) à la moyenne nationale qui est de 24 habitants par km^2.

Avec la loi de la décentralisation, l'ancienne Province de Kasaï occidental est divisée en 2 Provinces : Le Kasaï et le Kasaï Central.

Les substances minérales identifiées dans cette Province sont le diamant, or, manganèse, chrome, nickel, fer, cuivre, platine, pierre fines, calcaires, etc….

Ainsi, l'économie de la Province est dominée par l'exploitation minière artisanale et il existe très peu d'industrie minière.

L'exploitation minière artisanale dans la Province du Kasaï occidental se fait en carrière.

Les graviers minéralisés en or et en diamant font l'objet d'une exploitation à ciel ouvert.

La profondeur des puits d'extraction atteint rarement 15 m.

C'est le cas du puits dans le site de Tshikapa, Luebo, Demba, Kazumba, et Dimbelenge, où les puits atteint environ 13 M de profondeur.

Par contre, dans les gisements primaires identifiés dans ce secteur, les minerais d'or sont exploités en souterrain. A l'exemple des exploitations dans les mines de Musefu (Luiza) et dans le sud de Dibaya.

b. Le code et le règlement miniers applicables dans l'ancienne Province du Kasaï occidental.

Il est rappelé que les 2 anciennes provinces de Kasaï sont des Provinces qui ont la même histoire.

A l'époque, le Kasaï était un vaste plateau, qui s'est divisé dans les années 1959 et 1960.

En fait il y a y divorce entre les deux peuples de cette Province à savoir les Luba- Kasaï qui se sont différenciés par la modernité de la colonisation, et les Luluas.

Les deux peuples ont en commun la même langue : le Tshiluba.

La politique de l'application du code et du règlement miniers dans les deux Provinces semble similaire à quelques différences près qui seront indiquées ci-après.

L'élément majeur qu'on peut constater pour l'application de la législation minière dans le secteur artisanale dans ces deux anciennes Provinces, est l'opacité assez remarquable sur le traitement de la matière.

Cette opacité peut s'expliquer par deux raisons : l'oligarchie de la puissance politique dans le secteur, et le comportement des acteurs du secteur.

- **Oligarchie de la puissance politique :**

Les deux anciennes Provinces du Kasaï, sont les 2 seules Provinces (sur les 7 Provinces cibles) qui n'ont pas connu des grandes perturbations d'occupations de la rébellion.

Étant donné que les différentes occupations de la rébellion ont créé des systèmes d'exploitation miniers artisanaux assez particuliers.

Le fait que ces Provinces ont échappé à cette mainmise sur l'exploitation minière artisanale, il s'est trouvé qu'un groupe de personnes assez bien places dans la hiérarchie de ces provinces, en ont profité pour exercer une autorité sur cette activité.

- **Le comportement des acteurs.**

Tel qu'il est indiqué ci haut, les peuples de ces anciennes Provinces sont à l'origine, le même peuple.

Ils ont conservé les mêmes habitudes, les mêmes comportements.

Ainsi, les acteurs de premier plan dans l'exploitation minière artisanale sont les creuseurs.

Dans ces deux Provinces, ces acteurs de premier plan ont des comportements propres souvent différents de ceux d'autres Provinces.

Ils opèrent souvent sans titres, à savoir, ils ne cherchent pas à obtenir les cartes des creuseurs.

Comme ils ne disposent pas de cartes de creuseurs, ce qui les amène à une certaine volatilité, à savoir, ils organisent leurs activités là où ils trouvent les moyens d'exploiter.

Tout ce qu'ils arrivent à gagner, sont rapidement dépensés.

Par ces comportements d'insouciance, aucun intérêt n'est accordé à la législation en la matière.

Concernant les négociants, ceux-ci sont constitués comme des acheteurs des comptoirs ou plus précisément, des fournisseurs de l'oligarchie.

En effet, ces négociants qui opèrent généralement sur le terrain et dans certaines villes, informent les autorités, dès lors que certaines pierres d'une certaine qualité sont trouvées. Ainsi, tout sera mis en œuvre pour que l'oligarchie récupère la matière première trouvée en vue de sa commercialisation.

Compte tenu de ce qui précède, on constate un laxisme, et une opacité dans l'application de la législation minière dans ces deux anciennes Provinces du Kasaï.

c. Cadre Fiscal et douanier applicable à l'activité minière artisanale.

Le Cadre fiscal applicable dans l'ancienne Province du **KASAI OCCIDENTAL est** L'ARRETE PROVINCIAL N° 01/10/CAB/GP/OCC/002/2014 DU 28 JANVIER 2014.

Ce dispositif porte sur certains droits propres crées par la Province c'est notamment le cas de la taxe sur la transformation de produits d'exploitation artisanale et notamment la taxe de la bijouterie dont le montant s'élève à 143 175/cas.

Ce dispositif ne tient pas non plus compte de certaines taxes qui sont généralement pratiquées dans d'autres Provinces c'est notamment le cas de la taxe transactionnelle sur les matériaux de construction, Taxe sur chantier d'exploitation artisanale du diamant et or.

Mais plus généralement, compte tenu de ce qui est indiqué ci haut, la politique fiscale et douanière appliquée dans cette Province reste assez discrète, et réservée à certains initiés.

Lors de nos différentes recherches, il nous a été rapporté que dans l'ancienne Province du KASAI OCCIDENTAL, le chef de division provincial des mines est le tout puissant personnage dans le dispositif de l'exploitation minière artisanale, particulièrement pour les creuseurs.

Puisque c'est lui qui délivre les cartes de creuseurs, le chef de division des mines utilise tous les mécanismes possibles pour ne pas communiquer aux autres services compétents, la liste des creuseurs détenteurs de la carte.

Il semble que ce manœuvre vise à ce que les intéressés qui sont censés aller payer la valeur de la carte auprès de la régie financière de la Province, ne puissent que se limiter à son niveau.

Ainsi, il utiliserait d'autres mécanismes pour délivrer lesdites cartes sans que les fonds soient réellement versés dans la régie financière.

Ces mécanismes vont à l'encontre des procédures fiscales telles que définies dans l'ordonnance loi du 23 février 2003.

Par ailleurs, les autres observations évoquées ci haut dans le dispositif national sont valables pour l'ancienne Province du KASAI OCCIDENTAL.

d. Cas particulier de l'ancienne province du Kasaï occidental.

La particularité de l'ancienne province du Kasaï occidental consiste dans la recherche permanente de la mainmise de l'activité par les oligarques.

Ainsi par exemple, on a constaté au cours de l'année 2014, plusieurs conflits entre l'ancien gouverneur de la Province avec les maires de certaines communes, notamment celle de Tshikapa.

Ce dernier refusant d'obéir au premier, pour des raisons de rétrocession ou de taxation, un conflit à opposer les deux autorités.

Il s'en est suivi que l'ancien Gouverneur a suspendu le maire qui s'opposait à ses injonctions.

Mais curieusement, l'autorité hiérarchique, à savoir le Ministre de l'intérieur a réhabilité le maire de **Tshikapa**, et a obligé le Gouverneur à en prendre acte.

Ce type de situation démontre la difficulté d'application de la législation dans le secteur d'exploitation minière artisanale.

Car les intérêts des oligarques de cette Province sont souvent mêlés aux intérêts économiques et financiers dégagés par l'activité.

IX. Cas de l'ancienne province du Kasaï oriental.

a. Généralités

L'ancienne Province du Kasaï Oriental est située au centre de la RD CONGO, entre les parallèles 1°43' et 8° de latitude sud et entre les méridiens de21°47' de longitude Est. Elle est limitée au Nord par les anciennes Provinces de l'Equateur et Orientale, à l'Est par la Province du Maniema, au sud par l'ancienne Province du Katanga et à l'Ouest par l'ancienne Province du Kasaï occidental.

Le Kasaï Oriental s'étend sur une superficie de 173.100 Km^2 et sa densité de 27 habitants/Km^2 .

Le chef-lieu de cette ancienne Province est la ville de Mbuji Mayi.

Avec la loi de la décentralisation, L'ancienne Province du Kasaï Oriental est divisée en 3 provinces : Kasaï Oriental, Lomami, Sankuru.

On estime le nombre de creuseurs dans l'ancienne Province du Kasaï Oriental à environ 200 000 personnes.

Les généralités indiquées ci haut sur l'ancienne Province du Kasaï Occidental sont les mêmes dans la Province du Kasaï Oriental.

A la seule différence que dans l'ancienne Province du Kasaï Oriental, le système oligarchique mis en place pour l'exploitation minière artisanale est plus centré autour de l'exécutif de l'ancienne Province.

b. Le code et le règlement miniers applicables dans la Province du Kasaï Oriental.

Dans cette Province, on ne sent pas l'obligation d'application de la législation minière dans le domaine de l'exploitation minière artisanale, car toute cette activité est gérée, administrée, ou téléguidée par une oligarchie sélective.

Aux dires de plusieurs personnes opérant dans la Province Kasaï Oriental le dispositif national applicable à l'activité minière artisanale a du mal à s'appliquer du fait de l'omniprésence du gouverneur de la Province dans toute la chaine de la production minière artisanale.

En effet, ce dernier est un opérateur minier très puissant, qui gère l'exploitation minière artisanale de la Province, comme son entreprise.

Il semble qu'il a placé ces hommes de confiance dans toute la chaine de l'activité, qui lui informe de tout.

Toutes les structures étatiques, que ce soit national que provincial qui exerce dans le secteur, doivent lui rendre des comptes sur leurs activités.

De ce fait, il s'est développé un laxisme dans le différent secteur de cette activité.

c. Cadre Fiscal et douanier applicable à l'activité minière artisanale.

Le Cadre fiscal applicable dans l'ancienne Province du **KASAI ORIENTAL est** L'ARRETE PROVINCIAL **N° 0110/CAB/PROGOU/K.OR DU 17 DEC 2014.**

Le cadre fiscal de cette ancienne Province est le plus exhaustif par rapport à toutes les autres Provinces, ainsi, on y trouve des taxes spécifiques telles que :

- Redevance s/exploitation des eaux nationales de surface ou souterraine autres que les lacs fleuve et affluent.
- Taxe s/autorisation d'installation panneaux solaires a usage semi/industrielle.

Alors que les autres Provinces ne considèrent pas ces taxes.

C'est également la seule Province qui fait allusion aux art 299 à 311 dans le cadre des infractions et contraventions au code minier.

La mise en place de la politique fiscale et douanière dans la Province du Kasaï Oriental est effectuée par la régie financière de la Province.

Cette régie financière a été créée par l'édit n°08 du 28 mai 2008.

L'article 2 de l'Arrêté provincial n°01/044/CAB.PROGOU/K. OR/2008 du 4 juillet 2008 a précisé l'organisation et le fonctionnement de cette régie financière : « la Direction Provinciale des Recettes, en abrégé : DPR », cette régie exerce sur toute l'étendue de la province du Kasaï Oriental, toutes les missions et prérogatives en matière des recettes fiscales, non fiscales et exceptionnelles revenant à la province.

Ainsi, cette régie est l'organe opérationnel pour l'application des politiques nationales et Provinciales en matière de recettes de la Province, et plus spécifiquement celle liée à l'exploitation minière artisanale.

Une étude réalisée en Novembre 2012[145], sur cette régie financière a démontré les faits suivants : « Les insuffisances majeures ont été décelées dans le cadre juridique régissant la mobilisation et la sécurisation des recettes par la DPR notamment l'absence des procédures de recouvrement avec comme conséquence le désordre sur certains lieux de perception ».

Les principales raisons de la défaillance de la mise en œuvre de cette politique fiscale et douanière dans la Province sont révélées à la page 11 de l'audit ci haut indiquée.

Et ces principales raisons sont :

- L'inefficacité des moyens de suivi et de contrôle des activités de terrain par le siège ;
- Le détournement des fonds perçus par les percepteurs du fait de la manipulation des espèces à tous les niveaux
- La consommation des recettes à la source
- Les exonérations de complaisance
- L'incivisme de certaines catégories de contribuable à s'acquitter de leurs obligations fiscales et l'absence des mesures coercitives pour les y contraindre
- L'intrusion des ASBL dans la perception des recettes publiques provinciales

d. Particularité de l'ancienne Province du Kasaï Oriental

Tel qu'il est indiqué ci haut, la particularité de l'ancienne Province du Kasaï Oriental, réside par la concentration de la politique nationale et Provinciale entre les mains de l'oligarchie de la Province, la conséquence majeure de cette situation est que cette oligarchie est devenue « juge et parti ».

En effet, les autorités de la Province étant eux-mêmes des Commerçants des matières premières minérales, elles ont du mal à s'appliquer à eux-mêmes la législation et la fiscalité dans la matière.

---

[145] Audit organisationnelle de la Direction Provinciale des Recettes, Nov 2012 (Jivet NDELA) financement PNUD. Pge 7

X. Cas de l'ancienne province du Katanga

a. Généralités

Située au sud-est de la RDC et entièrement dans l'hémisphère austral, l'ancienne province du Katanga occupe la deuxième position parmi les Provinces du pays, par sa superficie (la plus grande Province étant l'ancienne Province Orientale).

Carrefour important, l'ancienne Province est limitée par 4 Provinces du pays : le Sud-Kivu au nord-est, le Maniema au nord et les deux anciens Kasaï au nord-ouest. L'ex Katanga partage avec trois pays la frontière de la RDC : l'Angola au sud-ouest, la Zambie au sud et au sud-est et la Tanzanie à l'est.

496.865 km² - La surface territoriale du Katanga est presque équivalente à celle de la France (540.000 km²).

On ignore le nombre exact de creuseurs artisanaux actifs au Katanga – en raison de l'absence de registres ou de statistiques précis, ils étaient estimés fin 2005 à environ 150 000.

Plusieurs études réalisées dans l'ancienne Province sur le secteur de l'exploitation minière artisanale, arrivent à la conclusion que les agents de différents services, dont le ministère des Mines, la police, les douanes, les services de renseignements et les bureaux du gouvernement local, soutirent tous d'importantes sommes aux creuseurs, profitant d'un système reposant sur une corruption Institutionnalisée.[146]

L'étude menée par Global Witness en 2006[147], indique que « dans le secteur artisanal minier du Katanga, des actes de corruption se produisent à chaque étape du processus de l'extraction ».

À l'entrée de toutes les mines, dans les puits où les creuseurs artisanaux vont chercher des minéraux, à la sortie des mines, le long des routes, aux postes de contrôle et aux postes frontière, toutes sortes d'agents s'en prennent continuellement aux creuseurs, aux négociants, aux transporteurs et aux commerçants, et réclament des sommes qui, cumulées, représentent un montant considérable.

b. L'application du code et le règlement minier dans l'ancienne province du Katanga.

Tel qu'il sera indiqué ci-après, l'exploitation minière artisanale draine plusieurs acteurs, et génère énormément des flux financiers.

Plusieurs personnes, et organismes profitent de cette activité.

Ainsi, toute tentative pour obtenir des informations, documents relatifs aux taxes, droits et impôts dans ce domaine, relève d'un parcours de combattant.

---

146 fraude, abus et exploitation dans les mines de cuivre et cobalt dans le global witness 2006

147 global witness op cit.

Dans le cadre de cette étude, nous avons délégué 3 personnes sur place dans la Province pour obtenir la nomenclature récente applicable à l'activité minière artisanale.

Au moment de la rédaction de la présente étude, nous sommes toujours dans l'attente de ces informations.

Toutefois, nous avons pu obtenir une compilation des informations dont l'essentiel est repris ci-après.

L'étude menée par Global Witness en 2006 a montré plusieurs faits qui ne sont validés par le code et le règlement minier. C'est notamment des faits suivants :

Absence des ZEA économiquement exploitables.

Faute de ZEA jugés exploitables par les exploitants artisanaux, ceux-ci travaillent soit dans la clandestinité à l'intérieur des périmètres miniers privés, soit avec l'assentiment des détenteurs des titres miniers.

Dans ce dernier cas, il leur est exigé de ne vendre leur produit qu'à ces détenteurs des titres miniers et à l'intérieur du périmètre concerné.

Ces pratiques non prévues par le code minier, donnent également lieu à des taxations illicites, Dont notamment l'autorisation de frappe.

L'autorisation de frappe est une pratique consistant en la vente par un exploitant artisanal de son produit en dehors du site d'exploitation.

Cette autorisation se fait moyennant paiement d'une somme d'argent négociable auprès des membres de la vigile privée commise à la garde des sites.

Selon la base de données IPIS de 2014, on estime le nombre de creuseurs dans cette Province, à 27 959, et les négociants à 64.

c. Cadre Fiscal et douanier applicable à l'activité minière artisanale dans l'ancienne province du KATANGA

Dans l'ancienne province du Katanga, les recettes en provenance de l'activité minière artisanale sont perçues par la Direction des Recettes du Katanga (DR-KAT).

Les taxes droits et redevances suivants sont perçues par la DR-KAT :

- Taxe rémunératoire sur la carte d'exploitant artisanal (carte de creuseur)
- Le taux de la taxe rémunératoire sur la carte d'exploitant artisanal est de 25 $;
- Taxe rémunératoire sur la carte de négociant

Sa délivrance donne lieu au paiement d'un droit fixe dont le montant est fixé à 25$[148] .

- La taxe rémunératoire sur la carte de fondeur. La taxe rémunératoire sur la carte de fondeur est introduite par la note circulaire

[148] l'arrêté interministériel n°0249/CAB.MIN/MINES/01/2010

N°002/VAB/MIN/FINANCES/2011 du Ministre des Finances datée du 10 février 2011. Autorisation de procéder à la transformation des produits miniers artisanaux. L'obtention de cette autorisation est conditionnée par le paiement d'une taxe rémunératoire dont le taux est de 300 $.

- Taxe d'intérêt commun sur les transactions des substances minérales de production artisanale. Elle consiste en un prélèvement de 1% de la valeur des transactions des produits d'exploitation artisanale. Elle est due par les acheteurs des produits d'exploitation artisanale auprès des exploitants artisanaux.
- Taxe EAD sur attestation de transport des produits d'exploitation artisanale. Lorsque les produits miniers sont transportés en dehors du périmètre du droit minier ou de carrière en vertu duquel ils ont été extraits, ils doivent être accompagnés d'une autorisation de transport délivrée par la Direction des mines ou par le Service des mines du ressort. Cette taxe, dont le taux est de 1% de la valeur d'achat des produits est prévue dans l'arrêté interministériel n°0711/CAB.MIN/MINES/01/2010 et n°206/CAB/MIN/FINANCES/2010 du 15 Octobre 2010 portant manuel des procédures de traçabilité des produits miniers, de l'extraction à l'exportation48.
- Taxe EAD sur certificat de transfert. Lorsque les produits miniers sont transportés de la Province d'extraction à la Province d'exportation ils doivent être accompagnés d'un certificat de transfert émis par la direction des mines ou par le Service des mines du ressort. Le taux de cette taxe est de 1% de la valeur d'achat des produits miniers artisanaux concernés.

A part ces taxes et droits, il existe d'autres taxes particulières qui s'appliquent dans la province. C'est notamment le cas des droits et taxes ci âpres :

- **Cotisation du puits ou de carrière.**

Dans l'ancienne province du Katanga, il s'est développé une politique de cotisations du puits ou de carrières supportées par les exploitants miniers artisanaux.

Cette cotisation est perçue par les préposés de SAEMAP et varie entre 2000 et 5000 francs congolais (FC).

- **Droit de sortie de produits bruts.**

Des enquêtes ainsi que les échanges avec la communauté des exploitants ont montré que la sortie des produits des puits donnerait lieu au paiement auprès du préposé de SAEMAP d'un montant tournant autour de 2 000 francs congolais par colis à charge des exploitants artisanaux ou des négociants qui les sponsorisent.

- **Dotation puits.**

Lorsque le détenteur du titre minier autorise les artisanaux à travailler à l'intérieur de son périmètre, généralement, ces derniers, ou les négociants qui les préfinancent payent aux agents Du SAEMAP sur site, d'une somme d'argent au titre de dotation puits.

Cette somme tourne autour de 50 $ et que son paiement ne donnerait lieu à aucun reçu comme preuve de paiement.

- **Assistance au chargement.**

L'enquête ainsi que l'échange avec la communauté des exploitants artisanaux ont révélé que les produits extraits des puits et chargés en vue de leur évacuation donnerait lieu au paiement auprès des services étatiques d'un montant tournant autour de 5000 francs congolais à charge des exploitants ou des négociants.

La justification donnée aux frais d'assistance au chargement est le contrôle des colis suspects sur sites.

- **Taxe d'intersites.**

L'échange avec la communauté des exploitants artisanaux a indiqué l'existence d'une taxe d'intersites dus par ces derniers lors du passage des produits miniers d'un site à un autre. Le montant de cette perception tournerait autour de 5 000 francs congolais dus aux préposés de SAEMAP sur le site de provenance ou de destination.

- **Inspection des puits.**

Certains frais sont payés aux agents du service des Mines au titre d'inspection des puits en vue de leur conformité aux normes d'exploitation artisanale. Le montant en cause serait de 10 000 francs congolais.

Alors que cette tâche est censée revenir à la SAEMAP.

- **Arbitrage des conflits.**

Lorsqu'il apparait un conflit entre exploitants artisanaux (cas des couloirs qui se rencontrent), le préposé de SAEMAP qui arbitre percevrait un montant tournant autour de 5 000 francs comme frais d'arbitrage.

Tous les faits ci hauts indiqués vont à l'encontre du code et règlement minier en vigueur.

d. Particularité de l'ancienne Province du Katanga

La particularité de l'ancienne Province du Katanga réside par l'importance des enjeux financiers en cause.

L'importance de ces enjeux financiers entraine des conséquences suivantes :

- La multiplication des acteurs qui interviennent dans le secteur de l'exploitation minière artisanale
- La multiplication des taxes et des tracasseries
- La difficulté pour obtenir les statistiques et les documents adéquats.

Pour bien cerné les problématiques des impôts, taxes et redevance de différentes provinces, il convient d'analyser le tableau récapitulatif te que pratiqué dans chaque province.

Tableau comparatif de tous les frais, droits, taxes, redevances et impots prélevés par certaines provinces et anciennes provinces, dans le cadre de l'ordonnance loi n° 18/004 du 13 mars 2018

Il est difficile de dresser un tableau récapitulatif comportant des données applicables au niveau national et provincial, car les libellés des droits, taxes, redevances ne sont pas les mêmes au niveau national que provincial.

Cette étude a été réalisée avant la mise en application effective de la décentralisation, Ainsi, il sera présenté un tableau récapitulatif de certaines provinces et anciennes provinces en tenant compte des édits desdites provinces ayant fixé les taux et montants applicables pour chaque droit, taxes et redevances.

Et compte tenu du caractère national de droits taxes redevances pratiqués dans le cadre de procédure de traçabilité, il sera présenté un tableau succinct sur ces droits.

Tableau 7

Num	NATURE DE L'ACTE Générateur/Province	Arr int min 2014	Ex PROV ORIENT ($)	PROV MANIEMA(FC)	SUD KIVU ($)	NORDKIVU ($)	Ex KASS OCC (FC)	Ex KASS OR ($)	EKATANGA
01	**Taxe d'agrément de boute de feu**	94340 FC		94 100					
	• Personne physique • Personne morale		120 120		100 1000	100 1000	95450/Carr 950450/Carr	100/PP 1000/PM	Non communiqué
02	**Taxe sur autorisation de transformation des produits d'exploitation artisanale**		120	282.300	300	300		4.000	
	a) Taxe de fondeur b) Taxe de la bijouterie	**Inexistante**					47.775/cass 143.175/cass	Inexistante	
03	**Taxe d'extraction des matériaux de construction**								
	• Pour les artisanaux Marbre 1. MOE LLON 2. Calcaire a moellon 3. CAILLASSE 4. SABLE 5. ARGILE A BRIQUE 6. CRAIE 7. GRAVIER ALLUVIONNAIRE 8. LATERITE A TERRE A FOULON 1 A 3 T 9. Basaltes		240	 200/m3 200/m3 200m3	0,2/m3	1$/T	 6.682/T 2.864/T 2.864/T 4.725/T 2.864/T 2.864/T 2.864/T	 25$/T 7$/T 7$/T 8$/T 2$/T 5$/T 2$/T 2$/T 2$/T 2$/T	
04	**Taxe transactionnelle sur les matériaux de construction**								
	a) Moellon • Pour les artisanaux **b) Sable, argile, gravier** • Pour les artisanaux		0,25/m	0,5/m3 0,25/m3	**Insistance**				

05	**Taxe sur 1% sur les produits de transaction d'or et de diamant d'expl artisanale sur les transactions entre les creuseurs et les comptoirs** a) diamant b) or		1% de la valeur	1% de la valeur	1% de la valeur	1% de la valeur	1% de la valeur	1% de la valeur	
6	**Droits d'octroi d la carte d'exploitation Artisanale des substances précieuses**		25$		10$			10$	
	a) Carte de creuseurs • Or ; • Diamant ; • Cassitérite ; • Coltan ; • Hétérogène ; • Wolframite			9400 FC 23500 FC 23500 FC 23500 FC 23500 FC 23500 FC		10 $ 10 $ 25 $ 25 $ 25 $	2363 FC/Cte 23863 FC/Cte 19090 FC/Cte		
	b) Carte de négociant diamant cuivre, coltan) **1) Diamant** • Catégorie A • Categorie B **2) OR** • Catégorie A • Catégorie B **3) Cassiterite**. • Wolframite • Coltan • Pier de coul • Hétérogène		500$/ Cte 270$/Ct 380/Cte 215/Cte 3350$/cte	1411500 Fc 282.300 Fc	250 150 250/Crt 250/Crt 250/Cte 200/Cte	1.250.350 400.150 200 6.000/Cte	57200/Cte 95450/Cte	600$ 100$ 200$ 100$ 150$ 800$	

	c) Carte de fondeur (hétérogène cassitérite, CUIVRE) • Cassitérite • Coltan • Hétérogène • Wolframite Pier de coul			940000 470000 282000 282000	6000/cte	200 6000/cte			
7	**Taxe sur la vente de matières Précieuses de production artisanale**		1% PV				10% du PV	1% de la valeur	
	• Or, • Diamant, • Cassitérite • Coltan • Wolframite (Diamant de plus de 2 cartas et autres minerais) Pers physique pers morale fonderie			0.20% 0.20% 0,3% 0,1% 0,1%	**Inexistante**	**Inexistante**			
8	Taxe sur la détention et la vente de diamant dit spéciale stone de plus de 9,8 carats		2% de la val	10% de la val	10% de la val	10% du PV	10% de la valeur	10% du PV	
9	Taxe rémunératoire sur l'exploitation artisanale de minerais autres que l'or et le diamant		1% DE LA VAL	1% DE LA VALEUR	7% DE 1% DE LA VALEUR (De la part de la province)	7% DE 1% DE LA VALEUR	19 090/poids/ minerais		
	Exploitant Négociant							30$/T 100$/T	
10	Taxe sur autorisation de minage temporaire d'expl minière artisanale carrière	141510FC							
	• Personne physique • Personne morale • Expl. Min • Carrière		100$/m² 100$ 50$/m²	70600 141100	100$/ Autorisation	200$/Cas	143175/Cas	400$ 1000$	

11	Taxe d'agrément annuelle de groupement minier d'exploitation artisanale		430	94100	100$/GR	300$/Gr	477250/Gr	500$	
12	Taxe spéciale conventionnelle pour la reconstruction exploitation minière semi industrielle		Minimum de 500000	**Inexistante**					
13	Taxe sur chantier d'exploitation artisanale de diamant or			94100	100$/Site	200$/Chante			
	a) diamant b) or		320/CHANTIER 160/CHANTIER				Cfr frais d'enquête ci-après	150$ 150$	
14	• Frais d'enquête et de croquis min • Fiche de renseignement et de demande de l'expl art d'un chantier minie • Déclaration d'epl artisanale • Acte d'engagement écrit du négociant • Erection d'une digue	**Inexistante**					95450/croquis 19090/fiche 19090/acte 19090/acte 47725/digue	**Inexistante**	
15	**Taxe d'autorisation d'ouverture de carrière de mat de construction**	**Inexistante**						**Inexistante**	
	1. Cat A 2. Cat B						95450/carrière 47725/carrière		
16	**Taxe sur enregistrement de drague et motopompe d'exploitation minière artisanale (1 drague)**					1000$			
	• 10 à 12 Pouces • 6 à 8 pouces • 4 pouces						2386250/D 1431750/D 334 075/D		
	Taxe d'essai d'une machine minière						95450/MCHN		

	a) Dragué extractive de 8 pouces ; b) Drague extractive de 1 à 8 pouces c) Scaphandre ou détecteur d) Motopompe grande capacité (haut pression) e) Motopompe petite capacité (basse pression) f) Autres moto pompes • Moins de 10 CV • De 10 à 16CV • Plus de 16 cv • Testeur des minerais • Loutre • Concasseur des minerais • Compresseur • Suceuse		6000 2400 160 2250 580 80	1505600 94100 470500 94100 94100	2000 500/Tes 250 /concasseur	50 100 500	95450/Mtp 47725/Cpr 47725/Suc	800$ 500$ 50$ 150$	
17	Redevance pour atténuation et réhabilitation de l'environnement minier de l'exploitation artisanale Grd sit expl petit si exp		AU MOINS 400/ SITES	941 000	10% DE LA VALEUR DE LA CARTE	500$/SITE 250$/SITE	1 909/M2	20% DU PRIX DE LA CARTE	
18	Pourcentage sur les frais en rémunération des services rendus SAEMAP		20% DE LA DECLARATION	Au cas par cas suivant arr prov 062/CAB/GP-MMA/2011	7% de 1% de la valeur (de la part de la Province)	7% DE 1% DE LA VALEUR (de la part de la Province)	NON COMMUNIQUE	NON COMMUNIQUE	
19	Autorisation de transfert d'or, diamant, cassitérite et autres substances minérales vers d'autres Provinces								
	a) Transfert de diamant b) Transfert de l'or c) Coltant, cassiterité, wolframite		50$ 30$ 0,05/K	55$ 33$ 0,05/Kg	**Inexistante**		55 33 0,05/Kg	**Inexistante**	
20	taxe sur chantier d'exploitation artisanale de diamant or								

	a) Diamant b) Or		320/CHANTIER 160/CHANTIER						
21	Redevance pour agrément des comptoirs et de vente des substances minérales								
	• Or • Diamant • Pierre de couleur • Autres substances minérales	4717000 188680000 943400 754720	**Inexistante**						
22	Redevance pour acheteur supplémentaire aux dix premiers								
	• Or • Diamant • Pierre de couleur • Autres substances minérales	1415 100 14 151 000 283 020 141 510	**Inexistante**						
23	Caution des comptoirs de l'or, de diamant, des pierres de couleur et autres substances minérales autorisées								
	• Or • Diamant • Pierre de couleur • Autres substances minérales	2358500 47170000 660380 471700	**Inexistante**						
24	quotité de la taxe ed valorem à payer à chaque exportation de l'or, du diamant et pierre précieuse de production, artisanale pour le compte du trésor public								

	• Or • Diamant • Autres substances minérales	**7%** DE 0.5% de la valeur expertise **7%** DE 2.5% de la valeur expertise **8%** DE 1% de la valeur expertise	**Inexistante**						
25	Taxe sur l'autorisation d'achat des cassitérites								
	• Négociant • Taxe sur l'autorisation d'achat des substances minérales autres que l'or et le	141510 94340	**Inexistante**						
26	Taxe sur l'autorisation d'exportation des produits miniers autres que l'or et le diamant	141510	**Inexistante**						
27	Autorisation d'exportation des produits miniers marchands								
	• Or • Diamant	188680 283020							
28	Frais de dépôt pour agrément de l'acheteur de tout comptoir de l'or et du diamant	141510	**Inexistante**						
29	Frais de dépôt pour autorisation d'exportation des produits miniers	471 700/T	**INEXISTANTE**						
30	Agrément des acheteurs de comptoirs d'achat et vente de l'or et de diamant de production artisanale	943400	**INEXISTANTE**						
31	Taxe sur l'autorisation de transport des minerais								

	• Cassitérites • Wolframites • Coltan		93,65/KG 93,65/KG 289,50/KG	**INEXISTANTE**					
32	Amendes transactionnelles		Non Communique	Du simple au double	300 $/CAS		25 A 300% du principal	Art 299 A 311 code minier Pges 129 A 130	
33	Taxe d'incitation à la transformation locale des concentres des			56 500/T	60$/TONNES		200 A 300%	INEXISTANTE	
	• Or Cassitérite • Coltant • Wolframi			50$/100g 60$/t 60$/t					
34	Taxe d'ouverture de carrière des matériaux de construction								
	• Catégorie A • Catégorie						95450/car 47725/carr	**INEXISTANTE**	
35	Quote part sur FRS de contrôle de radioactivité	**INEXISTANTE**						10% de frs	
36	Taxe S/Aut d'expl des eaux Nat de surf ou souterraine autres que les lacs fleuves	**INEXISTANTE**						50$ pers phys 250$ pers mor	

OBSERVATIONS ET COMMENTAIRES SUR CE TABLEAU

La lecture de ce tableau récapitulatif appelle plusieurs observations et remarques.

1- Tel qu'il est indiqué ci haut, le document juridique qui fixe la nomenclature des droits taxes et redevances dépend de chaque Province. Dans la Province du nord Kivu c'est l'édit de l'assemblée nationale provinciale qui fixe la nomenclature des droits et taxes. Pour l'ancienne Province Orientale, c'est une note circulaire du gouvernement provincial qui fixe la nomenclature. Dans les 5 autres Provinces, ce sont les arrêtés du gouvernement provincial qui fixent la nomenclature des taxes, droits et redevances à percevoir.
2- Le taux sont fixés soit en francs congolais, soit en dollars Américain.
3- La base imposable diffère d'une Province à une autre, notamment concernant la taxe d'agrément de boute de feu, certaines Provinces font la différence entre les personnes physiques et morales d'autres Provinces ne font pas cette différence. Et pour la taxe d'extraction des matériaux de construction, certaines Provinces ont pour base imposable en M3, d'autres en Tonne, certaines font la différence entre les matériaux de construction, et d'autres non.
4- Certaines Provinces pratiquent leurs propres taxes, c'est notamment le cas de la Province du Kasaï occidental qui applique une taxe particulière dénommée taxe sur la bijouterie, c'est également le cas de la taxe transactionnelle sur les matériaux de construction pratiquée dans l'Ancienne Province Orientale et dans le Maniema. On peut citer également la taxe sur l'autorisation de transport des minerais pratiquée par la Province du Maniema. Enfin, on peut citer également le cas de frais d'enquête et de croquis min pratiqué dans la Province du Kasaï occidental.
5- Il existe beaucoup d'écarts sur la valeur de la carte d'exploitation artisanale, les écarts peuvent aller du simple au double c'est notamment dans les cas des Provinces de l'ancienne Province Orientale et le Kasaï occidental où les cartes de creuses sont de plus ou moins 25$ alors que dans la plupart des Provinces la valeur est d'environ 10$.
6- Certaines Provinces délivrent et taxes les cartes en rapport avec le type de matière premier minérale. La situation devient encore plus compliquée lorsqu'il s'agit des cartes de négociant.

C'est ainsi qu'un travail de réflexion doit être mené dans le but d'harmoniser les libellés des droits, taxes et redevances ainsi que les taux et les bases imposables de sorte à harmoniser les mêmes taux et droits dans toutes les Provinces.

§ 3. ANALYSE DU SYSTÈME FISCAL MINIER DE LA RDC

Pour une meilleure analyse du système fiscal minier, nous pensons qu'il faut les regroupés en 4 grandes catégories :

- Les impôts et taxes qui s'appliquent aux revenus,
- les impôts et taxes sur le chiffre d'affaires,
- les impôts et taxes liés au sol,
- les impôts et taxes divers.

A. Les impôts et taxes sur les revenus

I. L'Impôt sur les Revenus Locatifs (IRL)

Le bénéficiaire du code minier est imposé dans le cadre de droit commun, sur ses revenus locatifs. Les revenus locatifs sont des revenus provenant de la location des bâtiments et des terrains situés en RDC.

Cet impôt est prélevé au profit des provinces et autres entités décentralisées, dans le cadre de ses activités minières des titulaires.[149]

Ces revenus sont imposables à l'impôt sur les revenus locatifs, quel que soit le pays du domicile ou de la résidence des bénéficiaires.[150]

La loi assimile à des revenus de location, les indemnités de logements attribués à des cadres et agents qui occupent leur propre habitation ou celle de leurs conjoints. L'impôt est assis sur le revenu net des bâtiments et terrains donnés en location ; et sur le profit net de la sous-location totale ou partielle des mêmes propriétés.

Le revenu net comprend éventuellement le loyer des meubles, du matériel, de l'outillage, du cheptel et de tous objets quelconques.

Le revenu net auquel on applique le taux de l'impôt est la différence entre le revenu brut (loyer, divers impôts acquittées par le locataire à la charge du bailleur, les charges…) et les charges afférentes aux biens loués et supportés par le bénéficiaire des revenus, lesdites charges étant forfaitairement fixées à 30% du revenu brut, aux termes de la loi.[151]

Le taux est de 22%.

Concernant les modalités de paiement de cet impôt, si le locataire est une personne morale, il est tenu de procéder à la retenue à la source de l'impôt sur les loyers à payer et de le verser au fisc.

La même modalité de perception s'applique à toutes personnes physiques ou morales qui, de droit ou de fait, agissent en qualité d'intermédiaires dans la gestion du bien pris à bail par des personnes physiques.

Si le locataire est une personne physique, c'est le propriétaire du bâtiment ou de terrain qui est redevable de l'impôt, lequel est payé selon la modalité de retenue à la source mensuelle.

---

[149] Art 220 ter du code minier

[150] Article 4 de la loi n° 83-004 du 23 février 1983

[151] art 7-8 de l'ord loi n° 69-009 du 10 février 1969, telle que modifiée à ce jour, portant impôts cédulaires sur les revenus.

Le montant de la retenue à la source s'élève à 20% du montant brut du loyer payé.

Est également redevable, le possesseur ou le titulaire d'un droit réel immobilier, de même que le bénéficiaire du profit net de la sous-location des bâtiments et terrains.

Dans un souci de limitation de la fraude fiscale sur les revenus locatifs, la loi n° 83-004 du 23 février 1983 a institué une base minimum forfaitaire de revenu brut annuel en matière de l'impôt sur les revenus locatifs, laquelle est constituée par un tarif minimum exprimé en FC au mètre carré.

Cette base forfaitaire a pour but de se substituer au montant des loyers déclarés lorsque celui-ci lui est inférieur. Dans ce cadre, le tarif fixé se compose en six tarifs particuliers allant de A à F suivant le classement des localités tel que prévu à l'article 5 de la loi.

Ainsi,

- le tarif A est applicable aux locaux situés dans les localités de 1ère classe affectés à un usage industriel, commercial ou résidentiel disposant, outre la superficie bâtie supérieure à 200 M², d'un raccordement en eau et électricité et d'un des éléments suivants : garage fermé, cave indépendante et aménagement, jardin privé, annexes couvertes et fermées, nombre d'étages supérieur à deux (pour les immeubles locatifs).
- Le tarif B est destiné aux autres locaux dans les localités de 1ère classe.
- Le tarif C s'adresse aux locaux situés dans les localités de 2ème classe
- Le tarif E s'applique aux locaux situés dans les localités de 3ème classe et affectés à un usage industriel, commercial ou résidentiel disposant d'un des éléments de confort mentionnés au tarif A.
- Enfin le tarif F s'applique aux autres locaux dans les localités de 3ème classe.

Le tarif minimum établi par les dispositions de la loi sus indiquée se présente de la manière suivante :

- pour les tarifs minima :
- Tarif A: 300 Z/m²
- Tarif B: 30 Z/m²
- Tarif C: 60 Z/m²
- Tarif D: 10 Z/m²
- Tarif E: 60 Z/m²
- Tarif F: 10 Z/m²
- pour les localités

L'arrêté départemental n° 014/CABIFIN.BUDG.PORT/84 portants mesures d'application de la loi n° 83-004 du 4 février 1983, établi comme suit:

Localités de première classe :

a) Ville de Kinshasa : commune de Barumbu, Gombe, Limeté, Mont Ngafula et Ngaliema.
b) Province du Bas Congo : commune de Matadi, Muanda, (bord de mer profondeur 1 km à partir du littoral), Nsiamfumu.
c) Province orientale : Kisangani (commune de Makiso)
d) Province du Kasaï occidental : commune de Kananga
e) Province du nord Kivu : Goma (localité Mont Goma)
f) Province du Sud Kivu : Bukavu (commune d'Ibanda)
g) Province du Katanga : Lubumbashi (commune de Lubumbashi et kampenda)

Localités de deuxième classe

a) Ville de Kinshasa : commune de Bandalungwa, Kalamu, Kasa-vubu, Kinshasa, Kintambo, Lemba, Lingwala et Matete.
b) Province de l'Equateur : Bumba, Gbadolite, Gemena, Lisala et Mbandaka (commune urbaine de Mbandaka)
c) Province du Bas Congo : Boma, Mbanza-Ngungu, Banana, Bunia et Isiro
d) Province orientale : Bunia et Isiro
e) Province de Bandundu : Bandundu (commune de Basoko) et Kikwit (commune de Lukolela)
f) Province du Kasaï Oriental : Mbuji-Mayi
g) Province du Katanga : Kalemie, Kolwezi.

Et toutes les localités non indiquées ci-dessus.

Pour l'application de ces dispositions aux locaux industriels et commerciaux loués, il est prévu un abattement sur les tarifs dans les conditions suivantes :

- tarif A : abattement de 30%
- tarif B : abattement de 10%

Ces abattements ne s'appliquent pas aux 200 premiers mètres carrés.

II. Impôt Professionnel sur les Rémunérations (IPR)[152]

Les rémunérations des personnes rétribuées par un tiers sans être liées par un contrat d'entreprise comprennent notamment les traitements, les salaires, les émoluments, les indemnités qui ne représentent pas le remboursement de dépenses professionnelles effectives, les gratifications, primes et toutes autres rétributions fixes ou variables quelle que soit leur qualification.

---

152 ART 244 CODE MINIER

En fait, il s'agit de toutes les sommes perçues par les salariés, de même que ceux se rapportant au logement, au transport et aux frais médicaux dans la mesure où ils ne revêtent pas un caractère exagéré.

Les revenus suivants ne sont pas pris en compte pour l'application de l'impôt professionnel sur les rémunérations :

- Les indemnités ou allocations familiales réellement accordées aux employés et salariés dans la mesure où elles ne dépassent pas les taux légaux.
- Les pensions, rentes et indemnités accordées en vertus des lois qui régissent les pensions de vieillesse, l'octroi de secours en cas d'invalidité prématurée ou de décès
- Les indemnités en nature concernant le logement, le transport et les frais médicaux dans la mesure où ils ne revêtent pas un caractère exagéré.

La base imposable est le revenu net versé au contribuable, à savoir, le montant brut diminué des seules dépenses professionnelles faites, pendant la période imposable, en vue d'acquérir et de conserver ces revenus.

L'impôt professionnel est établi dans tous les cas sur l'ensemble des revenus constatés ou présumés de l'année civile antérieure.

Sont redevables de l'impôt professionnel, les personnes physiques ou morales de l'activité minière, qui paient ou attribuent à un titre quelconque, des revenus imposables tel qu'indiqué ci-dessus, même si les bénéficiaires résident à l'étranger.

Les sociétés minières qui versent des revenus, ont le droit de retenir sur les revenus imposables, l'impôt afférent.

Dans les 10 jours qui suivent l'expiration du mois, les personnes qui versent la rémunération versent au service des impôts, le montant exact de l'impôt professionnel dû sur les rémunérations payées ou attribuées au cours du mois écoulé.

A la fin de chaque année, les redevables établissent une déclaration récapitulative de leurs revenus professionnels et dans les dix jours qui suivent l'expiration de l'année, ils versent le solde de l'impôt au receveur des impôts.

Les taux et les tranches pour les rémunérations des personnes physiques se présentent comme suit :[153]

REVENUS	%
Revenus inférieurs à 72 000 FC	3
Revenus compris entre 72 001 et 126 000 FC	5
Revenus compris entre 126 001 et 208 800 FC	10
Revenus compris entre 208 801 et 330 000 FC	15
Revenus compris entre 330 001 et 498 000 FC	20
Revenus compris entre 498 001 et 788 400 FC	25
Revenus compris entre 788 401 et 1 200 000 FC	30
Revenus compris entre 1 200 001 et 1 686 000 FC	35
Revenus compris entre 1 686 001 et 2 091 600 FC	40
Revenus compris entre 2 091601 et 2 331 600 FC	45
Supérieur ou égale à 2 331 601 FC	50

Tableau 8

En aucun cas, l'I.P.R. ne peut être inférieur à 0,5 Ff ni supérieur à 30% du revenu imposable.

Le taux est de 15% sur les rémunérations payées aux travailleurs occasionnels et de 10% pour les indemnités de fin de carrière.

L'impôt professionnel est fixé à 20% sur les bénéfices, profits ou rémunérations réalisées ou perçus par des personnes physiques après cessation des activités professionnelles, lorsqu'ils sont recueillis après l'expiration de l'année pendant laquelle les activités ont pris fin.

Pour les indemnités dites de fin de carrière, le taux applicable est de 10%.

Lorsqu'un employeur a recours occasionnellement aux services d'une personne, l'impôt à percevoir à la source est fixé à 15% du montant des sommes payées ou attribuées.

Il est rappelé qu'il est appliqué un abattement de 2% par part pour chacun de membres de la famille, avec un maximum de 9 personnes.

Les abattements sus indiqués ne s'appliquent pas à partir de la 8ème tranche du barème de l'impôt sur les revenus tel qu'indiqué ci-dessus.

Aucun abattement n'est appliqué sur les rémunérations versées au personnel domestique et aux salariés des petites et moyennes entreprises relevant du régime de la patente.

[153] Arrêté ministériel n° 087/CAB/MIN/ECO-FIN/BUD/2002 du 23 mars 2002.code des impôts mis à jour au 31 mars 2003.

III. Impôt Exceptionnel sur les Rémunérations des Expatriés. (IERE)[154]

Institué par l'Ordonnance-loi n°69-007 du 10 février 1969, Cet impôt est établi en fonction des rémunérations versées aux expatriés travaillant en RDC dans le cadre de l'activité minière.

Ce texte ne s'applique pas aux expatriés originaires des pays limitrophes de la RDC.

L'impôt est établi sur le montant brut des rémunérations.

L'impôt ne peut être mis à la charge du bénéficiaire de la rémunération.

Il est égal à la moitié du taux fixé par le droit commun pour les dix premières années du projet et au taux du droit commun pour les années suivantes. Il est déductible de l'impôt sur les bénéfices et profits.

Le taux de droit commun est de 25% sur les rémunérations imposables.

Dans le secteur minier, il est égal à la moitié du taux fixé par le droit commun pour les dix premières années du projet et au taux du droit commun pour les années suivantes. Il est déductible de l'impôt sur les bénéfices et profits.

Les exemptions

Les éléments de la rémunération exemptés :

- Les indemnités ou allocations familiales légales ;
- Les pensions, rentes et indemnités accordées en vertu des lois qui régissent les pensions de vieillesse, l'octroi de secours en cas d'invalidité prématurée ou de décès ; les pensions aux vieillards, aux veuves, orphelins et ascendants de combattants, aux victimes d'accidents du travail ou de maladies professionnelles et aux estropiés congénitaux ; les pensions alimentaires ;
- L'indemnité de logement, les indemnités de transport ainsi que les frais médicaux ne revêtant pas un caractère exagéré.

Les personnes exemptées :

- Les diplomates et agents diplomatiques ;
- Les consuls et agents consulaires ;
- Les employés des organismes internationaux du chef des rémunérations versées par lesdits organismes.

La perception de l'impôt exceptionnel sur les rémunérations est réalisée au moyen de la déclaration, à déposer dans les mêmes conditions que l'impôt professionnel sur les rémunérations.

Il est acquitté mensuellement dans les mêmes conditions et délais que l'impôt professionnel sur les rémunérations.

---

[154] Art 244 bis du code minier

➢ **Pertinence de l'impôt exceptionnel sur les rémunérations versées aux personnels expatriés**

L'objectif de départ de cet impôt était de favoriser le recrutement des Congolais.

Or après 38 ans de pratique (la loi date de 1969),il est difficile de tirer un bilan positif de cette mesure.

Dans ce cadre il nous semble plus opportun d'utiliser d'autres leviers, tels que l'obligation de recourir d'abord au personnel local avant de faire appel à la main d'œuvre étrangère, par exemple, il faudra apporter la preuve que l'entreprise minière n'a pas trouvé de la main d'œuvre locale répondant aux critères du poste à pourvoir.

L'aspect fiscal ne pouvant que venir à titre de sanction.

IV. Impôt Mobilier ou Impôt sur les Revenus des Capitaux Mobiliers. (IM)

Le titulaire des titres miniers est redevable de l'impôt sur les revenus mobiliers conformément au droit commun (20%) à l'exception des revenus suivants [155]:

V. Les intérêts payés par le titulaire en vertu des emprunts contractés en devises à l'étranger qui sont exonérés de l'impôt mobilier[156]

Les intérêts payés par le titulaire à des affiliés en vertu des emprunts contractés à l'étranger ne sont exonérés de l'impôt mobilier que si les taux d'intérêts et les autres conditions d'emprunt destinées à la réalisation des projets sont établis conformément au principe de pleine concurrence.

VI. Les dividendes et autres distributions versés par le titulaire à ses actionnaires qui sont assujettis à l'impôt mobilier au taux de 10 %[157]

L'impôt mobilier s'applique :

- Aux revenus d'actions ou parts quelconques et aux revenus d'obligations des sociétés qui ont leur siège social et leur principal établissement administratif au RDC.
- Aux revenus des parts des associés non actifs dans les sociétés autres que par actions.
- Aux revenus, y compris tous intérêts et avantages, des capitaux empruntés à des fins professionnels par des sociétés ou par des personnes physiques qui ont en RDC, leur établissement.

155 Art 246 code minier
156 Art 245 point A du code minier
157 Art 246 point b du code minier

- Aux tantièmes alloués dans les sociétés de droit national par actions, aux membres du conseil général
- Aux revenus d'actions ou parts quelconques à charge des sociétés par actions civiles ou commerciales étrangères ayant un établissement permanent ou fixe en RDC
- Aux tantièmes alloués dans les sociétés étrangères par actions ayant un établissement permanent ou fixe au RDC aux membres du conseil général
- Aux montants nets des redevances, le terme de redevance désigne les rémunérations de toute nature payée pour l'usage ou la concession de l'usage d'un droit d'auteur sur une œuvre littéraire, artistique ou scientifique, d'un brevet, d'une marque de fabrique ou de commerce. Le montant des redevances s'entend de leur montant brut diminué des dépenses ou charges exposées en vue de leur acquisition ou de leur conservation par le bénéficiaire.

Les redevables des revenus mobiliers ont le droit de retenir sur les revenus imposables, l'impôt y afférente et ce nonobstant toute opposition des bénéficiaires quelle que soit la nationalité de ceux-ci.

Il est précisé que le montant net de la redevance s'entend de leur montant brut diminué des dépenses ou charges exposées en vue de leur acquisition ou de leur conservation par le bénéficiaire.

A défaut d'éléments probants, les dépenses ou charges sont fixées forfaitairement à 30% du montant brut des redevances.

Les revenus des parts des associés non actifs sont fixés forfaitairement à 50% des revenus réalisés et imposés tant à l'impôt professionnel qu'à l'impôt sur les revenus locatifs.[158]

Le taux de l'impôt mobilier est de 20%.

Impôt mobilier est perçu par la retenue à la source opérée par les sociétés ayant délivré des actions ou des obligations ainsi que les personnes physiques ayant empruntés de l'argent à des fins professionnelles.

VII. Les droits proportionnels pour la cession des parts sociales et actions :

Toute cession d'actions ou de parts sociales d'une personne morale titulaire d'un titre minier ou de carrière est soumise au paiement des droits proportionnels au profit du Trésor Public, dont le taux est de 1% calculé sur la valeur nominale des parts sociales ou actions cédées.

Ces droits sont à charge du cessionnaire et payables dans les huit jours de la réception de la note de perception.[159]

---

[158] Article 15 OL n° 69-009 du 10 février 1969 portant impôt cédulaire sur les revenus.
[159] Article 527 bis : REGL MIN

➢ **Des revenus exonérés de l'impôt mobilier**

En application des dispositions de l'article 246 du Code Minier, les intérêts payés par le Titulaire au titre des emprunts contractés en devise à l'étranger sont exonérés de l'impôt mobilier, sous réserve du respect des conditions requises ci-après :

- Les emprunts concernés doivent être exclusivement affectés à la réalisation du projet minier ;
- Les taux d'intérêt et les autres conditions d'emprunts contractés par le Titulaire auprès des entreprises situées à l'étranger et sous la dépendance, directe ou indirecte, desquelles il se trouve, sont fixés selon le principe de pleine concurrence ; [160]

VIII. L'impôt sur les bénéfices et profits (IBP)[161]

L'impôt sur le Bénéfice et Profit est un impôt qui assis sur :

- Le bénéfice de toutes les entreprises industrielles, commerciales, artisanales, agricoles ou immobilières, y compris les libéralités et avantages quelconques.
- Les profits, quelle que soit leur dénomination, des professions libérales, charges offices ou de toute autre occupation ;
- Les profits, quelle qu'en soit la nature, des occupations non visées ci-haut.

➢ **Les personnes imposables :**

- Concernant les bénéfices, ce sont les entreprises industrielles, commerciales, artisanales, agricoles ou immobilières et les associations momentanées.
- Pour ce qui est des profits, ce sont les personnes exerçant les professions libérales et autres activités lucratives.

Le système fiscal Congolais est déclaratif, à savoir l'assujetti paye ce qu'il déclare.

La déclaration des revenus doit être déposée au plus tard le 31 mars de l'année qui suit celle de la réalisation des revenus.

Pour les contribuables relevant de la Direction des Grandes Entreprises (DGE) et des Centres des Impôts (CDI), la déclaration est auto liquidative et le paiement intervient au moment de son dépôt.

Pour ceux relevant des Centres d'impôts Synthétiques (CIS), le paiement intervient au plus tard le dernier jour du mois qui suit celui de la réception de l'Avertissement Extrait de Rôle.

---

[160]Article 528 REGL MIN

[161] Art 247 du code minier

➢ **Concernant le bénéfice net de la société.**

Le bénéfice net de l'exploitation imposable à l'impôt professionnelle sur les bénéfices est déterminé conformément au droit comptable OHADA, et aux dispositions des articles 249 à 258 du code minier.

les états de synthèses ainsi que les livres sont tenus en français.[162]

Le taux préférentiel de L'impôt sur les bénéfices et profits dans l'activité minière, est de 30% sur le bénéfice net ;

Il convient de rappeler que le taux de droit commun est également de 30%, dans ce cadre, on peut se poser réellement la question de régime de privilège pour le secteur minier.

Les éléments ci-après indiqués interviennent dans la détermination de bénéfice net.

a. Le produit d'exploitation

Les produits d'exploitation sont ceux qui proviennent de toutes les opérations traitées par ces établissements au Congo, ainsi que tous les accroissements des avoirs investis en vue d'accroître les activités de la société, y compris, les accroissements résultants des plus-values et moins-values réalisées.

Le titulaire du titre minier qui exporte le produits des mines peut ouvrir et détenir un compte ou un groupe de compte en devises étrangères auprès des banques commerciales agréées, dont le siège social est situé en RDC, pour gérer les recettes et les dépenses en devises du projet minier.

Conformément à l'article 269 du code minier, le titulaire du titre minier qui exporte les produits marchands des mines est :

- Autorisé à garder et à gérer dans son compte principal et ses comptes de service de la dette étrangère, les recettes de ses ventes à l'exportation à concurrence de '40%.
- Tenu de rapatrier dans son compte national principal tenu en RDC, 60% des recettes d'exportations dans les 15 jours à dater de l'encaissement au compte principal tenu à l'étranger.

Il est rappelé que le chiffre d'affaires ouvrant droit aux différentes déductions de charges est constitué de :

- Ventes de marchandises à l'intérieur et à l'extérieur (chiffre d'affaires)
- Les locations éventuelles

A ces produits d'exploitation, différentes charges vont venir en déduction, dont les plus importants sont :

[162] ART 248 CODE MINIER

b. Les charges professionnelles déductibles

Les charges professionnelles déductibles sont nombreuses, les plus significatives sont :

1. **Le loyer réellement échu et les charges locatives afférents aux immeubles** ou parties d'immeubles affectés à l'exercice de la profession et tous frais généraux résultant notamment de leur entretien et éclairage. Toutefois, la valeur locative des immeubles ou parties d'immeubles dont le redevable est propriétaire n'est pas considérée comme un loyer ou comme une charge locative.

2. **Les frais généraux** résultant de l'entretien du matériel et des objets mobiliers affectés à l'exploitation.

3. **Les traitements, les salaires, les gratifications et les indemnités des employés** et des ouvriers au service de l'exploitation, les avantages en nature pour autant qu'ils aient été ajoutés aux rémunérations.

4. **Les intérêts des capitaux empruntés à des tiers** et engagés dans l'exploitation et toutes charges, rentes ou redevances analogues relatives à celle-ci.

Ne sont pas considérés comme tiers les associés dans les sociétés autres que par actions.

En aucun cas, les intérêts des créances hypothécaires sur des immeubles donnés en location, en tout ou en partie, ne peuvent être considérés comme dépenses professionnelles déductibles.

5. **Les frais de transport, d'assurance, de courtage, de commissions**.

Les dépenses consistant en commissions, courtages, ristournes commerciales ou autres, vacations, honoraires occasionnels ou non, gratifications et autres rétributions quelconques ne sont admises en déduction que s'il en est justifié par l'indication exacte du nom et du domicile des bénéficiaires ainsi que de la date des paiements et des sommes allouées à chacun d'eux. Toutefois, les frais de transport sur vente des substances minérales ne sont pas admis comme dépenses déductibles.

6. **Le montant du bénéfice réparti entre les membres du personnel de l'entreprise.**

7. **Les traitements alloués dans les sociétés par actions aux membres du Conseil d'Administration** lorsqu'il est justifié qu'ils correspondent à des appointements normaux en rapport avec la nature des fonctions réelles et permanentes exercées dans la société sur le Territoire National.

8. **Les amortissements des immobilisations servant à l'exercice de la profession.**

9. **L'impôt réel ayant le caractère d'une charge** d'exploitation acquittée dans le délai, pour autant qu'elle n'ait pas été établie d'office.

Les sommes versées par le titulaire à une personne physique ou morale de droit étranger avec laquelle elle est liée, soit par la voie d'une participation directe dans son capital, soit par l'intermédiaire de participations détenues par une ou plusieurs autres entreprises du même groupe, en rémunération d'un service rendu, ne sont susceptibles d'être admises dans les charges professionnelles de l'entreprise qu'à la quadruple condition que :

- la qualité du service rendu soit clairement démontrée ;
- le service en cause ne puisse être rendu sur le territoire national ;
- le montant de la rémunération corresponde à la valeur réelle du service rendu ;
- le bénéficiaire ne soit établi dans un territoire à fiscalité privilégiée.

Par territoire à fiscalité privilégiée, il faut entendre, le territoire où le taux de prélèvement sur les bénéfices et profits ou de l'impôt sur les revenus des personnes physiques est inférieur de 30 % par rapport à celui pratiqué en République Démocratique du Congo.[163]

Il est précisé que sont considérés comme tiers, les personnes qui n'ont pas un lien direct ou indirect avec la société minière.

Mais l'article 256- d- du code minier indique que ne sont pas considérés comme tiers, les associés dans les sociétés autres que par actions.

Autrement dit, les associés des sociétés par actions sont considérés comme tiers, et les associés des autres types de sociétés ne sont pas considérés comme tiers.

Cette différenciation entre type d'associés de différentes de société pose un problème de clarté et de confusion.

A savoir, pourquoi les associés des sociétés par actions sont considérés comme tiers, à ce titre les intérêts de leur prêt sont déductibles.

Et les associés des autres types de sociétés ne sont pas considérés comme tiers, à ce titre, les intérêts de leurs emprunts ne sont pas déductibles du bénéfice.

Cette discrimination qui d'ailleurs a pour source, l'article 43 4ème du code de contribution, nous paraît tout à fait discriminatoire à l'égard des associés d'autres types de société.

10. autres amortissements

La règle applicable

Les règles applicables en matière d'amortissement sont celles de l'amortissement linéaire[164]

a. Amortissement des dépenses de recherche et de développement

Le montant des dépenses de recherches et de développement réalisées par le titulaire, autres que celles liées à l'acquisition d'immobilisations, est actualisé au jour de l'octroi d'un Permis d'Exploitation et amorti par la

163 ART 256 CODE MINIER

164 Art 249 CODE MINIER

société d'exploitation pendant les deux exercices suivants en raison de 50 % l'an.[165]

La perte professionnelle d'un exercice comptable résultant de l'application des dispositions de l'alinéa précédent est reportée sans limitation dans le temps sur les exercices subséquents.[166]

Autrement dit, les dépenses de recherches et de développements (notamment la construction de l'usine) s'amortissent sur 2 ans en raison de moitié par année.

Et l'al 2 de cet article indique que les pertes occasionnées sur la base de ces amortissements sont différés sans limitation de délai.

Le règlement minier précise que les dépenses de développement comprennent toutes dépenses pour la construction des immeubles par incorporation situés dans le périmètre minier ainsi que pour l'achat des immeubles par destination affectés à l'exploitation minière, réalisées avant ou après la mise en exploitation de la mine.[167]

b. Amortissement différé

Les amortissements effectués en période déficitaire sont réputés différés. Ils peuvent être cumulés et reportés sans limitation dans le temps sur les exercices subséquents jusqu'à concurrence du revenu imposable.[168]

IX. L'impôt spécial sur les profits excédentaires[169]

Par profits excédentaires ou super profits, il faut entendre les bénéfices réalisés lorsque les cours des matières ou des commodités connaissent un accroissement exceptionnel, supérieur à 25 % par rapport à ceux repris dans l'étude de faisabilité bancable du projet.

Le super profit est déterminé à partir de l'excédent brut d'exploitation dégagé de la comptabilité du titulaire.

Pour la détermination des profits excédentaires, les dispositions de l'article 252 ne s'appliquent pas, autrement dit il n'est pas tenu compte des dépenses de recherche et de développement pour le calcul du résultat exceptionnel.

L'impôt spécial sur les profits excédentaires est imposable au taux de 50 %. Le revenu soumis à l'impôt spécial sur le profit excédentaire n'est pas imposable à l'impôt sur les bénéfices et profits.

L'excédent brut d'exploitation qui sert d'assiette de l'impôt spécial sur les profits excédentaires est constitué par la différence entre le montant de l'excédent brut d'exploitation de l'exercice comptable considéré diminué du

---

165 ART 252 CODE MIN
166 ART 252 CODE MINIER
167 Article 529 regl minier
168 Art 250 DU CODE MINIER
169 Art.251 bis.- code minier

montant de l'excédent brut d'exploitation dégagé par l'étude de faisabilité bancable du projet minier pour cette même année, ce dernier montant augmenté de 25% le Titulaire est tenu de déposer une copie de l'étude de faisabilité du projet minier auprès de l'Administration des impôts avant l'entrée effective en production dudit projet.

Pour les projets déjà en phase d'exploitation, cette obligation doit être accomplie dans les nonante (90) jours de la publication du présent Règlement.

Pour le cas où l'étude de faisabilité est mise à jour lors de l'extension des travaux d'exploitation ou transmise dans le cadre du renouvellement d'un permis d'exploitation au titre de l'Article 80 litera du Code Minier, les données relatives au prix des matières premières ou des matériaux et à l'excédent brut d'exploitation devront être mises à jour.

Cette étude de faisabilité modifiée devra inclure les prévisions d'excédent brut d'exploitation du projet pour chaque exercice comptable pour chaque produit.

Une copie de cette étude de faisabilité devra être fournie à l'Administration Fiscale dans les soixante (60) jours de l'approbation de cette étude de faisabilité et sera utilisée pour calculer l'assiette de l'impôt spécial sur les profits excédentaires.

Les profits excédentaires ou super profits sont calculés sur la base de l'excédent brut d'exploitation analytique par produit

L'Article 251 bis ne s'appliquera que si le prix de vente moyen effectif du produit pour l'exercice comptable excède de plus de 25% le prix de vente moyen du produit pour cette année tel que prévu dans l'étude de faisabilité

Pour la détermination des profits excédentaires,

- Les dépenses de recherche et de développement ne sont pas déductibles.
- L'imputation des déficits antérieurs est interdite.

Le Titulaire est tenu de souscrire une déclaration de l'impôt spécial sur les profits excédentaires, selon le modèle fourni par l'Administration des Impôts, au plus tard à la date de l'échéance prévue pour le dépôt de la déclaration de l'Impôt sur les Bénéfices et Profits.[170]

X. Le report du déficit

Pour l'application de l'article 251 du code minier, le déficit doit obligatoirement être reporté sur les résultats du premier exercice bénéficiaire, puis sur les résultats du ou des exercices suivants dans la mesure où le bénéfice du premier exercice non déficitaire n'a pas atteint un montant suffisant. Les échelonnements ne sont pas autorisés.

---

[170] Art 530 bis REGL MINIER

Le principe de la limitation de la déduction des résultats déficitaires des cinq exercices antérieurs n'est pas applicable aux amortissements comptabilisés en période déficitaire.

Pour l'application des dispositions de l'alinéa précèdent, les déductions s'opèrent dans l'ordre suivant :

- Amortissement de l'exercice
- Déficits ordinaires des exercices antérieurs en commençant par le plus ancien dans la limite de cinq exercices
- Déficits d'exercices antérieurs provenant d'amortissements réputés différés sans limitation de durée.

Le report illimité des amortissements réputés différés en période déficitaire cesse de s'appliquer si l'entreprise reprend tout ou partie des activités d'une autre entreprise ou lui transfère tout ou partie de ses propres activités.

Les autres modalités d'imputation de report déficitaire sont celles de droit commun.

Toutefois, le Titulaire est autorisé à appliquer intégralement les dispositions du droit commun en vigueur.[171]

XI. Les plus-values et moins-value sur cession des titres miniers[172]

a. Constatation de la plus-value

Lors de la cession des titres miniers, les plus-values inhérent à cette cession sont intégrées dans l'assiette de calcul de l'impôt professionnelle sur les bénéfices. La plus-value ou la moins-value professionnelle ainsi réalisée est égale à la différence entre le prix total de cession et le montant non amorti des dépenses de recherches et de développement.

Le titulaire intègre la plus-value ou la moins-value réalisée à l'occasion de la cession d'un titre minier dans l'assiette de l'impôt sur les bénéfices et profits.

Si la cession se fait entre entités affiliées, le prix et les conditions de la cession doivent être au moins égaux à ceux qui se seraient appliquées à une cession en pleine concurrence.

Si le cédant a acquis le titre d'une personne autre que celle ayant engagé les dépenses de recherches et de développement, la plus-value ou la moins-value professionnelle est égale à la différence entre le prix total de cession et le coût d'acquisition.

La plus-value ou la moins-value professionnelle ainsi réalisée est égale à la différence entre le prix total de cession et le montant non amorti des dépenses de recherches et de développement.

---

[171] Article 530 regl minier

[172] Art 253 du code minier

Le cessionnaire d'un titre minier amortit le prix d'acquisition du titre minier acquis comme charge à étaler.

b. Imposition de la plus-value[173]

Toute cession d'actions ou de parts sociales d'une personne morale titulaire d'un titre minier ou de carrières est taxée selon le régime des plus-values.

La plus-value sur la cession d'une action ou part sociale est constituée par la différence entre le prix de cession de l'action ou de la part sociale et la valeur nette comptable de cette action ou part sociale.

Cette plus-value constatée au niveau de la personne morale ayant cédé les actions ou parts sociales est réputée être de source congolaise dans la mesure où les actifs de la personne morale dont les actions ou parts sociales cédées sont situées en République Démocratique du Congo. Lorsque les actifs sont situés dans plusieurs juridictions, la plus-value n'est calculée que sur la valeur des actifs appartenant à la filiale de droit congolais.

L'impôt est retenu à la source par la personne morale cessionnaire qui le reverse suivant les modalités de paiement des impôts dus au Trésor public. Cette retenue à la source est exigible au moment de l'encaissement ou de la mise à disposition du revenu de la cession d'actions ou de parts sociales. Toute opération de conversion ou d'échange d'actions ou de parts sociales est assimilée à un encaissement de revenu de cession d'actions ou de parts sociales initiales. Aux fins de l'application du présent article, tout projet de cession des parts sociales ou d'actions est préalablement notifié à la société détentrice des titres et aux associés ou actionnaires.

Les règles concernant les modalités de calcul, de déclaration et de règlement de cet impôt sont précisées par voie règlementaire.

Toute cession d'actions ou de parts sociales d'une personne morale titulaire d'un titre minier ou de carrière est soumise au paiement des droits proportionnels au profit du Trésor Public, dont le taux est de 1% calculé sur la valeur nominale des parts sociales ou actions cédées.

Ces droits sont à charge du cessionnaire et payables dans les huit jours de la réception de la note de perception.[174]

Les plus-values réalisées par les personnes morales étrangères lors de la cession d'actions ou de parts sociales détenues, directement ou indirectement, sur une entreprise titulaire des droits miniers ou de carrières située en République Démocratique du Congo est réputée être de source congolaise dans la mesure où la cession desdites actions ou parts sociales équivaut à la cession d'une fraction ou de la totalité des actifs corporels et incorporels et des réserves minières relevant du patrimoine de la personne morale établie en République Démocratique du Congo.

---

[173] Art.253 bis.- code minier

[174] Art 527 BIS REGL MIN

Le montant de la plus-value visée par le paragraphe premier ci-dessus est constitué par la différence entre le prix de cession de l'action ou de la part sociale et de la valeur nette comptable de cette action ou part sociale.

Lorsque les actifs sont situés dans plusieurs juridictions, l'impôt spécial sur les plus-values de cession d'actions ou de parts sociales est calculé sur une quotité de la plus-value constatée déterminée suivant une fraction ayant au numérateur la valeur des actifs de la filiale de droit congolais et au dénominateur la valeur totale des actifs de la société étrangère dont les actions ou parts sociales ont été cédées.

Le prix de cession à retenir ne peut être inférieur à celui correspondant à la valeur réelle des actifs cédés représentatifs desdites actions ou parts sociales au moment de l'opération. En cas moins-values prouvées celles-ci ne sont déductibles ni de l'assiette de l'impôt spécial sur les plus-values des autres actions ou parts sociales ni de celle de l'impôt sur les bénéfices et profits.[175]

Le code minier ne traite pas de plus-value classique (sur immeuble, mobilier, matériel, outillage...)

Or, l'article 35 du code des impôts indique : « les accroissements résultants de plus-values réalisées sur immeubles, outillage, matériel, mobilier, participations et valeur de portefeuille sont imposables dans la mesure ou le prix de réalisation dépasse le prix d'acquisition ou de revient, déduction faite du montant des amortissements déjà admis au point de vue fiscal ».

Par conséquent, on suppose que les plus-values indiquées ci- après sont intégrées également dans la base de calcul de l'impôt professionnelle sur les bénéfices.

XII. Les provisions pour reconstitution du gisement (PRG)

Le titulaire est autorisé à constituer, en franchise de l'impôt sur les bénéfices et profits, une provision pour reconstitution de gisement dont le montant maximal est égal à 0,5 % du chiffre d'affaires de l'exercice au cours duquel elle est constituée.

Cette provision est utilisée dans ses activités de recherches sur le territoire national avant l'expiration d'un délai de trois ans à compter de la clôture de l'exercice au cours duquel la provision a été constituée.

Faute d'avoir été utilisée dans les conditions définies à l'alinéa précédent, la provision pour reconstitution de gisement est réintégrée dans le bénéfice imposable au titre du quatrième exercice suivant celui au cours duquel elle a été constituée.[176]

[175] Article 529 bis regl minier

[176] Art.257 code minier

XIII. La provision pour réhabilitation du site

Conformément à l'article 258 du code minier, le contribuable est tenu de constituer en franchise de l'impôt professionnelle sur les bénéfices, une provision pour réhabilitation du site sur lequel sont conduites les opérations minières.

Le montant maximal de la dotation au titre de cette provision est égal à 0,5% du chiffre d'affaires au titre de l'exercice au cours duquel elle est effectuée.

Cette provision est utilisable avant l'expiration de 10 ans, à compter de la clôture de l'exercice au cours duquel elle a été constituée.

Le solde éventuel de la provision non utilisée doit être intégré dans le bénéfice imposable au titre du 11ème exercice suivant celui au cours duquel ladite provision a été constituée.

Au cas le contribuable doit faire face à d'autres obligations financières relatives à la protection de l'environnement, des telles provisions doivent venir en déduction des quantum de 0,5% de la provision pour la réhabilitation du site.

Le titulaire est tenu de constituer, en franchise de l'impôt sur les bénéfices et profits, une provision pour réhabilitation du site sur lequel sont conduites les opérations minières.

Le montant maximal de la dotation au titre de cette provision est égal à 0,5 % du chiffre d'affaires au titre de l'exercice au cours duquel elle est effectuée.

Dans l'hypothèse où le titulaire est tenu de constituer une provision ou de remplir d'autres obligations financières en application de la réglementation sur la protection de l'environnement, le montant de cette seconde provision ou de ces obligations, est déduit du montant maximal autorisé pour la dotation au titre de provision pour la réhabilitation du site. Il est tenu au respect de la directive sur l'EIES telle que prévue dans le Règlement minier.

Cette provision doit être utilisée avant l'expiration d'un délai de dix ans à compter de la clôture de l'exercice au cours duquel elle a été constituée. Le solde de cette provision non utilisée est réintégré dans le bénéfice imposable au titre du onzième exercice suivant celui au cours duquel ladite provision a été constituée.

Le solde de cette provision non utilisé à la clôture du dernier exercice du projet est réintégré dans le bénéfice imposable au titre de cet exercice.[177]

XIV. La dotation pour contribution aux projets de développement communautaire

Le titulaire de droit minier d'exploitation ou d'autorisation d'exploitation des carrières permanente est tenu de constituer, en franchise de l'impôt sur les bénéfices et profits, une dotation pour contribution aux projets de

[177] Art 258 CODE MINIER

développement communautaire dont le montant minimal est égal à 0,3 % du chiffre d'affaires de l'exercice au cours duquel elle est constituée.

La dotation doit être entièrement mise à disposition des communautés locales avant l'expiration de l'exercice suivant celui au cours duquel elle a été constituée.[178]

XV. L'impôt professionnel sur les prestations de services

Le titulaire est redevable de l'impôt professionnel sur les prestations de services pour les sommes payées en rémunérations des services de toute nature lui rendus par des personnes physiques ou morales, non établies en République Démocratique du Congo,

au taux de 14 %.[179]

B. Des taxes et redevances du secteur forestier et protection de l'environnement

Le titulaire des droits miniers et des carrières est assujetti, sans préjudice des dispositions des articles 257 et 258 du présent Code, au paiement des taxes et redevance ci-après :

- Taxe de déboisement ;
- Taxe d'implantation, sur les installations classées de la catégorie 1A ;
- Taxe rémunératoire annuelle sur les installations classées de la catégorie 1A ;
- Taxe de pollution sur les installations classées de la catégorie 1A.[180]

I. Taxe de déboisement

Toute personne qui, pour les besoins d'une activité minière est contrainte de déboiser une portion de terre forestière en vue d'en changer l'affectation, est tenue d'obtenir le permis de déboisement moyennant paiement préalable de la taxe de déboisement. [181]

L'assiette, le taux et les modalités de recouvrement sont fixés par un arrêté des Ministres ayant les Forêts et les Finances dans leurs attributions.

L'assiette de la taxe est constituée de la superficie à déboiser. [182]

Conformément aux dispositions de l'article 122, point 4, de la Loi n°011/2002 du 29 août 2002, portant Code Forestier, le produit de la taxe de déboisement est reparti au prorata de 50% pour le Trésor Public et 50% au profit du Fonds Forestier National.

---

[178] ART 258 BIS CODE MINIER
[179] Art.246 bis.- code minier
[180] Art.238 bis. - code minier
[181] Art 42 dernier alinea du code minier
[182] Art 527 sexies du regelement minier

Compte tenu de la contribution du produit de la taxe de déboisement à la lutte globale contre le changement climatique, consacrée par l'Accord universel sur le climat, ratifié par la République Démocratique du Congo, aucun titulaire ayant des droits miniers et/ou des carrières, quel que soit le régime fiscal auquel il est soumis, ne peut être exonéré au paiement de ladite taxe, pour des raisons de ses activités minières.

II. De la taxe d'implantation, la taxe rémunératoire annuelle ainsi que la taxe de pollution sur les installations classées[183]

Le titulaire des droits miniers et/ou des carrières ainsi que les détenteurs des entités de traitement et/ou de transformation sont assujettis au paiement de la taxe d'implantation, la taxe rémunératoire annuelle ainsi que la taxe de pollution sur les installations classées de la catégorie 1A, conformément à la Loi n°11/009 du 09 juillet 2011 portant principes fondamentaux relatifs à la protection de l'environnement et ses mesures d'application.

La déclaration des éléments d'assiette et le paiement des taxes visées à l'alinéa précédent s'effectuent conformément à la l'Ordonnance-loi n°13/003 du 23 février 2013 telle que modifiée et complétée à ce jour et ses mesures d'application.

L'obtention d'un permis d'exploitation lié aux installations classées de la catégorie 1a, tel que prévu par la législation portant principes fondamentaux relatifs à la protection de l'environnement, est subordonnée au payement préalable de la taxe d'implantation augmentée de la taxe rémunératoire annuelle.

C. Taxe liée aux substances minérales précieuses trouvées occasionnellement[184]

En application de l'article 285 nonies du Code Minier, toute vente des substances minérales précieuses trouvées occasionnellement est soumise au paiement préalable d'une taxe appropriée dont le taux est fixé par arrêté interministériel des Ministres ayant les mines et les finances dans leurs attributions respectives.

D. Taxes sur les autorisations de minage, ainsi que des agréments des dépôts et boutefeux[185]

Les taux de la taxe sur les autorisations de minage, ainsi que des agréments des dépôts et boutefeu sont fixés par arrêté interministériel des Ministres ayant la Défense Nationale et les Finances dans leurs attributions.

---

[183] Article 527 septies :du regelemet minier

[184] Article 527 quater : du regelemet minier

[185] Article 527 quinquies : du regelemet minier

E. La taxe liée au traitement exceptionnel des substances minérales brutes à l'extérieur du territoire national[186]

L'obtention de l'autorisation du traitement exceptionnel des substances minérales brutes à l'extérieur du pays est subordonnée au paiement au profit du Trésor Public, de la taxe dont le taux est fixé par arrêté interministériel des Ministres ayant les Mines et les Finances dans leurs attributions respectives.

F. Les impôts et taxes lies au sol

I. L'impôt sur la superficie des concessions minières et d'hydrocarbures.

Le titulaire d'un permis de recherche est redevable de l'impôt sur la superficie des concessions minières et d'hydrocarbures aux taux en franc congolais équivalent à [187]:

1. pour la première année : 0,2 $ US par hectare
2. pour la deuxième année : 0,3 $ us par hectare
3. pour la troisième année : 0,35 $ us par hectare
4. pour les années suivantes : 0,4 $ US/hectare

Le titulaire d'un droit minier d'exploitation est redevable de l'impôt sur la superficie des concessions minières et d'hydrocarbures aux taux en équivalant en franc congolais de :

1. pour la première année : 0,4 $ us par hectare
2. pour la deuxième année : 0,6 $ us par hectare
3. pour la troisième année : 0,7 $ us par hectare
4. pour les années suivante : 0,8 $ US/hectare

L'impôt sur la superficie des concessions minières et hydrocarbure est dû pour l'année entière si les éléments imposables existent dès le mois de janvier.

Tout redevable de l'impôt sur la superficie des concessions minières doit remettre par écrit, avant le 15 janvier de l'année au vérificateur des impôts dans le ressort duquel se trouvent les éléments imposables, une déclaration énonce tous les éléments dont il dispose au début de l'année.

Sauf notification contraire du contribuable avant le 15 janvier de l'année, les plus récentes déclarations souscrites sont valables pour les années suivantes. L'administration peut procéder périodiquement au renouvellement général ou partiel des déclarations.

---

[186] Article 527 ter :du reglement minier

[187] art 238 code minier

II. L'impôt foncier

Le titulaire des titres miniers est redevable de l'impôt foncier conformément au droit commun uniquement sur les immeubles pour lesquels l'impôt sur la superficie des concessions minières n'est pas dû.[188]

Autrement dit, les immeubles situés à l'intérieur de la superficie des concessions minières assujetties à l'impôt réel y afférent ne sont pas soumis à l'impôt foncier.

L'impôt foncier est dû par le propriétaire, même si par la convention de bail, le locataire s'est engagé à le payer et si cette circonstance a été portée à la connaissance de l'administration.

Le paiement de l'impôt foncier incombe au propriétaire. L'administration n'intervient pas pour effectuer la répartition éventuelle de l'impôt entre propriétaire et locataire.

Le titulaire est redevable de l'impôt foncier conformément au droit commun uniquement sur les immeubles pour lesquels l'impôt sur la superficie des concessions minières n'est pas dû.

Le code des impôts congolais a institué à titre d'impôt foncier sur les propriétés bâties et non bâties, un impôt forfaitaire annuel, dont le montant varie suivant la nature des immeubles et le rang des localités.

Il existe 4 rangs de localités.

L'impôt foncier est dû pour l'année entière sur la superficie imposable existant au 1er janvier de l'année qui donne son nom à l'exercice fiscal.

Toute personne physique ou morale est tenue de souscrire chaque année, une déclaration indiquant tous les éléments imposables ou exemptés.

En vertu des dispositions de l'article 236 du Code Minier, les immeubles situés à l'intérieur de la superficie des concessions minières assujetties à l'impôt réel y afférent ne sont pas soumis à l'impôt foncier.[189]

G. La taxe sur la valeur ajoutée (TVA)

La taxe sur la valeur ajoutée, ou TVA, est l'impôt sur la dépense que la plupart des pays ont intégré dans leur législation, compte tenu de sa neutralité économique et de sa relative simplicité.

Elle a été initiée en place en France en 1954, elle a été rependue dans plusieurs pays du monde.

En RDC, elle a été seulement introduite le 1er Janvier 2012 par l'Ordonnance-loi Numéro 10/001 du 20 août 2010 portant institution de la TVA.

Son application dans le secteur minier est assez particulière dans la mesure où le code minier est dérogatoire de droit commun, mais toutefois, certaines dispositions fiscales de droit commun s'appliquent au secteur minier.

---

188 Art 236 du code minier

189 art 521 regl min

Avant l'entrée en vigueur de la TVA, on appliquait le système de l'impôt sur le chiffre d'affaires.

Ce système présentait un inconvénient majeur, à savoir, l'imposition en cascade.

Le principe était que le redevable de l'impôt rajoute au montant de la facture, l'impôt sur le chiffre d'affaires, et en assure le versement au trésor public, ainsi de suite.

Contrairement à la TVA (taxe sur la valeur ajoutée), l'ICA ne prévoyait pas de mécanisme de collecte et déduction de la taxe.

Opérations concernées

La TVA s'applique aux opérations suivantes :

- opération des ventes faites en RDC pour la mise à la consommation sur marché local de produits de fabrication locale.
- Sont assimilées à des ventes, les opérations de change de produits ou d'utilisation de produits après fabrication par le fabriquant lui-même tel que la livraison à soi-même.
- les travaux immobiliers
- les opérations de prestations de service de toutes espèces, rendues ou utilisées en RDC et notamment :
- les locations mobilières, les locations de chambres d'hôtel et prestations accessoires
- les travaux mobiliers
- les prestations d'assistance de toute nature fournie par des personnes physiques ou morales étrangères, à des entreprises de droit national
- les services de toute nature rendus à des particuliers ou des collectivités, lorsqu'ils revêtent le caractère d'une activité commerciale, industrielle ou libérale.

Le taux de la TVA est de 16%.

H. Impôts et taxes divers

I. La redevance minière[190]

a. Justificatif de la redevance.

Le système de la redevance minière a été instauré pour permettre à l'état congolais de se rémunérer suite au travail que celui-ci a accompli pour ériger un système fiscal minier capable d'assurer la rentabilité des investissements miniers.

---

[190] Art 240 du code minier

b. Assiette de la redevance

L'assiette est calculée sur la base de la valeur commerciale brute.

Les titulaires des titres miniers sont redevables de cette redevance sur tout produit marchand, à compter de la date de commencement de l'exploitation effective.

La redevance minière est calculée et due au moment de la sortie du produit marchand du site de l'extraction ou des installations de traitement pour expédition.

c. Procédure de paiement de la redevance

Deux jours avant la sortie du produit marchand du site de l'extraction ou des installations de traitement pour expédition, le Titulaire, le détenteur des droits miniers ou des carrières et l'entité de traitement et/ou de transformation et le titulaire de l'autorisation d'exploitation permanente autres que les matériaux de construction d'usage courants établissent en quatre exemplaires une déclaration de l'origine et de vente des produits marchands, suivant le formulaire à retirer à la Direction des Mines ou au Service des Mines du ressort.

Le non-respect de ce délai entraine une pénalité de 1000 USD par jour de retard dans le chef de l'opérateur.

La Déclaration d'origine et de vente comporte notamment les mentions suivantes :

1. L'identité complète du Titulaire, du détenteur de l'entité de traitement et/ou de transformation et du titulaire de l'autorisation d'exploitation des carrières permanente ;
2. Les références de son droit minier ou de carrière ou de l'arrêté d'agrément concerné ;
3. La nature et l'origine des produits marchands ;
4. La quantité, la qualité et les prix par unité et total des produits marchands vendus ;
5. L'identité des acheteurs ;
6. Les modalités de règlement du prix de vente ;
7. Dès réception de la déclaration d'origine et de vente visée ci-dessus, le Titulaire du droit minier ou des carrières, du détenteur de l'entité de traitement et/ou de transformation, envoie une copie de ladite déclaration au Gouverneur de la province concernée et à l'Autorité de l'Entité Territoriale Décentralisée du lieu d'exploitation.

Le paiement de la redevance minière intervient au plus tard le cinquième jour du mois qui suit celui de la réception de la note de perception ou du titre de paiement.[191]

[191] Art 525 du reglement minier

d. Taux de la redevance[192]

Le taux de la redevance minière dépend de produits en cause :
Les taux de la redevance minière sont de :

- 0 % pour les matériaux de construction d'usage courant ;
- 1 % pour les minéraux industriels, les hydrocarbures solides et autres substances non citées ;
- 1 % pour le fer et les métaux ferreux ;
- 3,5 % pour les métaux non ferreux et/ou de base ;
- 3,5 % pour les métaux précieux ;
- 6 % pour les pierres précieuses et de couleur ;
- 10 % pour les substances stratégiques.

e. Recouvrement et de la répartition de la redevance minière

La note de débit établie par la Direction des Mines ou le Service des Mines du ressort donne lieu à l'établissement de la note de perception ou du titre de paiement, selon le cas, à concurrence de :

- 50% pour le Pouvoir central ;
- 25% pour la Province où se trouve le projet ;
- 15% pour l'entité territoriale décentralisée dans le ressort duquel s'opère l'exploitation minière ;
- 10% au profit du Fonds Minier pour les générations futures ». [193]

Le préposé de chaque entité bénéficiaire émet et délivre la note de perception ou le titre de paiement, selon le cas, au titulaire, au détenteur de l'entité de traitement et/ou de transformation et au titulaire de l'Autorisation d'Exploitation des carrières Permanente, autre que celle des matériaux de construction d'usage courant, pour le versement de la redevance minière, au plus tard le cinquième jour du mois qui suit celui de la réception de la note de perception ou du titre de paiement.

Le versement de la redevance minière est effectué dans le compte général du Trésor Public pour la quotité encadrée par la DGRAD et dans les comptes publics des autres entités bénéficiaires.

Les fonds affectés aux entités administratives décentralisés sont affectés exclusivement à la réalisation des infrastructures de base d'intérêt communautaire.

En cas de vente à une entité de transformation établie sur le territoire national, le contribuable bénéficie d'un crédit d'impôt égal au tiers de la redevance minière payée sur les produits vendus.

Le système de répartition de la redevance minière est un système qui risque de ne pas être efficace, car, les impôts collectés risquent de ne pas être

[192] Art 241 du code minier
[193] Art 526 du reglement minier

affectés à l'objet pour lesquels ils ont été affectés ; car les organismes de décentralisation qui sont en cours de mise en place en RDC, ont d'autres rôles plus urgents à réalisés qu'à s'occuper des infrastructures.

Il nous semble que cette tâche de la construction des infrastructures doit être affectée aux entreprises minières, ou être affectée à un organisme public indépendant avec pour mission de réaliser les infrastructures déterminées.

f. Du contrôle de l'assiette de la redevance minière[194]

En application des dispositions du premier alinéa de l'article 217 du présent Décret, la Direction des Mines apprécie et contrôle l'assiette de la redevance minière.

A cet effet, elle vérifie :

- La sincérité et l'exactitude de la valeur commerciale brute déclarée ;
- Les modalités de règlement du prix de vente vis-à-vis de la pratique du marché ;
- La conformité des quantités et qualités des produits marchands avec les opérations du Titulaire ou du détenteur de l'entité de traitement et/ou de transformation ;

Au cas où la Direction des Mines ou le Service des Mines du ressort émet une objection ou conteste certains éléments de la déclaration, elle procède, par le biais des inspecteurs des Mines, au contrôle desdits éléments. Le contrôle est fait a posteriori et n'empêche pas l'expédition des produits marchands sauf en cas de découverte d'indice d'une opération de vente frauduleuse.

En cas de contestation dûment motivée, le Titulaire ou le détenteur de l'entité de traitement et/ou de transformation a un droit de réponse et la procédure de droit commun en matière des recettes administratives, judiciaires, domaniales et de participations s'applique au règlement de la contestation.

A défaut de contestation motivée, la Direction des Mines ou le Service des Mines du ressort établit à charge du Titulaire une note de débit indiquant les quotes-parts revenant aux différents bénéficiaires prévus à l'article 242 du Code Minier.

II. La redevance du contrôle de change

Conformément à l'article 549 du règlement minier, le titulaire du titre minier est tenu de payer à la banque centrale du Congo ou à toute personne mandatée par elle, une redevance de contrôle de change de 2/%° (deux pour mille) sur tout paiement vers ou en provenance de l'étranger à l'exception :

- des rapatriements des recettes provenant du compte principal

[194] Article 524 : Reglement minier

- des virements en faveur des comptes de service de la dette étrangère réalisés à partir du compte principal
- des paiements du service de la dette étrangère réalisée à partir des comptes pour le service de la dette ouvert auprès d'une banque étrangère.

III. Taxes spécifiques sur les véhicules, et sur la circulation routière

a. L'impôt sur les véhicules

La taxe sur les véhicules est due par les personnes physiques ou morales qui utilisent un ou plusieurs véhicules.

Le taux applicable est spécifique, et il est établi en fonction de la puissance du véhicule en chevaux vapeur, comme suit :

- les motocycles : 5 Ff

Véhicules automobiles utilitaires :

- de moins de 2.500 kgs : 9 Ff
- de 2.500 kgs à 10.000 kgs : 14 Ff
- de plus de 10.000 kgs : 17 Ff

Véhicules de tourisme :

Appartenant aux personnes physiques :

- De 0 à 10 chevaux : 14 Ff
- De 11 à 15 chevaux : 17 Ff
- De plus de 15 chevaux : 21 Ff

Appartenant aux personnes morales :

- De 0 à 10 chevaux : 23 Ff
- De 11 à 15 chevaux : 29 Ff
- De plus de 15 chevaux : 44 Ff

Véhicules tracteurs. Imposables selon le cas, tel qu'indique pour les véhicules de tourisme ou utilitaire.

- Bateaux et embarcations à propulsion mécanique servant exclusivement ou accessoirement au transport des personnes. 6 Ff par cheval vapeur.
- Bateaux et embarcations servant exclusivement au transport des marchandises, au remorquage ou au tonnage : 4 Ff par cheval vapeur
- Baleinière, barges et autres embarcations remorquées : 9 Ff par mètre cube de jauge nette indiquée au certificat de jaugeage.
- Bateaux et embarcations de plaisance à propulsion mécanique : 17 Ff par cheval vapeur

L'impôt sur les véhicules est dû pour l'année entière s'ils sont utilisés au cours du mois de janvier. L'impôt sur les véhicules n'est dû que pour un douzième par mois ou fraction de mois si l'usage commence après le mois de janvier. Les redevables de l'impôt sur les véhicules doivent souscrire une déclaration par véhicule.

Concernant l'activité minière, le titulaire du titre minier est redevable de l'impôt sur les véhicules au taux de droit commun.

Cet impôt n'est pas dû pour les véhicules de transport de personnes ou de matériaux de manutention ou de traction utilisée exclusivement dans l'enceinte du projet minier.[195]

b. La Taxe Spéciale de Circulation Routière (TSC Créée par l'OL n° 88-029 du 15 juillet 1988)

La taxe spéciale de circulation routière est assise sur tous les véhicules admis à circuler sur le réseau routier public quelle que soit la qualité du propriétaire.

La taxe est à la charge des propriétaires des véhicules.

Aux termes du décret n° 120/2000 du 09 septembre 2000 et du décret n° 038/2002 du 10 avril 2002, les taux de la taxe de circulation routière sont établis comme suit :

- Motocyclettes : 6 Ff
- Véhicules utilitaires :
  - d'un poids supérieur à 2.500 Kgs : 20 Ff
  - de 2.501 à 10 000 kgs : 25 Ff
  - de plus de 10 000 kgs tels que les autobus, les remorques, les grues : 45 Ff
- Véhicules de tourisme appartenant aux personnes physiques
  - De 0 à 10 chevaux : 6 Ff
  - De 11 à 15 chevaux : 11 Ff
  - De plus de 15 chevaux : 12 Ff
- Véhicules de tourisme appartenant aux personnes morales :
  - De 0 à 10 chevaux : 12 Ff
  - De 11 à 15 chevaux : 25 Ff
  - De plus de 15 chevaux : 37 Ff

La taxes spéciale de circulation routière est due pour l'année civile entière quelle que soit la date de la mise en circulation ou celle de la mise hors service du véhicule.

La taxe spéciale de circulation routière doit être payée spontanément aux dates suivantes :

- avant le 31 mars de chaque année pour les véhicules acquis avant le 1er janvier

---

195 Article 237 du code minier

- a la date de l'immatriculation du véhicule pour les véhicules acquis au cours de l'année

Le titulaire du titre minier est redevable de la taxe spéciale de circulation routière au taux de droit commun.[196]

Conformément aux dispositions des articles 237 et 239 du Code Minier, les véhicules de transport de personnes ou de matériaux, de manutention ou de traction qui sont utilisés exclusivement dans l'enceinte du projet minier ne sont pas soumis à l'impôt sur les véhicules et à la taxe spéciale de circulation routière[197]

IV. Redevances et taxes rémunératoires contribuant au fonctionnement des administrations publiques et des services publics personnalisés

Le dernier alinéa de l'art 234 du code minier dispose :

« Les redevances et frais en rémunération des services rendus à l'exportation des produits marchands ou des biens à l'exportation temporaire pour perfectionnement ne peuvent excéder 1 % de leur valeur commerciale brute. »

Ce dispositif est en contradiction avec l'article 509 al 2 du règlement minier qui dispose :

« A l'exclusion des impôts, droits de douanes, taxes, redevances et autres droits dus au Trésor Public, prévus aux articles 220 bis, 220 ter et 220 quater du Code Minier et qui leur sont applicables, le Titulaire de droits miniers, le Titulaire d'une autorisation d'exploitation de carrières permanente autre que celle des matériaux de construction d'usage courant et les sous-traitants et les détenteurs d'un agrément au titre d'entité de traitement ne sont pas soumis à toutes autres formes d'imposition. »

[196] ART 239 CODE MINIER

[197] ART 522 REGL MIN

CHAPITRE III

Le régime fiscal et douanier particulier pour les petites mines et l'exploitation minière artisanale

SECTION I : L'EXPLOITATION MINIERE A PETITE ECHELLE

L'exploitation minière à petite échelle relève du régime fiscal de taxation unique en ce qui concerne les contributions pour lesquelles le titulaire du titre minier est redevable et ce, en rapport avec les activités minières.[198]

Le taux de l'imposition unique pour les activités d'exploitation minière à petite échelle est fixé à 10 % du chiffre d'affaires résultant de la valeur de vente des produits marchands.

Le paiement de l'imposition forfaitaire prévue à l'alinéa précédent exempte le titulaire du paiement de la redevance minière, de l'impôt mobilier, de l'impôt sur les bénéfices et profits, de l'impôt exceptionnel sur les rémunérations des expatriés.

L'imposition forfaitaire est due au moment de la vente.

En application des dispositions de l'alinéa 8 de l'article 262 du Code Minier, le Titulaire du Permis d'exploitation de petite mine est tenu, avant de commencer ses activités d'exploitation, de notifier à l'administration fiscale et à la Direction des Mines, l'option du régime fiscal lui applicable. La lettre de notification du régime fiscal doit être déposée au moins trente jours avant le commencement de la prochaine année fiscale du Titulaire. En tout cas, l'option ne prendra effet qu'au premier jour de la prochaine année fiscale qui commence au moins trente jours après la date du dépôt de la lettre. Toute option faite est irrévocable. [199]

Pour autant que le Titulaire soit soumis au régime de l'imposition forfaitaire, le service technique spécialisé du Ministère des Mines chargé de l'assistance et de l'encadrement, sur terrain, de la petite mine assiste le Titulaire concerné pour :

- Remplir des formulaires appropriés de la Direction Générale des Impôts ;

---

[198] Art.262.- code minier

[199] Article 541 : regl minier

- Joindre à ces formulaires les pièces justificatives.

Pour tous les autres impôts, droits, taxes et redevances, le Titulaire du Permis d'Exploitation de petite mine est soumis au régime de droit commun.

SECTION II : L'EXPLOITATION MINIERE ARTISANALE

La coopérative minière, l'exploitant artisanal, le négociant et le comptoir agrée sont soumis au régime douanier, fiscal ainsi que des recettes non fiscales applicable à l'exploitation artisanale.

Le régime fiscal artisanal s'applique à trois types de personnes :

L'exploitant artisanal, le négociant, le comptoir d'achat agrée

L'exploitant artisanal ou creuseur, est la personne physique de nationalité congolaise autre que l'agent de l'état, le magistrat, le membre des forces armées qui est autorisée à se livrer à l'exploitation artisanale dans les zones déclarées ouvertes à l'exploitation par arrêté ministériel.

Ces exploitants sont autorisés et obligés de vendre leur production aux négociants ou directement aux comptoirs agréés.

Le négociant est la personne physique de nationalité congolaise qui est autorisée à acheter le diamant auprès des creuseurs pour les revendre au comptoir agrée. Il existe deux catégories de négociant, les négociants de catégorie A ou B.

Le négociant de catégorie « A » opère dans les chantiers d'exploitation tandis que celui de catégorie B achète le diamant dans les mini marchés.

Les deux catégories ne peuvent exercer leurs activités qu'en vertu d'une carte de négociant délivrée par le ministre de mines.

Le comptoir est une personne physique ou morale de droit congolais qui est autorisée à acheter le diamant auprès des creuseurs et ou de négociants. Il est autorisé à exploiter son produit après expertise par le développement du diamant congolais (DDC) et paiement de la taxe calculé sur la valeur expertisée.

Les comptoirs n'exercent leurs activités que moyennant l'obtention d'une licence délivrée par le ministre ayant les mines dans ses attributions.

Le régime fiscal, douanier et parafiscal applicable à l'exploitation minière artisanale aux négociants et aux comptoirs agréés, c'est le régime de droit commun, à l'exception des impôts, taxes, impôts et redevances qui seront indiqués ci-après.

§ 1. DU RÉGIME SPÉCIFIQUE FISCAL, DOUANIER AINSI QUE DES RECETTES NON FISCALES APPLICABLE AUX COOPÉRATIVES MINIÈRES, AUX NÉGOCIANTS ET AUX COMPTOIRS AGRÉÉS

Le régime douanier, fiscal, ainsi que des recettes non fiscales applicable aux coopératives minières, aux négociants ainsi qu'aux comptoirs agréés porte sur les impôts, taxes, droits et redevances suivantes : [200]

A. Pour les coopératives minières :

- Les droits d'entrée et la TVA à l'importation pour le petit matériel, équipements, liés à l'exploitation artisanale,
- Les droits d'entrée pour réactifs,
- La taxe rémunératoire sur la carte d'exploitant artisanal ;
- La taxe d'agrément d'une coopérative minière ;
- La redevance annuelle anticipative pour le maintien de validité d'une coopérative minière ;

B. Pour les négociants :

- La taxe rémunératoire sur la carte de négociant ;
- Pour les comptoirs agréés :
- La redevance annuelle anticipative à payer au trésor public, lors de l'agrément du comptoir et du renouvellement de celui-ci ;
- La caution à payer lors de l'agrément ;
- La taxe ad valorem, les droits de sortie, la TVA à l'exportation, les taxes rémunératoires pour les services intervenants ;
- La taxe d'intérêt commun de 1% sur les transactions d'or et de diamant ;
- Les impôts et taxes pour lesquels les comptoirs agréés sont des redevables légaux ;
- la taxe rémunératoire sur la carte de travail d'étranger ;
- Frais de dépôt pour agrément de l'acheteur des comptoirs des substances minérales de production artisanale ;
- Agrément des acheteurs des comptoirs d'achat et de vente des substances minérales de production artisanale ;

La taxe d'intérêt commun visé au point c, 4ème tiret de l'alinéa 1er de l'article 537 du règlement minier peut être étendue à d'autres substances minérales de production artisanale par voie d'arrêté interministériel des Ministres ayant les Mines et les Finances dans leurs attributions.

[200] Article 537 : REGL MIN

Les Ministres ayant les Mines et les Finances dans leurs attributions fixent par voie d'Arrêté Interministériel conjoint, le taux, l'assiette et les modalités de perception des droits, taxes et redevances relevant du régime douanier, fiscal ainsi que des recettes non fiscales applicables à l'exploitation artisanale ainsi que les sanctions applicables en cas de contravention.

En ce qui concerne les comptoirs agréés, l'Arrêté Interministériel susvisé détermine également :

- Les valeurs minimales des achats annuels et les quotités trimestrielles d'achat des substances minérales précieuses ;
- Le montant de la caution à payer lors d'agrément du comptoir ;
- Le montant de la redevance annuelle anticipative à verser au compte du Trésor, lors de l'agrément et le renouvellement de celui-ci ;
- Le taux de la taxe ad valorem à payer à chaque exportation ;
- Le montant de la taxe sur la carte de travail d'étranger ;
- Les modalités de la caution et de la perception des redevances et taxes visées.

§ 2. DU RÉGIME GÉNÉRAL FISCAL, DOUANIER AINSI QUE DES RECETTES NON FISCALES APPLICABLE AUX COOPÉRATIVES MINIÈRES, AUX NÉGOCIANTS ET AUX COMPTOIRS AGRÉÉS[201]

Le régime douanier, fiscal ainsi que des recettes non fiscales ne soustrait pas les négociants et les comptoirs agréés de leurs obligations douanières, fiscales, ainsi que des recettes non fiscales du paiement des autres impôts, droits, taxes ou redevances prévus par la législation douanière, fiscale et parafiscale.

La coopérative minière est exonérée de l'Impôt sur les Bénéfices et Profits. Elle est soumise aux autres impôts conformément au droit commun.

Du recouvrement de la taxe due par la coopérative minière et du régime d'importation des matériels

Conformément à l'article 114 bis al 1 du Code Minier, toute coopérative minière est agréée par le Ministre des Mines moyennant paiement préalable, au profit du Trésor Public d'un droit fixe dont le taux est déterminé par Arrêté interministériel des Ministres ayant les Mines et les Finances dans leurs attributions respectives.

Pour la validité de l'agrément, la coopérative est tenue de s'acquitter, au plus tard le 31 mars de chaque année, d'une redevance annuelle.

La coopérative minière dument constituée et agréée bénéficie du régime douanier préférentiel prévu aux articles 225 et 232 du Code minier pour l'importation des petits matériels et équipements à usage strictement minier.

---

[201] Article 538 : REGL MIN

I. Pour les CREUSEURS :

- le droit d'entrée et la TVA pour le matériel, équipements, liés à l'exploitation artisanale (fixé par arrêté ministériel).
- le droit d'entrée pour les réactifs (fixé par arrêté ministériel).
- la taxe rémunératoire pour la carte d'exploitant artisanal, cette taxe est payée annuellement et est fixée à 25$ US
- impôt professionnel sur les rémunérations et impôt sur le chiffre d'affaires à l'intérieur fixé conformément au décret-loi n° 086 portant régime fiscal applicable aux petites et moyennes entreprises en matière d'impôt professionnel sur les rémunérations et de l'impôt sur le chiffre d'affaires à l'intérieur.

II. Pour les négociants :

Ces opérateurs miniers sont soumis au paiement de la taxe rémunératoire annuelle fixée comme suit :

- négociant de catégorie A : 500 $
- négociant de catégorie B : 3000 $

Ils sont également redevables des impôts suivants :

- impôt professionnel sur les rémunérations et
- impôt sur le chiffre d'affaires à l'intérieur (fixé par arrêté ministériel).

III. Pour les comptoirs agréés

Ils supportent les taxes et impôts suivants :

- la redevance annuelle anticipative à payer au trésor public, lors de l'agrément du comptoir et du renouvellement de celui-ci : 200 000 $
- la caution à payer lors de l'agrément : 50 000 $
- la taxe sur la carte d'acheteurs : 3 000 $
- la taxe sur la carte d'acheteur supplémentaire (à partir de la 11ème carte) : 15 000 $[202]

En ce qui concerne l'impôt sur le chiffre d'affaires à l'exportation, ce dernier a été supprimé par la loi n° 008/03 du 13 mars 2003 portant modification de l'ordonnance loi n° 69-058 du 05 décembre 1969 relatif à impôt sur le chiffre d'affaires.

- la taxe d'intérêt commun de 1% sur les transactions d'or et de diamant.
- la taxe rémunératoire sur la carte de travail des étrangers.

---

[202] Loi N° 007/2002 art 537 op cit

- les impôts réels (impôts fonciers, impôts sur les véhicules et la taxe spéciale de circulation routière, l'impôt sur les concessions minières et hydrocarbures).
- Impôt cédulaire sur les revenues (impôt sur les revenus locatifs, impôt professionnel sur les rémunérations, impôt exceptionnel sur les rémunérations des expatriés).

CHAPITRE IV

Le régime douanier général des mines

SECTION I : LE RÉGIME DOUANIER

§ 1. LES CONTRIBUABLES VISÉS

Avec le code minier de 2002, le régime douanier préférentiel était applicable aux titulaires des droits miniers de recherche ou d'exploitation, aux sous-traitants liés aux **titulaires** dans le cadre d'un contrat et aux sociétés affiliés.

Le Code minier avait également prévu l'extension des avantages douaniers aux amodiataires des titres miniers

Avec la réforme de 2018, seules les personnes ci-après désignées sont bénéficiaires du régime privilégié :

- Les titulaires des droits miniers (Permis d'exploitation, Permis de recherche, Permis d'Exploitation de la Petite Mine, Permis d'Exploitation des Rejets),
- Les Sous-traitants conformément à la Loi n° 2017-01 du 08 février 2017 fixant les règles applicables à la sous-traitance dans le secteur privé ;
- Le Titulaire d'une autorisation de carrière permanente, autre que celle des matériaux de construction d'usage courant ;
- Les Détenteurs des agréments au titre des Entités de traitement.

Les amodiataires des titres miniers peuvent également bénéficier des avantages.

§ 2. LA DURÉE DES AVANTAGES DOUANIERS

En 2002, les avantages liés au régime privilégié étaient accordés pour toute la durée de vie du projet minier.

En 2018, en vue de permettre à l'Etat de bénéficier des revenus du secteur, les avantages du régime douanier privilégié **cessent de bénéficier aux titulaires**, soit à partir de la sixième année à compter de la date de l'octroi du titre ; ou soit à la fin de la troisième année à compter de la date de la première production et exportation des produits miniers marchands.[203]

(Les avantages douaniers sont limités à 6 ans, à partir de la date d'octroi du Permis d'exploitation, ou encore à 3 ans, à partir de l'entrée en production du projet).[204]

§ 3. LES TAUX APPLICABLES À L'IMPORTATION DES BIENS

Il convient de souligner que, d'une manière générale, le régime douanier prévu dans le code minier soumet les activités minières du titulaire de droit à une **imposition différente selon qu'il s'agit, d'une part, de la nature du bien à importer, et d'autre part, de la phase du projet** (recherche, construction et du développement de la mine, exploitation proprement dite).

Ceci est nécessaire pour tenir compte de l'équilibre qu'il convient d'assurer entre d'une part, les recettes que l'Etat peut engranger et, d'autre part, pour soulager l'effort financier que l'opérateur minier doit engager pendant la phase de recherche.

I. A l'importation :

Le code minier a prévu des **taux uniques préférentiels** (2%, 3%, 5% et 10%), lesquels dérogent au Tarif des droits et taxes à l'importation prévus par la Loi tarifaire (droit commun).[205]

- Pendant la Phase de recherche, de construction et développement : le taux de douane est de 2%, pour les matériels et équipements miniers et des carrières permanentes,
- Pendant la Phase d'exploitation :le taux est de 5% pour les matériels et équipements miniers et de carrières permanentes.
- Les carburants et lubrifiants destinés aux activités minières sont soumis à un droit d'entrée unique de 5% pendant toute la durée du projet.
- Tous les biens intermédiaires et autres consommables destinés aux activités minières sont soumis à un droit d'entrée unique de 10% pendant toute la durée du projet.
- Après la mise en exploitation de la mine, lorsque le titulaire réalise un projet d'extension afin d'accroitre sa capacité de production, les matériels, équipements et intrants à importer dans ce cadre, bénéficient du régime douanier préférentiel au taux applicable en phase d'exploitation, c'est à dire 5%.
- Les droits d'accises sont perçus conformément au droit commun.

[203] Art 232 al 4 du code minier
[204] Art 232 al 2 du code minier
[205] Art 232 et 233 du code minier

II. A l'exportation,[206]

Le titulaire **est totalement exonéré à la sortie,** pour ses exportations en rapport avec le projet minier de tous droits de douane et autres contributions, de quelque nature que ce soit, pour les substances minérales extraites des gisements se trouvant dans le périmètre couvert par son titre minier.

Néanmoins, en vue de rémunérer les services intervenant lors des opérations d'exportation, il est prévu le paiement **des redevances et frais en rémunération** des services rendus à l'exportation des produits marchands qui ne peuvent excéder 1% de leur valeur commerciale.

Toutefois, en cas **d'exportations frauduleuses et irrégulières** réalisées par le titulaire, outre l'application de l'imposition de droit commun, il est soumis aux amendes et pénalités prévues dans la législation douanière.

III. Des droits de consommation et d'accises

Le titulaire est redevable de droits de consommation et d'accises conformément au droit commun, excepté les huiles minérales désignées à l'article 7 de l'O.L. n°68/010 du 6 janvier 1968 destinées et exclusivement liées à l'activité minière.[207]

SECTION II : PROCEDURE D'OCTROI DES AVANTAGES DOUANIERS

Dans le but de faciliter le bénéfice du régime privilégié, il est prévu l'existence d'une liste des catégories des biens bénéficiant de ce régime présenté par le titulaire de droit minier ou de carrière permanente et approuvée par l'Arrêté conjoint des Ministres des Mines et des Finances.

Une Commission Interministérielle instituée par arrêté interministérielle est chargée de valider la liste des biens à importer, laquelle sera soumise à la signature des Ministres compétents.

S'agissant des importations dans **le cadre d'un projet d'extension**, la liste des catégories des biens est approuvée par une autorisation d'avis conforme délivrée par le Cadastre minier, après avis technique de la Direction des Mines et avis environnemental de la Direction de l'Environnement minier.

Avant de commencer les travaux, le titulaire présente une liste des biens comprenant le nombre et la valeur des biens mobiliers, des équipements, des véhicules et d'autres intrants, qu'il dépose à la Commission **Interministérielle** d'approbation des listes des biens à importer sous le régime douanier privilégié du Code minier, accompagné notamment d'une description indiquant la phase du projet.

---

[206] Art 234 du code minier

[207] Art 235 du code minier

La liste doit préalablement être approuvée par Arrêté conjoint des Ministres des Mines et des Finances dans un délai maximum de 60 jours ouvrables suivant la réception de la lettre de demande d'approbation au Ministre des Mines et de la copie au Ministère des Finances, et **après avis favorable de la Commission Interministérielle.**

Passé ce délai, la liste est réputée approuvée et la douane a l'obligation d'accorder le bénéfice du régime privilégié à l'importation des biens y figurant. Le récépissé du dépôt faisant foi.

En cas de **refus d'approbation de la liste**, la décision doit être écrite et motivée.

Après approbation par les Ministres compétents, la liste est transmise à l'administration douanière pour l'accomplissement des **opérations de dédouanement**.

Il est précisé que l'importation par le titulaire ou ses sous-traitants des matériels, biens équipements **et autres biens ne figurant pas sur les listes** approuvées, est soumise aux dispositions du régime de droit commun.

SECTION III : AUTRES DISPOSITIONS DU REGIME DOUANIER DU CODE MINIER (QUELQUES CAS PARTICULIERS)

§ 1. ADMISSION EN FRANCHISE TEMPORAIRE

Les biens, équipements et matériels importés par le titulaire pour ses travaux d'exploitation et destinés à être réexportés bénéficient d'une admission temporaire en franchise des droits de douane, sur autorisation de l'administration douanière pour un délai de six mois, renouvelable deux fois pour la même durée.

§ 2. CESSION DES BIENS ET MATERIELS

Les matériels, biens et équipements importés sous le régime privilégié en matière douanière ne peuvent être cédés sur le Territoire National sans l'autorisation de l'Administration douanière. Le contrevenant s'expose aux pénalités édictées par la règlementation des douanes. La mise en consommation desdits matériels et biens est subordonnée au paiement des droits et taxes restants dus, au taux en vigueur à la date de cession, calculés sur base de la valeur résiduelle réactualisée établie à partir des éléments de la déclaration d'importation initiale.

§ 3. TRANSFERT DES MATERIELS

Dans le cas d'un transfert des matériels utilisés dans le cadre d'un titre minier donné, sur le projet afférent à un autre titre minier appartenant à un titulaire différent, ce titulaire cessionnaire, doit bénéficier d'un régime douanier similaire à celui de la partie cédante et celle-ci doit, pour ce faire, obtenir par écrit l'autorisation préalable de l'administration des douanes.

§ 4. ARRET D'UN PROJET À/OU AVANT TERME

Dans le cas de l'arrêt d'un projet à/ou avant terme, les matériels, biens et équipements ayant bénéficié du régime privilégié doivent, soient être réexportés, soit être mis en consommation sur le Territoire National après ajustement du régime douanier par le paiement des droits et taxes restant dus calculés sur la base de la valeur résiduelle réactualisée établie à partir des éléments de la déclaration d'importation initiale.

Il convient de souligner que, de manière générale, la déclaration de l'arrêt des travaux doit immédiatement être faite aux administrations des douanes, des recettes non-fiscales, des impôts et des mines.

§ 5. EXPORTATION DES ECHANTILLONS

Destinés aux analyses et essais métallurgiques et industriels est exonérée de tout droit de douane ou autre contribution de quelque nature que ce soit, à la sortie du Territoire National, à condition qu'ils ne soient pas vendus aux tiers au profit ou par le fait du titulaire, avant ou après analyse ; ou encore que cette exportation ne revête pas un caractère commercial.

De l'exportation des échantillons pour analyse et essais industriels

En exécution des articles 226, alinéas 2, 3, 4 et 5 et 5bis alinéa 1er du Code Minier, il est prélevé une taxe de USD 0,2/Kg sur toute exportation des échantillons destinés aux analyses et essais industriels.

L'exportation des échantillons pour essai est notamment subordonnée à la présentation d'un certificat d'analyse délivré par un laboratoire d'analyse dûment agréé.[208]

[208] Article 527 octies :regl minier

CHAPITRE V

La problématique de la taxe pour la promotion des investissement perçu par le Fonds de promotion et des investissements (FPI)

SECTION I : EXPOSE DE LA SITUATION

§ 1. CONTEXTE LÉGISLATIF ET RÈGLEMENTAIRE GÉNÉRAL SUR LE SUJET

Les différents textes législatifs et règlementaires sur le sujet sont :

1- La constitution de la République Démocratique du Congo du 18 février 2006 telle que modifiée par la Loi n° 11/002 du 20 janvier 2011 portant révision de certains articles de la Constitution.
2- Loi n° 007/2002 du 11 juillet 2002 portant Code minier telle que modifiée et complétée par la loi n°18/001 du 09 mars 2018.
3- Décret n° 038/2003 du 26 mars 2003 portant règlement minier tel que modifié et complété par le Décret n° 18/024 du 08 juin 2018.
4- L'ordonnance-Loi N°89-031 du 7 août 1989 portant création de la taxe de promotion de l'Industrie.
5- Décret n° 09/64 du 03 décembre 2009 fixant les statuts d'un établissement public dénommé « Fonds de Promotion de l'Industrie », en sigle « F.P.I. »
6- Ordonnance-Loi N°89-031 du 7 août 1989 portant création de la taxe de promotion de l'Industrie

§ 2. LES BASES JURIDIQUES QUI APPUIENT LES POSITIONS DE CERTAINS PRATICIENS ET ACTEURS ÉCONOMIQUES SUR LE SUJET

Avant la réforme du code minier de 2002, le FPI percevait le TPI conformément aux articles 4,5 et 6 de l'Ordonnance-Loi N°89-031 du 7 août 1989.

Avec la réforme du code minier intervenue par la loi n°18/001 du 09 mars 2018, le FPI ne perçoit plus la TPI, car les opérateurs miniers évoquent le principe exhaustif et exclusive du code minier, en l'occurrence, le TPI n'est pas prévu par ledit code.

Par ailleurs, les autres entreprises publiques non citées par le code minier perçoivent une quotité de la répartition de 1% du service rendu (c'est notamment le cas de OGEFREM, FONER, OCC...) ;

Le FPI n'est pas inclus dans la clé de répartition au motif que cette structure ne rend pas réellement un service aux opérateurs miniers.

§ 3. LES BASES JURIDIQUES QUI APPUIENT LES ACTEURS QUI APPROUVENT L'APPLICATION DE LA TPI

- Lettre du Premier Ministre N° CAB/PM/MDM/TK/20190162 du 13 février 2019
- Communiqué de presse du FPI du 19 février 2019 ;
- Rapport de la Commission interinstitutionnelle chargée d'examiner la question de la perception de la taxe de promotion de l'Industrie du 13 février 2019

§ 4. LES BASES JURIDIQUES QUI APPUIENT LES ACTEURS QUI DESAPPROUVENT L'APPLICATION DU TPI

- Mémorandum de la FEC du 20 octobre 2018 ;
- Rapport de la commission d'enquête de l'Assemblée Nationale sur la gestion du Fonds de Promotion de l'Industrie (FPI) présenté mercredi 8 juin 2016 aux députés nationaux lors d'une séance plénière à huis-clos.
- Position des organisations de la Société Civile congolaise intervenant dans le secteur de la Gouvernance des Ressources Naturelles sur les débats autour du paiement ou non de la taxe de promotion de l'industrie par les sociétés minières.

A. QUELS SONT LES TEXTES PARTICULIERS DE LOI QUI TRAITENT DU SUJET : LA LETTRE DE LA LOI.

Le code minier est « exclusif et exhaustif », à savoir que seuls les impôts, droits et taxes prévues par le code sont perçus, à moins que le code minier le renvoi expressément vers d'autres textes.

C'est cet argument qui est développé par les pourfendeurs de TPI.

Quels sont ces textes et leurs portés.

1. Art.1.- (Loi n°2018-01) Des Définitions

Point 2.

Activités minières : tous services, fournitures ou travaux de l'art des mines directement liés à la recherche, à l'exploitation minières et au traitement et/ou transformation des substances minérales, y compris les travaux de développement, de construction et d'infrastructure ;

QUE SIGNIFIE L'ART DES MINES

2. Art.2.- (Loi n°2018-01) Du champ d'application

a- AL 1

Les dispositions du présent Code s'appliquent, dans leur intégralité et dans leur ensemble, aux **opérations de recherches, d'exploitation industrielle, semi-industrielle et artisanale ainsi que de traitement, de stockage, de détention, de transport, de commercialisation et d'exportation des substances minérales.**

IL N'EST PAS CITE FORMELEMENT LES ACTIVTES « D'IMPORTATION »

b- Al 2

Sont exclues du champ d'application du présent Code, la prospection, l'exploration et l'exploitation des hydrocarbures liquides ou gazeux ainsi que les activités ou opérations concernant les eaux thermales ou minérales **qui sont régies par** la loi portant régime général des hydrocarbures ou **par les législations particulières, selon le cas.**

c- Notion de l'activité minière et régime « exclusif et exhaustif »

art.220.- (Loi n°2018-01) du régime fiscal, douanier et des taxes

Sans préjudice des dispositions de l'article 221 du présent Code, le régime fiscal, douanier et des taxes **applicables aux activités minières du titulaire sur le territoire national est celui défini exclusivement et exhaustivement au titre IX du présent Code**.

d- **Art.220 quater. -** (Loi n°2018-01) **du régime des taxes, droits et redevances applicables aux activités autres qu'activités minières du titulaire**

Sans préjudice des dispositions de l'article 234 alinéas 3 du présent Code, le titulaire est soumis**, dans le cadre de l'exercice des activités autres que ses activités minières**, aux autres droits, taxes et redevances de la compétence du Pouvoir central et de celui des provinces et des entités territoriales décentralisées **prévus par les lois fixant nomenclature ainsi qu'aux redevances et taxes rémunératoires qui contribuent aux frais de fonctionnement des services publics personnalisés**.

e- **Art.225.-** (Loi n°2018-01) **de la liste des biens bénéficiant du régime privilégie**

f- Al 5 et 6

Les provisions en consommables, réactifs et celles en produits d'entretien nécessaires à l'usage quotidien, mais non directement liées à l'activité minière, sont exclues desdites listes.

L'importation par le titulaire ou ses sous-traitants des matériels, biens, équipements et autres biens qui ne figurent pas sur les listes approuvées, **est soumise aux dispositions du régime de droit commun.**

L'analyse de ces textes l'application de 3 notions :

- Activité minière : ce régime privilégié s'applique uniquement aux activités minières du bénéficiaire ;
- Pour les activités non minières, le législateur les renvoie expressément à la loi concernée ou au Droit commun.
- Ce régime privilégié doit s'appliquer de manière exclusive et exhaustive.

B. L'EXCLUSION EXPRESSE DU BENEFICE DU CODE MINIER

L'al 4 de l'art 219 du code minier dispose :

« Les titulaires des autorisations de recherches des produits de carrières et d'exploitation de carrières temporaire, celles d'exploitation de carrières permanente non visées au litera b ci-dessus sont assujetties au régime fiscal, douanier et de recettes non fiscales de droit commun. »

C. ESPRIT DU LEGISLATEUR SUR LE SUJET

L'esprit du législateur est fondé sur les 2 notions ci haut indiquées :

- Le régime privilégié s'applique de manière exclusive et exhaustive (à savoir le code et rien que le code).
- Activité minière : ce régime privilégié s'applique uniquement aux activités minières du bénéficiaire ; **(le régime privilégié ne s'applique RIEN QUE AUX ACTIVITES MINIERS DU BENEFICIAIRE)**

Ces deux notions connaissent deux limites :

Pour les activités non minières, le législateur les renvoie dans certains cas :

- A une législation particulière qu'il cite, c'est le cas de l'article 234 alinéas 3
- Et dans d'autres cas, il les renvois au Droit commun, c'est le cas de **l'Art.225.al 6**

CAS DE RENVOI A UNE LEGISLATION SPECIFIQUE CITEE

Art.220 quater. - (Loi n°2018-01) **du régime des taxes, droits et redevances applicables aux activités autres qu'activités minières du titulaire**

Sans préjudice des dispositions de l'article 234 alinéas 3 du présent Code, le titulaire est soumis, **dans le cadre de l'exercice des activités autres que ses activités minières**, aux autres droits, taxes et redevances de la compétence du Pouvoir central et de celui des provinces et des entités territoriales décentralisées **prévus par les lois fixant nomenclature ainsi**

qu'aux redevances et taxes rémunératoires qui contribuent aux frais de fonctionnement des services publics personnalisés.

CAS DE RENVOI A UN DISPOSITIF DE DROIT COMMUN

Art.225.- (Loi n°2018-01) **de la liste des biens bénéficiant du régime privilégié**

Al 6

L'importation par le titulaire ou ses sous-traitants des matériels, biens, équipements et autres biens qui ne figurent pas sur les listes approuvées, **est soumise aux dispositions du régime de droit commun.**

Plus clairement, les principes de : « exhaustivité et exclusivité » ont des limites telles qu'indiquées ci haut.

La définition de l'activité minière plus précisément la notion même de l'art des mines n'est pas si clairement précisée par le législateur et pose ainsi un réel doute sur son application.

Et tout ce qui est doute, bénéficie au requérant.

SECTION II : LA PRATIQUE DU TAXE POUR LA PROMOTION DE L'INDUSTRIE (TPI) DANS LE SECTEUR MINIER

La pratique de TPI sur le terrain doit être examiné sous TROIS volets, d'abord, l'éligibilité de FPI à la clé de répartition du service rendu (1%), l'applicabilité de TPI sur les opérations qui ne rentrent pas dans le cadre de la définition des « activités minières, enfin l'application du TPI sur les opérations exclues expressément du code minier.

I. CONCERNANT L'ELIGIBILITE DE FPI DES DISPOSITIONS DE « SERVICE RENDU » al 3 art 234 code minier.

« Les redevances et frais en rémunération des services rendus à l'exportation des produits marchands ou des biens à l'exportation temporaire pour perfectionnement ne peuvent excéder 1 % de leur valeur commerciale brute. »

L'art 1er de L'ordonnance-Loi N°89-031 du 7 août 1989 portant création de la TPI indique :

« Il est créé au titre de contribution à l'effort de développement économique et industriel de la REPUBLIQUE DU ZAIRE, une taxe de promotion de l'industrie destinée à financer les projets contribuant d'une manière générale :

- A la promotion et à l'intégration de l'industrie locale
- A la promotion des exportations des produits manufactures

- A la promotion de la recherche appliquée permettant le développement et l'amélioration et à la réhabilitation des infrastructures économiques

En comparaison avec les entreprises publiques telles qu'OGEFREM, FONER, OCC... dont les statuts...

On peut valablement considérer que le FPI rend des services aux opérateurs miniers dans plusieurs secteurs économiques de la RDC, de ce fait, il peut valablement prétendre aux bénéfices de l'al 6 de l'art 225 du code minier.

II. L'APPLICATION DE TPI SUR LES ACTIVITES QUI NE RENTRENT PAS DANS LE CADRE DE LA DEFINITION N° 2 DE L'ART 1 DU CODE MINIER SUR L'ACTIVITE MINIERE ET L'ART DES MINES

L'art 509 al 5 définit l'activité minière et son extension :

« Conformément aux dispositions de l'article 220 quater du Code Minier, le titulaire des droits miniers, le titulaire d'une autorisation d'exploitation de carrières permanentes autres que celle des matériaux de construction d'usage courant, les sous-traitants et les détenteurs des entités de traitement sont exemptés de toutes redevances et taxes rémunératoires qui contribuent aux frais de fonctionnement des administrations publiques et des services publics personnalisés de tous niveaux, à l'exception de :

- Celles applicables à l'exportation des produits marchands, sous réserve des dispositions de l'article 234 du Code Minier telles qu'appliquées conformément au présent Décret ;
- Celles applicables à leurs activités autres que les activités minières et de carrières en vertu du droit du Titulaire ;
- Celles applicables aux activités minières et de carrières assujetties au régime fiscal, douanier et des recettes non fiscales de droit commun. »

« Les activités minières comprennent, outre celles précisées dans la définition du terme à l'article 1er, litera 2 du Code Minier, toutes activités liées à l'art des mines. »

Or, que signifie l'art des mines ?

Est-ce que toutes les importations des Stes minières répondent à l'art de la mine ?

Les importations qui ne répondent pas à l'art de la mine sont soit renvoyées à la nomenclature de 2013, soit renvoyée à la législation de droit commun voir art 225 AL 6 du code minier.

Dans ce cas, l'art 4 de l'Ordonnance-Loi N°89-031 du 7 août 1989 portant création de la taxe de promotion de l'Industrie qui doit s'appliquer.

III. L'APPLICATION DE TPI SUR LES OPERATIONS EXPRESSEMENT EXCLUE DU REGIME PRIVILLEGIE DU CODE MINIER

Ses importations doivent-elles être intégrées dans la définition de l'art 220 du code minier

Dans les cas de non application du régime privilégié dans certains cas, le code miner renvoie aux dispositions de droit commun, et le TPI par l'application du principe d'exclusivité et d'exhaustivité, relevée de droit commun donc par conséquent, toute disposition douanière qui renvoie au droit commun bénéficie au TPI, c'est notamment les cas de :

IV. IL CONVIENT DE CONSTATER CLAIREMENT QUE LE MATERIEL D'USAGE COURANT NE FAIT PAS PARTI DE REGIME PRIVILLEGIE (ART 232).

Art 225 AL 6 L'importation par le titulaire ou ses sous-traitants des matériels, biens, équipements et autres biens qui ne figurent pas sur les listes approuvées, **est soumise aux dispositions du régime de droit commun** confère également le sort des opérations repris dans les articles 228, 229, 231.

L'art 232 AL6 du code miner dispose : « Sans préjudice des dispositions de l'article 233 du présent Code, le titulaire d'un Permis d'exploitation, d'une Autorisation d'exploitation de carrières permanente, autre que celle des matériaux de construction d'usage courant qui entrent en phase de production, cessent de bénéficier du régime douanier préférentiel à partir de la sixième année à compter de la date de l'octroi du titre. Les entités de traitement agréées, les détenteurs des agréments au titre des entités de traitement agréés et les sous-traitants **cessent de bénéficier du régime douanier préférentiel à partir de la sixième année à compter de la date de l'agrément.** »

Et l'ART 233 AL 4 précise : « Toutefois, en cas de fraude sur la déclaration lors de l'importation en rapport avec la présente disposition, le **titulaire est passible des droits d'entrée et de la Taxe sur la Valeur Ajoutée à l'importation au taux du droit commun** »

CHAPITRE VI

Les problèmes techniques et juridiques d'assiettes et de recouvrement des taxes, impôts, et droits miniers

Les problèmes techniques et juridiques d'assiettes, de recouvrement des taxes, impôts et droits miniers se posent au niveau de type d'exploitation.

SECTION I : LES PROBLEMES POSES DANS L'EXPLOITATION MINIERE A GRANDE ECHELLE

Les problèmes d'assiettes et de recouvrement des taxes, impôts et divers droits dans l'exploitation minière à grande échelle se manifestent à plusieurs niveaux.

Le cas de la redevance minier est illustratif.

En effet, La redevance minière constitue la source principale de recettes minières en RDC, afin de bien cerné les problèmes posés par cet impôt, il convient d'examiner rapidement la procédure de sa perception.

Avant l'exportation de matières premières minérales produites, le producteur et exportateur adresse une demande d'échantillonnage à l'Office Congolais de Contrôle (OCC), en y joignant toutes les pièces requises.

Après échantillonnage et contrôle, l'OCC scelle la cargaison, et émet un certificat de qualité ainsi qu'un certificat de vérification à l'exportation dont les copies sont destinées au demandeur, au Gouvernorat de la province et à la Direction Générale des Douanes et Accises (DGDA).

La Division provinciale des Mines doit émettre une note de débit sur base de la déclaration d'origine et de vente des produits marchands faite par l'exportateur.

La note de débit ainsi émise est transmise, par lettre, à la DGRAD pour l'ordonnancement et le recouvrement de la redevance minière.

La DGRAD, sur base de la note de débit, émanant de la Division provinciale des mines, établit des notes de perception qu'elle transmet, par lettre, à chaque opérateur minier concerné.

Une fois en possession de la note de perception, l'opérateur minier effectue son paiement à la banque, paiement qui sera enregistré à la DGRAD par le biais du relevé journalier des encaissements établi par ladite banque.

Ce mécanisme tel qu'explicité parait assez simple et compréhensible, mais toutefois, un regard attentif démontre plusieurs distorsions.

Les problèmes techniques se posent au niveau de la saisie des quantités de minerais produites, et au niveau de la valorisation de l'assiette de la redevance minière.

§ 1. PROBLEME DE SUIVI DES QUANTITÉS DES MINERAIS EXPORTES

Les minerais exportés sont conditionnés dans des gros sacs appelés big bags dont le poids varie en fonction de la densité et de la quantité des minerais qui sont chargés.

Pour évaluer la quantité des minerais produits, on se limite à compter le nombre des big bags.

La Division provinciale des Mines intervient au niveau du chargement de chaque camion commis au transport d'une cargaison destinée à l'exportation.

A l'issue de chaque chargement, il est établi un procès-verbal de constat de chargement des substances minérales, signé par le titulaire ou son mandataire et les agents des mines.

Ce procès-verbal renseigne notamment les références du ou des véhicules, la nature des produits et le tonnage y afférent et le pays de destination.

On constate donc que les agents des mines chargés de déterminés la nature des produits ainsi que le tonnage, chargés, ces derniers ne se limitent uniquement au comptage des big bags.

Un tel procédé fausse les données, dans la mesure où les quantités indiquées ne correspondent pas toujours à la vraie valeur de la production et du chargement.

§ 2. EVALUATION DE LA TENEUR DES MINERAIS

Les minerais à l'état brut, même transformé à un certain degré, renferment toujours des minerais secondaires.

Il n'existe pas de laboratoire agréé pour cette évaluation, les opérateurs miniers utilisent leurs propres moyens pour évaluer les minerais produits.

Le Centre d'Evaluation, d'Expertise et de Certification (CEEC) avait installé, dans le Katanga, un laboratoire aux fins de vérifier la teneur des divers minerais.

Mais ce centre d'évaluation est toujours combattu par les opérateurs miniers qui introduisent eux même leurs systèmes d'évaluation et décrédibilisent de ce fait le laboratoire de CEEC.

Ce laboratoire est toujours opérationnel mais, rares, sont les opérateurs miniers qui y ont pour l'évaluation des minerais exportés.

Ainsi, il se pose un problème de l'évaluation et de la nature des matières premières minérales produites.

§ 3. VALORISATION DE L'ASSIETTE DE LA REDEVANCE MINIÈRE

A. Minoration du chiffre d'affaires

Le titulaire du titre minier d'exploitation est assujetti à une redevance minière dont l'assiette est calculée sur la base de la valeur des ventes réalisées, diminuées des frais de transport, des frais d'analyse se rapportant au contrôle de qualité du produit marchand à la vente, des frais d'assurance et des frais de commercialisation (article 240 du code minier).

Pour chaque exportation, l'opérateur minier est donc appelé à remplir un formulaire de déclaration d'origine et de vente des produits marchands.

Les grandes rubriques de ce formulaire sont :

- L'identité du titulaire
- Les références de droit(s)
- La nature et l'origine de produits marchands
- La quantité, la qualité et le prix unitaire et le total
- L'identité de l'acheteur
- Les modalités de règlement de la vente
- Les frais déductibles
- Le montant de crédit d'impôt
- La base taxable de la redevance.

Le problème de la minoration du chiffre d'affaires se pose au niveau de la vente des produits miniers à l'étranger.

Après la vente de produits, les organismes collecteurs des impôts et taxes ne sont pas assez outillés pour retracer le chiffre d'affaires des matières premières minérales vendues.

La DGRAD, la DGI et l'Administration des mines ne disposent pas d'instruments formels de recoupement du chiffre d'affaires déclarés par l'opérateur minier.

Il n'existe pas en RDC un système de recoupement ou de traçabilité de matières premières minérales exportées.

En effet, la matière première exportée reste sous la responsabilité unique de l'opérateur économique, qui peut ainsi déclarer le chiffre d'affaires qu'il souhaite.

B. Majoration des charges

Dans le calcul de la redevance minière, il est prévu que l'opérateur minier puisse déduire de son chiffre d'affaires, les frais de transport, les frais d'analyse se rapportant au contrôle de qualité du produit marchand à la vente, les frais d'assurance et les frais de commercialisation.

Malheureusement, les opérateurs miniers augmentent délibérément les charges liées à la vente d'une matière première, de sorte que la différence entre le chiffre d'affaires et les charges soit le plus faible possible.

Il n'existe aucune limite à la déductibilité des charges sur le chiffre d'affaires.

Ainsi, Un opérateur qui situerait ses frais de commercialisation à 50, 60 voir même 70 % du chiffre d'affaires est tout à fait dans ses droits.

§ 4. PROBLÈME DE CAPTATION DIRECTE DE CERTAINS IMPÔTS, DROITS ET TAXES PAR CERTAINES AUTORITÉS

Certaines autorités politiques captent directement certains impôts, c'est le cas par exemple des pas de porte, qui normalement devraient être versées à la DGRAD. Malheureusement certaines autorités exigent que ces montants soient versés dans des comptes particuliers.

§ 5. PROBLÈME DE RECOUVREMENT DES IMPÔTS, TAXES ET DROITS

Le compte général du Trésor Public est unique et les receveurs des différentes régies financière en détiennent des sous-comptes sur lesquels ils ne disposent pas de signature.

Toutefois, il existe des abus qui ont été relevés, notamment pour la gestion du compte de fonctionnement et du compte du receveur.

Le receveur a accès au compte de fonctionnement, ainsi, certains impôts au lieu de passer par le compte du trésor, sont versés sur le compte du fonctionnement.

Une fois les fonds arrivés sur le compte du trésor, celui-ci les transferts vers d'autres comptes privés.

SECTION II : LES PROBLEMES POSES PAR L'EXPLOITATION MINIERE A PETITE ECHELLE ET L'EXPLOITATION MINIERE ARTISANALE

Concernant l'exploitation minière artisanale, le problème se pose particulièrement à la production des matières premières minérales.

En effet, lors de la production des matières premières minérales, deux services sont sur le lieu de production à savoir, le SAEMAP et la direction provinciale des mines.

Le SAEMAP sert de guichet unique et perçoit une taxe de 1% sur la quantité produite, et en principe rétrocède une partie aux ETD et aux différents services de l'Etat.

Le problème c'est que le SAEMAP ne donne pas des statistiques claires des productions des matières premières minérales, et les autres services ignorent le montant perçu par le SAEMAP.

Pour remédier à la situation il faudra une grande réorganisation de la SESCAM ainsi que la publication des protocoles d'accord signés entre lui et les sociétés minières ainsi qu'avec les provinces.

CHAPITRE VII

Critique du système fiscal minier congolais critique du système

Les problèmes du système fiscal minier se présentent sous deux formes :

D'abord au niveau des structures des impôts et taxes, en suite, au niveau des acteurs qui sont chargés de la récolte des impôts et taxes miniers.

SECTION I : LES PROBLEMES POSES PAR LES STRUCTURES DES TAXES ET IMPOTS MINIERS

La première faiblesse du système fiscal minier est celle du périmètre même des bénéficiaires du régime spécifique et dérogatoire du code minier.

§ 1. LES PROBLÈMES POSÉS PAR LA DÉFINITION DE L'ACTIVITÉ MINIÈRE ET CELUI DE LA QUALITÉ DES PERSONNES QUI BÉNÉFICIENT DU RÉGIME FISCAL ET DOUANIER MINIER

a. Sur la définition de l'activité minière :

L'art 1 point 2 du code minier dispose :

« Activités minières : tous services, fournitures ou travaux de l'art des mines directement liés à la recherche, à l'exploitation minières et au traitement et/ou transformation des substances minérales, y compris les travaux de développement, de construction et d'infrastructure ; »

On peut se demander la signification « des services, fournitures, et travaux de l'art des mines ».

Par ces dispositifs, On peut se demander si les opérations de transport des entreposages et chargement, approvisionnement doivent-elles vraiment bénéficier des dispositifs du code minier ?

C'est ce que prévoient les articles 108 sexies et septies du code minier :

« ...les établissements de crédit régulièrement installées sur le territoire national, le Trésor public, l'Administration des mines et certaines universités et institutions de recherche sont autorisés à détenir les produits miniers. La détention des produits miniers par des bijoutiers, joailliers, artistes et dentistes est subordonnée à l'autorisation délivrée par le Gouverneur de province. »

« Les personnes citées à l'article 5 alinéa 3 du présent Code ont le droit de transporter ou de faire transporter par le transporteur de leur choix, les produits miniers qui" proviennent de leurs sites d'exploitation, usines, comptoirs ou points d'achat pour les négociants, selon le cas. Dans ce cas, elles sont tenues, en conformité avec l'article 7 ter du présent Code, de faire identifier leur transporteur. »

La question qui se pose est celle de savoir, ces entreprises d'entreposage et les entreprises de transport, du seul fait qu'elles rendent des services liés à l'activité minière, leurs confères les droits de bénéficier des privilèges du code minier.

Cette situation n'est pas juste par rapport à leurs concurrent qui eux n'ont pas des clients miniers.

b. Sur la qualité de certains bénéficiaires, notamment les « sous-traitants »

L'art 219 du code miner dispose :

« ...Jouissent également du bénéfice de l'ensemble du régime fiscal, douanier et de recettes non fiscales, prévu par le présent Code :

a) les sous-traitants conformément à la loi n°17/001 du 8 février 2017 fixant les règles applicables à la sous-traitance dans le secteur privé ;
b) le titulaire d'une autorisation d'exploitation de carrières permanente, autre que celle des matériaux de construction d'usage courant ;
c) les détenteurs des agréments au titre des entités de traitement agréés. »

La grande question qui peut se poser est celle de la délimitation des activités et de la répartition du chiffre d'affaires à savoir la partie applicable au régime favorable et la partie applicable au régime fiscal de droit commun.

Cette extension de la définition des bénéficiaires du code minier est une faiblesse majeure du dispositif minier, qui d'entré de jeux empêche à l'état de bénéficier des recettes importantes car les sociétés qui bénéficient de ce régime favorable ont un traitement fiscal plus favorable que d'autres entreprises.

§ 2. LES PROBLÈMES POSÉS PAR LES IMPÔTS ET TAXES QUI S'APPLIQUENT SUR LES REVENUS

A. Le problème de l'impôt Professionnel sur la rémunération (IPR)

Généralement, les sociétés minières payent les expatriés de deux façons, une partie en RDC, et une autre partie versée directement dans leurs pays d'origine.

C'est ce deuxième payement qui pose problème car le fait générateur, c'est le travail effectué en RDC, mais le salaire est versé à l'étranger.

Du coup, cette partie du salaire échappe au fisc de la RDC.

Il conviendrait de réfléchir et trouver des méthodes de taxation des revenus à l'étranger, pour un travail réel effectué en RDC.

B. Le problème de l'impôt exceptionnel sur les rémunérations des expatriés

Cet impôt est déductible du chiffre d'affaires, créant de ce fait une charge pour l'entreprise.

L'objectif de cet impôt est de favoriser la main d'œuvre locale.

Or, le fait de considère cet impôt comme une charge déductible, vide de son sens l'esprit même de l'impôt.

C. Impôt Mobilier ou Impôt sur les Revenus des Capitaux Mobiliers. (IM)

Tel qu'il est indiqué ci haut, les dividendes versés aux actionnaires ne sont imposés qu'au taux de 10%, il conviendrait de le porter à 15 ou 20%.

Concernant les intérêts des emprunts intra groupe, ces types d'intérêts doivent subir un impôt pour la part excédent le taux d'intérêt applicable par la Banque Centrale.

D. L'impôt sur les bénéfices et profits (IBP)

L'impôt professionnel sur les bénéfices a pour base imposable, le bénéfice net de la société.

Le bénéfice net est déterminé conformément au droit comptable, à la législation fiscale en vigueur en RDC et aux dispositions des articles 249 à 258 du code minier.

Le taux préférentiel de l'impôt professionnel sur les bénéfices dans l'activité minière, est de 30% sur le bénéfice net, au lieu de 35% selon le régime de droit commun.

Les faiblesses de l'IBP est dans le mode de calcul du résultat qui détermine les résultats de la société minière.

Les éléments ci-après sont pris en compte pour le calcul du résultat.

I. Le produit d'exploitation

Les produits d'exploitation sont ceux qui proviennent de toutes les opérations traitées par ces établissements au Congo, ainsi que tous les accroissements des avoirs investis en vue d'accroître les activités de la société, y compris, les accroissements résultants des plus-values et moins-values réalisées.

Conformément à l'article 269 du code minier, le titulaire du titre minier qui exporte les produits marchands des mines est :

- Autorisé à garder et à gérer dans son compte principal et ses comptes de service de la dette étrangère, les recettes de ses ventes à l'exportation à concurrence de 60%.
- Tenu de rapatrier dans son compte national principal tenu en RDC, 40% des recettes d'exportations dans les 15 jours à dater de l'encaissement au compte principal tenu à l'étranger.

Ainsi, le titulaire du titre minier qui vend ses produits à l'étranger et peut garder les fruits de la vente dans un compte ouvert à l'étranger implique que celui-ci ne pourra déclarer le chiffre d'affaires qu'il souhaite déclarer.

Bien que le système fiscal Congolais soit un système déclaratif, néanmoins, pour les entreprises installées en RDC les régies financières peuvent contrôler la véracité des déclarations des contribuables. Or dans le cas des entreprises minières il est difficile pour les entreprises minières de vérifier la véracité des déclarations.

II. Les charges professionnelles déductibles

Les charges professionnelles déductibles sont nombreuses, les plus significatives sont Les charges locatives afférentes aux immeubles ou partie d'immeuble affecté à l'activité minière.

- Les frais généraux résultant de l'entretien du matériel et des objets mobiliers affectés à l'exploitation.
- Les traitements, salaires et autres avantages annexes liés à la rémunération effective d'un travail lié à l'activité minière.
- Les intérêts des emprunts contractés à des tierces et engagés dans l'exploitation minières, et toutes charges, rentes ou redevances analogues relatives à celle-ci.
- Les intérêts des prêts payés à l'étranger, ainsi que la redevance minière sont déductibles de la base imposable aux conditions sus-indiquées.
- Les frais de transport, d'assurances, de courtage, de commission.
- Les frais de commissions, courtages, ristournes et autres charges analogues ne sont déductibles qu'à condition que les noms, adresses du bénéficiaire ainsi que la date du paiement, soit communiqué aux services des impôts chargés du recouvrement de l'impôt.
- La quotte part du bénéfice distribué aux salariés.
- Les jetons de présence alloués aux membres du conseil d'administration pour l'exercice normal de leurs fonctions dans l'entreprise minière.
- La rémunération d'un service rendu dans le cadre des sociétés intra groupe, ne sont admises à déduction, qu'à condition que la qualité du

service rendu soit clairement démontrée ; et que le service concerné ne puisse être rendu sur le territoire national, enfin, le montant de la rémunération du service doit correspondre à la valeur réelle du service rendu.

- L'impôt réel ayant le caractère d'une charge d'exploitation acquittée dans le délai, sans qu'elle ait été établie d'office.

L'article 256 du code minier énumère les dépenses professionnelles qui sont déductibles des revenus imposables.

Les opérateurs économiques se débrouillent pour passer le maximum des charges afin de minorer le résultat de l'entreprise.

Pour pallier à cette situation, Il conviendrait de fixer un pourcentage des charges déductibles par rapport au chiffre d'affaires.

III. Les amortissements

En matière d'amortissements, les sociétés minières sont soumises aux dispositions du droit commun, sous réserves de l'article 250 du code minier qui accorde aux sociétés minières la possibilité de pratiquer les amortissements suivants :

a. Amortissement des dépenses de recherche et de développement

Les dépenses de recherche et développement peuvent être amorties sur deux ans par moitié chaque année,

A l'exception des dépenses d'acquisition d'immobilisations.

Les dépenses de recherche et développement comprennent les dépenses de construction des immeubles par incorporation situés dans le périmètre minier ainsi que pour l'achat des immeubles par destination affectés à l'exploitation minière, réalisés avant ou après la mise en exploitation.

b. Amortissement exceptionnel des éléments de l'actif

Le titulaire du titre minier est autorisé à appliquer la première année, un amortissement de 60% de la valeur des actifs. Ensuite, il pourrait pratiquer l'amortissement dégressif pour les années suivantes.

Les éléments suivants ne peuvent bénéficier de l'amortissement dégressif :

- les actifs dont la durée de vie est inférieure à 4 ans.
- les actifs dont la durée de vie est supérieure à 20 ans.
- les brevets et marques, le fonds de commerce, l'ensemble des immobilisations incorporelles.

IV. Le report du déficit

Conformément à l'article 251 du code minier, les pertes professionnelles d'un exercice comptable peuvent sur demande expresse du redevable adressée à l'administration fiscale, être déduites des bénéfices réalisés au cours des exercices suivants jusqu'au cinquième exercice qui suit l'exercice déficitaire.

L'administration fiscale dispose d'un délai de 1 mois pour répondre à la demande du contribuable de pratique le report du déficit.

Passé ce délai, et sans réponse de l'administration fiscale, l'approbation de la déduction est censée acquise.

V. Les plus-value et moins-value sur cession des titres miniers

Lors de la cession des titres miniers, les plus-values inhérentes à cette cession sont intégrées dans l'assiette de calcul de l'impôt professionnelle sur les bénéfices. La plus-value ou la moins-value professionnelle ainsi réalisée est égale à la différence entre le prix total de cession et le montant non amorti des dépenses de recherches et de développement.

Le cessionnaire d'un titre minier amorti le prix d'acquisition du titre minier acquis comme charge à étaler.[209]

VI. Les provisions pour reconstitution du gisement (PRG)

Le contribuable minier est autorisé à constituer une provision pour reconstitution du gisement, dont le taux ne peut être supérieur à 5% du bénéfice imposable de l'exercice au cours duquel elle est constituée.

Cette provision doit être utilisée avant l'expiration d'un délai de 3 ans à compter de la clôture de l'exercice au cours duquel la provision a été constituée. Elle doit être utilisée soit dans les activités de recherches sur le territoire national, soit dans les participations dans les sociétés qui détiennent exclusivement, un ou plusieurs permis de recherche sur le territoire national.

Faute d'avoir été employé dans les conditions indiquées ci-dessus, la PRG est réintégrée dans le bénéfice imposable au titre du quatrième exercice suivant celui au cours duquel elle a été constituée.

Cette disposition est presque inapplicable dans la mesure où les sociétés minières sont déficitaires en permanence, il conviendrait de l'adosser sur le chiffre d'affaires afin de stimuler les recherches.

VII. La provision pour réhabilitation du site

Conformément à l'article 258 du code minier, le contribuable est tenu de constituer en franchise de l'impôt professionnelle sur les bénéfices, une provision pour réhabilitation du site sur lequel sont conduites les opérations minières.

---

[209] Article 253 al 3 du code minier

Le montant maximal de la dotation au titre de cette provision est égal à 0,5% du chiffre d'affaires au titre de l'exercice au cours duquel elle est effectuée.

Cette provision est utilisable avant l'expiration de 10 ans, à compter de la clôture de l'exercice au cours duquel elle a été constituée.

Le solde éventuel de la provision non utilisée doit être intégré dans le bénéfice imposable au titre du 11ème exercice suivant celui au cours duquel ladite provision a été constituée.

Au cas le contribuable doit faire face à d'autres obligations financières relatives à la protection de l'environnement, des telles provisions doivent venir en déduction du quantum de 0,5% de la provision pour la réhabilitation du site.

La durée de 10 ans d'utilisation est longue, il conviendrait de le réduire à 5ans.

SECTION II : LES PROBLEMES POSES PAR DES IMPOTS ET TAXES LIES AU SOL

§ 1. L'IMPÔT SUR LA SUPERFICIE DES CONCESSIONS MINIÈRES ET D'HYDROCARBURES

Le titulaire d'un permis de **recherche** est redevable de l'impôt sur la superficie des concessions minières et d'hydrocarbures.

Pour le permis de recherche, le taux est le suivant :

- pour la première année : 0,02 $ US par hectare
- pour la deuxième année : 0,03 $ us par hectare
- pour la troisième année : 0,035 $ us par hectare
- pour la quatrième année et les années suivantes : 0,04 $ US/hectare

Pour le permis d'exploitation

Le titulaire d'un droit minier d'exploitation est redevable de l'impôt sur la superficie des concessions minières et d'hydrocarbures aux taux en équivalant en franc congolais de :

- pour la première année : 0,04 $ us par hectare
- pour la deuxième année : 0,06 $ us par hectare
- pour la troisième année : 0,07 $ us par hectare
- pour la quatrième année et les années suivante : 0,08 $ US/hectare

Le problème posé par ces deux impôts est liés à la faiblesse des taux applicables.

§ 2. L'IMPÔT FONCIER

L'impôt foncier est dû par le propriétaire, même si par la convention de bail, le locataire s'est engagé à le payer et si cette circonstance a été portée à la connaissance de l'administration.

Le paiement de l'impôt foncier incombe au propriétaire. L'administration n'intervient pas pour effectuer la répartition éventuelle de l'impôt entre propriétaire et locataire.

Concernant l'activité minière, le titulaire du titre minier paye l'impôt sur la superficie des concessions minières et hydrocarbures sur la partie des immeubles d'exploitation aux taux indiqués ci-dessus.

Pour la partie des immeubles hors exploitation, il est dû la taxe foncier au taux de droit commun.

L'impôt sur la superficie des concessions minières s'applique aux immeubles situés à l'intérieur de la superficie des concessions minières.

Tous les autres immeubles hors de la concession minière sont assujettis à l'impôt foncier.

Le problème pour l'impôt foncier c'est que Conformément à l'article 521 du règlement minier, il y a exonération de l'impôt foncier pour les immeubles situés à l'intérieur de la superficie des concessions minières assujetties à l'impôt réel y afférent (art. 521 R.M) donc cette exonération constitue un manque à gagner assez important pour le budget de 'l'état.

SECTION III : LES PROBLEMES POSES PAR LES IMPOT ET TAXES DIVERS

§ 1. LA REDEVANCE MINIÈRE

Le problème de la redevance minier est sa Complexité dans le système de recouvrement ;

En effet, il appartient à l'administration provinciale des mines de constater la redevance, et la note de débit est envoyé à la DGRAD, celle-ci envoi la note de perception, et le contribuable paye à la banque dans le compte de la DGRAD.

La difficulté résulte par le fait que la direction des mines doit donner les informations nécessaires à la DGRAD par la note de débit, cette dernière établie la note de perception qu'elle envoi à l'opérateur économique qui paye sur le compte de la DGRAD.

La direction des mines n'est plus informée de la suite de payement de la redevance minier.

§ 2. LA TAXE SPÉCIALE DE CIRCULATION ROUTIÈRE (TSC CRÉÉE PAR L'OL N° 88-029 DU 15 JUILLET 1988)

La taxe spéciale de circulation routière est assise sur tous les véhicules admis à circuler sur le réseau routier public quelle que soit la qualité du propriétaire.

Le problème posé par cette taxe est le fait qu'elle est exonérée dans certains cas,

Conformément à l'article 237 du code minier et de l'article 522 du règlement minier, il y a exonération de l'impôt sur les véhicules de transport de personnes ou de matériaux, de manutention ou de traction et de la taxe spéciale de circulation routière, pour les véhicules qui sont utilisés exclusivement dans l'enceinte du projet minier. Là encore cette exonération crée un manque à gagner important pour le budget de l'état.

§ 3. LES REDEVANCES ET TAXES RÉMUNÉRATOIRES CONTRIBUANT AU FONCTIONNEMENT DES ADMINISTRATIONS PUBLIQUES

Ces taxes d'intérêt commun sont payées en faveur des entités administratives décentralisées ETD en sigle.

Elles sont calculées sur la valeur de transaction entre vendeur et acheteur et sont fixées à 1% de la valeur de la transaction.

Ce dispositif est en contradiction avec l'article 509 al 4 du règlement minier qui dispose :

« Conformément aux dispositions du litera d de l'alinéas 2 de l'article 220 du code minier et sans préjudice des dispositions du présent décret sur les droits superficiaires annuels par carré, le titulaire, ses sociétés affiliés et ses sous-traitants sont exemptés de toutes redevances et taxes rémunératoires qui contribuent aux frais de fonctionnement des administrations publiques et des services publics personnalisés de tous niveaux, à l'exception de …. »

Le problème de cette taxe est que dans la plupart des cas, les ETD n'en bénéficient pas

SECTION IV : LES PROBLEMES POSES PAR DES IMPOTS LIES AUX TITRES MINIERS

§ 1. LE DROIT SUPERFICIEL ANNUEL PAR CARRÉ LIÉ AU PERMIS DE RECHERCHES

Le requérant au permis de recherches supporte des droits superficiaires annuels par carré. L'objet de ces droits, est la prise en charge des coûts des prestations et de la gestion des droits constatés par les titres miniers. Ces droits sont versés au cadastre minier, qui rétribue une quotité aux services du ministère des mines, chargé de l'administration du code[210]

Ce mode de règlement nous paraît complexe. Et laisse la possibilité à toute fraude ou évasion fiscale du fait de manque de connaissance et de techniques des agents pour appréhender l'impôt/

Il conviendrait de mettre en place, un mode de règlement simple, tel qu'un montant fixe qu'il faudra multiplier à chaque fois par le nombre des années de détention du titre minier.

§ 2. LES IMPÔTS LIÉS AUX PERMIS D'EXPLOITATION

- **Droits fixes liés aux permis d'exploitation.**
- **Les droits superficiaires annuels par carré applicables au permis d'exploitation**

Les droits fixes liés aux permis d'exploitation sont des droits qui sont payés pour le service rendu lors de la délivrance du permis d'exploitation.

Le montant s'élève à environ 500 $.

Concernant les droits superficiaires annuels,

Les taux dépendent du type de permis d'exploitation en cause.

- Pour le permis d'exploitation, le taux est de 424,78 $ US par carré, soit l'équivalent de 5 $ US par hectare.
- Pour le permis d'exploitation de rejets, le taux est de 679,64 $ US par carré, soit l'équivalent de 8 $ US par hectare.
- Pour le permis d'exploitation de petites mines, le taux est de 195,40 $ US par carré, soit l'équivalent de 2,30 $ US par hectare.

- **Concernant le permis d'exploitation des carrières**

Le taux des droits superficiaires annuels par carré pour le permis d'exploitation des produits de carrières est fixé à l'équivalent en Francs congolais à 169,91 $ US pour chaque année de la validité de l'autorisation sans distinction entre la durée initiale et renouvellement.

Soit 2 $ US par hectare.

Ces droits sont repartis par le cadastre minier central dans les 30 jours suivant l'établissement du rapport annuel sur la comptabilité desdits produits comme suit :

- cadastre minier centrale : 50%
- direction des mines : 8%
- direction de géologie : 9%
- direction chargée de la protection de l'environnement : 6%
- direction des investigations : 3%

[210] Article 198 du code minier.

- cellule technique de coordination et de planification minière (CCTPM) : 3%
- service d'assistance et d'encadrement du small scale minin : 6% dont 10% sont destinées au développement des communautés locales de base ou se déroulent les activités minières artisanales et ou à petite échelle.
- Commission interministérielle d'adjudication : 1,5%
- Commission interministérielle chargée d'approbation des listes : 1,5%
- Comité permanent d'évaluation : 2%.

Le problème de droit superficiaire annuel est le problème de la répartition.

Les modalités de répartition de droits superficiaires annuels tels que précisée ci-dessus, laisse croire à un partage d'un « butin ».

Plusieurs services du ministre des mines, dont les membres sont censés être des fonctionnaires de l'état, bénéficient de la répartition des droits superficiaires annuels.

On peut s'interroger si les services du ministère des mines sont des services de l'état ou non.

C'est ainsi que dans la répartition sus-indiquée, l'état n'est pas intéressé directement.

SECTION V : LES PROBLEMES LIES A L'EXPLOITATION MINIERE A PETITE ECHELLE ET L'EXPLOITATION MINIERE ARTISANALE

§ 1. L'EXPLOITATION MINIERE A PETITE ECHELLE

Ce régime de petites mines dont le but est de favoriser les investissements miniers nationaux n'a pas une grande portée dans la mesure où ce sont les entreprises congolaises dont les actionnaires sont des étrangers qui bénéficient de ce dispositif favorable. Et ce régime ne crée pour rien, un manque à gagner important pour le trésor public.

§ 2. L'EXPLOITATION MINIERE ARTISANALE, LES NEGOCIANTS ET LES COMPTOIRS AGREES

Le régime fiscal artisanal s'applique à trois types de personnes :

Les creuseurs, le négociant et le comptoir d'achat agrée.

L'exploitation minière artisanale pèche dans le manque de traçabilité et lisibilité dans tout le processus.

- Pour ce qui est des creuseurs, le code minier indique que la carte de creuseur est délivrée pour une zone bien spécifique. Et les creuseurs doivent réaliser leurs opérations dans les zones spéciales classifiées en zone d'exploitation artisanale « ZAE ». Mais sur le terrain, les creuseurs opèrent dans n'importe quelle zone. Et il n'existe pas des zones d'exploitation artisanales dans toutes les provinces.

- Concernant les négociants, ceux-ci s'intègrent dans la filière en accordant des avances aux creuseurs, de sorte qu'une fois les creuseurs obtiennent les matières premières minérales, ils leurs réservent la primauté de leurs trouvailles. Cet arrangement crée une situation de dépendance des creuseurs envers les négociants, de sorte que ces derniers imposent leurs prix pour acheter auprès des creuseurs qui malheureusement n'ont pas de mot à dire
- Les comptoirs agréés, dans la pratique, les comptoirs agrées dans certaines zones créent une situation de monopole, de sorte que tous les négociants ont l'obligation de vendrais auprès d'eux.

Pour pallier à ces problématiques, il conviendrait de mettre en place un centre de négoce agréé.

SECTION VI : LES PROBLEMES LIES AUX EXONERATIONS FISCALE ET DOUANIERE

Le code minier accorde un certain nombre d'exonérations dont les plus importantes sont liées à l'exportation, importations, aux intérêts d'emprunts, et à la rémunération des services rendus.

§ 1. EXONÉRATIONS LIÉES À L'EXPORTATION

Les droits de sortie

Toute exportation en relation avec l'activité minière est exonérée de droit de sortie, sauf le cas des échantillons excessifs

Toutefois, il est dû les redevances et frais en rémunération des services rendus à l'exportation des produits marchands ou des biens à l'exportation temporaire pour perfectionnement.

Ces redevances et frais ne peuvent dépasser 1% de la valeur des biens.

Il n'est pas normal que les exportations des matières premières soient exonérées.

Ils devraient être taxés suivant un barème spécifique aux matières premières minérales en cause.

§ 2. EXONÉRATIONS LIÉES À L'IMPORTATION

Les importations des objets de déménagement appartenant aux expatriés

Les objets de déménagement appartenant au personnel expatrié employés par le contribuable minier, sont exonérés des droits d'entrée.[211]

Exonération partielle des biens figurant sur la liste approuvée par les autorités Compétentes

Toute importation des biens et matériels liés à l'activité minière bénéficie de l'exonération partielle.

Afin de bénéficier du tarif préférentiel de droit d'entrée de 5% applicable aux biens liés à l'activité minière, le demandeur doit faire approuve la liste desdits biens par les autorités.

En cas de travaux d'extension de la mine de plus de 30%, le contribuable doit faire une demande auprès du cadastre minier qui peut autoriser l'importation des biens de l'extension au taux préférentiel.[212]

§ 3. EXONÉRATIONS PORTANT SUR LA RÉMUNÉRATION DES SERVICES RENDUS ET FRAIS DE FONCTIONNEMENT DES ADMINISTRATIONS PUBLIQUES

Les sociétés bénéficiaires du code minier, sont également exonérées de paiement de toutes redevances et taxes rémunératoires qui contribuent aux frais de fonctionnement des administrations publiques et des services publics personnalisés, à l'exception de :

- Des redevances et frais en rémunération des services rendus à l'exportation des produits marchands ou des biens à l'exportation temporaire pour perfectionnement. Cet impôt ne peut excéder 1% de la valeur des marchandises.
- Les taxes et impôts applicables aux activités autres que les activités minières (taxes Limitativement citées).
- Des taxes, redevances et impôts de droit commun, applicables aux activités minières.

Conformément à l'article 220 du code minier, les sociétés minières, et les sous-traitants, sont exonérées de toutes redevances et frais en rémunération des services rendus à l'importation des biens, du matériel, de l'équipement et des consommables, y compris le carburant et les lubrifiants, directement liés aux activités minières pour lesquelles le titulaire détient un droit minier en cours de validité.

---

[211] art 264 litera f du code minier

[212] Art 232 du code minier

Il n'est pas normal que les entreprises minières soient exonérées de cette taxe telle que prévu par l'article 220 haut indiqué.

§ 4. EXONÉRATIONS LIÉES AUX INTÉRÊTS D'EMPRUNTS

Les bénéficiaires du code minier sont exemptés de l'impôt mobilier sur les intérêts qu'ils payent suite aux emprunts contractés en devises à l'étranger.

Les emprunts intra groupe constituent des montages juridiques et fiscaux pour faciliter l'évasion fiscale.

Il conviendrait d'imposer une retenue d'au moins 20% sur les remboursements de ces emprunts.[213]

[213] Art 246 litera A du code minier

CHAPITRE VIII

Pratique de la fraude, de l'évasion fiscale et la corruption dans le secteur minier

SECTION I : LA PRATIQUE DE LA FRAUDE

La fraude fiscale est constituée par les pratiques frauduleuses pour ne pas payer l'impôt.

L'évasion fiscale est l'utilisation intelligente de la loi afin de payer moins d'impôt.

Dans le cadre de l'activité minière, la fraude et l'évasion fiscale est organisée différemment, et suivant les types de taxation. Fiscale

§ 1. LA FRAUDE LIEE A L'EXPLOITATION MINIÈRE À GRANDE ÉCHELLE

La fraude et l'évasion fiscale dans le régime général de l'exploitation minière est organisée particulièrement dans la sous-évaluation des marchandises destinées à l'exportation.

Dans la pratique, la fraude est organisée entre les opérateurs économiques et les responsables des organismes chargés de récolter les impôts ; en effet, les opérateurs économiques qui veulent sortir le plus grand nombre de marchandises tout en payant moins d'impôts, cet opérateur économique s'arrangera avec la direction des régies financières sur place, de sorte que la vraie quantité destinée à l'exportation ne sera pas celle qui sera mentionnée dans les documents destinés à la taxation. Ce processus se passe avant que la marchandise arrive à la frontière.

Et une fois que la marchandise arrive à la frontière, le véhicule qui la transporte ne sera plus contrôle, et son contenu ne sera plus vérifié par les agents qui sont à la frontière, car si ces derniers insistent pour la vérification, ça sera au responsable de l'organisme complice de l'opérateur économique d'intervenir pour rappeler à l'ordre son agent qui se trouve à la frontière. Et au cas où ce dernier refuserait d'obtempérer à son responsable hiérarchique, il risquerait de perdre son poste.

Le processus de guichet unique se trouve ainsi déconnecté de ce fait à la frontière et on ne vérifiera que les documents et non le contenu réel des camions.

L'exemple le plus frappant est celui du guichet unique de kasumbalesa.

Le Guichet unique de Kasumbalesa a pour but de coordonner les procédures de la DGDA, l'ONATRA, l'OGEFREM et l'OCC. Il est géré par la DGDA.

La DGDA, qui gère ce guichet unique, prélève des droits d'entrée et de sorte de l'ensemble des prestations dues par l'importateur, et l'exportateur c'est à elle de procéder à la rétrocession auprès des autres entités.

A. Le fonctionnement du Guichet Unique révèle des disfonctionnements suivants :

- Il faut 25 documents pour le compte de 8 intervenants, tant à l'importation qu'à l'exportation. Les documents ne sont pas alignés sur les normes internationales et ralentissent par conséquent la préparation des dossiers.
- Les procédures douanières sont anciennes et non alignées aux normes internationales recommandées par l'Organisation Mondiale des Douanes (OMD) et inscrites dans la convention révisée de Kyoto.

Elles reflètent une approche de contrôle et contre contrôle avant libération des marchandises qui, inévitablement, rallonge la durée du passage portuaire. Ceci reflète un esprit de méfiance mutuelle entre toutes les parties prenantes.

- Le système est également basé en partie sur la récompense des efforts du personnel financé par les amendes ou les menaces d'amende et/ou de ralentissement de procédures normales, résultat des procédures dominées par la facilitation informelle plutôt que le respect des procédures normales. Il arrive parfois que la lenteur des procédures normales et/ou de leurs propres erreurs amènent les opérateurs à être disposés à faciliter un processus de « passage outre ». Ces problèmes ne sont pas donc l'apanage exclusif de la DGDA.
- Beaucoup des procédures et de contrôles de la DGDA sont inutilement doublés par celles de l'OCC, de l'OGEFREM et dont le coût est considérable pour les opérateurs sans valeur ajoutée économique et financière équivalente.
- Les procédures sont mal coordonnées entre les différents acteurs. Les procédures douanières sont souvent ralenties par le non accomplissement des procédures auprès des autres intervenants
- Il s'ajoute une autre problématique au niveau politique, à savoir l'ingérence des autorités provinciales particulièrement à l'exportation.

Outre cette procédure de minoration du prix de marchandise, il existe plusieurs techniques et méthodes de la fraude et l'évasion fiscale.

Les méthodes les plus utilisées sont les suivantes.

B. Au niveau de la DGRAD

- Les opérations de doublons : qui consiste à l'émission des notes de perceptions avec des montants différents, on fait bénéficier à l'Etat des sommes minorées alors que celles réellement perçues sont empochées,
- Les recettes à recouvrer mais ordonnancées mais qui échappent par le fait de la vigilance des services de recouvrement, ce dernier estimant qu'il s'agit de petits montant (absence de suivi),

C. Au niveau de la Banque Centrale et des banques de dépôt

- Le nivellement des sommes reversées est fait avec un retard assez important
- Les banques de dépôt peuvent reverser les sommes mobilisées en provinces en retard à la Banque Centrale ; d'où des discordances entre les montants publiées par la DGRAD et la Banque Centrale.

D. La technique de falsification des imprimés

La falsification des imprimés ou phénomène laboratoire est la forme la plus courante dans les services des recettes. Les services générateurs produisent des faux imprimés qu'ils utilisent lors des paiements par les entreprises.

E. La technique de la fausse dénomination ou fausse classification de la marchandise

La fausse dénomination est la conséquence directe du changement de la position tarifaire de la marchandise. C'est donc un glissement tarifaire.

En effet, elle est appréhendée comme « pratique douanière » qui consiste à placer la marchandise à une position affectée d'une quotité inférieure à celle de la position normale (quantité supérieure ou maximale). Dans le secteur minier, elle se pratique sur la quantité et la teneur des produits marchands.

Cette pratique a pour conséquence, la sous-évaluation quantitative et qualitative de la marchandise.

F. Les exonérations

Les exonérations sont des faveurs que l'Etat accorde à des personnes physiques ou morales pour ne pas payer l'impôt (les droits et taxes des marchandises à l'Etat). Dans la pratique, ces exonérations ne répondent plus aux buts ayant motivés l'autorité publique à les accorder.

Les agents à la frontière profitent des organismes exonérés, pour faire passer des marchandises au nom et pour le compte de ces organismes, ainsi le contribuable passe sans payer la douane et l'opérateur économique qui n'a pas payé s'arrange avec les douaniers et les représentants des organismes qui bénéficient de ces exonérations.

G. Le Trop peu perçu (TPP) ou le redressement

Le T.P.P. est une abréviation voulant dire « Trop peu perçu ». Elle découle d'une pratique légale du contrôle. En tant que pratique légale, le T.P.P. consiste en un redressement fiscal effectué par les acteurs (agent du fisc), qui normalement a pour finalité la récupération pour le compte de trésor public du montant de manque à gagner des droits et taxes constatés lors du déroulement du contrôle. Ce montant de manque à gagner est appelé « trop peu perçu », comme pour l'opposer à son éventuel contraire qui est le « trop perçu » (une somme payée en trop au trésor public)

La pratique du « TPP » devient problématique lorsqu'elle est détournée de son objectif, c'est-à-dire, il ne s'agit pas de récupérer pour le compte du trésor public, le montant des droits et taxes constatés à titre de manque à gagner, mais de s'en approprier directement par l'acteur ou les acteurs qui en ont fait la découverte.

Eu égard à ce qui précède, il y a lieu de dire que le « T.P.P. » est une pratique légale mais détournée pour l'intérêt particulier des acteurs (agents, déclarants en douane et/ou les clients). Le « T.P.P. » est la conséquence de la technicité du douanier qui découvre ce que le juridique qualifierait d'infraction à l'endroit du déclarant ou du client qui tente d'évader les paiements exacts de l'impôt, droits et taxes de l'Etat.

Dans la législation douanière de la République Démocratique du Congo, l'impôt douanier se calcule à partir de la valeur. Il s'agit donc d'appliquer à la valeur de la marchandise une quotité définie par le tarif douanier. La sous-évaluation est une pratique douanière qui consiste donc à diminuer la valeur de la marchandise.

Ce faisant, lorsqu'on diminue la valeur on qualifie la marchandise autrement.

H. Le Per diem

C'est une pratique observée dans le travail quotidien du douanier à la quête de l'argent ou « cretch » En effet, le per diem à la douane Katanga est la somme d'argent que l'importateur ou exportateur remet au bureau de la douane ou à l'agent désigné pour assister au chargement ou au déchargement de la marchandise. Cette somme varie selon les grades que ça soit pour les agents désignés ou dans le bureau de la douane.

La législation douanière prévoit le paiement de ce per diem lorsque le client fait travailler le douanier aux heures, allant au-delà des heures normales du travail. A ce moment, on parle de travaux extra ordinaires. (T.E)

Le paiement par relevé et les enlèvements d'urgence.

Selon la législation douanière,

- le paiement par relevé s'effectue moyennant une garantie, c'est-à-dire une somme d'argent consigné à la banque et à chaque importation, le receveur apure dans le registre qu'il dispose.
- les enlèvements d'urgence, eux, concernent beaucoup les marchandises périssables ou ceux présentant un danger comme les poissons frais, les viandes, le carburant, les explosifs etc. Selon la procédure, le paiement doit intervenir trois jours après.

§ 2. LA FRAUDE FISCALE AU NIVEAU DE L'EXPLOITATION MINIÈRE ARTISANALE

L'exploitation minière artisanale est source de fraude assez importante, en effet, une partie des exploitations ne sont pas répertoriés et échappent ainsi au contrôle et à l'impôt.

Pour ceux qui sont répertoriés et connues, la fraude se réalise dans les différentes étapes du processus à savoir au niveau de la production, au niveau du négoce et au niveau du comptoir d'achat.

Concernant la production, les exploitants miniers artisanaux connus et répertoriés, déclarent leurs productions au SESCAM, mais malheureusement, et très souvent, cet organisme oublie de communiquer aux autres services les informations nécessaires qui pourront leurs permettre de faire des statistiques et de connaitre la production réelle des matières premières minérales ;

SECTION II : L'EVASION FISCALE DANS LE SECTEUR MINIER (CORRUPTION, DÉTOURNEMENT)

L'évasion fiscale est l'utilisation intelligente de la loi afin de payer moins d'impôt ;

Ainsi les entreprises minières utilisent plusieurs techniques pour élider l'impôt, les techniques les plus utilises sont La stratégie du résultat nul ou négatif.

Pour ne pas payer l'impôt les sociétés minières s'arrangent pour augmenter les charges

C'est notamment le cas pour les contrats intra groupes, les prêts intra groupes, la technique de minimisation du chiffre d'affadies

Compte tenu du fait que plus 80% des matières premières minérales sont vendues à l'étranger, et que les sociétés minières déclarent le prix de vente à l'administration fiscale, et bien cette situation laisse une grande marge de manœuvre à ses entreprises pour ne déclarer qu'une partie du chiffre d'affaires

§ 1. LA CORRUPTION

La corruption constitue un des versants de la fraude fiscale dans la mesure où il n'y a pas de corruption s'il n' y a pas un corrupteur et un corrompu.

Autrement dit, les sociétés minières qui avec la complicité des fonctionnaires et des régies financières, se livrent à la sous-évaluation des produits destinés à l'exportation, et pratiquent ainsi la fraude fiscale ;

Ainsi concernant les fonctionnaires des régies financières, il y a corruption par le fait qu'ils ferment les yeux et accepte t de sous évalués les produits exportés ;

§ 2. LES DÉTOURNEMENTS DES RECETTES FISCALES

Ce soutènement peut être le fait des fonctionnaires des régies financières ou des dirigeants des entreprises minières contrôle par l'état

Détournement par les fonctionnaires des régies financières.

Il existe une forme particulière de fraude fiscale qui est pratiqués soit par les sociétés minières soit par les fonctionnaires des régies financières

C'est le cas par exemple des impôts réellement payés par les sociétés minières mais lesquels par des manœuvres frauduleuses des fonctionnaires ses impôts normalement payés ne se retrouvent pas dans les caisses du trésor public. C'est ce que constate souvent l'ITIE, dans ce cas on est bien en face d'une sorte de détournement des recettes minières.

Les dirigeants des entreprises minières se donnent aisément au détournement des droits versés dans la mesure où elles peuvent réaliser certaines opérations du genre amodiation ou vente de certains titres sans l'aval des autorités compétentes, ou encore des portes, très souvent ces sommes ne sont pas déclarées et non versées aux caisses du trésor public.

DEUXIEME PARTIE

Les acteurs qui interviennent dans l'administration du Code minier

Les acteurs qui interviennent dans l'administration du code minier Congolais peuvent être regroupés en trois grands groupes :

Les acteurs à connotation politique et gouvernementale, les directions et services chargés de la protection de l'environnement et les directions et services connexes à l'activité minière.

CHAPITRE I

Les acteurs politiques et gouvernementaux

Parmi les acteurs à connotations politique et gouvernementale, on peut citer : L'Etat, le Président de la République, les ministres, les gouverneurs de province et les chefs de division provinciale des mines.

SECTION I : L'ETAT

L'Etat est l'acteur majeur dans la société, et plus particulièrement dans l'activité minière.

Pour s'en rendre compte, il faut constater que le code minier du 11 juillet 2002 débute comme suit : « depuis l'Etat indépendant du Congo... », on voit là que l'Etat en tant que puissance publique, nation organisée, administrée, a un rôle majeur à jouer dans la société et l'activité minière.

Mais pour le cas de la RDC, au fil des années, on a constaté l'affaiblissement du rôle de l'état dans l'activité minière.

Nous essayerons d'examiner l'histoire de la décadence du rôle de l'état, ensuite nous nous interrogerons sur les conséquences de cette décadence.

§ 1. HISTORIQUE DE L'AFFAIBLISSEMENT DU RÔLE DE L'ÉTAT DANS LES ACTIVITÉS MINIÈRES

Les formes de libéralisation économique en Afrique ont débuté dans les années 80, avec l'introduction des programmes d'ajustement structurel.

Dans ce processus de programme d'ajustement structurel, on a constaté le retrait progressif du rôle de l'état dans certaines fonctions.

Ce retrait a permis la réorientation du rôle de l'état vers d'autres fonctions. Le but poursuivi était de favoriser des stratégies de croissance fondées sur la promotion des intérêts privés, bien souvent étranger.

Cette forme de libéralisme «rampant » a affecté la possibilité pour les Etats africains, (déjà fragilisé par un lourd passé colonial), à mettre en œuvre des stratégies de développement destinées à faire respecter, à protéger et à promouvoir les droits politiques, sociaux et économiques.

Les conséquences de ces programmes de réajustement structurel sont bien connues : désindustrialisation, perte d'emplois, augmentation des inégalités sociales et dégradation de l'environnement...

Au début des années 90, la banque mondiale initiatrice des programmes d'ajustement structurel s'est rendue compte que les reformes de stabilisation et d'ajustement n'ont pas eu d'effets positifs notables particulièrement sur le secteur minier.

Ainsi, la banque mondiale a modifié son interventionnisme qui se résumait en « la libéralisation pure et simple de l'économie par le retrait de l'Etat ».

Au début des années 90, elle a commencé a prôné «l'amélioration des capacités » et de la «gouvernance » de l'Etat.

Pour cela elle a commencé à introduire de réforme institutionnelles.

L'esprit de ces reformes est bien résumé par Patricia Feeney[214] : « l'objectif principal de l'intervention des donateurs dans le secteur minier Africain, devrait être de faciliter l'investissement privé et d'aider à réduire les risques reliés à la réalisation du projet pour l'investisseur privé. »

Comme les investisseurs dans l'activité minière sont dans la plus part des cas des investisseurs étrangers, cette politique s'est traduite sur le terrain par une déréglementation encore plus importante du secteur minier en Afrique.

Pour étayer cette politique, la banque mondiale a publié sur les investissements miniers en Afrique deux études, en 1992 et en 1998.[215]

Les termes du première étude étaient le suivant : «l'industrie minière africaine nécessite des apports considérables de capitaux, et cette industrie est une industrie à haut risque, car elle est sujette aux fluctuations des cours des matières premières. »

Compte tenu du fait que l'Afrique ne dispose pas des ressources financières suffisantes pour promouvoir cette industrie, et assurer son développement, il faut donc attirer les compagnies étrangères qui ont des capitaux et les capacités techniques pour réaliser des projets miniers d'envergure, ce qui assurera le développement du potentiel minier Africain et contribuera à améliorer la situation économique d'ensemble des pays africains.

Grâce aux revenus de taxation et à l'apport de devises étrangères que cette exploitation générera.

La deuxième étude de 1998 a appuyé la première en insistant sur la participation accrue du secteur privé, de la promotion de bas niveaux de

---

[214] Cité par JP Marcoux de GRAMA (revue de la ligue des droits de l'homme n° 452-453 mars avril 2003.

[215] En 1992 : « stratégie for African Mining » en 1998, Assistance for mineral sector developpment and reform in member countries.

taxation des entreprises minières, et de la possibilité de détention des revenus en devises dans les comptes « offshores ».

En fait cette deuxième étude se présentait comme une proposition pour rendre opérationnelle les recommandations faites en 1992 et comme un cadre de recherche des appuis financiers nécessaires.

Ainsi, il a été expérimenté 3 générations des codes miniers dont les conséquences sur le rôle de l'état seront examinées plus loin.

- 1ère génération : Ghana (années 1980)
- 2ème génération : Guinée (années 1990)
- 3ème génération : RDC, MADAGASCAR, TANZANIE, MALI (années 2000)

§ 2. RAPPEL DU RÔLE DE L'ETAT DANS L'ANCIEN CODE MINIER CONGOLAIS DE 1981

Dans l'ancien code minier Congolais de 1981, il est indiqué que ce code devait répondre à des objectifs de développement national définis par le conseil exécutif (le gouvernement de l'époque).[216]

Dans ce cadre, « L'Etat avait le pouvoir d'édicter toutes dispositions obligeant les exploitants à se conformer aux mesures prise dans l'intérêt général et destinées notamment à l'approvisionnement d'un industrie nationale stratégique »[217].

Dans l'ancien code, on retrouve également une clause qui oblige les sociétés minières à présenter un programme d'activités répondant à des objectifs de développement définis par le gouvernement.

Il s'agissait notamment de la fourniture d'infrastructure et de services sociaux aux communautés concernées par le projet tels que : hôpitaux, écoles, centres sportifs...

§ 3. NOUVEAU RÔLE DE L'ETAT DANS LE CADRE DU NOUVEAU CODE MINIER

Le code minier Congolais (3ème génération des codes miniers initiés par la banque mondiale aux pays Africains), débute par l'affirmation du principe de la souveraineté de l'Etat sur ses ressources naturelles.

C'est ainsi que dans le chapitre premier du 1er titre du code minier alinéa 3, on peut lire : « ... le code minier révisé à l'instar de l'ancien code, réaffirme le principe de la propriété de l'Etat sur ces substances minérales... ».

Et cet article poursuit : « ... il est reconnu au titulaire d'un droit minier ou de carrières d'exploitation, la propriété des produits marchands, c'est à dire, les substances minérales, sous quelque forme que ce soit, extraites en vertu

[216] Article 22 du code minier de 1981.

[217] Article 50 du code minier du Congo de 1981

des droits miniers ou de carrières d'exploitation et ou tout produit élaboré à partir de ces substances ... ».

Cette affirmation de la souveraineté de l'Etat sur ses ressources naturelles est le seul passage ducode minier révisé portant valorisation de l'Etat dans l'activité minière.

Car tout de suite après, dans le chapitre 2 du même titre on peut lire :

« Bien qu'assumant la mise en valeur des substances minérales par l'appel à l'initiative privée, l'Etat a essentiellement un rôle limité à la promotion et à la régulation du secteur minier, il peut cependant, au travers des organismes spécialisés, se livrer à l'investigation du sol ou du sous-sol dans le seul but d'améliorer la connaissance géologique du pays ou à des fins scientifiques qui ne requièrent pas l'obtention d'un droit minier ou de carrières ».

Il résulte clairement de ses dispositions que dans l'activité minière en RDC, l'Etat a un double rôle :

- Le rôle de la promotion et de la régulation du secteur minier.
- Investigation du sol ou du sous-sol dans le but d'améliorer la connaissance géologique du pays.

Selon l'ANAPI (agence nationale pour la promotion des investissements)[218], l'Etat fourni notamment le cadre et l'environnement incitatif, le secteur privé crée les richesses nationales et l'emploi et la société civile se charge de promouvoir l'homme dans toute sa dimension.

La conjugaison de ces trois facteurs amène un développement durable.

Cette affirmation de l'ANAPI et des dispositions du nouveau code sur le rôle de l'Etat, ne correspond pas à la réalité tel qu'il sera indiqué ci-après.

- L'Etat assure la mise en valeur des ressources minières, il assure la promotion et régule le développement de l'activité minière.
- Il peut également au travers des organismes spécialisés, se livrer à l'investigation du sol ou du sous-sol dans le seul but d'améliorer la connaissance géologique du pays ou à des fins scientifiques qui ne requièrent pas l'obtention d'un droit minier ou de carrières.

Compte tenu de cette situation tout à fait inédite pour la RDC, sur le nouveau rôle de l'Etat dans l'activité minière, on peut tenter de rechercher dans les pays qui ont déjà pratiqué cette politique de la réduction du rôle de l'Etat dans l'activité minière.

---

[218] Cité par le journal Observateur n° 2460 du 21 août 2006.

§ 4. QUELQUES EXEMPLES DE L'AFFAIBLISSEMENT DU RÔLE DE L'ÉTAT DANS LES PAYS QUI ONT PRATIQUÉ LA 1ERE, 2EME ET 3EME GÉNÉRATION DES CODES MINIERS

Ière génération du code minier : l'exemple du Ghana.

La première génération des codes miniers est caractérisée par l'encouragement à la propriété privée des exploitations minières au moyen de la privatisation des entreprises publiques d'extraction.

Au Ghana par exemple, lors de la mise en place du nouveau code minier, on a assisté à la situation suivante :

- l'impôt sur les revenus des sociétés qui se situait dans une fourchette de 50 à 55% en 1975 a été réduit à 35% en 1994.
- l'amortissement initial fiscalement autorisé pour permettre aux investisseurs de récupérer leurs dépenses en capital, a été augmenté, passant de 20% pour la première année de production à 75% pour la première année, et à 50% pour les autres années en 1986.
- le taux de redevance qui était de 6% de la valeur totale du minerai extrait en 1975, a été abaissé à 3% en 1987.
- les autres droits perçus tels que les droits sur les minerais (5%), les droits d'importation (de 5% à 35%) et la taxe sur les opérations de change (de 33% à 75%), qui constituaient une part importante des recettes de l'état avant la réforme ont été supprimés.
- exemptions des droits d'importation sur les installations, le matériel et les accessoires destinés à l'activité minière
- exemptions des droits visant le transfert de fonds en devise pour les étrangers travaillant dans le pays.
- la possibilité de détenir jusqu'à 80% des revenus d'exportation dans des comptes étrangers.

Ces assouplissements ont stimulé la venue des investisseurs dans l'activité minière.

Toutefois, on a constaté que compte tenu des déductions fiscales accordées :

- aucune taxe corporative n'a été perçue.
- et qu'il arrive que les compagnies minières ferment les mines avant qu'elles n'aient payées les taxes
- très peu de devises étrangères sont rapatriées dans l'économie nationale.
- en raison du développement de la technologie, on assiste à des pertes d'emploi (car les machines sont téléguidées, et commandées de l'étranger).

Et enfin de compte, la contribution du secteur minier au PIB Ghanéen ne demeure qu'environ de 2%, alors que celle de l'agriculture est d'environ 36%.

L'affaiblissement du rôle de l'état au détriment des intérêts privés n'a pas apporté les résultats espérés.

IIème génération : cas de la GUINEE.

Cette génération des codes miniers a voulu compléter les lacunes de la première génération, notamment en matière d'environnement.

La politique environnementale se trouve subordonnée à l'impératif d'une croissance économique présentant les acteurs privés comme étant seuls capables de résoudre les problèmes environnementaux sous condition du retrait de l'Etat.

La croissance économique, malgré l'absence de prise en compte de mesure rédistributive, est présentée comme apportant des bénéfices de loin supérieurs aux coûts sociaux de la dégradation environnementale.

Tout est axé sur le choix de laisser l'activité minière aux entreprises privées étrangères.

Rien n'est dit sur le rôle potentiel des gouvernements pour assurer des objectifs de développement.

IIIème génération : Cas de Madagascar, Mali et RDC

Cette troisième génération de code minier introduit certaines formes de réglementations qui tendent vers le libéralisme.

Les taxes sont à nouveau diminuées, et les exemptions fiscales sont nombreuses.

Le paragraphe 3 de l'article 2 de la déclaration sur le droit au développement de 1986 stipule que « les Etats ont le droit et le devoir de formuler des politiques de développement national appropriées ayant pour but l'amélioration constante du bien-être de l'ensemble de la population et … la répartition équitable des avantages qui en résultent. ».

Malheureusement, cette bonne déclaration d'intention n'est pas reprise dans les nouveaux codes miniers.

L'examen de quelques pays qui ont pratiqué la 3ème génération du code minier le montre, c'est le cas du Mali.

Cas du Mali

Depuis 1990, l'extraction de l'or est devenue une activité économique majeure au Mali, et la deuxième source de revenus d'exportation après le coton.

Le dernier code minier date de 1999.

Conscient de ce potentiel, le raisonnement des organismes financiers internationaux était à juste titre que l'exploitation de l'or pourrait contribuer à l'amélioration de la situation de droit de l'homme en créant de l'emploi dans le secteur minier et en ayant un effet entraînement sur d'autres secteurs de l'économie.

Cette exploitation massive de l'or devrait également améliorer les ressources de l'Etat et donc sa capacité à assumer des dépenses utiles pour la société (éducation, santé, infrastructures...).

L'implantation d'une industrie extractive s'accompagne souvent de programmes de développement locaux destinés à atténuer ou compenser les effets, notamment environnementaux, de l'activité minière, ainsi, la boucle sera bouclée.

Pourtant la contribution du secteur minier au développement malien est très faible, voire négative.

Le Mali reste un des pays le plus pauvre 175ème rang sur 177 états.[219]

La fédération internationale des ligues des droits de l'homme a fait un rapport sur « l'exploitation minière de l'or et les droits de l'homme au Mali ».

Ce rapport pose la question de savoir : « comment expliquer que l'or malien profite aussi peu à la population ».[220]

Plusieurs réponses expliquent cette situation :

- La position de force des entreprises, qui parviennent à gagner sur tous les tableaux, elles obtiennent des exemptions fiscales et sociales exorbitantes, leur permettant de tirer le meilleur profit de leur activité.

Le code minier Malien de 1991 offre la gratuité des 5 premières années d'activités, sur le sol malien, le code de 1999 a réduit cette franchise de 5 à 3 ans, aucune entreprise déjà installée n'a migré vers le nouveau code, et même les mines nouvellement ouvertes ont bénéficié de dispositions favorables dérogeant aux dispositions du nouveau code.

Les entreprises ne paient ni TVA ni taxe sur les prestations de services, ni impôt sur les bénéfices.

Elles peuvent transférer librement leurs bénéfices sur des comptes étrangers.

D'après la banque mondiale, le Mali est aujourd'hui le mieux disant en Afrique subsaharienne pour la protection des investisseurs[221]

- L'autre facteur d'explication est à chercher dans le fonctionnement même du secteur aurifère Malien, qui a peu d'effet d'entraînement et complètement tourné vers l'exportation.

---

[219] En 2004, le secteur minier a créé 7% de la richesse nationale, soit à peine plus que les secteurs de l'élevage ou de la pèche.

[220] Fédération internationale des ligues des droits de l'homme (exploitation minière de l'or et les droits de l'homme au Mali

[221] Contry brief, banque mondiale septembre 2006

Le Mali a ainsi développé une culture de «monoculture de l'or ». C'est à dire une ressource primaire destinée à être transformée et commercialisée à l'étranger.[222]

➢ Enfin cette situation tient à la position de faiblesse et à l'ambivalence de l'Etat qui a pourtant la responsabilité première des orientations données au développement national et de la réalisation des droits économiques et sociaux de la population.

Le code minier de 1991, qui a marqué le tournant libéral dans la politique minière du Mali, réserve à l'état une part minoritaire du capital des sociétés minières.[223]

Cette situation place l'Etat dans un rôle de schizophrène : il est percepteur et régulateur d'une part, actionnaire d'autre part.

Il est donc régulateur et régulé, percepteur et contribuable, instance de contrôle et acteur économique.

Cette situation est d'autant plus dommageable qu'il existe de forts conflits d'intérêts entre ses différentes fonctions.

Ainsi par exemple, quand l'Etat percepteur a besoin de maximiser ses profits après impôts, donc à voir minorer la fiscalité. Ce qui peut poser problème à l'état percepteur.

En assumant ainsi deux rôles divergents à l'état, cela contraint le gouvernement a un grand écart permanent et neutralise sa capacité à défendre les intérêts du peuple malien.[224]

Cette dualité a d'ailleurs été dénoncée dans un rapport de la direction de géologie et des mines de 2004 « la commission constate que le contrôle effectué sur les sociétés par ces structures (ministère) a toujours été fait dans le cadre de l'Etat partenaire au détriment de l'Etat puissance publique».

Dans des cas de conflit du travail ou de pollution environnementale, l'état malien a ainsi pris le parti des entreprises ou ignoré les violations dont elles étaient responsables.

L'Etat malien voit son rôle affaibli par le fonctionnement du secteur minier, dans lequel il est passé du rôle de propriétaire à celui de schizophrène de régulateur et percepteur d'une part, et d'actionnaire minoritaire d'autre part.

Faute de le pouvoir ou de le vouloir, l'Etat ne remplit donc pas son rôle de régulation et de contrôle de l'activité des entreprises, ni de répartition des revenus nationaux au bénéfice de la population.

Cette situation du Mali montre à quel point, l'état affaibli devient inefficace et incapable de jouer son rôle de puissance publique.

---

[222] Tout l'or produit au Mali est exporté en Afrique du sud (59,2%), et la suisse (40,8%)

[223] L'état peut posséder jusqu'à 20% du capital d'entreprises d'exploitation minière

[224] Fédération internationale des ligues des droits de l'homme (exploitation minière de l'or et les droits de l'homme au Mali (op cit)

CONCLUSION

Les réductions du rôle de l'Etat dans l'activité minière peuvent conduire à des conséquences suivantes :

a. Réduction de la capacité d'intervention de l'état

La réduction de l'intervention de l'état dans la production pourrait limiter la capacité de celui-ci à rediriger son intervention réglementaire pour le compte du secteur privé.

C'est à dire qu'il aura du mal à stimuler, encourager as de l'absence des subventions.

b. Réduction du rôle de médiateur de l'état

La réduction et la réorientation des interventions redistributives de l'Etat dans l'économie pourraient engendrer que celui-ci se retrouverait dans l'incapacité de jouer efficacement son rôle de médiateur des tensions au sein de la société civile, notamment entre les entreprises et les travailleurs (on observe cette situation actuellement au Mali).

En fait, un état faible est un état qui est voué à la disparition et dans les pays Africains, la disparition de l'état équivaut à l'anarchie.

Afin de consolider les intérêts des uns et des autres, et de sauvegarder l'équilibre national, les pays Africains ont besoin des états forts, capables de s'imposer, et d'orienter la politique nationale.

c. Le règne des intérêts privés

La troisième conséquence majeure de l'absence de l'état dans les pays Africains, pourrait être le règne et la puissance des intérêts privés.

Comme nous le savons, les intérêts privés obéissent à des règles propres pour satisfaire les envies et intérêts de quelques individus, au détriment de l'intérêt collectif.

Nous pensons pour notre part que le rôle de l'état doit être renforcer et celui-ci doit jouer un rôle de base tel que :

- inciter les entreprises minières à investir dans la réduction de la pauvreté, et à œuvre pour le bien-être de la population.
- inciter et favoriser l'accroissement des infrastructures (routes, voies ferrées, ports…)
- l'Etat devra aider à la création d'un organe consultatif, cadre de concertation de l'ensemble des acteurs (états, privés, collectivités, bailleurs de fonds, sociétés de services, institutions financières. Dont le but sera de trouver des solutions aux préoccupations des uns et des autres acteurs.

- l'Etat doit maintenir une présence active sur la scène nationale et internationale en vue d'assurer la promotion et l'attrait du secteur minier auprès des investisseurs.
- pour participer à l'effort d'investissement minier, l'état doit financer un organisme spécialisé pour des programmes de recherche, d'études, de mise en valeur, d'achat d'équipement nécessaire au suivi et au contrôle des activités de recherche et d'exploitation des sociétés minières.
- l'Etat peut créer une structure juridique qui pourrait prendre des participations dans les opérations minières de grande envergure.

Les dividendes émanant de ces opérations pourraient financer la recherche d'autres substances minérales. (ce schémas a déjà été développé au Congo, avec succès d'ailleurs, par le Roi Belge).

Notre approche critique de l'affaiblissement du rôle de l'état n'est pas une approche isolée, car d'autres études ont souligné également le danger que représente cette politique d'affaiblissement de l'Etat. C'est le cas du rapport de la commission sur l'Afrique.

Dans son rapport de 2005, cette commission préconise de renforcer la capacité de l'Etat : celui-ci doit « assumer ses responsabilités de manière efficace, qu'il s'agisse de planification et de budgétisation, de gestion de l'aide au développement, de prestation de services ou de suivi et d'évaluation des progrès accomplis ».[225]

Le deuxième acteur de l'activité minière en RDC, c'est le Président de la République.

SECTION II : LE PRESIDENT DE LA REPUBLIQUE

Le Président de la République en RDC joue un rôle très limité dans l'activité minière.

Le code minier limite son rôle à :

- la promulgation du règlement minier,
- la classification et décalcification des substances minérales en produit de carrière et inversement.
- Déclarer certaines substances «réservées ».
- La confirmation de la réservation faite par le ministre des mines en cas de gisement à soumettre à l'appel d'offres.

Le Président de la République exerce ses prérogatives par décret pris à sa propre initiative ou à la proposition du ministre des mines après avis de la direction de géologie ou du cadastre.

[225] Rapport de la commission pour l'Afrique Mars 2005

SECTION III : LE MINISTRE NATIONAL DES MINES

Ces principales attributions sont :

- l'octroi des titres miniers
- l'octroi des droits des carrières pour les substances minérales autre que les matériaux de construction à usage courant
- établissement des zones d'exploitation artisanale
- l'agrément des comptoirs d'achat
- l'agrément des mandataires en mines et carrières
- la réservation des gisements à soumettre à l'appel d'offres
- l'approbation des hypothèques minières
- la délivrance des autorisations de transformation des produits d'exploitation artisanale et les autorisations d'exploitation des minerais à l'état brut.
- Exercer la tutelle des institutions organismes publics ou para étatiques se livrant aux activités minières et aux travaux de carrière.

Outre ces attributions propres au ministre, le ministère des mines a d'autres compétences :

- Le ministère conçoit et propose au Président de la République la politique, du pays dans le secteur des mines et gère le code minier.
- Coordonne la promotion et l'intégration du secteur minier aux autres secteurs économiques du pays.
- Exerce avec me ministère des finances ; la tutelle du cadastre minier.
- Veuille à la coordination des activités du cadastre minier et exerce avec les autres ministères, la tutelle d'autres services liés à l'activité minière.
- Conserve, centralise et veuille à la circulation des informations du secteur minier.
- Veuille à la bonne application du code minier.

SECTION IV : LES GOUVERNEURS DE PROVINCE

Le Gouverneur de province est, compétent pour :

a) élaborer et proposer, conformément aux normes générales du planning national, à l'assemblée provinciale la politique provinciale relative aux programmes miniers, minéralogiques, industriels, énergétiques d'intérêt provincial ;
b) superviser l'exécution par le gouvernement provincial des édits relatifs à la politique provinciale relative aux programmes miniers, minéralogiques, industriels, énergétiques d'intérêt provincial ;
c) proposer l'érection d'une zone interdite aux activités minières ;

d) émettre un avis en cas d'institution d'une zone d'exploitation artisanale.

Le Règlement minier organise les normes générales du planning national en matière minière, et fixe le cadre général des programmes miniers, minéralogiques, industriels et énergétiques d'intérêt provincial.[226]

Ils interviennent en qualité d'autorité compétente dans l'octroi des cartes de négociations des produits d'exploitation artisanale, l'ouverture des carrières pour les travaux d'utilité publique sur les terrains domaniaux.

SECTION V : LE MINISTRE PROVINCIAL DES MINES

Le Ministre provincial est compétent, après avis de conformité du Chef de Division provinciale des mines, pour :

a) exécuter, sous la supervision du Gouverneur de province, et le cas échéant en concertation avec d'autres départements ministériels provinciaux impliqués, les édits relatifs à la politique provinciale relative aux programmes miniers, Minéralogiques, industriels, énergétiques d'intérêt provincial ;
b) délivrer les cartes d'exploitant artisanal ;
c) délivrer les cartes des négociants des produits d'exploitation artisanale ;
d) autoriser la détention des produits miniers par des bijoutiers, joailliers, artistes et dentistes ;
e) exercer, en harmonie avec les services techniques du ministère des mines et des établissements sous tutelle du Ministre, la supervision des activités des services du ministère des mines installés en province ;
f) délivrer un récépissé au titulaire d'un droit minier ou de carrières avant le commencement de ses activités dans la province, c
g) accorder aux artistes agréés par le ministère en charge de la Culture et des Arts l'autorisation spéciale dont il est question à l'article 115 du Code ;
h) octroyer les autorisations de recherches des produits de carrières et les Autorisations d'exploitation de carrières de matériaux de construction à usage courant ;
i) décider de l'ouverture des carrières pour les travaux d'utilité publique sur les terrains domaniaux.

---

[226] art 11 code minier

SECTION VI : LE CHEF DE DIVISIONPROVINCIAL DES MINES

Le Chef de Division provinciale des mines est compétent pour :

a) contrôler et surveiller les activités minières en province ;
b) réceptionner les dépôts de demande d'agrément au titre des coopératives minières adressée au Ministre ;
c) émettre des avis de conformité préalablement aux décisions et actes du Ministre provincial relativement à l'administration des dispositions du Code.

A part ces acteurs politiques et Etatiques de l'administration du code minier, il y a également les services et directions techniques.

CHAPITRE II

Les services techniques de l'activité minière

SECTION I : LE CADASTRE MINIER

Le cadastre minier « CAMI » est un service public doté de la personnalité juridique et de l'autonomie financière.

Ses statuts ainsi que son organisation et son fonctionnement sont fixés par le décret n° 068/2003 du 3 avril 2003.

Le CAMI est sous la tutelle de deux ministères : le ministère des mines et le ministère des finances.

Pour couvrir ses frais de fonctionnement, le CAMI est autorisé à percevoir les frais de dépôt des dossiers et les droits superficiaires annuels par carré.

§ 1. MISSIONS DE CAMI

Le CAMI est chargé des missions suivantes :

1. inscription ou enregistrement dans les registres y afférents des cartes de retombés minières et les actes suivants :
   - les déclarations et les attestations de prospection
   - de la demande d'octroi des droits miniers et ou de carrière.
   - des droits miniers et ou de carrières octroyées ainsi que des décisions de refus.
   - des retraits, d'annulation et de déchéance des droits miniers et de carrière.
   - des mutations et amodiations des droits miniers
   - des sûretés minières.
2. l'instruction cadastrale des :
   - demandes des titres miniers et ou des carrières,
   - d'extension des titres miniers ou des carrières à d'autres substances

Il est chargé également de la coordination de l'instruction technique et environnementale des demandes de droits miniers ou de carrières ainsi que de la délivrance de l'attestation de prospection.

3. Certification de la capacité financière minimum des requérants de droits miniers et de carrières de recherche.
4. La conservation des titres miniers et de carrières
5. Tenu des registres et cartes de retombés minières suivant un cadastre spécifique national.
6. Il notifie les avis des instructions émis par d'autres organismes miniers, et délivre les titres miniers et ceux des carrières en vertu des droits accordés par l'autorité compétente.
7. Il est l'autorité de décision ne matière de mutation et d'amodiation de droits miniers et de carrières et procède à leur inscription.
8. Il a le pouvoir de notaire en matière d'authentification des actes d'hypothèque, d'amodiation et de mutation de droits miniers et de carrières.

§ 2. STRUCTURES DU CAMI

I. Le conseil du cadastre minier (organe d'administration)

Il comprend 9 membres dont :

- le secrétaire général des mines
- le directeur général du CAMI
- le directeur général adjoint
- deux délégués du cabinet du Président de la République dont un juriste.
- Un délégué du ministre des mines
- Un délégué du ministre des finances
- Un délégué du ministre de l'environnement
- Un délégué de la chambre des mines du Congo

II. Le comité de direction (organe de direction)

- le directeur général
- le directeur général adjoint
- le directeur technique
- le directeur administratif
- le directeur financier
- le représentant du personnel

III. Le collège des auditeurs externes (organe de contrôle des opérations financières du CAMI)

Est constitué de deux auditeurs externes au moins.

§ 3. BILAN ET PERSPECTIVES DE CAMI

Au 31 décembre 2004, le CAMI a enregistré 1690 nouvelles demandes des droits miniers et ou de carrières réparties comme suit :

- 1 654 demandes de permis de recherche
- 33 demandes d'autorisation de recherches des produits de carrières
- 1 demande de permis d'exploitation de rejets
- 2 demandes de permis d'exploitation de petites mines.

Dans le cadre du « projet compétitivité et développement du secteur privé » (PCDSP, en partenariat avec le COPIREP (le comité de pilotage de la réforme des entreprises publiques),

Le CAMI s'est engagée à sa restructuration.

La première étape de cette restructuration, est l'actualisation de la base des données des titres miniers.

L'objectif de cette actualisation est d'obtenir un fichier cadastral fiable.

Cette actualisation de la base de donnée a permis de dénombrer environ 3.000 titres miniers dont 2.500 permis de recherche et 300 permis d'exploitation.[227]

Cette actualisation a permis également d'identifier les entreprises minières irrégulières, qui ne respectent pas la réglementation dans la matière.

Le cadastre minier a entamé la procédure de déchéance d'environ 44 titulaires des droits miniers.

L'objectif de CAMI pour fin 2007, est de réduire le nombre des entreprises irrégulières.

Le CAMI est actuellement en cours de restructuration.

SECTION II : LA CELLULE TECHNIQUE DE COORDINATION ET DE PLANIFICATION MINIÈRE (CTCPM)

C'est un organe de conseil, d'études et de coordination des activités du secteur minier.

Elle est sous l'autorité hiérarchique du ministre des mines, mais elle jouit d'une autonomie financière.

Ces attributions sont les suivantes :

- la conception des politiques et stratégies de développement du secteur minier.
- La recherche des voies et moyens pour la réalisation de l'exploitation optimale des ressources minérales du pays.
- La centralisation et la circulation de l'information du secteur minier.
- L'harmonisation et la coordination entre les ministères et les organismes intéressés à la solution des problèmes miniers.

[227] a fin décembre 2006, le potentiel du 29 janvier 2007, interview du DG de CAMI

- La réalisation par elle-même ou par des tiers des études relatives au développement du secteur minier.
- La recherche des solutions aux problèmes qui se posent à l'industrie minière de la RDC.
- L'encadrement de l'artisanat minier.

SECTION III : LE SERVICE D'ASSISTANCE ET D'ENCADREMENT DE L'EXPLOITATION MINIERE ARTISANALE ET A PETITE ECHELLE SAEMAP

C'est un service public à caractère technique chargé de l'assistance et de l'encadrement de la petite mine et de l'artisanat minier.

Ces attributions sont :

- Assurer la formation et apporter l'assistance technique et financière aux coopératives minières et aux exploitants du secteur de la petite mine en vue de renforcer leur capacité managériale et de promouvoir l'émergence d'une classe moyenne congolaise du secteur minier.
- Assurer le suivi des flux matières des petites mines et de l'artisanat minier depuis le chantier jusqu'au point de vente, dans le but de canaliser toute la production dans le circuit officiel de commercialisation.
- Inciter au regroupement des exploitants miniers artisanaux, en coopérative minière.
- Promouvoir le développement intégré des communautés locales où se déroulent les activités minières artisanales et/ou à petite échelle.
- Vulgariser les normes de sécurité sur les sites d'exploitation et veiller à leur stricte application.
- Inciter l'exploitant minier à petite mine ou artisanale, à investir dans les autres secteurs de l'économie nationale dans le but d'assurer la reconversion en cas d'épuisement.

Le SAEMAP a été créé, le 28 mars 2003, par le décret n° 047-C/2003 portant création et statuts d'un service public dénommé Service d'Assistance et d'Encadrement du Small Scale Mining.

Le SAEMAP a été mis en place pour réaliser principalement deux missions :

- assainir le secteur minier d'exploitation artisanale et de la petite mine par l'assistance et l'encadrement, en vue de promouvoir l'émergence d'une classe moyenne congolaise et de préparer l'après-mine par la mise en œuvre de projets de développement intégré des communautés locales ;

- canaliser les productions des exploitations minières artisanales ou à petite mine vers les circuits officiels afin de lutter contre la fraude des substances minérales et maximiser les recettes de l'Etat.

Autrement dit, le SAEMAP est l'organe Technique du Ministre des Mines qui s'occupe de la mise en œuvre de la Politique nationale dans ce secteur.

Mais plusieurs éléments empêchent le SESSCAM de développer les missions qui lui sont confiées.

Par ces éléments nous pouvons citer pèle mêle : le cadre juridique de sa création, son organisation et son efficacité sur le terrain.

§ 1. LE CADRE JURIDIQUE DE LA CRÉATION DU SAEMAP

Tel qu'il est indiqué ci haut, il est rappelé que l'article 16 du code minier dispose :

En dehors du Ministère des Mines, de ses services et de ses organes prévus dans le présent Code et chargés de son administration, aucun autre service ou organisme public ou étatique n'est compétent pour faire appliquer les dispositions du présent.

Le Code Minier, en ses articles 8, 9, 10, 11, 12, 13 et 14 n'a pas retenu le SAEMAP comme un des intervenants dans le secteur Minier.

C'est le Règlement Minier, en son article 14, détermine les attributions des Services Techniques et Organismes Spécialisés, en les citant nommément et en renvoyant les lecteurs aux textes qui créent ces différents organismes : « La Cellule Technique de coordination et de Planification Minière « C.T.C.P.M. » en sigle, le Centre d'Evaluation, d'Expertise, et de Certification des substances minérales précieuses « C.E.E.C. » en sigle, le Cadastre Minier CAMI et le Service d'Assistance et d'Encadrement du Small Scale Mining « SAEMAP » en sigle, exercent leurs prérogatives conformément aux missions leur assignées par les textes qui les créent et les organisent. »[228]

En principe, en tant que mesure d'application du Code Minier, le Règlement Minier ne devrait pas instituer des institutions non prévues par le Code Minier.

§ 2. ORGANISATION ET EFFICACITÉ DU SAEMAP.

Le SAEMAP dispose de 10 antennes à raison d'une antenne dans chaque ancienne Province de la République Démocratique du Congo.

Il dispose également de 59 bureaux.

Le SAEMAP est présent dans toutes les Provinces du pays.

---

[228] Décret n° 047-C/2003 du 28 mars 2003 pour le SAEMAP

Les antennes provinciales sont basées dans les différents chefs-lieux de Provinces à part l'antenne de Bandundu qui est située à Tembo compte tenu de l'importance de l'activité artisanale dans cette agglomération.

Lors de notre visite sur le Terrain, plus particulièrement dans la Province du Maniema, nous avons rencontré le représentant du SAEMAP.

Celui-ci nous a fait part de leurs difficultés de fonctionnement.

Ainsi, l'assistance aux exploitants miniers artisanaux n'est pas faite par manque de moyens en personnel qualifié et par manque de moyens financiers suffisant.

Concernant le SAEMAP.de l'ancienne Province Orientale ;

Malgré les efforts que nous avons déployés, nous n'avons pas pu rencontrer les agents du SAEMAP dans la Province.

Ils étaient difficilement joignables au téléphone, et ils étaient toujours absents pour chaque rdv fixé.

Mais lorsque nous nous sommes rendus dans leurs locaux, nous avons constaté que l'emplacement et la qualité de locaux laissaient à désirer.

Cette situation constatée sur le terrain démontre la situation de précarité dans laquelle se trouvait le SAEMAP de la Province orientale.

Plusieurs études montrent que le SAEMAP a échoué par le fait qu'il a inversé ses missions, c'est-à-dire, il a privilégié les recettes fiscales, et il n'a pas

Apporté l'encadrement, l'assistance technique et financière aux artisans et le développement intégré aux communautés locales.[229]

Le manque d'efficacité de la SESCAM a créé un mécontentement des artisans et autres partenaires œuvrant dans l'activité.

Plusieurs raisons peuvent expliquer la contreperformance du SAEMAP.

Les raisons principales de cette contreperformance sont :

- Le manque de qualifications des ressources humaines dû en partie à l'embauche d'un personnel non adapté aux profils de poste requis ;
- L'insuffisance des moyens logistiques ;
- Le manque des ressources financières mais aussi une mauvaise gestion des ressources mises à sa disposition ;
- Les taxes illégales collectées dans le secteur artisanal qui découragent les artisans qui refusent d'être encadrés par le SAEMAP;
- Les relations entre le SAEMAP et les autres services publics, qui ne sont pas harmonieuses et impactent négativement l'efficacité du SAEMAP ;
- L'insuffisance des Zones d'Exploitation Artisanale (ZEA) et leur manque de minéralisation. Cette situation pousse les artisans à travailler dans des zones non autorisées mettant en difficulté le SAEMAP qui ne peut, en principe, intervenir dans les zones d'exploitation illégale;

[229] Rapport sur l'organisation et le fonctionnement du SAEMAP par le cabinet PricewaterhouseCoopers

- La présence dans les sites miniers des services non autorisés qui empêchent le SAEMAP de faire son travail (Armée, DGM, ANR, Comité des Mines, Délégués des Mines).

Quelques exemples de contreperformance du SESSCAM dans certaines Provinces cibles.

A. Le SAEMAP dans l'ancienne Province Orientale.

Lors de notre visite sur le terrain, nous avons rencontré le responsable de la SAEMAP sur place.

Celui-ci se plaignait particulièrement sur deux aspects.

Le code minier les a légués beaucoup de responsabilités vis-à-vis de l'exploitation minière artisanale.

Mais concrètement, ils ne disposent pas des moyens nécessaires pour réaliser leurs missions.

En effet, il indiquait que financièrement, ils ne percevaient que 10% des 1% que le SAEMAP perçoit au titre de rémunération des services rendus.[230]

Après plusieurs discussions avec le responsable de la SAEMAP de la Province, nous nous sommes rendu compte qu'il ne maitrisait pas le périmètre financier auquel le SAEMAP avait des droits à percevoir.

C'est notamment le cas des 20% pour services rendus que le SAEMAP devait percevoir, tel qu'indiqué dans l'arrêté interministériel sur la procédure de traçabilité.[231]

B. SAEMAP dans l'ancienne province du Katanga.

Dans l'ancienne province du Katanga, en dehors de ces missions traditionnelles, le SAEMAP a la charge de tenir le guichet unique institué pour la collecte de la taxe d'intérêt commun sur les transactions des substances minières de production artisanale.[232]

La légalité de cette circulaire de l'ancien Gouverneur du Katanga est douteuse. Car les missions de SAEMAP sont définies par l'arrêté de sa création, il nous semble qu'il n'appartient pas à un Gouverneur d'étendre sur son territoire les missions de cette institution.

Dans l'ancienne Province du Katanga, le SAEMAP a l'avantage d'être présent dans tous les sites où s'opère l'exploitation minière artisanale.

Ce déploiement devrait lui permettre de disposer des informations essentielles sur les statistiques de production et de commercialisation des substances minérales d'exploitation artisanale.

Ce qui n'est pas tout à fait le cas malheureusement.

---

230 Arrêté provincial n°11/062/CAB/GP-MMA/2011 op cit

231 ARRETE INTERMINISTERIEL N° 149 /CAB.MIN/MINES/01/2014

232 note circulaire du Gouverneur du Katanga, n° 2631 bis du 26 novembre 2008

Dans l'ancienne Province du Katanga, l'organisation chargées de venir en aide aux creuseurs artisanaux c'est L'EMAK.

L'association EMAK (Exploitants miniers artisanaux du Katanga) a été créée en 1999, officiellement pour protéger les intérêts des creuseurs artisanaux et des négociants.

À la fois syndicat et coopérative, l'association est officiellement indépendante du gouvernement, bien qu'elle intervient souvent au même titre qu'un organe gouvernemental.

Sur le terrain, certaines personnes considèrent l'EMAK comme l'œil de l'État.

C'est comme une structure étatique informelle de l'Etat.

Alors que le rôle officiel de l'EMAK consiste à protéger et à encadrer les creuseurs artisanaux et les négociants ainsi qu'à veiller à leur bien-être général.

Elle est également censée enregistrer tous les creuseurs artisanaux et tenir un registre du nombre de travailleurs en exercice et de leur identité.

Les représentants de l'EMAK sont eux-mêmes soit creuseurs soit négociants et parfois les deux.

Les détracteurs de l'EMAK soulignent que cela constitue un conflit d'intérêts flagrant, et qu'il est impossible que les représentants de l'EMAK puissent agir en toute indépendance alors qu'ils ont eux-mêmes un intérêt économique dans les activités minières.

SECTION IV : LE CENTRE D'ÉVALUATION D'EXPERTISE ET DE CERTIFICATION DES SUBSTANCES MINÉRALES PRÉCIEUSES ET SEMI-PRÉCIEUSES « CEEC »

C'est une entreprise publique à caractère technique dotée d'une personnalité juridique et placée sous la tutelle des ministres de portefeuille et des mines.

Ces attributions sont :

- L'évaluation et l'expertise du diamant, de l'or, du coltan et des toutes autres substances minérales précieuses et semi-précieuses en RDC.
- L'encadrement des comptoirs, des négociants et des fondeurs par le suivi et le contrôle des flux matières et monétaires.
- La certification et le paiement des taxes à l'exportation des substances minérales précieuses et semi-précieuses.
- La formation du personnel des évaluations.
- La promotion de l'industrie du diamant, de l'or du coltan et d'autres substances minérales précieuses et semi-précieuses.
- La lutte contre la fraude des substances minérales précieuses et semi-précieuses.

SECTION V : LE FONDS MINIER

§ 1 CONTEXTE

Le fonds minier est institué par l'art 8 bis de la loi n° 007/2002 du 11 juillet 2002 portant code minier, telle que modifiée et complétée par la loi N° 18/001 du 9 mars 2018.

Cet art est libellé comme suit :

Art.8 bis.- (Loi n°2018-01) **Du fonds minier pour les générations futures**

Il est institué un fonds minier pour les générations futures. Les ressources du fond minier pour les générations futures sont constituées d'une quotité de la redevance minière.

Un décret du Premier Ministre, délibéré en Conseil des Ministres, crée et organise le fonds minier pour les générations futures.

C'est ainsi que l'exposé des motifs de l'arrêté de création du fonds minier indique :

« Considérant la nécessité de doter la République Démocratique du Congo d'un Fonds Minier en vue de préserver l'équité intergénérationnelle, au regard du caractère non renouvelable des ressources minérales et de sauvegarder les intérêts des générations futures ; »

§ 2. OBJECTIFS POURSUIVI PAR LE LEGISLATEUR

L'esprit du législateur est de constituer une épargne pour les générations futures, à savoir, les matières premières minérales ne se renouvellent pas, et le fait de les exploiter en permanence, il y a le risque d'épuisement.

Et pour permettre aux générations futures de bénéficier un jour de cette « manne », naturelle, il a été jugé bon d'épargner des fonds pour cette génération future.

§ 3. LES MISSIONS DU FONDS MINIER

- Prise de participation dans les projets de diversification de l'économie nationale
- Prise de participation dans les entreprises impliquée dans les filières de transformation locale des produits miniers ou de carrières
- Placement des fonds dans les institutions bancaires
- L'appui financier aux entreprises de portefeuille de l'état sous forme de prêts rémunérés
- Financement des projets d'infrastructures de base montés par le gouvernement

§ 4. LES RESSOURCES DU FONDS MINIER

- La quotité de 10% de la redevance minière, conformément aux dispositions des art 242 du code minier et 526 du règlement minier
- Les dividendes provenant de ses prisés de participations dans les entreprises minières
- Des intérêts des placements
- Des subventions de l'état, dons, legs…

§ 5. AFFECTATION DES RESSOURCES DU FOMIN

Les ressources du FOMIN sont affectées à raison de :

- 5 % des ressources annuelles pour le fonctionnement et la rémunération, sans pour autant dépasser un maximum de l'équivalent en francs congolais de 2.000.000 dollars américains par an ;
- 45 % des ressources annuelles pour les investissements et autres missions définies à l'article 2 du présent Décret ;
- 50 % des ressources annuelles pour l'épargne en faveur des générations futures, notamment par le placement, conformément au troisième tiret de l'article 2 ci-dessus.

§ 6. LES STRUCTURES DU FOMIN

Les structures du FOMIN sont :

- Le Conseil d'Administration
- La Direction Générale
- Le Collège des Commissaires aux Comptes

I. Le Conseil d'administration

Le Conseil d'Administration est l'organe de concertation, d'orientation, de contrôle et de décision du FOMIN.

Il définit la politique générale, détermine le programme, arrête le budget et approuve les états financiers de fin d'exercice du FOMIN.

Il fixe l'organigramme du FOMIN et le soumet à l'approbation du Ministre de Tutelle.

Il fixe, sur proposition de la Direction Générale, le Cadre et le Statuts du Personnel et le soumet à l'approbation du Ministre de Tutelle.

Le Conseil d'Administration comprend cinq Membres, en ce compris les membres de la Direction générale.

Il est composé de :

- Un délégué de la Présidence de la République ;
- Un délégué de la Primature ;
- Un délégué du Ministère des Finances ;
- Deux délégués du Ministère des Mines.

II. La direction générale

La Direction Générale est l'organe de gestion du FOMIN.

Elle exécute les décisions du Conseil d'Administration et assure la gestion courante du FOMIN.

Elle exécute le budget, élabore les états financiers et représente le FOMIN vis-à-vis des tiers.

A cet effet, dans les limites des pouvoirs qui lui sont reconnus, elle assure la bonne marche du FOMIN et agit en toute circonstance en son nom.

La Direction Générale du FOMIN est assurée par un Directeur Général, assisté d'un Directeur Général Adjoint, tous nommés et, le cas échéant, relevés de leurs fonctions par Ordonnance du Président de la République, sur proposition du Gouvernement délibérée en Conseil des Ministres.

Le Directeur Général et le Directeur Général Adjoint sont nommés pour un mandat de cinq ans renouvelables une fois.

Ils ne peuvent être suspendus que par Arrêté du Ministre de Tutelle qui en informe le Gouvernement.

III. Du Collège des Commissaires aux Comptes

Le contrôle des opérations financières du FOMIN est assuré par un Collège des Commissaires aux Comptes.

Celui-ci est composé de deux personnes issues des structures professionnelles distinctes et justifiant de connaissances professionnelles éprouvées en la matière.

Les Commissaires aux Comptes sont nommés par Décret du Premier Ministre délibéré en Conseil des Ministres, sur proposition du Ministre de Tutelle, pour un mandat de cinq ans non renouvelables.

SECTION VI : AGENCE CONGOLAISE DE L'ENVIRON-NEMENT « ACE »

L' ACE est un établissement public à caractère technique et scientifique, créé par décret n° 14/030 du 18 novembre 2014 en vertu de la Loi portant principes fondamentaux relatifs à la protection de l'environnement et exerçant, sur toute l'étendue du territoire national, les activités d'évaluation et d'approbation de l'ensemble des études environnementales et sociales ainsi que le suivi de leur mise en œuvre et veillant à la prise en compte de la protection de l'environnement dans l'exécution des projets miniers ;

Conformément aux dispositions des articles 16 et 185 du Code minier et des dispositions concernant chaque type des droits miniers et/ou de carrières,

l'Agence Congolaise de l'Environnement, le Fonds national de promotion et de service social, en collaboration avec la Direction chargée de la protection de l'environnement minier et, le cas échéant, tout autre organisme de l'Etat concerné, instruisent l'EIES et le PGES relatifs à la demande de droit minier d'exploitation ou de l'autorisation d'exploitation de carrière permanente, le PAR relatif à une demande d'autorisation d'exploitation de carrière temporaire, le dossier de la demande de transfert du droit minier ou de l'autorisation d'exploitation de carrières permanente, ainsi que le plan pour la contribution du projet au développement des communautés environnantes.

L'Agence Congolaise de l'Environnement transmet, à la conclusion de l'instruction environnementale réalisée, son certificat environnemental, le cas échéant, au Cadastre minier dans le délai prescrit pour chaque type des droits miniers et/ou de carrières.

L'Agence Congolaise de l'Environnement, en collaboration avec la Direction chargée de la protection de l'environnement minier instruit également le PAR soumis par le titulaire des droits miniers et/ou des carrières de recherches et transmet, à la conclusion, son certificat environnemental au Cadastre minier dans le délai prescrit dans le Règlement minier.

Le non-respect par le titulaire de ses engagements vis-à-vis des obligations sociales dans le délai est constaté par l'Agence Congolaise de L'environnement en collaboration avec la Direction de protection de l'environnement minier, après enquête sur site et consultation des communautés concernées, qui transmet le procès-verbal de son constat au ministre et au Cadastre minier.

Ce dernier le notifie à l'intéressé dans un délai de dix jours ouvrables après la fin de la période pendant laquelle ses engagements auraient dû se réaliser.

Dans un délai maximum d'un jour ouvrable suivant la réception du procès-verbal, le Cadastre minier affiche le constat de l'Agence Congolaise de l'Environnement en collaboration avec la Direction de protection de l'environnement minier dans une salle indiquée par le Règlement minier.

Une copie de ce procès-verbal est remise au titulaire.

Chaque titulaire a la responsabilité de s'informer du constat de l'Agence Congolaise de l'Environnement en collaboration avec la Direction de protection de l'environnement minier concernant son projet.[233]

---

[233] Art 288 bis du code minier

CHAPITRE III

Les commissions et les directions

SECTION I : LA COMMISSION INTERMINISTERIELLE D'ADJUDICATION

Conformément à l'article 33 du code minier, et à l'article 64 du règlement minier, il est institué une commission interministérielle d'adjudications.

Cette commission est chargée de l'examen des offres et de la sélection des meilleures offres proposées dans le cadre de la soumission des offres suite à la procédure de réservation des gisements.

La commission interministérielle est composée de 15 membres :

- Deux délègues du cabinet du président de la République, dont un représentant du collège administratif et juridique, et un représentant du collège technique et des infrastructures.
- Cinq délègues du ministère des mines dont le secrétaire générale des mines, un membre du cabinet du ministre, un membre de la direction de géologie, un membre de la direction des mines, un membre de la direction chargée de la protection de l'environnement minier.
- Un délégué du ministre de l'intérieur.
- Deux délègues du ministère des finances et budget
- Un délégué du ministère de la justice
- Un délégué du ministère de l'environnement
- Un représentant du gouverneur de la province ou des gouverneurs de province ou se trouve le périmètre concerné.
- Un représentant du cadastre minier central.
- Un représentant de l'état ou service ayant participé à l'étude ou à la découverte du gisement objet de la soumission.

Les membres de la commission sont proposés par leurs services ou organismes respectifs, établi et relevé de leurs fonctions par arrêté du ministre des mines.

Le secrétaire général des mines est Président de la commission.

La commission se réunit sur convocation du ministre.

Les membres de la commission reçoivent un jeton de présence.

SECTION II : LA COMMISSION INTERMINISTÉRIELLE D'APPROBATION DE LISTE DES BIENS À IMPORTER SOUS LE RÉGIME DOUANIER PRIVILÉGIÉ.

Cette commission a pour mission de :

Veiller à ce que la liste des biens pour lesquels le titulaire sollicite le bénéfice du régime douanier privilégié ne comprenne que les biens à vocation strictement minière prévu à chaque phase du projet.

Ces biens doivent être non obsolètes et susceptibles de contribuer au développement du projet minier du titulaire.

Emettre des avis sur l'importation des biens repris sur les listes susceptibles de bénéficier du régime douanier préférentiel.

Cette commission interministérielle est composée de 13 membres nommés par un arrêté interministériel des ministres des mines et des finances, sur proposition des ministères et services concernés.

- Un délégué du Président de la république
- Six délègues du ministère des mines dont trois pour la direction des mines y compris le directeur, un pour la directions de géologie, un pour la direction chargée de la protection de l'environnement minier et un pour le service d'assistance et de l'encadrement de small scale mining.
- Un délégué du ministère des finances.
- Un délégué de DGDA (office des douanes et assises).
- Un délégué du service de logistique du ministère de la défense nationale.
- Un délégué de la banque centrale du Congo.
- Un délégué de l'office congolais de contrôle.
- Un délégué de l'agence nationale de promotion et des investissements (ANAPI).

Cette commission est présidée par le directeur des mines. La commission se réunit sur convocation de son président. Les membres de la commission reçoivent un jeton de présence.

SECTION III : LES INSPECTIONS

Les opérations de recherches et d'exploitation sur les droits miniers et de carrières sont soumises aux inspections périodiques ou ponctuelles par les agents et inspecteurs de la direction des mines et de la direction chargée de la protection de l'environnement minier pour contrôler leur conformité aux obligations en matière de sécurité, d'hygiène, de santé, de prospection de l'environnement, de la tenue de registres de leurs activités, et de la véracité des rapports de leurs opérations.

Les opérations de recherche sont inspectées deux fois par an par la direction par la direction des mines et une fois par an par la direction chargée de l'environnement minier.

Les opérations d'exploitation sont inspectées sont inspectées une fois par trimestre par la direction des mines et deux fois par an par la direction chargée de la protection de l'environnement minier.

Les inspections ponctuelles sont effectuées chaque fois que les circonstances l'exigent.

Les ingénieurs des mines, les géologues de la direction des mines ainsi que les agents de la direction chargée de la protection de l'environnement minier, dûment habilités, ont qualité d'officier de police judiciaire pour rechercher et constater sur procès-verbal les infractions du code minier et du règlement minier.

SECTION IV : LA DIRECTION DES MINES

La direction des mines est chargée des tâches suivantes :

§ 1. L'INSPECTION DES MINES ET CARRIÈRES

- Elle contrôle les activités minières et des travaux de carrières en matières de sécurité, d'hygiène, de conduite de travail, de production, de transport, de commercialisation et en matière sociale.
- Elle détermine l'assiette de la redevance minière
- Elle contrôle en partenariat avec la banque centrale, les opérations du compte principal à extérieur, des titulaires, ainsi que les contrats intra groupes.
- Veuille à l'application de la réglementation particulière sur la fabrication, le transport, l'emmagasinage, l'emploi, la vente et l'importation des produits explosifs.
- Elle facilite le règlement des différends concernant les servitudes de passage entre le titulaire de permis d'exploitation et le permis d'exploitation de rejets, par voie de conciliation.
- Elle est seule habilité à contrôler et à inspecter l'exploitation minière industrielle, l'exploitation minière à petite échelle et l'exploitation minière artisanale.

§ 2. ASSURE L'INSTRUCTION TECHNIQUE DES DEMANDES EN MATIÈRE DE

- agrément au titre de mandataire en mines et carrières
- de droits miniers et de carrières d'exploitation et leur renouvellement ou prorogation selon le cas

- agrément au titre de comptoir d'achat et de vente des substances minérales de l'exploitation artisanale, et leur renouvellement
- d'agrément au titre d'acheteur d'un comptoir agréé
- d'agrément au cas de force majeure
- d'exportation des minerais pour traitement
- d'approbation d'hypothèque
- de transfert d'un droit minier ou d'une autorisation d'exploitation de carrières.

Elle émet des avis en cas de :

- opportunité de soumettre un droit d'exploitation à un appel d'offres
- octroi des droits miniers et des carrières d'exploitation
- ouverture d'une zone d'exploitation artisanale
- instruction des demandes d'agrément au titre de comptoir d'achat de l'or, du diamant et des autres substances minérales d'exploitation artisanale.

§ 3. RÉALISER LES ÉTUDES ÉCONOMIQUES

Elle est chargée également de la compilation et de la publication des statistiques et informations sur la production et la commercialisation des produits des mines et de carrières. Et sur les cours des métaux.

Elle participe aux réunions du comité permanent d'évaluation (CPE).

Elle assure la présidence et le secrétariat permanent de la commission interministérielle chargée de l'approbation des listes des biens bénéficiant du régime douanier privilégié, et participer à d'autres commissions.

SECTION V : DIRECTION DE GEOLOGIE

La direction de géologie est chargée de la promotion du secteur minier à travers la recherche géologique de base, la compilation et la publication des informations sur la géologie ainsi que de la publication et de la vulgarisation desdites informations.

La direction de géologie se livre aux activités d'investigation et d'études du sol ou du sous-sol dans le seul but d'améliorer la connaissance géologique du territoire national ou à des fins scientifiques.

Elle est seule habilitée à recevoir ou à réclamer le dépôt des échantillons témoins de tout échantillon prélevés sur le territoire national pour analyse ou essai.

La direction de géologie émet des avis en cas de :

- classement, déclassement ou reclassement des substances minérales en mines ou en production de carrières et inversement.
- ouverture et fermeture d'une zone d'exploitation artisanale.

- classement ou déclassement d'une substance déclarée « substance réservée ».

Elle participe aux réunions du comité permanent d'évaluation et à celle de la commission interministérielle chargée de l'approbation des listes.

SECTION VI : DIRECTION CHARGEE DE LA PROTECTION ET DE L'ENVIRONNEMENT

La direction chargée de la protection de l'environnement minier au sein du ministère des mines exerce en coordination avec les autres organismes de l'Etat chargé de la protection de l'environnement, les prérogatives de l'environnement, les prérogatives qui lui sont dévolues par le code minier et par d'autres réglementations en matière de protection de l'environnement.

Elle définit et met en œuvre, la réglementation minière en matière de protection de l'environnement.

Elle réalise l'instruction technique du PAR en relation avec les opérations de recherche des substances minérales classées en mines et carrière.

D'autres attributions essentielles de la direction de la protection de l'environnement minier sont:

1. L'instruction et l'évaluation environnementales

A ce titre :

- elle assure l'instruction des demandes d'agrément des bureaux d'études environnementales.
- elle coordonne et participe à l'évaluation des études d'impact environnemental (EIES), du plan de gestion environnementale du projet (PGES) et du plan d'ajustement environnemental (PAE)

2. Le contrôle et le suivi des obligations environnementales

A ce titre, elle

- contrôle la mise en œuvre des mesures d'atténuation et de réhabilitation environnementale par les titulaires des droits miniers.
- vérifie l'efficacité sur le terrain des mesures d'atténuations et de réhabilitation environnementale réalisée par les titulaires des droits miniers et de carrières.
- évalue les résultats des audits environnementaux.

3. La recherche et le développement des normes environnementales

A ce titre, elle

- réalise des recherches sur l'évolution des techniques d'atténuation des effets néfastes des opérations minières sur les écosystèmes et les populations ainsi que les mesures de réhabilitation desdits effets.

- réalise des recherches sur l'évolution des techniques de réglementation de l'industrie minière en matière de protection environnementale.
- compile et publie les statistiques sur l'état de l'environnement dans les zones d'activité minière.
- élabore des directives sur les plans environnementaux et les mesures connexes.

SECTION VII : LA DIRECTION CHARGEE DES INVESTIGATIONS

Elle a pour rôle :

- de prévenir, rechercher, constater et réprimer les infractions prévues par le code minier, à l'exclusion des manquements qui relèvent de la direction des mines, de géologie et de la protection de l'environnement.
- de lutter contre la contrebande minière sous toutes ses formes.

CHAPITRE IV

Les directions et services connexes à l'activité minière

SECTION I : L'ADMINISTRATION FISCALE (DGI)

L'administration fiscale Congolaise est un des acteurs majeurs du dispositif minier. C'est elle qui est censée récoltée pour le compte du budget, les contributions et impôts de l'activité minière.

Nous examinerons la structure de cette administration fiscale, son organisation, les moyens dont elle dispose, les reformes adoptées et à adopter.

§ 1. LA STRUCTURE DE L'ADMINISTRATION FISCALE CONGOLAISE

La direction générale des impôts jadis dénommée pendant très longtemps la direction générale des contributions a vu cette dénomination modifiée seulement en mars 2003.[234]

Le terme de « contribution » était préféré à celui de l'impôt.

Cette préférence est due à des raisons psychologiques.

En effet, à l'époque, on avait préféré le terme de contribution à celui de l'impôt, qui rappelait à la population la soumission et l'esclavagisme.

Cette notion de « contribution » est devenue par la suite synonyme à la contribution volontaire et non obligatoire à l'impôt.

Et afin de redonner à l'impôt son caractère obligatoire, et non volontaire, le gouvernement a décidé du changement de terme.

Le Ministère des finances au Congo comprend deux directions: la direction du budget et la direction des finances.

La DGI fait partie des différentes directions ou service de la direction du ministère chargée des finances.

[234] Décret n° 017/2003 du 2 mars 2003.

La DGI a quatre fonctions principales :

- elle prépare les textes législatifs en matière d'impôt, assure l'assiette de tous les impôts, sauf ceux qui relèvent de la douane et des services spécifiques tels que le CAMI.
- elle qualifie les bases d'imposition, reçoit les déclarations des impôts, les vérifie et elle établit la dette fiscale des redevables. En fait, elle assoit l'impôt, ce rôle correspondant à la taxation et à la vérification des impôts.
- la DGI assure aussi le recouvrement des impôts.
- enfin, elle s'occupe aussi de tout le contentieux fiscal, qu'il soit d'assiette ou de recouvrement.

Par ces fonctions, on peut constater que la DGI est chargée de toute la procédure fiscale, et cela est conforme à toutes les administrations fiscales des pays en voie de développement.

En fait, ces administrations s'occupent de l'établissement des impôts et du recouvrement.

Ce modèle est l'héritage des institutions léguées par les anciennes puissances coloniales.

A l'époque, cette structure pouvait se justifier dans la mesure où on avait besoin d'une unité de gestion, de confiance et d'entraide entre les différents services.

Aujourd'hui, la plupart des pays occidentaux ont abandonné cette structure pour une décentralisation, c'est le cas de la France avec la loi du 22 mars 1982.

Au Congo, le Directeur des impôts suit toutes les étapes successives d'une dette fiscale.

Certains auteurs louent cette structure en invoquant "l'unité de gestion et de commandement".

Cette appréciation a sûrement quelques avantages, mais les inconvénients et les difficultés qu'une telle structure occasionne rendent moins efficaces ce modèle.

Pour comprendre ce centralisme, de l'administration fiscale Congolaise, il convient d'examiner l'organisation de l'administration fiscale au niveau national, provincial, du district et du territoire.

§ 2. L'ORGANISATION DE L'ADMINISTRATION FISCALE

Pour bien comprendre l'organisation actuelle de l'administration fiscale, il convient d'examiner d'abord cette organisation avant 1988, ensuite examiner la période de 1988 à 2003 et la reforme introduite en 2003.

A. Période avant 1988

Jusqu'en 1969, il existait au sein du département des finances, une direction chargée d'établir et de percevoir les impôts et taxes dénommée : direction des taxes et contributions.

Après la réforme fiscale de 1969, au niveau du département des finances, cette direction n'était dotée d'aucune autonomie.

Elle s'occupait de travaux d'assiette et de recouvrement de l'impôt et elle n'était pas considérée comme un véritable service de conception et d'orientation.

La direction des contributions dont la mission consistait à encadrer et à percevoir les recettes fiscales résultant des impôts directs et indirects avait le même statut que toutes les autres directions du ministère des finances.

Cette absence d'autonomie a causé pratiquement un handicap dans le fonctionnement de l'ensemble des services des contributions et dans les initiatives prises par la direction des contributions.

Sa dépendance ne lui permettait pas de gérer ses propres recettes, ni son personnel.

L'organisation administrative de la direction de contribution en province était placée sous l'autorité des chefs des divisions provinciales des finances.

Les services ne relevaient donc pas de l'autorité du directeur des contributions qui n'exerçait en définitive qu'une sorte de tutelle technique.

B. La période allant de 1988 à 2003

Les inconvénients de la période précédente ont nécessité la mise en place d'une nouvelle structure dont les caractéristiques essentiels étaient :

- création de la direction générale de contribution (DGC)
- la DGC était dotée d'une autonomie financière (budget propre, avec son personnel attaché)
- la DGC était devenue seul organe compétent en matière fiscale sur toute l'étendue du territoire national.
- la mise en place d'une structure sous forme pyramidale, permettant que les services fiscaux relèvent directement du directeur général même les services provinciaux qui dépendaient du service du secrétaire général des finances.

En fait, la direction générale des contributions s'est restructurée en administration centrale et les directions provinciales et urbaines.[235]

➢ **L'administration centrale était composée de :**

- la direction générale : directeur général et directeur général adjoint.
- l'inspection générale des services

---

[235] Ord n° 88-039 du 10 mars 1988.

- la direction du personnel et des services généraux
- la direction de la recherche et du contrôle fiscal
- la direction de la taxation et de la documentation
- la direction des recouvrements
- la direction du contentieux

➢ **Les directions provinciales et urbaines**

Pour chaque province, il y avait la direction provinciale.

Au sein des directions provinciales et urbaines, il y avait des ressorts du genre A et B qui avaient tous la qualité des bureaux.

C. Organisation de l'administration fiscale avec la réforme de 2003

Cette réforme de l'administration fiscale porte sur les structures de la DGI et l'organisation des inspecteurs des impôts.

Depuis la réforme, la Direction Générale des Impôts comprend :

- L'administration centrale,
- Une direction opérationnelle
- Une direction urbaine
- Des directions provinciales
- Des services extérieurs.

I. Au Niveau National

a. L'administration centrale est composée de l'administration générale et des directions centrales suivantes :

- La direction des ressources humaines
- La direction de la gestion budgétaire et des services généraux
- La direction de l'informatique
- La direction des études, législation et contentieux
- La direction de la taxation et de la documentation
- La direction du contrôle fiscal
- La direction du recouvrement

A ces directions s'ajoutent un service informatique dénommé «coordination informatique » et une inspection générale des services, placé sous l'autorité directe du directeur général des impôts.

La coordination informatique est supervisée par un chef de division, tandis que l'inspection générale des services est supervisée par un inspecteur coordonnateur qui a rang de directeur.

- La direction générale est composée du Directeur général et de deux directeurs généraux adjoints, et dispose d'une inspection des services placée sous l'autorité directe du directeur général.

- Les directions centrales sont attachées à l'orientation, à l'animation, à la coordination et à l'encadrement des activités des services opérationnels qui assurent les missions fiscales de production et sont en contact direct avec les contribuables.

b. La direction opérationnelle et les services extérieurs sont :

La direction des grandes entreprises (DGE les centres des impôts (CDI)qui gère les PME et PMI et les centres impôts synthétiques (CIS).

Cette réorganisation fait partie des mesures phares de la reforme préconisée en mars 2003.

Ces structures sont censées être des interlocutrices uniques des contribuables, pour pallier aux inconvénients de l'ancienne organisation ou le contribuable était en relation avec plusieurs services de l'administration fiscale pour un même dossier.

En fait l'idée de cette réforme est que ces différentes structures sont chargées de la gestion de l'ensemble des opérations fiscales des contribuables personnes physiques ou morales, sélectionnées et affectés à chaque structure suivant les critères définis par la direction générale.

Ces opérations sont, notamment, la tenue des dossiers uniques, le contrôle, le recouvrement et le contentieux.

Les CDI et les CIS sont des divisions (à part quelques CIS situés à l'intérieur du pays) qui fonctionnent comme des bureaux.

La direction urbaine et les directions provinciales sont chargées, dans leurs ressorts, des tâches non affectées à l'administration centrale et à la DGE, telles que : la gestion des ressources humaines, la gestion budgétaire et services généraux, informatique, coordination et suivi des activités des services extérieurs.[236]

II. Au Niveau provincial

L'administration fiscale provinciale au Congo comprend onze directions provinciales, une par province administrative.

Chacune d'elle s'occupe de la gestion du personnel et des crédits qui lui sont alloués.

Elles s'occupent également des évaluations de la matière imposable, de la vérification des déclarations, de l'inspection et de l'impôt sur les chiffres d'affaires.

En fait se sont des administrations fiscales "d'exécution", car elles ne font qu'exécuter les instructions et les ordres qui émanent de l'administration centrale.

---

[236] Décret n° 017/2003 du 2 mars 2003 modifié et compléter par celui du 30 déc 2004 (04/099) et celui du 9 sept 2005 (05/080)

III. Les services locaux

Les services locaux sont constitués par les ressorts fiscaux installés au niveau des communes et les directions urbaines disposant chacune de 12 ressorts fiscaux.

Les ressorts fiscaux sont responsables de la gestion des contribuables personnes physiques.

Les ressorts locaux comprennent à leur tour, trois bureaux :

- le bureau de taxation
- le bureau de contrôle fiscal
- le bureau recouvrement.

§ 3. LES MOYENS ET LES PROBLEMES DE L'ADMINISTRATION FISCALE CONGOLAISE

A. Principales insuffisances de la direction générale des impôts

Ces insuffisances de la DGI sont nombreuses, et peuvent être regroupés en quatre points :

- le problème majeur est celui des relations que l'administration fiscale entretien avec les contribuables,
- il se pose également le problème de contrôle fiscal,
- le 3ème problème posé est celui de recouvrement de l'impôt, enfin, le 4ème problème est celui de communication et d'échanges d'informations entre les différents services.

Le problème particulier des agents de l'administration fiscale est un problème assez important, et mérite d'être traité à part.

I. Relation entre l'administration et les contribuables

Actuellement la relation entre l'administration fiscale et les contribuables est une relation d'incompréhension, et de conflit.

Cette situation s'explique par plusieurs raisons :

- Les textes fiscaux sont souvent modifiés, et ces modifications ne sont toujours pas portées à la connaissance des contribuables. Ces derniers se retrouvent avec des contributions à payer qu'ils ne comprennent pas, et estiment que ce sont les agents de l'administration fiscale qui sont seuls à l'origine de ces textes et imposition pour leur soutirer de l'argent.
- Les formalités administratives ne sont pas très limpides pour les contribuables, et les procédures fiscales sont très complexes et souvent secrète (pas connu du public et professionnels).

Par ces éléments, la relation entre l'administration fiscale et les contribuables est la plus conflictuelle. Ce qui est très pénalisant pour l'efficacité de l'administration fiscale.

L'administration fiscale rencontre un réel problème pour identifier le contribuable, car ces derniers sont devenus de plus en plus mobile ; par manque de suivi, lors d'un déménagement, il y a toujours risque de perte de la trace du contribuable.

Cette situation pose les problèmes de la recherche et de l'identification des contribuables et la détermination de la matière imposable,

II. Insuffisance du système de contrôle fiscal

Compte tenu de ce qui est indiqué ci-dessus, difficulté d'identification du contribuable, la résistance du contribuable face à l'administration fiscale, le contrôle fiscal devient une opération difficile.

Le contribuable se sent harcelé, arnaqué, et oppose une grande résistance au contrôle fiscal.

III. Insuffisance de recouvrement

Les procédures qui découlent du système de l'enrôlement des impositions retardent le paiement de l'impôt de plusieurs mois ou la multiplicité des échéances fiscales obligent les contribuables à se rendre plusieurs fois par mois, au service des impôts.

En fait, le paiement de l'impôt ne se fait plus en temps réel.

De plus, les actes contraignants pour les contribuables ne sont pas utilisés et ne sont pas efficaces.

IV. Insuffisance sur le plan de communication entre les services des impôts

Les services des impôts qui ont des attributions propres, et restent souvent cloisonnés ; d'où les informations circulent difficilement entre les services.

Ce manque de communication et de circulation des informations portent préjudice à l'efficacité du service tout entier.

- **Les Agents de l'Administration Fiscale**

Le système fiscal est le reflet de l'infrastructure matérielle et humaine d'un pays.

Ainsi, les problèmes relatifs aux agents de l'administration fiscale congolaise sont : la "sous administration fiscale" et « la mal administration fiscale ».

➢ **« La sous administration fiscale Congolaise »**

La sous administration fiscale au Congo a deux aspects :

- la première est l'aspect qualitatif, c'est à dire l'insuffisance numérique des agents du fisc là où il faut.
- le deuxième aspect est d'ordre territorial, c'est à dire qu'il y a une répartition déséquilibrée des agents fiscaux dans le pays.

La pierre angulaire de la réforme de 2003 était la séparation entre les services opérationnels et les autres services, à savoir, la séparation entre les services qui gèrent les opérations fiscales et ceux qui ne le gèrent pas.

En fait, avant la réforme, tel que nous l'avons indiqué ci haut, les opérations fiscales étaient réparties entre plusieurs services :

- Pour la gestion du dossier du contribuable, c'est la direction de taxation et de la documentation qui était compétent.
- Pour le recouvrement des impôts : c'est la direction recouvrement qui intervenait.
- Pour le contrôle des impôts, c'était la direction de contrôle des déclarations.
- Pour le contentieux, c'était la direction du contentieux.

Avec la réforme de 2003, au nom du principe de l'unicité d'interlocuteur, tous les problèmes sus indiqués, sont désormais traités soit par la DGE, soit par la CDI, soit par le CIS.

En fait la situation est devenue telle que ces services gèrent toute la chaîne des opérations fiscales avec un personnel réduit.

Là où il y avait 100 personnes pour boucler la chaîne des opérations fiscales, on se retrouve avec 10 personnes, soit une réduction de personnel de 90%.

Ainsi par exemple, pour la Direction de grandes entreprises qui gère 400 entreprises, on se retrouve avec 36 vérificateurs pour contrôler 300 grandes entreprises pour la ville de Kinshasa.

Le 90% des agents restants sont affectés à d'autres services non opérationnels tels que la direction de la taxation et de la documentation, la direction du recouvrement, la direction du contrôle fiscal qui ne servent plus à rien (coquille vide) compte tenu du fait que tout est regroupé au tour des trois supers structures (DGE, CDI, CIS).

V. Répartition déséquilibrée des agents du fisc dans le territoire et problèmes liés à la suppression de la décentralisation.

C'est dans la capitale Kinshasa, et accessoirement dans quelques grandes villes telles que Lubumbashi, Kisangani et Bukavu que sont affectés les plus éminents des fonctionnaires fiscaux, au détriment des zones rurales qui en sont dépourvus.

Exemple, au CIS de Bulungu (province de Bandundu) il n'y a que trois agents (1 chef de centre et 2 collaborateurs), alors qu'au CIS de la ville de Kinshasa, il y a un nombre impressionnant d'agents sans affectations.

CIS de Barumbu : 95 agents, CIS de Kimbanseke : 89 agents, CIS de Lingwala : 86 agents, CIS de Kintambo : 97 agents, CIS de Ngiri-Ngiri : 91 agents, CIS de Gombe : 101 agents.[237]

Cette sous-administration fiscale est accompagnée de problème que pose la décentralisation du recouvrement des impôts spontanés en province.

La réforme de 2003 qui a réorganisée l'administration fiscale par la création de DGE, CIS, CDI, a supprimé la décentralisation de l'administration fiscale.

Or, cette suppression de la décentralisation au profit des trois supers structures (DGE, CDI, CIS) pose un double problème au niveau de la province :

- **Problème de la connaissance du terrain pour appréhender toute la matière imposable**

Le vrai problème que pose la suppression de la décentralisation est la capacité des agents de l'administration fiscale qui ne se trouve pas dans le secteur d'imposition d'appréhender l'impôt.

La majorité de transactions en RDC se font en liquide. On peut se demander comment un agent localisé dans une grande ville comme Kinshasa, peut connaître des transactions opérées dans un lieu déterminé comme à Kiri (à 600 Km de Kinshasa).

Seuls les agents locaux bien implantés localement sont capables de connaître les différentes transactions du secteur, et appréhender l'impôt correspondant.

- **L'autre problème que cette réforme pose est celle de « manque à gagner » pour les provinces**

Car la constitution de la troisième république accorde aux entités décentralisées, 40% de l'impôt généré dans une juridiction, reste affecté à la province concernée.

Or par le principe de l'unicité de l'impôt qui veut que les impôts soient payés à Kinshasa, cette situation entraîne un manque à gagner important pour les provinces.

[237] Listes alphabétiques des présences et mouvement du personnel, semaine du 15 au 19 août 2005, cité par Dieudonné BIFUMANU, op. cit.

B. “Le mal” de l’administration fiscale Congolaise.

Au Congo, de tous les maux de l’administration fiscale, l’incompétence et la corruption viennent en tête, à elles celles, ces fléaux engendrent une perte de 60% des recettes de l’État.

I. Incompétence et manque de motivations.

L’incompétence de certains agents fiscaux ne peut qu’être cherchée à la source, c’est à dire lors du recrutement et de la formation de ces agents.

En effet, pendant très longtemps, l’administration fiscale procédait par le recrutement massif et automatique des finalistes de l’école de finance.

Ce recrutement à «tour de bras » n’a pas été suivi par l’affectation de ces nouveaux agents.

Il n’existe aucun centre de formation pour les agents de l’administration fiscale, en dehors de l’école nationale des finances.

Cette dernière est devenue juste un vivier pour le recrutement du personnel et non un véritable centre de formation des agents.

Bien que les étudiants de l’école de finances sont recrutés par concours, il y a une sélection qui se fait à la première année de la scolarité.

A l’issue de la première année, les étudiants (fonctionnaires stagiaires) sont repartis dans quatre branches :

- douanes et assises
- budget et comptabilité
- assurances
- impôts directs et indirects

La seule difficulté c’est qu’à la sortie de l’école, les fonctionnaires stagiaires sont affectés dans différents services, souvent sans qu’il ait un besoin réel de la main d’œuvre.

Ensuite, les fonctionnaires ne suivent plus de formation de recyclage ou de remise à niveau ou d’actualisation de connaissances.

Par conséquent, ils se retrouvent après plusieurs années d’exercice professionnel, au même niveau de connaissance qu’à la sortie de leurs formations.

En comparaison par exemple avec le Royaume de Belgique, il existe 25 centres de formation pour l’administration fiscale, une école nationale de fiscalité et des finances et une école fédérale d’administration.

Toute promotion dans les services est conditionnée à la réussite à un concours.

Des tentatives d’amélioration de la situation du personnel ont été engagées.

Comme on pouvait le lire dans la note de service du directeur général du 26 avril 2005 [238]

---

[238] note n° 01/040/DGI/DELC/DM/2005

Dans cette note, la direction générale s'est assignée comme objectif : « l'amélioration de la motivation du personnel, meilleure affectation des agents, amélioration de l'organisation de la formation du personnel et meilleure gestion de la carrière des agents. »

Malgré ces tentatives, les conditions des agents n'ont pas été améliorées, et cette situation entame en permanence leurs motivations.

A notre avis, il nous semble qu'il faudra recruter les agents de l'administration fiscale par concours, ensuite tout au long de leurs carrières, ils doivent suivre différentes formations afin de se réadapter aux techniques modernes et il serait convenable que l'État réserve à ses fonctionnaires un traitement spécial, car ces agents sont à la base des recettes fiscales de l'Etat.

II. La corruption des agents.

L'autre fléau de l'administration fiscale, est la corruption de ces agents.

En effet cette corruption s'explique par plusieurs raisons :

- Le salaire des agents est très bas.
- Le plus bas salaire n'avoisine même pas 100 $ us.
- L'autre explication est l'impunité de la corruption.

Pendant très longtemps, l'environnement économique congolais était gangrené par la corruption de tout bord.

En commençant par les politiques, et tout ce qui s'ensuit.

Ainsi donc la logique pour les agents et les hauts fonctionnaires qui voyant les politiques s'enrichir indûment en toute impunité, eux également ont fait de même.

Ces agents et fonctionnaires ne pouvant être mis en cause que par les hommes politiques et comme ces fonctionnaires sont au courant des malversations de ces hommes politiques, un lien de complicité s'est tissé entre eux.

La situation était devenue telle qu'une chaîne de complicité s'était développée au sein de l'administration fiscal.

Bien entendu, en haut de la chaîne de corruption se trouvait les hommes politiques.

Ces derniers n'encouraient aucune sanction ni politique, ni administrative, et encore moins judiciaire.

Par conséquent, ils ne pouvaient à leurs tours sanctionner les hauts fonctionnaires qui s'adonnaient à la même pratique.

Ainsi de suite.

La chaîne était bouclée : corruption, impunité, protection, corruption…

C. LES MESURES DE REFORMES FISCALE PRISE DEPUIS 1997

I. Les reformes accomplies entre 1997 et 2002

Les modifications introduites dans la législation fiscale congolaise à partir de 1997 ont porté respectivement sur l'assiette et le taux des impôts, sur les procédures fiscales ainsi que sur l'institution des nouveaux prélèvements.

a. Concernant les reformes de l'assiette et de taux

Les reformes sur l'assiette et les taux, ont touché les impôts réels, les impôts cédulaires sur les revenus, l'impôt sur le chiffre d'affaires, l'impôt exceptionnel sur les rémunérations versées par les employeurs à leur personnel expatrié ainsi que la taxe spéciale de circulation routière.

b. En matière d'impôts réels

Le décret-loi n° 111/2000 du 19 juillet 2000 a apporté des modifications à l'impôt foncier et à l'impôt sur les véhicules.

Concernant l'impôt foncier, dans le souci de rétablir la justice fiscale dans le calcul de cet impôt, l'imposition forfaitaire annuelle a été abandonnée au profit de l'imposition en fonction de la superficie bâtie pour les villas.

S'agissant de l'impôt sur les véhicules, en vue d'éviter au législateur des interventions à des périodes relativement courtes du fait de la dépréciation de la monnaie, le droit d'obtention du duplicata du signe distinctif fiscal (vignette), a été fixé à une somme égale à 50% de la valeur dudit signe.

Concernant l'impôt sur la superficie des concessions minières, il a été actualisé tel qu'indiqué ci haut, par la loi minière n° 007/2002 du 11 juillet 2002.

II. En matière d'impôt cédulaire sur les revenus

Les modifications ont concerné l'impôt sur les bénéfices et profits, l'impôt sur les revenus locatifs et l'impôt professionnel sur les rémunérations.

- **Concernant l'impôt sur les bénéfices et profits**

Le décret du 10 juillet 1998[239] a défini les critères de classification de PME (nombre de salarié : moins de 200), total de bilan : inférieur ou égal à 11 200 0000 FC.

---

[239] Décret loi n° 086 / 10 juillet 1998

Ce décret a déterminé le régime fiscal applicable suivant une classification en 4 catégories en fonctions du chiffre :

- La première catégorie, relève du régime de droit commun, taux : 40%.
- La deuxième catégorie est imposée suivant le barème progressif d'imposition par tranche de revenu
- La troisième catégorie est taxée forfaitairement
- Et la quatrième catégorie relève du régime de la patente.

➢ **S'agissant de l'impôt sur les revenus locatifs**

Le décret-loi n° 109/2000 du 19 juillet 2000 a introduit les innovations suivantes :

- extension du champ d'application de cet impôt à tout cas de mise à disposition à titre gratuit des bâtiments et terrains, pour usage professionnel, en faveur d'une entreprise ou toute autre personne, dans le souci de lutter contre les fraudes fiscales dans les entreprises.
- le calcul de l'impôt sur la base des revenus bruts et non plus sur les revenus nets, après déduction des charges forfaitaires, dans le but de la simplification de la législation en vue de susciter l'adhésion à cet impôt et de remédier à la faiblesse de son rendement.
- la réduction de taux d'imposition à 22% au lieu de 35%, en vue de compenser la perte consécutive à la suppression de la déduction des charges locatives forfaitaires.
- la généralisation du mécanisme de la retenue locative à tous les locataires, personnes physiques ou morales, afin d'améliorer le rendement de cet impôt, eu égard à l'insolvabilité prévisible de la plupart des bailleurs.

➢ **Sur l'impôt professionnel sur les rémunérations**

Le décret-loi n° 109/2000 sus indiqué a apporté les modifications suivantes :

- l'extension de son champ d'application aux rémunérations des associés actifs dans les sociétés autres que par actions ainsi qu'à la rémunération que l'exploitant d'une entreprise individuelle s'attribue pour son travail ou attribue aux membres de sa famille pour leur travail.
- la prise en compte du montant SMIG appliqué dans le pays d'origine comme plancher de la base imposable pour le personnel expatrié.
- la suppression de la tranche des revenus exonérés et la fixation du plafond de l'impôt à 35% du revenu imposable, ce plafond a été ramené à 30% par le décret-loi n° 015/2002 du 30 mars 2002.

- **Sur l'Impôt Exceptionnel sur les Rémunérations versées par les employeurs à leur personnel expatrié.**

L'arrêté ministériel 082 du 26 février 2002 a apporté la réduction de son taux de 33 à 25%.

III. Concernant la Taxe Spéciale de Circulation Routière

Ces taux ont été fixés en francs fiscaux par décret n° 120/2000 du 3 septembre 2000 et a été revus à la baisse par décret du 10 avril 2002.

IV. Les reformes portant sur les procédures fiscales

Les modifications apportées concernent les modalités de perception de l'impôt sur les bénéfices et profits, le mode de paiement des dettes envers l'état, le régime des pénalités fiscales et l'instruction du contentieux fiscal.

a. Sur les modalités de perception de l'impôt sur les bénéfices et profits

Le décret-loi n° 058 du 18 février 1998 a introduit le précompte BIC comme mécanisme de perception de l'impôt sur les bénéfices et profits, venant en appui au système d'acomptes provisionnels et remplaçant ce dernier pour les personnes physiques.

L'arrêté ministériel n° 026 du 9 janvier 2001 a fixé le taux du précompte, initialement fixé à 3%, a été ramené d'une part à 2% pour les ventes en gros, les prestations de service et les travaux immobiliers, et d'autre part, à 1% ou 5% pour les opérations d'importation ou d'exportation selon que le contribuable est détenteur ou non d'une attestation fiscale.

b. Concernant le mode de paiement des dettes envers l'Etat

le décret n° 067/ du 20 avril 1998 a institué le timbre fiscal comme unique preuve de règlement de créances de l'état concernant notamment les impôts fonciers, droits, taxes et redevances dus à l'état, en remplacement de la quittance modèle unique.

Le décret n0 068 du 22 avril 1998 a créé le franc fiscal en tant qu'unique preuve de règlement des créances de l'état

Face à la dépréciation de la monnaie nationale, le décret n° 099 du 3 juillet 2000 a instauré la cristallisation des dettes envers l'état, à savoir, toutes les créances de l'état notamment les impôts, taxes, droits et redevances sont converties en franc fiscal suivant la parité du jour de la réalisation du fait générateur et réglées en franc congolais au jour du paiement.

Le décret n° 007/2002 du 2 février 2002 a supprimé le timbre fiscal comme seul moyen de preuve de paiement des dettes envers l'état étant dès lors constituée de l'ensemble des documents délivrés par l'intervenant, attestant l'encaissement par lui, des paiements effectués en règlement des dettes envers l'état et dont les références sont portées sur la note de perception de versement.

c. Le régime de pénalité fiscale.

le décret-loi n0 098/ du 3 juillet 2000 portant réforme de pénalités fiscales, tel que modifié et complété par le décret-loi n0 014/2002 du 30 mars 2002, a notamment apporté les innovations suivantes :

La séparation nette entre les pénalités d'assiette, les pénalités de recouvrement et les amendes administratives, désormais appliquées par les servies d'assiette ou de recouvrement au moment de l'établissement ou paiement des droits, selon le cas.

Introduction des amendes administratives pour sanctionner la communication de faux renseignements ou des renseignements incomplets, ainsi que les cas d'absence d'annexes à la déclaration de l'impôt sur les bénéfices et profits.

L'introduction des pénalités spécifiques applicables pour défaut de paiement ou pour non-reversement du précompte BIC.

Le développement de la fraude fiscale intentionnelle et de certains comportements en infractions passibles de sanctions pénales, c'est à dire prononcées par le juge.

d. Instruction du contentieux fiscal.

L'arrêté ministériel n° 010 du 10 septembre 1997 a opéré l'uniformisation de la procédure d'instruction du contentieux fiscal dans sa phase administrative.

Ce texte a étendu aux impôts réels et aux impôts sur les revenus, les modifications apportées par le décret-loi n° 69-058 du 5 décembre 1969 relative à l'impôt sur le chiffre d'affaires, il s'agit notamment :

- la fixation d'un délai d'instruction par l'administration à six mois à compter de la date de réception de la réclamation
- le bénéfice d'un sursis de recouvrement de l'impôt litigieux et des pénalités y afférents si la réclamation porte sur un supplément d'impôt enrôlé consécutif à un redressement fiscal.

En cas de rejet, le sursis de paiement ne fait pas obstacle au calcul des intérêts de recouvrement.

IV. Création de nouveaux prélèvements

Deux nouveaux prélèvements ont été institués : l'acompte sur divers impôt (ASDIC) et l'impôt personnel minimum pour expatrié.

a. L'acompte sur divers impôts.

Le décret-loi n° 100 du 3 juillet 2000 l'a institué à charge du cédant personne physique, à l'occasion de l'aliénation d'un immeuble ou de la mutation d'un véhicule automobile, en cas de cession à titre onéreux.

Le taux a été fixé à 1% de la valeur de cession, il est retenu à la source par l'acquéreur du bien et reversé dans les huit jours qui suivent la date de la cession, et son montant est inscrit dans le compte courant fiscal du cédant.

b. L'impôt personnel minimum pour expatrié.

Le décret-loi n° 119/2000 du 9 septembre 2000 a assujetti tout expatrié majeur résidant en RDC et n'y exerçant aucune activité connue de l'administration fiscale, à un impôt annuel payable par quotité trimestrielle fixée à 6 000 Ff.

L'objectif poursuivi est de permettre aux expatriés de se faire connaître à l'administration fiscale et de sortir de l'informel.

- **Les réformes accomplies depuis 2002**
- **Les reformes relatives au changement du terme impôt au terme impôt.**

Depuis 1969, le terme de l'impôt était remplacé par le terme «Contribution ».

La loi du 13 mars 2003 portant réforme de l'administration fiscale a réinstallé le terme «impôt » à la place de «contribution ».

L'objectif de ce changement est de «réinstaller la notion de contrainte liée à impôt dans l'imagerie populaire, étant donné que le vocable «Contribution» faisait penser à une cotisation volontaire »[240]

c. Les réformes relatives à la procédure fiscale

La loi n° 004/2003 du 13 mars 2003 portant réforme des procédures fiscales a apporté les reformes suivantes :

1. Instauration d'un numéro d'impôt.

Ce numéro d'impôt sert à l'identification des contribuables.

En fait, c'est la seule identification de toute personne physique ou morale, redevable d'impôts et d'autres droits dus à l'état.

Ce numéro est désormais obligatoire, et doit être porté sur tous les documents émis par les contribuables et destinés aux services de la personne physique ou morale, y compris les factures, reçus ainsi que d'autres documents émanant du contribuable.

Le défaut de numéro impôt donne lieu à l'application d'une amende.

---

[240] André philippe FUTA ancien ministre des finances auteur de la réforme (cite Minfinrdc)

2. La déclaration d'impôt professionnel sur les rémunérations (IPR) et d'impôt exceptionnel sur les rémunérations des expatriés.

Avant la réforme, toute déclaration non accompagnée de paiement était réputée inexistante.

La réforme permet que la déclaration soit souscrite même si elle n'est pas accompagnée du paiement de l'impôt.

3. Déclaration auto liquidative

Avant la réforme, le paiement des droits dits spontanés (IPR, IM, retenues IR) s'effectuait au moment de la déclaration, tandis que celui des droits dits émis (IF, IBP, suppléments impôts) faisaient l'objet d'enrôlement avant d'être recouvrés.

Avec la réforme, toute déclaration de n'importe quel impôt doit être accompagné du paiement. Le système enrôlement est supprimé.

4. Avis de mise en recouvrement (AMR)

l'AMR est émis pour le recouvrement des impôts, suppléments impôts et autres droits établis par l'administration des impôts.

Il est signé par le receveur des impôts compétent et envoyé au redevable sous pli recommandé avec accusé de réception ou remis en mains propres sous bordereau de décharge.

Les redevables sont tenus d'acquitter les montants dus dans un délai de 15 jours à compter de la réception de l'AMR.

Passé ce délai, le receveur des impôts peut exercer les poursuites pour un recouvrement forcé.

5. Les pénalités fiscales

Avant la réforme, plusieurs textes ont successivement modifié le régime de pénalités de fiscales dont le plus significatif est celle qui a procédé à la séparation entre les pénalités d'assiette et celles de recouvrement, les amendes et les astreintes[241]

La nouvelle réforme a maintenu le principe de la séparation des pénalités et le changement n'a porté que sur le niveau du taux de ces pénalités.

Ainsi, les taux de pénalités se présentent comme suit :

➢ **Pour les pénalités d'assiette**

En cas de taxation d'office pour absence de déclaration servant au calcul de tout impôt, il est appliqué une majoration de 50% du montant de l'impôt dû et 100% en cas de récidive.

---

[241] decre loi n° 098 du 3 juillet 2000

- dans les autres cas de taxation d'office, impôt dû est majoré de 25%, et de 50% en cas de récidive ;
- en cas de redressement, il est appliqué une majoration égale à 20% du montant d'impôt éludé et 40% en cas de récidive.
- Le défaut de paiement de l'acompte provisionnel : 50% de l'acompte dû.

➢ **Pour les pénalités de recouvrement**

Tout retard dans le paiement de tout ou partie des impôts et autres droits donne lieu à l'application d'un intérêt moratoire de 10% par mois de retard.

➢ **Astreinte**

En cas de refus de répondre dans le délai à une demande de renseignement, l'astreinte est de 100 Ff pour les personnes morales et 25 Ff pour les personnes physiques par jour de retard, jusqu'au jour de communication des informations demandées.

➢ **Amendes**

- En cas d'absence des annexes à la déclaration de l'impôt sur les bénéfices et profits, l'amende est de 100 Ff par année et 200 Ff en cas de récidive.
- En cas d'absence d'une déclaration qui ne sert pas à la base de calcul de l'impôt, l'amende est de 500 Ff pour les personnes morales et 250 Ff pour les personnes physiques.
- En cas de défaut de paiement du précompte non retenu, l'amende est égale au montant du précompte reconstitué.
- en cas de communication de faux renseignement, l'amende est de 1 500 Ff pour les personnes morales, et 250 Ff pour les personnes physiques.
- En cas de renseignement incomplet, l'amende est 750 Ff pour les personnes morales et 125 Ff pour les personnes physiques.
- En cas d'exercice d'une activité sans remplir les formalités requises, l'amende est de 1 000 Ff pour les personnes morales, et le même montant pour les personnes physiques exerçant le commerce et 50 Ff pour les personnes physiques bénéficiaires des revenus locatifs.

6. Instauration d'un régime fiscal spécifique aux PME.

Est considérée comme PME, les entreprises qui ne réalisent pas un chiffre d'affaires supérieur à 400 000 Ff.

Peuvent être également classifié en PME, les entreprises qui emploient moins de 200 salariés et dont la valeur totale du bilan ne dépasse pas l'équivalent en Franc congolais de 1 500 000 Ff.

Le régime fiscal de ces PME est reparti en trois catégories :

- Celles dont le CA est inférieur à 10 000 Ff. Dans ce cas elles sont soumises à la patente, tel qu'organisé par la loi n° 79-021 du 2 août 1979 Et elles relèvent de la gestion des ETD (entités administratives décentralisées).
- Les PME dont le CA est compris entre 10 001 Ff et 50 000 Ff ; elles sont soumises au régime d'impôt synthétique libératoire, en matière impôt sur les bénéfices et profit et impôt sur le chiffre d'affaires. Impôt synthétique libératoire est un impôt forfaitaire annuel dû au titre des bénéfices et profits ainsi que du montant du chiffre d'affaires. Les taux sont fixés par arrêté du ministre des finances.
- Les PME dont le chiffre d'affaires annuel se situe entre l'équivalent en Ff de 50 001 et 400 000 Ff. Ces PME sont obligées de tenir une comptabilité générale. Elles sont soumises au régime d'imposition de droit commun.

Les personnes physiques commerçantes se trouvant dans la tranche sus indiquée, sont imposées dans le cadre d'impôt sur les revenus.

7. Réduction du délai de rappel des impôts de 10 à 5 ans ainsi que celui de prescription en matière de recouvrement de 30 à 15 ans.

Simplification et allégement des modalités de perception de l'impôt sur les bénéfices et profits.

La loi n° 006/03 du 13 mars 2003 fixant les modalités de calcul et de perception des acomptes et précomptes de l'impôt sur les bénéfices et profits, a apporté les modifications suivantes :

- La suppression du précompte BIC dans le chef des entreprises relevant de la DGE, désormais soumises au seul mécanisme d'acomptes provisionnels tout en demeurant collectrice du précompte dû par les autres contribuables.
- L'uniformisation à 2% du taux de précompte pour toutes les opérations visées (à l'intérieur, à l'importation et à l'exportation)pour faciliter la gestion de ce système par l'administration fiscale.
- La réduction du nombre d'acomptes provisionnels de trois à deux étant donné qu'au regard du système de déclaration auto liquidative adopté en matière de recouvrement, le troisième acompte provisionnel correspond au solde à payer au moment du dépôt de la déclaration.
- La possibilité pour le contribuable de solliciter l'utilisation des crédits constatés à son compte courant fiscal au paiement d'autres impôts et droits dus, en cas d'excédent de précompte ou d'acompte.
- Le reversement mensuel du précompte collecté, et non plus chaque semaine, l'objectif étant de diminuer la fréquence des formalités administratives.

- Le paiement du premier acompte provisionnel avant le 1er août au lieu du 1er septembre, pour réduire le temps qui sépare le paiement du solde de l'impôt et celui du premier acompte provisionnel pour des raisons de trésorerie.

Par ailleurs, dans le cadre de réforme des PME, la loi du 13 mars sus indiquée, prévoit :

- L'extension du système d'acomptes provisionnels, actuellement réservé aux seules entreprises relevant de la DGE, aux contribuables des CDI.
- La limitation du système de précompte de l'impôt sur les bénéfices et profits aux seuls contribuables des CIS.

D. Approche critique des réformes fiscales initiées depuis 1997.

Les réformes proposées touchent principalement :

- la législation (réforme des procédures fiscales, réforme de régime d'imposition des PME, réforme de l'impôt sur la dépense par l'introduction de la TVA et la mise à jour du code des impôts).
- la mise en place d'une administration fiscale à deux têtes (l'opérationnel et le non opérationnel). l'infrastructure et équipement nécessaires au bon fonctionnement des services.

I. Sur la procédure fiscale

L'essentiel des réformes sur la procédure fiscale vise à faciliter la tâche de l'administration fiscale et du contribuable.

La simplicité est de mise, la recherche de l'efficacité est marquée.

Plusieurs rapports annuels de la banque centrale font état de la faiblesse du système fiscal dont les recettes n'excèdent pas 8% du PIB.

Et la pression fiscale n'excède pas 10%

Les causes de cette faiblesse de rendement sont de plusieurs ordres :

- législation (immatriculation des contribuables, procédures de déclaration, et de paiement, procédure de contrôle, procédure en matière d'instruction des réclamations, le foisonnement des textes législatifs et réglementaires, multiplication des régimes fiscaux de faveur.
- organisation des services.
- personnel (situation des effectifs par rapport au cadre organique, formation, gestion des carrières, situation sociale).
- infrastructures et équipement[242].

[242] programme de reforme et de modernisation de la direction générale des impôts janvier 2004 cité par BIFUMANU op cit.

C'est le diagnostic que la DGI a réalisé pour expliquer la faiblesse du rendement des recettes fiscales.

La réforme des procédures fiscales telle qu'initié, devrait permettre l'efficacité du service mais en fin de compte, on constate que cela n'apporte pas le rendement espérer.

A notre avis, pour qu'une reforme apporte les fruits escomptés, il conviendrait de mettre l'accent sur le personnel, à savoir, la réformation du personnel, et leurs motivations.

Car comme on dit, «on peut avoir les meilleures casseroles, du monde, les meilleurs gazinières, mais si on n'a pas un bon cuisinier, on n'est pas sûr de manger un bon repas ».

Cet exemple est facilement transposable aux réformes de l'administration fiscale.

Aucune meilleure administration fiscale ne peut bien fonctionner sans le concours des hommes et des femmes pour l'animer et le mettre en œuvre.

II. Sur le regroupement des contribuables en différente catégorie d'entreprise

Tel que nous l'avons indiqué ci haut, la réforme de 2003 divise les entreprises en trois catégories, celles dont le CA est inférieur à 10 000 Ff, celles comprises entre 10 001 et 50 000 Ff, et celles dont le CA est comprise entre 50 001 Ff et 400 000 Ff.

Et le régime d'imposition est différent pour chaque catégorie des contribuables.

On peut s'interroger sur l'objectif poursuivi par cette réforme.

Car le fait que les entreprises dont le CA sont compris entre 10 001 et 50 000 Ff fait qu'elles supportent un impôt synthétique (qui est un forfait). Cette situation ne stimule pas ces entreprises à développer leur CA pour passer du régime de forfait, au régime de droit commun qui est plus contraignant car oblige à la tenue d'une comptabilité.

La bonne réforme dans ce domaine consiste à mettre en œuvre des mécanismes qui poussent les PME à sortir du secteur informel.

Ainsi par exemple, il faudra introduire l'établissement des bilans peut être simplifiée pour les PME qui ont un chiffre d'affaires inférieur à 50 000 Ff et un bilan plus étoffé pour les autres PME.

Pour cela il faudra favoriser par exemple la création des centres de gestion agrée, qui pourront établir des bilans pour le compte des PME et les conseillers, en contrepartie. Les bilans qui seront présentés par les centres de gestion bénéficieront d'un abattement fiscal qui pourrait être par exemple de 20%.

Ce système existe déjà en France et fonctionne bien.

Encore une fois, l'idée sera de faire sortir les entreprises du secteur de l'informel et les amener en douceur à la culture d'établissement de documents comptables légale et au paiement des impôts.

III. Sur la création des DGE, CDI et ETD, CIS

Le décret-loi n° 017/2003 du 2 mars 2003 portant création de la DGI a apporté les modifications suivantes :

- création d'une véritable administration centrale des impôts chargée des taches stratégiques (conception, animation, coordination et supervision)
- création d'une direction opérationnelle dénommée direction des grandes entreprises (DGE) chargée de la gestion de l'ensemble des opérations fiscales des entreprises personnes physiques ou morales, réalisant un CA supérieur à 300 000 $ US.

Le décret-loi n° 04/099 du 30 septembre 2004 qui a modifié et compléter le décret n° 017/2003 a créé le centre d'impôts synthétiques, et le centre d'impôt. chargée respectivement de la gestion de l'ensemble des opérations fiscales des entreprises de petite taille et de moyennes entreprises.

Le postulat de la réforme de 2003, relative à la création des DGE, CDI, et ETD était d'éviter que le dossier d'un contribuable soit traité par plusieurs directions de la direction des impôts.

L'objectif étant qu'un contribuable ne doit traiter qu'avec une seule direction des impôts, dénommée direction opérationnelle.

La difficulté pour cette réforme est qu'un seul agent ne peut traiter tous les problèmes qui sont posés au contribuable, à savoir :

Le problème de taxation, d'assiette, de recouvrement, du contentieux ou de contrôle.

Cet agent est obligé de se référer à ses collègues, de la même direction mais qui connaissent plus le problème posé.

En fin de compte, le contribuable se trouve en face d'une direction certes, mais avec plusieurs interlocuteurs.

Donc la question n'est pas pour autant réglée, car il nous semble que le problème de l'administration fiscale est plutôt un problème d'organisation interne, de formation du personnel et de leur valorisation et de leur déploiement au sein du territoire national et non pas un problème de pur forme de modification d'interlocuteur.

Il faudra plutôt faire dialoguer les services, au besoin mettre en place une direction de coordination avec les différents service qui pourra servir l'interlocuteur du contribuable et fera la synthèse avec les différents services.

IV. Impact de la réforme de l'administration fiscale sur la Mobilisation des recettes.

a. Cas de la DGE (direction de grandes entreprises).

La création de la DGE en RDC relève de vague de création des structures spécialisées pour la gestion des grands contribuables.

L'élan a été donné par l'Argentine en 1974.

Face au succès récolté par ce pays, d'autres pays en voie de développement de l'Amérique du sud et de l'Afrique ont repris le même système, ce fut le cas pour le Cameroun, le bénin, le Kenya, et la cote d'ivoire.

En RDC, la DGE tel que créée par le décret n° 017/2003 du 2 mars 2003, est une des directions opérationnelles de la DGI, chargée de la gestion des grandes entreprises.

Elle est l'interlocuteur unique des grandes entreprises dont les recettes représentent plus de 70% des recettes de la DGI.

L'organigramme de la DGE se présente comme suit :

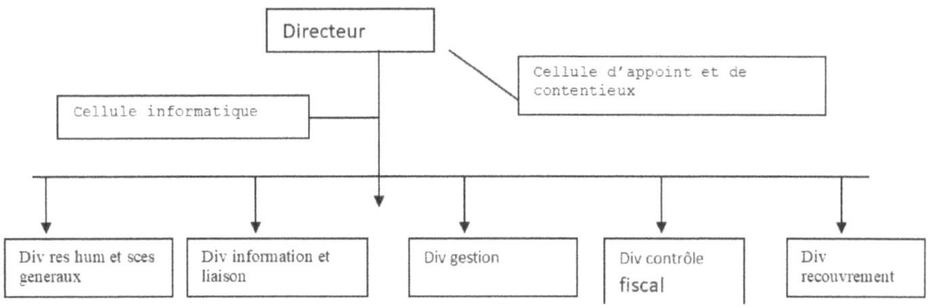

Schéma 2[243]. Attributions de la DGE et objectifs de la création.

La DGE est chargée de la gestion de l'ensemble des opérations fiscales des grandes entreprises. Personnes physiques ou morales sélectionnées suivant les critères définis par la direction générale.

Les objectifs de la création de la DGE sont les suivants :

- Volonté de maîtriser les recettes fiscales. La création de la DGE relève du constat selon lequel, le potentiel fiscal congolais relève d'un petit nombre de contribuable, qui étaient administrés par trois différentes directions.
- La direction de la taxation et de la documentation qui assurait la gestion des dossiers fiscaux.
- La direction du recouvrement qui s'occupait de la perception des recettes et de la mise en œuvre des actions en recouvrement.
- La direction du contrôle fiscal chargée de la vérification de la régularité des comptabilités.

La difficulté de cette organisation était que les différents services étaient cloisonnés, d'où l'information ne circulait pas bien.

Puisque l'information ne circulait pas bien, il s'en est suivi une multitude d'interlocuteur pour le même contribuable demandant parfois les mêmes informations.

[243] Compilation personnelle

D'où l'idée de la création de la DGE dont l'objectif principal est le regroupement des contribuables les plus importants au sein d'une direction unique.

Il semble que ce regroupement devait permettre un meilleur suivi de l'ensemble des obligations fiscales.

Ce type de fonctionnement semble-t-il devait simplifier les formalités administratives, et faciliter les relations entre l'administration et les contribuables.

b. Cas de CDI pilote de Kinshasa.

Le CDI de Kinshasa relève de la direction urbaine de Kinshasa (DUK), il constitue l'un des services dits extérieurs de la DGI, gérant directement les contribuables.

Le CDI émane du décret n° 004/2004 du 30 décembre 2004 qui a modifié et compléter le décret n° 017/2003 du 2 mars 2003.

Ce décret qui a créé la DGE, a également crée le CDI.

Objectifs et fonctionnement du CDI

L'objectif de la création du CDI est entre autres :

- la simplification des textes
- la suppression des tracasseries administratives
- la mise de toutes les procédures fiscales dans un document.
- l'instruction d'un numéro de l'impôt unique.
- la mise en œuvre d'un interlocuteur unique.

Afin d'améliorer la gestion et le contrôle des contribuables de taille moyenne, il est regroupé au sein de cette structure, l'ensemble des fonctions opérationnelles (gestion, recouvrement, contrôle et contentieux), sous l'autorité d'un même responsable.

Ainsi, le CDI est devenu un interlocuteur fiscal unique.

Un service chargé d'accueillir les contribuables et de répondre aux doléances les plus diversifiées est prévu, avec remise de documentation, guide du contribuable CDI, dépliant…

Le CDI est directement rattaché à la direction urbaine ou provinciale dont le périmètre géographique délimite la compétence territoriale du centre.

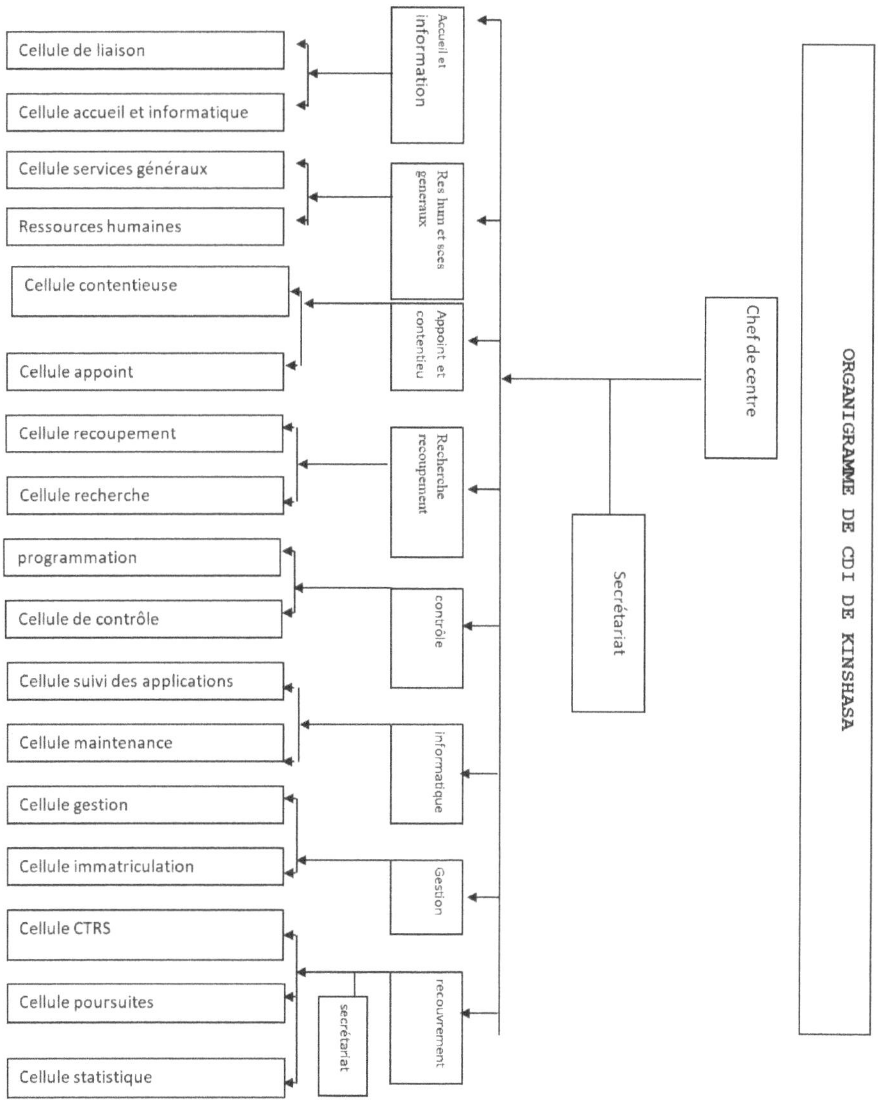

Schéma 3[244]. Critique sur le fonctionnement du CDI de Kinshasa.

➢ Critique sur le nombre de dossiers relevant du CDI

Il est rappelé que le CDI pilote de Kinshasa gère tous les contribuables dont le chiffre d'affaires varient entre 50 000 Ff et 400 000 Ff.

Ainsi, le CDI de Kinshasa gère 2 585 PME et les ONG et ASBL ainsi que les entreprises publiques et les bailleurs.

Cette situation fait apparaître une division de tâche déséquilibrée par rapport aux autres centres relevant de la DUK qui ont une moyenne de 100

244 Compilation personnelle

dossiers à traiter et dont les dossiers n'entraînent pas un traitement complexe.

➢ **Critique portant sur le nombre des agents**

Le CDI pilote de Kinshasa comprend un effectif de 120 agents au total, à savoir, le personnel exécutif, secrétariat et personnel d'encadrement.

Le rapport entre dossier traité et le nombre des agents fait ressortir une moyenne de 22 dossiers par agent.

Sachant que ces agents sont chargés de toutes les missions dévolues au CDI.

Après l'administration fiscale, nous examinerons DGDA en tant que services connexes à l'administration minière.

SECTION II : DGDA (DIRECTION GENERALE DES DOUANES ET ASSISES)

§ 1. LA CRÉATION ET MISSIONS

La Direction Générale de Douane et Assises a été créée par le décret n°09/43 du 3 décembre 2009.

Avant cette réforme de 2009, le service de douane s'appelait l'Office de Douane et Accise (OFIDA), une entreprise publique ayant sa propre personnalité juridique.

Avec la réforme générale de 2008 des entreprises publiques, l'ancienne OFIDA est devenue une Régies financières, au même titre que la DGRAD et la DGI.

Depuis 2010, le Congo dispose d'un nouveau code de douane qui a été promulgué le 20 aout 2010.

La DGDA est chargée de[245] :

La perception des droits, taxes et redevances à caractère douanier et fiscal, présents et à venir, qui sont dus, soit du fait de l'importation ou de l'exportation des marchandises de toute nature, soit du fait de leur transit ou de leur séjour en entrepôt douanier ;

- La perception des droits et accises et de consommation ; présents et à venir ;
- La classification des marchandises ;
- La détermination de l'origine des marchandises ;
- La détermination de la valeur en douane des marchandises à l'importation et à l'exportation ;
- Le contrôle des prix ex-usine des produits soumis aux droits d'Accises ;

[245] www.douanerdc.cd

- La conception et la mise en œuvre des mesures visant la facilitation et la sécurisation des échanges commerciaux, ainsi que celles relatives à la production locale des produits soumis aux droits d'accises ;
- Le renforcement des capacités du personnel aux techniques modernes de gestion dans le domaine des douanes et accises ;
- La protection de l'espace économique national en particulier par l'application des normes aux frontières ;
- L'application des législations connexes aux frontières concernant la protection de l'environnement conformément aux conventions internationales ;
- La protection de la société par la lutte contre le trafic illicite des marchandises dangereuses et des déchets toxiques, des produits qui appauvrissent la couche d'ozone
- La mise en œuvre des mesures de protection de la chaine logistique internationale ;
- La participation à la politique d'intégration du pays dans les communautés économiques régionales ;
- La surveillance des frontières nationales et des fabriques des produits soumis aux droits d'accises ;
- La lutte contre le blanchiment d'argent ;
- La recherche et la constatation des infractions en matière des douanes et accises et aux législations connexes ;
- La lutte contre la contrefaçon et autres atteintes aux droits de la propriété industrielle, intellectuelle et artistique ;
- L'établissement et la publication des statistiques du commerce extérieur sur la base des données récoltées lors du dédouanement des marchandises

§ 2. LES MOYENS ET LES PROBLÈMES DE LA DGDA

La DGDA compte 4.600 agents (plus 800 temporaires).

Elle collecte environ 35 à 40 % des recettes de l'Etat, avec un budget de 5.25% des recettes, soit environ 40 millions$ en 2008.

Les opérations de la DGDA sont influencées par les opérations des autres intermédiaires ou acteurs clés intervenant dans les procédures d'importation qui sont : les commissionnaires en douane agréés et les transporteurs agréés; l'OCC, l'ONATRA, l'OGEFREM, quelques sociétés privées fournissant une assistance à la DGDA dans le cadre de contrats d'assistance rémunérés, à savoir BIVAC et AUFS.

La réforme douanière a impulsé la création du Guichet unique (GU) par le décret présidentiel du 30 décembre 2005, sous l'impulsion des bailleurs de fonds internationaux.

Le guichet unique des taxes aux frontières perçues pour le compte du Trésor avait été conçu pour palier au problème de multiplicité d'intervenants dans les opérations de dédouanement.

Dans l'esprit du décret qui l'instituait en 2006, le guichet unique était appelé à répondre à la nécessité de simplifier et d'harmoniser les procédures de dédouanement afin de faciliter les échanges commerciaux.

L'autre objectif était lié à la recherche d'une plus grande transparence des opérations d'importation et d'exportation.

Enfin, il fallait par ce système réduire la durée de dédouanement.

Actuellement, il n'existe des Guichets Uniques qu'à Matadi et à Lubumbashi.

Le GU a pour objet de coordonner les procédures de la DGDA, l'ONATRA, l'OGEFREM et l'OCC. Ce guichet unique est géré par la DGDA.

La DGDA, qui gère le GU, prélève des droits d'entrée et l'ensemble des prestations dues par l'importateur, l'exportateur ou son représentant à l'ONATRA, l'OGEFREM, l'OCC, la DGRAD, le Ministère du Commerce, le Fonds de Promotion Industrielle (FPI) et l'AUFS (African Union Financial Services).

Le paiement s'effectue à l'une ou l'autre des banques installées au GU.

Les banques disposent d'un logiciel qui assure la ventilation des sommes collectées dans les différents comptes du Trésor et des autres organismes bénéficiaires.

Elles informent la DGDA et les différents partenaires du paiement.

Le décret-loi instituant le guichet unique indique que seul la DGDA est compétent pour liquider, percevoir et recevoir pour le compte du Trésor public et d'autres organismes, les paiements des droits, impôts, taxes, redevances et autres paiements à l'importation et à l'exportation des marchandises.

Une précision s'imposait pour autant que les droits et taxes perçues à la douane pour le compte de l'Onatra, de l'OCC ou de l'Ogefrem restaient toujours obligatoires à la différence que seule la DGDA devait les percevoir pour le compte du Trésor.

Le ministre des Finances, d'office Ordonnanceur principal du compte du Trésor, devait, par la suite actionner le mécanisme de rétrocession aux différents intervenants de la chaîne, ce compris la DGDA.

Autrement dit, l'argent perçu sur les opérations n'est nullement versé sur le compte de la DGDA. Il est plutôt perçu par la DGDA et versé, par voie bancaire, directement au compte du Trésor.

Ainsi, la DGDA comme tous les autres services publics a droit à une rétrocession sur les sommes virées au compte du Trésor

§ 3. LE FONCTIONNEMENT DU GUICHET UNIQUE RÉVÈLE DES DISFONCTIONNEMENTS SUIVANTS

- Il faut 25 documents pour le compte de 8 intervenants, tant à l'importation qu'à l'exportation. Les documents ne sont pas alignés sur les normes internationales et ralentissent par conséquent la préparation des dossiers.
- Les procédures douanières sont anciennes et non alignées aux normes internationales recommandées par l'Organisation Mondiale des Douanes (OMD) et inscrites dans la convention révisée de Kyoto.
- Elles reflètent une approche de contrôle et contre contrôle avant libération des marchandises qui, inévitablement, rallonge la durée du passage portuaire. Ceci reflète un esprit de méfiance mutuelle entre toutes les parties prenantes.
- Le système est également basé en partie sur la récompense des efforts du personnel financé par les amendes ou les menaces d'amende et/ou de ralentissement de procédures normales, résultat des procédures dominées par la facilitation informelle plutôt que le respect des procédures normales. Il arrive parfois que la lenteur des procédures normales et/ou de leurs propres erreurs amènent les opérateurs à être disposés à faciliter un processus de « passage outre ». Ces problèmes ne sont pas donc l'apanage exclusif de la DGDA.
- Beaucoup des procédures et de contrôles de la DGDA sont inutilement doublés par celles de l'OCC, de l'OGEFREM et dont le coût est considérable pour les opérateurs sans valeur ajoutée économique et financière équivalente.
- Les procédures sont mal coordonnées entre les différents acteurs. Les procédures douanières sont souvent ralenties par le non accomplissement des procédures auprès des autres intervenants
- Le système d'information et de gestion est insuffisamment informatisé. Les procédures informatisées, lorsqu'elles existent, sont souvent accompagnées de procédures manuelles en parallèle
- Toutefois, les bailleurs n'ont financé que le guichet de la DGDA. Les autres agences se sont elles-mêmes dotées de leurs propres systèmes de gestion et de support électronique de l'information qui, tout en communiquant avec celui de la DGDA, continuent à mettre en œuvre les procédures de validation spécifique à chaque organisme, perpétuant des habitudes, des particularismes et des intérêts propres. De plus, les procédures informatiques se doublent en général, de procédures manuelles.
- Il a été signalé l'importance des problèmes de logistique concernant surtout la SNCC et l'engorgement au niveau du poste frontalier de Kasumbalesa.
- Il s'ajoute une autre problématique au niveau politique, à savoir l'ingérence des autorités provinciales particulièrement à l'exportation.

La particularité du site de kasumbalesa

La cité de Kasumbalesa constitue un poste frontalier où sont affectés les différents services de l'Etat.

Il figure en première position en tant que poste principal d'entrée et de sortie de diverses marchandises de l'ex province du Katanga.

Il constitue un lieu de transit par excellence des échanges commerciaux entre Etats.

Cette position justifie la présence des commissionnaires en douane à travers leurs bureaux de représentation greffés à celui des douanes et de la Direction Générale de Migration, DGM en sigle.

Aussi, il y a de déclarants debout, c'est-à-dire, ceux n'ayant pas de bureaux mais qui louent les cachets des commissionnaires agrées.

A 8 Km du bureau de la frontière, il y a des entrepôts construits au poste de Wisky.

C'est là que devront s'effectuer l'opération de déchargement de toutes les marchandises importées.

Le service de l'Office Congolais de Contrôle y a aussi érigé son bureau technique.

Les commissionnaires en douanes et les déclarants remplissent les formalités aux services préposés à la frontière, une fois fixé, c'est alors au vu de document, que ces camions viennent à la frontière pour leur sortie.

Les exportateurs considèrent que des mesures pratiques qui pourraient être prises pour améliorer la situation sont notamment de :

- Réduire le nombre d'étapes et d'intervenants dans le processus d'exportation ;
- Dégager les accès et le passage à Kasumbalesa ;
- Poursuivre les réformes douanières, par exemple l'expérience pilote de « dédouanement à domicile » ;
- Réduire l'insécurité juridique ;
- Promouvoir les exportations par rail.
- Le nombre d'étapes dans le processus d'exportation pourrait être réduit en supprimant les contrôles à Kisanga ;
- Réduire le nombre de services autorisés dans les procédures à l'exportation au strict nécessaire soit la DGDA, le Ministère des Mines et la province ;
- Réserver le contrôle des lots pour l'ouverture des licences d'exportation à l'OCC qui limiterait son intervention à l'étape avant le chargement du camion.
- Enlever les camions et les marchandises encombrant le « Noman's land » entre les frontières congolaises et zambiennes ; cela faciliterait les opérations à Kasumbalesa
- Réserver les contrôles à l'exportation à la DGDA ;

SECTION III : LA DIRECTION GENERALE DES RECETTES ADMINISTRATIVES ET DOMANIALES (DGRAD)

§ 1. CRÉATION ET MISSIONS

La DGRAD a été créé par le décret N°0058 du 27 décembre 1995.

Sa principale mission est l'ordonnancement et le recouvrement des recettes non fiscales dues au trésor public.

La DGRAD, est dotée d'une autonomie administrative et financière de gestion avec pour attribution essentielle :

- Le contrôle. En fait, avant l'émission des titres de perception, la DGRAD vérifie la régularité de toutes les opérations de constatation et de liquidation des recettes administratives, judiciaires, domaniales et de participations effectuées par les ministères et services publics générateurs,
- La perception de droits, taxes et redevances. La DGRAD perçoit les droits, taxes et recettes et redevances non fiscales qui sont constatées et liquidées par les ministères et services générateurs de l'Etat.
- La validation des actes et documents administratifs. La DGRAD valide les documents administratifs, ce qui permet d'établir les références de payement des sommes dues. - la relance, la poursuite en recouvrement forcé. Enfin, la DGRAD procède à la relance et aux poursuites en recouvrement forcés auprès des débiteurs défaillants.

§ 2. Les moyens et les problèmes de la DGRAD

A l'image de plusieurs régies financières de la place, la DGRAD n'échappe pas à la règle. En effet, elle est butée aux nombreux problèmes qui empêchent la mobilisation totale des recettes non fiscales en général et judiciaire en particulier. Les faiblesses de la DGRAD se manifestent à deux niveaux, le premier est le laxisme au niveau de la direction et des politiques, et ensuite, il y a le comportement malveillant des cadres et fonctionnaires de la DGRAD.

A ces deux niveaux, la régie est à la merci d'une structure qui laisse à désirer.

A. Le comportement des dirigeants et des politiques

Dans le cadre de la réalisation d'une étude, plusieurs anciens dirigeants de la DGRAD ont été interviewés afin d'exprimés leurs sentiments sur la situation de la DGRAD.[246]

Le même constat est revenu, à savoir, la DGRAD souffre de plusieurs problèmes : les problèmes d'assiettes, d'organisation de ses services,

[246] Il s''est tenu à Matadi un séminaire sur les régies financières qui opèrent dans les activités minières

d'utilisation des ressources humaines, problème de logistique, problème de la responsabilité de l'Etat, etc.

Concernant le problème de l'assiette

Les opérateurs économiques se livrent à une vraie gymnastique intellectuelle de minoration de leurs chiffres d'affaires, et cet exercice se fait au nez et à la barbe de la DGRAD. A cette minoration du chiffre d'affaires, (qui consiste à la base de la matière imposable, donc minoration d'impôt), s'ajoute également la majoration des charges.

Cette gymnastique se solde par rendre le fardeau fiscal négatif, donc pas ou très peu d'impôts à payer.

Afin de limiter et de stopper ces pratiques, l'Etat dispose de plusieurs manettes :

- On peut plafonner les charges généraux déductibles à un certain seuil, par exemple, 20% du chiffre d'affaires, au-delà de ce chiffre il n'y aura pas de déductibilité.
- Egalement être plafonnés à un certains seuil exemple 10%
- On peut mettre en place des outils qui puissent déterminer le chiffre d'affaires potentiels à réaliser à partir d'un certain nombre des éléments, notamment, un montant d'investissement de tel ordre, pour tel secteur d'exploitation de matière première, peut générer un tel chiffre d'affaires. Ces systèmes existent déjà dans d'autres types d'industries, tel que la brassicole, où l'on peut déterminer le chiffre d'affaires potentiel à partir de l'achat de tel matière première ou l'utilisation de tel quantité d'eau, etc.

Ces solutions sont réalistes et peuvent être mises en place avec seulement un peu de bonne volonté de la part de l'état.

Il existe également d'autres anomalies au niveau de l'assiette, c'est notamment le cas de l'IERE (l'impôt exceptionnelle sur la rémunération des expatriés). C'est impôt est curieusement déductible de l'impôt professionnel sur les revenus. Alors que cet impôt a pour but de pénaliser les entreprises qui embauchent les étrangers au détriment des compétences congolaises, mais curieusement on prend d'une main et on le rend dans l'autre main, car cette déductibilité annule de facto la « sanction » à l'origine de l'impôt.

D'autres impôts passent par des canaux inconnus, et la DGRAD ignore l'origine et la destination desdits impôts, c'est le cas des pas de porte. Ces impôts qui sont souvent d'un montant assez important, sont captés directement par certaines structures et versés sur des comptes particuliers méconnus de la DGRAD.

Ainsi celle-ci ne peut les percevoir, et encore moins les comptabilisés, pendant que la moitié de ces recettes (pas de porte) doit être versée au compte du trésor public

Enfin, il existe un gros problème de recouvrement réel des impôts et taxes.

Tel qu'indiqué ci-haut, certains impôts ne sont pas recouvrés directement par la DGRAD. Cette situation est non seulement valable pour certains impôts et taxes de montant importants, mais cela est également vraie même pour des impôts de montant les moins importants.

En effet, on a appris pendant les travaux des experts à Matadi[247] que les comptables utilisent deux comptes pour le recouvrement des impôts :

- Un compte de fonctionnement
- Un compte du receveur

Il existe de véritables abus sur l'utilisation de ces deux comptes, c'est le problème de nivellement entre les deux comptes. Le premier qui est destiné au fonctionnement de la DGRAD, et le second est celui de la Banque centrale, qui est censé servir de compte du trésor.

Les fonds peuvent être versés et orientés dans plusieurs comptes différents du trésor public. Là, intervient une complicité entre les collaborateurs des opérateurs économiques et certains fonctionnaires des régies, qui orientent les sommes sur des comptes différents, créant ainsi des difficultés et des complications d'orientations. Enfin, de compte cela peut se traduire par des pénalités que l'opérateur doit payer, parfois, il doit payer deux fois, et les complices du dossier en profitent pour se partager les fruits de leurs manipulations.

Par ces falsifications des comptes, il y a des détournements, etc.

Pour éviter ce genre de comportement, il ne devrait pas y avoir d'autres comptes de trésors, à part le seul compte destiné à recevoir des taxes et impôts de l'Etat.

Les comptables du trésor devraient être réellement responsabilisés comme cela se fait en Europe.

En France par exemple, le receveur des impôts ont l'obligation de recouvrer toutes les recettes du budget, et cela y va de leur responsabilité car s'ils ne recouvrent pas, ils doivent se justifier devant la Cour des comptes.

Chaque année, ils doivent justifier le recouvrement de chaque impôt afin d'obtenir quitus et de pouvoir continuer à percevoir les autres impôts

Les participants aux travaux de Matadi ont proposé que les comptables publics prêtent serments et qu'ils deviennent vraiment responsables des recouvrements des impôts, et on devrait supprimer les comptes intermédiaires et les comptes privés pour ne garder que les comptes uniques qui doivent recevoir les recettes de l'Etat.

Du point de vue pratique, tous les payements doivent se faire par chèque, et que chaque jour, la liste de tous les chèques versés soient transmises à la

---

[247] A la fin du Mois de Novembre 2012 plusieurs experts et dirigeants des régies financières se sont réunis à Matadi afin d'examiner la situation des régies financières qui collectent les impôts et taxes miniers

banque centrale, et la même liste soit envoyée à tous les services concernés et ceci au jour le jour.

Ainsi, le receveur principal pourra suivre tous les flux financiers au jour le jour, et pourra faire les recoupements nécessaires afin d'éviter les fraudes et les falsifications des comptes.

Il faudra donner au receveur du trésor les pouvoirs et les prérogatives nécessaires pour sa protection et son immunités afin qu'il puisse exercer son rôle en toute indépendance, loin des pressions politiques et administratives.

B. Le comportement des cadres et des fonctionnaires

Les interviews réalisées tant à Kinshasa que dans les provinces révèlent que le comportement des cadres et fonctionnaires de la DGRAD sont de divers ordres, et les pratiques les plus détectables sont notamment :

- la fraude et l'évasion fiscale ;
- le montage des dossiers en doublon (techniques utilisés par les fonctionnaires qui consiste à établir deux dossiers de perceptions, l'un avec un montant important, et l'autre avec un montant minoré) et bien entendu, celui majoré sera empoché par les fonctionnaires qui sont dans le coup, et celui minoré est versé à la caisse de l'état ;
- certains dossiers sortent du circuit officiel de recouvrement, aux motifs qu'ils sont de faibles montants et on invoque le manque de suivi, et cela permet aux fonctionnaires de faire des recouvrements privés ou personnels en dehors du circuit classique.

Au niveau de la Banque Centrale et des Banques de dépôt :

- le nivellement des sommes reversées est fait avec retard ou mal fait ;
- les banques de dépôt peuvent reverser les sommes mobilisées en provinces en retard à la Banque Centrale ; d'où des discordances entre les montants publiées par la DGRAD et la Banque Centrale.

Pour ce qui est des recettes judiciaires :

- Les amendes transactionnelles, les confiscations,... ne nécessitent pas de contrepartie en terme d'imprimer de valeur. Dans ces conditions, la perception de ces recettes à verser au compte du trésor public dépend de la volonté du greffier, magistrat ou de l'OPJ et par voie de conséquence ; la note de perception qui sera établie après que l'argent ai passé dans les mains de ces agents de services d'assiettes a 99 % de chance d'être minoré.
- les recettes judiciaires générées par l'administration de la justice par exemples (délivrance du certificat de nationalité congolaise, vente des biens saisis, recettes de source de documentation, légalisation des ASBL) sont les plus souvent consommés à la source sous prétexte qu'elles sont utilisées comme frais de fonctionnement des services.

Les autres recettes judiciaires à caractère aléatoire (spontané) ou qui n'ont pas une base d'actes sont non prévisibles et l'évolution de ces actes est difficile à suivre.

Il y a lieu de signaler que de fois, les recettes ordonnancées sont supérieurs aux recettes recouvrées, cela est dû au fait que :

- L'assujetti n'est pas orienté de manière à se libérer correctement de sa dette ; ces services constatent, liquident et perçoivent directement les recettes et libèrent l'assujetti même si ce dernier avait fait l'objet d'un ordonnancement. Ceci dénote la violation de la procédure administrative et financière de perception mise en place par le pouvoir public ;
- Le plus souvent, on demande à l'ordonnateur d'annuler le montant déjà ordonnancé sur la note de perception.
- Il y a trop d'interférences des autorités politiques, perturbant ainsi le cheminement de la procédure des recettes.

Il faut également préciser que ce qui était reproché à l'époque aux comptables du trésor, à savoir, la consommation des recettes à la source, cette situation s'est renouvelée malgré « les garde fous » mis en place.

En effet, d'après les différentes interviews réalisées avec le personnel de la DGRAD, des faux documents sont présentés dans les banques commerciales, ce qui permet à certains agents malveillants de consommer à la source les recettes.

Compte tenu du fait qu'il n'existe pas de système informatique de suivi des encaissements et des sorties des fonds, et bien des milliers de dollars disparaissent à cause de manque des outils de vérification.

C. Le personnel

Actuellement, la DGRAD dispose de plus de 5 000 agents repartis dans l'ensemble du territoire national.

C'est la régie financière qui comporte le plus grand nombre de personnel.

Le système de recrutement est le plus opaque qui puisse exister, les agents viennent de tous les horizons, et la plupart n'ont pas de fonction ou de taches à exécuter.

Ces agents ont une double rémunération, la première est liée à la grille de la fonction publique, et la deuxième est constituée des primes. Lesdites primes proviennent de la rétrocession de 10% que l'état accorde suite à la mobilisation des recettes (5% pour la DGRAD et 5% pour l'administration dont dépend la recette).

Concernant le déploiement du personnel à l'intérieur, il existe au sein de la DGRAD un mythe sur 3 sites, le premier est la ville de Kinshasa, le deuxième est la province du Bas Congo, et le troisième est la province de Katanga.

Tous les agents ne rêvent que d'être mutés à l'un de ses trois sites.

Toute mutation en dehors de ces sites est considérée comme une « relégation » ou une punition.

C'est ainsi que ces trois sites comportent énormément de personnel qui très souvent n'ont pas de bureau et de tâches à accomplir.

D. Equipements

Il existe un sous équipement assez grave au sein de la DGRAD, en commençant par les ordinateurs, les bureaux et même les moyens de locomotion.

Par exemple dans les provinces, les agents ne disposent pas de moyens de déplacements, véhicules, motos même les vélos, afin d'aller mobiliser les recettes.

Il existe également le problème de l'existence des banques dans certains endroits du pays, ainsi les agents sont obligés de percevoir en espèce les recettes pour aller les verser dans des endroits où il y a des banques commerciales ; le temps de percevoir et d'aller verser très souvent ses recettes n'arrivent pas à destination.

Puisque la DGRAD est sous équipée, il n'existe pas de statistique claires, les recettes ne sont pas ventilées et il est donc difficile de contrôler.

Il se pose un réel problème de l'avenir de la DGRAD,

La Banque Mondiale a à plusieurs reprises demandée au gouvernement de fusionner la DGRAD et la DGI.

En fait le vrai problème qui est posé est plutôt un problème social qu'un problème technique, car la question que le gouvernement se pose est seule de savoir après la fusion, que ce qu'il va faire de 5 000 agents de la DGRAD ;

SECTION IV : LE RAPPORT ENTRE LES SERVICES DANS LA COLLECTE DES TAXES, IMPÔTS ET DROITS

§ 1. ORGANISATION DES SERVICES D'ASSIETTE ET DE RECOUVREMENT ET LEUR RAPPORT DE COLLABORATION (ADMINISTRATION MINIÈRE ET RÉGIES FINANCIÈRES)

Trois régies financières interviennent dans le recouvrement des impôts, taxes et droits du secteur minier destinés au Trésor public. La DGDA, pour les droits de douane, la DGI, pour les impôts et la DGRAD, pour les recettes administratives, judiciaires et domaniales.

Si la DGDA et la DGI contrôlent tout le processus d'encadrement des recettes perçues à leur initiative (de la taxation au paiement), tel n'est cependant pas le cas de la DGRAD qui partage, pour le secteur minier, la procédure avec les services du ministère des mines, notamment le Cadastre minier (CAMI) et l'Administration des Mines. Les services des mines ont en charge la taxation, c'est-à-dire la détermination du montant à payer au regard des faits générateurs et des textes légaux fixant les taux des droits et taxes tandis que la DGRAD s'occupe de l'ordonnancement (établissement de la note de perception sur base de laquelle l'opérateur minier va payer) et du recouvrement (suivi des paiements dans les banques).

Cette répartition offre la possibilité de contrôler la DGRAD par le biais des informations fournies par le CAMI et de contrôler le CAMI à l'aide des informations provenant de la DGRAD.

§ 2. RELATIONS ENTRE DGRAD ET LES DIFFÉRENTS SERVICES D'ASSIETTES

En principe, il existe trois Régies financière qui interviennent dans le recouvrement des impôts, taxes et droits du secteur minier destinés au Trésor public.

La DGDA, pour les droits de douane, la DGI, pour les impôts et la DGRAD, pour les recettes administratives, judiciaires et domaniales.

Si la DGDA et la DGI contrôlent tout le processus d'encadrement des recettes perçues à leur initiative (de la taxation au paiement), tel n'est cependant pas le cas de la DGRAD qui partage, pour le secteur minier, la procédure avec les services du ministère des mines, notamment le Cadastre minier (CAMI) et l'Administration des Mines.

Les services des mines ont en charge la taxation, c'est-à-dire la détermination du montant à payer au regard des faits générateurs et des textes légaux fixant les taux des droits et taxes tandis que la DGRAD s'occupe de l'ordonnancement (établissement de la note de perception sur base de laquelle l'opérateur minier va payer) et du recouvrement (suivi des paiements dans les banques).

Cette répartition offre la possibilité de contrôle de la DGRAD, par le biais des informations fournies par le CAMI

§ 3. RAPPORTS ENTRE LA DGRAD ET LE CAMI

Les rapports entre la DGRAD et les services du Ministère des Mines, avec lesquels elle se partage les phases de réalisation des recettes du secteur minier sont sujets à beaucoup de tension.

Jusqu'en 2004, le Cadastre Minier (CAMI) taxait et percevait les droits superficiaires annuels et était maître de leur affectation. Par la suite, le gouvernement avait décidé de drainer vers le Trésor Public toutes les recettes du budget pour ordre parmi lesquelles figurent les droits superficiaires.

Et cela n'est pas demeuré sans conséquences sur le fonctionnement du CAMI.

Ainsi, le CAMI s'est retrouvé amputé de la phase de recouvrement desdits droits.

Concrètement, le CAMI émet les notes de débit qu'il transmet à la DGRAD.

Cette dernière établit les notes de perception et les retourne au CAMI pour transmission aux assujettis concernés.

Dans ce mode de fonctionnement, la DGRAD a reproché au CAMI de ne pas émettre les notes de débit à temps et de geler leur transmission aux assujettis.

Le CAMI a quant à lui reproché à la DGRAD le manque de transparence au niveau de recettes recouvrées pour son compte et de la rétrocession lui due ainsi que le manque de rigueur dans le recouvrement des droits superficiaires.

Par ailleurs, il convient de relever le problème d'harmonisation des textes. En effet, d'une part, les textes régissant le fonctionnement de la DGRAD prévoient la possibilité d'accorder à un assujetti un paiement échelonné de 6 mois maximum au cours d'un même exercice budgétaire.

D'autre part, le Règlement minier impose, sous peine de déchéance, le paiement des droits superficiaires au plus tard le 31 mars et pour les nouveaux titres dans les 30 jours suivant la délivrance du titre.

Comment apprécier le bénéfice d'un paiement échelonné pour les droits superficiaires dont la dernière tranche de paiement intervient après le 31 mars ?

Il y a donc une nécessité d'harmonisation de l'arsenal juridique régissant ces deux services.

§ 4. LE RAPPORT ENTRE LA DGI ET LA DGRAD

Dans la pratique, les deux régies ne communiquent pas et ne collaborent pas ensemble.

Cette situation s'explique par l'atmosphère de concurrence qu'elles ont créée dès le début de la création de la DGRAD. Malgré les recommandations des autorités tant nationales qu'internationales qui recommandent la collaboration de différentes régies ; à ce jour, rien, n'est fait.

L'exemple de ce non collaboration entraine des fraudes et l'évasion fiscale.

La DGRAD perçoit différentes taxes dont la redevance minière. Cette dernière est déductible de l'impôt professionnel sur le bénéfice.

Ainsi, la DGRAD devrait utilisé à chaque fois le numéro fiscal des contribuables pour communiquer les prélèvements et taxes qu'elle perçoit ; cela permettrait à la DGI de faire les recoupements nécessaires, au lieu de se fier aux dires des contribuables.

Par ailleurs le problème se pose également pour les autres impôts et taxes, notamment le droit superficiaire annuel que perçoit la DGRAD, celle-ci ne communique pas à la DGI toutes les informations liées aux contribuables, (le numéro fiscal, les payements effectués...).

Alors que si elle communiquait ces informations à la DGI, celle-ci pourrait appréhender tous les impôts dont les contribuables sont redevables.

§ 5. LE RAPPORT ENTRE LA DGI ET LA DGDA

L'article 247 du code minier traite de la contribution professionnelle sur les bénéfices.

Et cette contribution est basée sur les résultats de l'entreprise.

Pour calculer le résultat de l'entreprise, on tient compte du chiffre d'affaire et celui-ci est déclaré par les opérateurs économiques.

La DGDA qui est implantée sur les frontières connait les données des exportations des opérateurs miniers, et en principe, elle devrait collaborer avec la DGI en lui fournissant lesdites données.

Ces données permettront à la DGI de reconstituer et de comparer le chiffre d'affaires présenté par les opérateurs miniers. Pour une correcte taxation.

D'après les interviews qui ont été réalisées avec les agents de différentes régies, certains agents de la DGDA tronquent et émettent des faux numéros fiscaux, afin de faire passer les marchandises (à l'importation comme à l'exportation) ; aux frontières de sorte qu'on ne puisse pas identifier 'l'entreprise et connaitre la valeur exacte des flux.

§ 6. RAPPORT ENTRE DGDA ET LA DGRAD

La DGRAD perçoit la redevance minière, Conformément à l''article 240 du code minier, l'assiette de la redevance minière est calculée sur la base de la valeur des ventes réalisées ; Or la marchandise destinée à l'exportation doit subir une vérification par la DGDA avant toute autorisation d'exportation.

Donc, en cas de divergence de données, la DGDA et la DGRAD devrait organiser ensemble la correction des données par l'opérateur minier.

Les études sur le terrain ont montré qu'il n'y a pas de collaboration organisée entre les deux régies financières, avec pour conséquence, le manque de fiabilité des données à l'exportation.

Il y a lieu de relever l'impact négatif, sur le fonctionnement du CAMI, du retard avec lequel le Gouvernement lui paie la rétrocession sur les recettes perçues à son initiative.

Il existe un réel problème de communication et de rapport entre les différentes régies financières qui collectent les impôts miniers.

Ce manque de rapport existe et est alimenté par chaque régie malgré les recommandations des autorités.

Par exemple, les différentes régies sont interdites de fonctionner et de s'établir sur les frontières ; ainsi, la plupart ont signé des conventions avec la DGDA qui est la seule régie autorisée à être présente sur les frontières.

Par ces conventions, la DGDA est censée percevoir pour le compte de ces différentes régies certaines taxes et impôts. Or les différentes régies se plaignent du manque de transparence de la part de la DGDA qui ne communique pas bien et reste opaque sur les fonds récoltés.

Cette opacité est réelle entre les différentes régies alors que plusieurs éléments démontrent que ces différentes régies devraient fonctionner et collaborer ensemble pour la maximisation des recettes minières

Les rapports entre la DGRAD et les services du Ministère des Mines, avec lesquels elle se partage les phases de réalisation des recettes su secteur minier sont sujets à beaucoup de tension.

TROISIÈME PARTIE

Approche critique du Code minier et propositions de réforme

CHAPITRE I

Approche critique du Code minier congolais avant la révision de 2018

Le code minier congolais est un pas important pour le développement de l'activité minière. Ce code est riche, et touche l'essentiel des activités minières.

Mais toutefois, ce code présente un certain nombre des lacunes, à savoir les efforts sont concentrés sur la rentabilisation des projets miniers et sur la protection de l'environnement. Il existe très peu, voir presque rien sur la lutte contre la pauvreté, et le développement national.

On trouve également différentes dispositions destinées à réduire, voir à supprimer le rôle de l'état dans l'activité minière au détriment d'un libéralisme à outrance.

Les grands absents du code minier sont :

- L'absence d'encrage des projets miniers avec les autres activités, afin de permettre à l'économie nationale d'arrimer sur la locomotive qui est censée être l'activité minière.
- L'absence des mesures fortes visant à lutter contre la pauvreté et la participation au développement national.

SECTION I : TOUT SUR LA RENTABILITE DU PROJET MINIER

Le code minier Congolais émanant de la loi n° 007/2002 du 11 juillet 2002, tendait à promouvoir la rentabilité du projet minier.

Plusieurs exemples le montrent :

➤ **La Redevance Minière faible, bien que réajusté par la révision de 2018**

a) 0 % pour les matériaux de construction d'usage courant ;
b) 1 % pour les minéraux industriels, les hydrocarbures solides et autres substances non citées ;

c) 1 % pour le fer et les métaux ferreux ;
d) 3,5 % pour les métaux non ferreux et/ou de base ;
e) 3,5 % pour les métaux précieux ;
f) 6 % pour les pierres précieuses et de couleur ;
g) 10 % pour les substances stratégiques.

Plusieurs études ont montré que les redevances minières faibles ne sont pas des critères essentiels sur les décisions d'investissement[248].

➢ **Les droits d'entrée**

Les droits d'entrées sont taxés à un taux préférentiel :

- Avant la mise en exploitation effective de la mine. Tous les biens et produits à vocation strictement minière importés par le titulaire, ses sous-traitants sont soumis à un droit d'entrée au taux de 2%.
- À compter de la date de commencement effective de l'exploitation minière. Tous les biens et produits à vocation strictement minière importés par le titulaire, ses affiliés et sous-traitants sont soumis à un droit d'entrée au taux de 5%.

Alors que les taux de droit commun sont :

- 3% pour les produits à vocation sociale, intrants agricole, matières premières industrielles, pièces de rechange, collections d'assemblage.
- 3% pour tous les autres produits.

➢ **Les droits de sortie**

Les droits de sortie n'existent pas.

Le tableau ci-après permet de comparer les dispositions fiscales de l'ancien code minier par rapport au nouveau code minier Congolais.

SECTION II : AFFAIBLISSEMENT DU RÔLE DE L'ETAT

Concernant l'Etat, le code minier de 2002 avait tendance à réduire considérablement son rôle.

Dans le même Etat d'esprit, le code minier révisé iindique : « bien qu'assumant la mise en valeur des substances minérales par l'appel à l'initiative privée, l'Etat a essentiellement un rôle limité à la promotion et à la régulation du secteur minier »[249].

Les exemples qui illustrent cet affaiblissement de l'Etat sont nombreux.

---

[248] Voir à ce sujet, le rapport de la fédération international des ligues des droits de l'homme portant sur l'exploitation minière de l'or et les droits de l'homme au Mali op cit.

[249] Titre I chapitre 2 section 1 art 8

- La multiplication des acteurs et des percepteurs en dehors du trésor public (voir dans ce cadre, le chapitre 3 ci-après portant sur les acteurs de l'activité minière en RDC).
- La multiplication des acteurs qui interviennentt dans la gestion et l'administration du code minier réduit sensiblement le rôle de l'Etat et l'efficacité du code. Pour cela, il suffit de compter le nombre des acteurs qui interviennent dans l'administration de cette activité.
- L'introduction d'une cadence de renfermement des délais sans considération des réalités et des habitudes du pays et du terrain, pose un réel problème de la légitimité même de l'Etat.

SECTION III : MANQUE D'OBJECTIFS DE DÉVELOPPEMENT SOCIAL GENERAL ET EN PARTICULIER SUR DES POPULATIONS LOCALES CONCERNEES PAR LE PROJET

Sur les 344 articles du code minier, seuls 2 articles traitent de des problèmes des populations locales où se situe le projet.

L'art281 : portant sur l'indemnisation des occupants du sol.

al 1 « Toute occupation de terrain privant les ayants-droits de la jouissance du sol, toute modification rendant le terrain impropre à la culture entraîne, pour le titulaire ou l'amodiataire des droits miniers et/ou de carrières, à la demande des ayants-droits du terrain et à leur convenance, l'obligation de payer une juste indemnité correspondant soit au loyer, soit à la valeur du terrain lors de son occupation, augmentée de la moitié. »

L'art 285 septies : portant sur le cahier des charges »

Al 3 : « Il vise également à servir de cadre d'accord devant permettre la concrétisation des actions du développement durable visant à améliorer le bien-être économique, social et culturel des populations locales affectées par les activités minières des titulaires de droits miniers d'exploitation ou de l'autorisation d'exploitation de carrière permanente pendant et après l'exploitation. »

Sur ces deux articles, l'un traite des problèmes d'indemnisation des occupants, l'autre traite de cahier des charges pour améliorer le bien être économique et social des populations locales.

On constate que les aspects économiques et sociaux des populations locales ne sont pas réellement pris en compte par ce code, dans la mesure où la mise en application et le suivi de ces quelques dispositifs n'est pas clairement précisée.

Au niveau national, il est prévu une sorte de délégation de compétences du développement économique et social de la population au profit du fonds minier. (art 8 bis du code minier).

En effet ce fonds à pour but de garantir à la génération future le bénéfice de la rente minière.

L'esprit du législateur est de constituer une épargne pour les générations futures, à savoir, les matières premières minérales ne se renouvellent pas, et le fait de les exploiter en permanence, il y a le risque d'épuisement.

Et pour permettre aux générations futures de bénéficier un jour de cette « manne », naturelle, il a été jugé bon d'épargner des fonds pour cette génération future.

Malheureusement, quand on examine les missions du fonds minier, on se rend compte, qu'on est loin de la volonté de répondre directement aux besoins sociaux et économique de la population.

LES MISSIONS DU FONDS MINIER

- Au Financement de tout ou partie des projets de recherche dans le secteur minier à travers le service géologique national du congo
- Au financement de tout ou partie des projets d'intégration de l'industrie minière à l'économie nationale
- A la prise de participation dans les projets de diversification de l'économie nationale
- A l'appui financier aux entreprises du portefeuille de l'etat sous forme de prêts rémunérés en vue du développement des projets miniers
- Au financement des projets d'infrastructures de base identifiés par le gouvernement pour le d développement durable du pays
- Financement des PME et PMI à impact pour les générations futures
- Au placement des fonds dans les institutions bancaires et ou financement en vue de générer des intérêts à son profit[250]

L'analyse des missions du fonds minier démontre que l'Etat n' a pas pris directement en charge ce problème d'encrage des projets miniers au développement économique et aux problèmes sociaux de la population, mais il les a plutôt confié au FOMIN qui n'est qu' un établissement public à caractère administratif.

SECTION IV : SUR LA FORMATION DES AGENTS DE L'ADMINISTRATION DU CODE MINIER

On peut disposer du meilleur code minier du monde, si le pays ne dispose pas d'un personnel qualifié et compétent pour le mettre en application, ce code ne servira à rien.

C'est l'exemple banal d'une belle voiture dont le propriétaire ne sait pas la conduire.

Elle ne sert à rien si ce n'est pour être contemplée par l'heureux propriétaire.

---

250 Art 2 décret n° 19/17 du 25 nov 2019 statuts et fonctionnement du FOMIN

Le code minier et son règlement d'application ne prévoient rien sur la formation du personnel pour mettre en œuvre et animé cette activité.

Après plusieurs années de paupérisation et de réduction budgétaire, les institutions gouvernementales ne disposent plus des ressources humaines nécessaires pour l'application des dispositifs du code minier.

Cette situation est typique dans plusieurs pays minier Africain.

Exemple, au Madagascar ou l'adoption du code minier en 1999 s'est inscrite dans une dynamique d'accélérer la croissance à travers l'attraction d'investissements étrangers et le retranchement de l'Etat.

Le manque de ressources humaines et financiers nécessaires pour le contrôle et la mise en application de cette législation continue à poser un réel problème.

D'ailleurs, l'étude de la banque mondiale sur les ressources minières en Afrique de 1998 l'a bien reconnue.[251]

[251] Wold bank project appraisal document for a mining sector reform project. Juin 1998

CHAPITRE II

Approche critique du Code minier après la révision de 2018

Le code minier révisé en 2018 a apporté des modifications essentielles au code de 2002, mais toutefois, il a engendré des risques tant pour l'état congolais que pour les investisseurs.

Et il existe un certain nombre d'articles qui paraissent dangereux pour l'état et pour les investisseurs.

SECTION I : LES RISQUES POUR L'ETAT CONGOLAIS

§ 1. LES RISQUES SUR LE DÉVELOPPEMENT DU SECTEUR MINIER

Le code minier révisé a augmenté la pression fiscale des entreprises minières.

De ce fait, certains projets devraient pouvoir supporter la fiscalité additionnelle du code minier révisé de 2018, c'est le cas du projet de mines de cuivre/cobalt du Katanga qui est l'un des projets le plus rentable.

Mais les gisements les moins attractifs, comme les nombreuses mines de taille moyenne dans le secteur du cuivre, risqueraient de perdre de leur intérêt pour les investisseurs.

La RDC risque ainsi de limiter le développement de son secteur minier.

Le gouvernement détient un paramètre assez important qui peut impacter sur la compétitivité de la RDC, c'est le système de catégorisation de substance stratégique.

Le cas des mines produisant du cobalt est assez éloquent.

Les cours du cobalt connaissent actuellement une envolée, en raison de la forte demande d'industries consommatrices de cette substance, dans les énergies renouvelables en particulier.

La RDC a un tel poid dans la production et les réserves mondiales qu'elle peut imposer des conditions plus à son avantage à court terme, telle qu'une redevance de 10 pourcents.

Mais puisque le cobalt est dérivé de mines produisant principalement du cuivre, l'augmentation de la production de cobalt entraine ainsi celle du cuivre, avec un effet important sur toute la ceinture cuprifère du Congo.

Ainsi, Sur le long terme, l'augmentation des taxes sur le cobalt pourrait toutefois encourager les investisseurs à chercher d'autres sources de cobalt ou à développer des technologies moins dépendantes en cobalt

§ 2. LES RISQUES LIÉS AUX DEMANDES D'ARBITRAGE

Plusieurs sociétés minières importantes ont menacé de poursuivre l'Etat congolais en arbitrage pour violation de la clause de stabilité de 10 ans dont elles bénéficiaient dans le cadre du code minier de 2002 ou de leurs conventions minières.

Il est impossible aujourd'hui de prédire si l'Etat congolais sera ou non poursuivi en arbitrage, et si cela était le cas, on ne sait pas non plus, quelle partie aurait gain de cause, car le contexte est fluctuant et l'issue de tout arbitrage potentiel dépendra de nombreux facteurs.

Les entreprises minières bénéficiaires de conventions, ou ayant investi sous le régime de 2002, pourraient en théorie se prévaloir de la clause de stabilité de l'article 276 pour réclamer comme dédommagement à l'Etat congolais l'équivalent du préjudice subi par l'application immédiate de l'augmentation de la fiscalité minière et son impact sur dix années d'activité minière.

Certains chercheurs comme NRGI[252] considèrent que en prenant les dix prochaines années de production attendue d'un projet comme Ruashi, par exemple, sans tenir compte de la fiscalité parallèle, l'augmentation des taxes et impôts du nouveau code minier, incluant l'impôt sur les profits excédentaires mais sans appliquer la catégorisation de substance stratégique, représenterait un manque à gagner pour l'investisseur de près de 140 millions USD en valeur réelle.

Si plusieurs sociétés obtenaient des dédommagements de cet ordre de grandeur, l'Etat congolais pourrait connaitre d'importantes difficultés financières.

§ 3. LES RISQUES DE TRAITEMENTS DISCRIMINATOIRES

Il est important pour la crédibilité de l'Etat, que les lois soient respectées et appliquées de façon universelle.

Hormis le régime conventionnel, le code minier révisé a apporté une certaine uniformité dans les conditions d'opération des projets miniers.

---

252 Natural resource governance institute (analyse de nov 2018, la fiscalité du nouveau code minier de la RDC)

Mais malheureusement le code minier révisé a créé en même temps les conditions d'une application différenciée des dispositions fiscales d'un minerai à un autre, et également d'une province à une autre

La qualification d'un minerai comme substance stratégique est laissée à la discrétion du Premier ministre, ce qui peut créer des risques de discrimination.

Plus inquiétant encore, l'article 220 révisé autorise le Premier ministre à « accorder un certain nombre des mesures incitatives à l'endroit de provinces qui souffrent de déficit d'infrastructures pour booster leur essor économique à partir des ressources minières ».

Cela ouvre une brèche que des sociétés peuvent ainsi utiliser, par un lobbying au niveau provincial ou directement auprès du Premier ministre, pour obtenir des exonérations fiscales.

Kigali a déjà entamé un tel lobbying dans la province du Haut-Uélé et d'autres sociétés sont en discussions avec plusieurs branches de l'Etat.

§ 4. LES RISQUES DANS LA MISE EN ŒUVRE DE LA FISCALITÉ MINIÈRE

Dans la pratique, le poid réel de la fiscalité minière est sensiblement différent du niveau estimé par l'analyse économique.

Pour éviter de payer les impôts, notamment l'IPB, ou l'impôt sur les bénéfices excédentaires, les sociétés minières peuvent majorer leurs coûts et minorer leurs profits, de telle sorte qu'ils soient différents de ce qui avait été présenté dans le modèle économique d'origine.

Ainsi, L'impôt sur les bénéfices excédentaires devrait être particulièrement difficile à mettre en œuvre, car en inscrivant des prix et des coûts élevés dans leurs études de faisabilité, les sociétés minières pourront aisément limiter l'application de cet impôt.

L'annexe XVI du Règlement minier précise le contenu des études de faisabilité et les procédures d'approbation, y compris la justification des prix et coûts utilisés dans l'étude de faisabilité.

Les sociétés auront toutefois toujours de la latitude dans l'élaboration de leurs études de marché et analyses de coûts pour présenter des chiffres qui leur permettent d'éviter d'être soumises à l'impôt sur les profits excédentaires.

§ 5. LES RISQUES DANS LA COLLECTE ET LA GESTION DE CERTAINS REVENUS MINIERS

Parmi les innovations du code minier 2018 figurent :

- la création d'un fonds pour les générations futures qui doit recevoir 10 pourcents des redevances minières, le paiement direct de la part des redevances minières revenant aux administrations décentralisées,

- la contribution de 0,3 pourcents du chiffre d'affaires des sociétés minières à des projets de développement communautaires.

Ces flux peuvent jouer un rôle positif dans la répartition des bénéfices tirés de l'activité minière, mais ils créent également des risques en termes de gouvernance.

La création de ce fonds fait peser les risques liés à tous types de fonds souverain (corruption, mauvaise gestion, contournement des processus budgétaires).

Par ailleurs, la mise en œuvre de la répartition des redevances avec les provinces et les entités territoriales décentralisées constitue déjà un contentieux latent entre les différentes administrations.

Selon le règlement minier, les contributions au développement communautaire doivent être gérées par un organisme spécialisé doté d'une personnalité juridique, composé de représentants des communautés locales, d'organisations communautaires de base, du titulaire du droit minier, de l'autorité administrative locale, de la direction de la protection de l'environnement minier et du fonds national de promotion et service social.

Un manuel de procédures approuvé par arrêté interministériel des ministres en charge des mines et des affaires sociales doit préciser les attributions du comité ainsi que les modalités de fonctionnement.

Or, il existe déjà dans de nombreuses localités du Katanga des comités de développement local, institués par le ministère du plan dans le cadre de la réforme de la décentralisation de l'Etat, qui ont pour principales attributions d'élaborer le plan de développement local et de coordonner les actions de développement local.

Le principal risque dans la mise en œuvre des nouvelles dispositions sur le développement communautaire est que les fonds soient détournés de leur objectif initial par des structures de l'Etat plus éloignées des préoccupations des communautés.

§ 6. RISQUE DE NON APPLICATION DE L'ARTICLE 71 BIS (LA PARTICIPATION DES CONGOLAIS DANS LES PROJETS MINIERS)

L'art 71 bis du code minier révisé stipule : « La participation des personnes physiques de nationalité congolaise est requise pour la constitution de capital social des sociétés minières.

Les personnes visées à l'alinéa précédent détiennent au moins 10 % de capital social. »

La mise en application de cet article risque d'être difficile, car les projets miniers à la base sont très capitalistiques, et il n'existe pas réellement du moins de manières officielles, un grand nombre d'entrepreneur Congolais susceptible d'apporter 10% dans les projets miniers.

Et il n'a pas été prévu des mécanismes d'accompagnements pour atteindre cet objectif.

SECTION II : LES RISQUES POUR LES INVESTISSEURS

Le principal risque pour les investisseurs est celui de minimiser l'étude de faisabilité initial du projet minier.

Plusieurs éléments émanent de la révision du code minier laissent penser à un déséquilibre certain du projet minier initial.

§ 1. LES NOUVEAUX ÉLÉMENTS FISCAUX

L'article 220 bis du code minier révisé a rajouté la liste des droits, taxes et impôts applicables au secteur minier.

L'Etat a ajouté dans le code minier des droits, taxes et impôts qui n'existaient pas ou n'étaient pas applicables de droit en 2002, et souvent déjà prélevés de fait depuis plusieurs années.

Ces nouveaux impôts et taxes créent des charges fiscales non-négligeables, et alourdissent la charge administrative des sociétés minières.

Certaines sociétés contestent en particulier les taxes sur le déboisement et la protection de l'environnement. Elles considèrent que c'est sur la base de leurs obligations légales, il leur appartient d'effectuer elles-mêmes les dépenses liées à la protection et à la réhabilitation des sites miniers

§ 2. LES NOUVELLES CONTRAINTES DE LA RÈGLEMENTATION DE CHANGE

La nouvelle règlementation de change, définit les prérogatives de la banque centrale et les obligations des sociétés minières sur le rapatriement et le transfert des devises étrangères.

Le code minier révisé impose aux sociétés minières de rapatrier 60 pourcents de leurs recettes d'exportation, au lieu de 40 pourcents dans le code de 2002, et jusqu'à 100 pourcents dans le cas où l'investissement initial est complètement amorti. [253]

Il étend également la redevance de contrôle de change de 2 pour mille à toutes les recettes d'exportation.

La redevance de contrôle de change devient donc une nouvelle taxe sur le chiffre d'affaires des sociétés minières de 0,2 pour mille, ce qui impacte durement le projet initial.[254]

L'obligation de rapatriement des recettes pourrait créer des difficultés importantes pour les sociétés minières car l'article 269 précise que «la

[253] Art 269 du code minier
[254] Art 270 du code minier

quotité rapatriée est destinée à couvrir les dépenses domestiques en faveur des résidents et ne peut servir à financer les transactions reprises à l'article 264 », qui incluent le paiement des fournisseurs de biens et services étrangers ainsi que le remboursement des avances en compte courant et les dividendes versés aux actionnaires non-résidents.

Cette obligation, alignée sur la règlementation de change de la Banque Centrale du Congo modifiée par le règlement 001/18 en 2018, est beaucoup plus restrictive que ce qui est pratiqué par d'autres pays miniers et contraire aux principes de l'organisation mondiale du commerce.

§ 3. LA NOUVELLE CLAUSE DE STABILITÉ

La décision la plus radicale qu'a prise l'Etat congolais dans la version finale de l'amendement du code minier est d'imposer l'ensemble des nouvelles obligations à tous les titulaires de droits miniers dès l'entrée en vigueur de la loi (article 342 bis du code minier).

Cette décision remet en cause la clause de stabilité contenue dans l'article 276 du code minier de 2002 et les dispositions contractuelles dont bénéficiaient les projets sous régime conventionnel, auparavant protégées par l'article 340 du code minier.

La stabilité juridique que les sociétés ayant investi sous le code de 2002 pensaient acquise aurait dû courir sur dix années à compter de la modification du code, soit jusqu'en mars 2028. (Le code minier ayant été révisé en 2018).

La nouvelle loi octroie aux titulaires des droits miniers d'exploitation existants, de façon un peu confuse, cinq années de stabilisation des dispositions de la nouvelle loi à compter de son entrée en vigueur (donc jusqu'en juin 2023).

Et pour les permis de recherche, la stabilité cours à compter de la transformation du permis de recherche en permis d'exploitation.[255]

Compte-tenu du traitement de la précédente clause de stabilité, cette nouvelle clause de stabilisation, même avec une portée limitée, ne dispose pas d'une grande crédibilité.

SECTION III : LES 6 ARTICLES QUI FACHENT

6 articles fâcheux engendrés par la révision du code minier font courir à la RDC des risques majeurs sur sa sécurité économique, financière et stratégique.

Sur les 6 articles, 4 posent des réels problèmes aux investisseurs, et 2 articles exposent la sécurité économique et financière de la RDC.

[255] Art 276 du code minier

§ 1. LES ARTICLES QUI FÂCHENT LES INVESTISSEURS MINIERS

A. Art. 273 (Loi n°2018-01) DES LIBERTES GARANTIES

Sous réserve du respect des lois et Règlements Miniers de la République Démocratique du Congo, l'Etat garantit aux titulaires des droits miniers et de carrières:

- Le respect de la législation et des accords ou conventions signés avec des partenaires.

B. Art. 276 (Loi n°2018-01) DE LA GARANTIE DE STABILITE

L'Etat garantit que les dispositions du présent Code ne peuvent être modifiées que si, et seulement si, le présent Code fait lui-même l'objet d'une modification législative adoptée par le Parlement.

L'Etat garantit au titulaire des droits octroyés sous l'empire de la présente loi, la garantie de stabilité du régime fiscale, douanier et de change qui demeure acquise et intangible jusqu'à la fin d'une période de cinq ans, à compter de la date de:

- l'entrée en vigueur du présent Code pour les droits miniers d'exploitation valides existant à cette date ;
- l'octroi du droit minier d'exploitation acquis postérieurement en vertu d'un Permis de recherches valide existant à la date de l'entrée en vigueur de la présente loi.

C. Art. 340 (Loi n°2018-01) DE LA VALIDITE DES CONVENTIONS MINIERES

Toutes les conventions minières en vigueur à la promulgation de la présente loi sont régies par les dispositions du présent Code.

D. Art 342 bis (Loi n°2018-01) DE LA GARANTIE DE STABILITE

Les dispositions du présent Code sont d'application immédiate à l'ensemble des titulaires des droits miniers valides à la date de son entrée en vigueur.

En cas de modification législative dans les cinq ans à dater de l'entrée en vigueur du présent Code, les titulaires des droits miniers visés à l'alinéa précédent bénéficient de la garantie de stabilité du régime fiscal, douanier et de change du présent Code.

§ 2. LES ARTICLES QUI EXPOSENT LA SECURITE ECONOMIQUE ET FINANCIERE DE LA RDC

A. Art. 319 (Loi n°2018-01) DE L'ARBITRAGE INTERNATIONAL

Nonobstant les dispositions de l'article 318 du présent Code, les litiges pouvant survenir à l'occasion de l'interprétation ou de l'application des dispositions du présent Code, peuvent être réglés, à la requête de la partie la plus diligente, par voie d'arbitrage conformément à la Convention sur les Règlements des Différends Relatifs aux investissements entre Etat et ressortissants d'autres Etats, à la condition que le titulaire soit ressortissant d'un autre Etat contractant aux termes de l'article 25 de ladite convention. Du fait de l'acceptation de la délivrance du titre minier ou de carrière par le Cadastre minier, le titulaire est censé avoir donné d'office son consentement à un tel arbitrage conformément à ladite convention et l'exprime tant en son nom qu'en celui de ses sociétés affiliées.

Il accepte, en outre, qu'une telle société affiliée soit considérée comme ressortissant de l'Etat duquel l'Investisseur est un ressortissant d'un autre Etat contractant. Si l'investisseur a effectué son investissement par l'intermédiaire d'une société affiliée de droit congolais, une telle société est considérée, aux fins de la Convention CIRDI comme un ressortissant de l'Etat duquel l'Investisseur est un ressortissant.

B. Art. 320 DES REGLES ET DES DECISIONS D'ARBITRAGE

...Les décisions rendues par l'arbitre sont exécutoires et leur exécution peut être demandée devant toute juridiction compétente dans le Territoire National selon la forme prévue par le Code de Procédure Civile Congolais ou dans le pays dont relève le titulaire.

En cas d'application des dispositions de l'alinéa précédent, l'Etat renonce à se prévaloir de toute immunité de juridiction ou d'exécution.

§ 3. LES CONSEQUENCES DES 6 ARTICLES FACHEUX CI HAUT INDIQUES

A. Pour les investisseurs

Les problèmes posés par ces articles sont de deux types

- Pour les investisseurs bénéficiaires des conventions minières, lesdites conventions sont simplement résiliées, avec pour conséquences, le non-respect du clause de résiliation prévue dans ladite convention.
- Pour les investisseurs qui ont évolués dans le cadre du code de 2002, leurs garanties de stabilité ont été ramenées de 10 à 5 ans. Bien que cette situation peut se justifier par « le fait de prince », mais néanmoins, les investisseurs peuvent portés l'affaire en arbitrage et invoqué des préjudices et réclamés des dommages et intérêts.

La Jurisprudence de la CIRDI condamne souvent les Etats qui ont changé leurs législations qui portent préjudices aux investisseurs.

CAPACITE DE NOUISANCE DES SOCIETES MINIERES

Pour faire valoir leurs droits, les investisseurs peuvent invoquer les articles ci-après.

- Art 319 qui permet aux investisseurs de bénéficier de la clause d'arbitrage de la CIRDI du fait de l'obtention d'un titre minier
- Art 320 qui permet aux investisseurs en cas de victoire, de faire exécuter la sentence arbitrale dans n'importe quel pays, l'état congolais ayant renoncé à l'immunité de juridiction et d'exécution.

B. Pour l'État congolais

Bien que l'Etat congolais puisse bénéficier du « fait de prince » par le fait qu'il est libre de changer sa législation.

Mais toute fois, il est fragilisé par les arts 319 et 320 ;

Ainsi, dans le cas où toutes les sociétés minières œuvrant en RDC se décidaient de porter leurs doléances devant les juridictions arbitrales tel que le code minier le prévoit, dans ce cas la RDC risque de se retrouver dans une situation de faillite.

CHAPITRE III

Propositions de réforme de l'activité minière et de l'administration fiscale

Les propositions de réformes que nous formulons vont porter sur l'activité minière d'une part et sur l'administration fiscale d'autre part.

SECTION I : LES REFORMES A APPORTER A L'ACTIVITE MINIERE

Les réformes à apporter à l'activité minière peuvent porter sur trois points :

1- La simplification du code minier et sa clarification.
2- Dynamisation de la recherche minière
3- Simplification des acteurs qui interviennent dans l'activité minière.

§ 1. LA SIMPLIFICATION DU CODE MINIER ET SA CLARIFICATION

Tel que nous l'avons indiqué, le code minier Congolais et son décret d'application regroupe plus de 500 articles.

Afin de faciliter sa lecture et inciter les investisseurs, il conviendrait de procéder à la simplification du code minier.

Cette simplification permettra de renforcer le rôle de l'Etat dans l'activité minière, et il faudra également simplifier les procédures de délivrance des titres miniers.

§ 2. DYNAMISER LES RECHERCHES

La recherche des substances minérales est une étape importante dans l'activité minière.

C'est de cela que va se baser l'exploitation minière.

Une bonne politique de la recherche minière permet d'ouvrir les portes aux investisseurs.

C'est ainsi que nous pensons que l'Etat doit accroître et encourager la recherche minière.

L'idée de faire financer les activités des recherches par le fonds minier est louable ; mais compte tenu des diverses missions confiées à cette structure, il conviendrait de multiplier les sources des financements et d'encourager la recherche.

La recherche peut etre développée de plusieurs manières, notamment par des partenariats avec les organismes étranger ; une fois les produits miniers découverts, l'Etat pourrait faire des appels d'offres et négociés au mieux la délivrance des titres miniers.

L'autre méthode pour encourager la recherche, c'est d'établir des contrats de services avec les entreprises minières, qui pourront exploiter les ressources minières pour le compte de l'Etat. c'est ce qui est pratiqué en Indonésie.

§ 3. SIMPLIFICATION DES ACTEURS DE L'ACTIVITE MINIERE

Pour une meilleure simplification des acteurs de l'activité minière, il convient de mettre en place des organes Etatiques efficaces, créer un système de guichet unique minier (GUM), développer la formation dans le domaine, mettre en place une société holding de l'Etat qui pourrait prendre des participations dans les projets miniers.

A. Les organes Etatiques efficaces.

I. Le ministère des mines moderne.

Nous pensons que certains gisements spécifiques de grande valeur, devraient faire l'objet des contrats miniers particuliers.

Le rôle du ministre des mines sera entre autres :

- L'octroi des titres miniers
- L'octroi des droits des carrières pour les substances minérales autre que les matériaux de construction à usage courant.
- établissement des zones d'exploitation artisanale
- L'agrément des comptoirs d'achat.
- L'agrément des mandataires en mines et carrières.
- La réservation des gisements à soumettre à l'appel d'offres.
- La délivrance des autorisations de transformation des produits d'exploitation artisanale et les autorisations d'exploitation des minerais à l'état brut.

Par ailleurs, étant donné que le ministère des mines sera chargé de négocier et conclure des accords avec des investisseurs, il est préférable que ses pouvoirs soient clairement définis et des critères explicites doivent indiquer quels accords peuvent être approuvés par le ministère et lesquels nécessitent l'approbation du Conseil des Ministres, du Parlement et du Président.

Il est évident que le critère déterminant pour ces choix sera le montant d'investissement en cause.

En principe, les négociations doivent être menées par le ministère des mines, avec la participation entre autres, de représentant des ministères de la justice, des finances, et le cas échéant, du cabinet du Président.

Au Botswana, la commission de la politique minière fonctionne selon ces règles, qu'il s'agisse de conseiller ou de négocier.

D'autre pays africains ont adopté des procédures différentes.

Ainsi, en Tanzanie et au Mozambique, la responsabilité principale incombe au ministère des mines qui, en principe, agit de manière autonome, mais, dans la pratique les accords sont soumis à l'approbation du Conseil des Ministres.

Il se peut que des complications surgissent lors de l'approbation du projet au Conseil de Ministre, et que le Conseil soit obligé d'approuver une négociation qu'ils n'ont pas participé.

Dans ce cas, le ministère de mines est un petit peu perçu comme un agent des sociétés minières plutôt que comme un administrateur indépendant de la politique gouvernemental.

Nous pensons que cet argument n'est pas valable dans la mesure ou une équipe gouvernementale doit être une équipe soudée et les relations entre elle doit être une relation de confiance.

Le fait de faire participer des représentants de certains ministères dans les négociations et accords peut être une source de conflit, ces derniers peuvent jouer le rôle des marchands et rapporté à leurs directions tout sujet et ces Ministres peuvent tout faire pour entraîner l'évolution de la négociation du projet.

Le ministère de mines doit avoir la main libre pour négocier des accords d'investissement miniers, une fois qu'il est convaincu de la faisabilité du projet, si cela est prévu, il lui appartient de présenter et de défendre le projet. Il en va de sa responsabilité.

Quoi qu'il en soit, il encourt des sanctions politiques, car s'il n'arrive pas à convaincre ses paires des projets qu'il a lui-même réalisé en amont, il n'est pas digne d'être à la place.

Pour éviter que certains ministres soient pris de cours sur des projets qu'ils n'ont pas participer à la négociation, le ministre des mines doit informer les différents ministères de l'évolution de ses négociations et de l'état d'avancement de ses dossiers.

Ainsi, personne ne pourra évoquer la non-connaissance du dossier.

II. Le gouverneur de province

Le gouverneur de province doit être informer des titres miniers qui sont octroyés dans les provinces où ils sont implantés.

Celui-ci devra intervenir en qualité d'autorité compétente dans l'octroi des cartes de négociation des produits d'exploitation artisanale, l'ouverture des carrières pour les travaux d'utilité publique sur les terrains domaniaux.

il doit être également compétent, après avis favorable du guichet unique minier, pour délivrer les cartes d'exploitation artisanale, et pour l'octroi des droits de recherche des produits de carrière et d'exploitation des carrières permanentes ou temporaires pour les matériaux de construction à usage courant.

B. La création d'un guichet unique minier

Afin de simplifier les procédures et les délais d'octroi des titres miniers, il convient de créer un guichet unique qui doit centraliser l'ensemble de l'activité minière du point de vue technique.

Ce guichet unique minier pourra être organisé comme suit :

Une direction générale, qui sera seule interlocutrice avec les investisseurs, le ministère des mines et les gouverneurs de province.

Cette direction générale dirigera 6 directions :

La direction de cadastre minier, la direction des mines, la direction de géologie, la direction chargée de la protection environnementale, la direction des investigations, la direction de promotion minière.

Et une commission mixte d'octroi des titres miniers, qui regroupera toutes les directions sus indiquées.

I. La direction de cadastre minier

Elle aura pour rôle :

- inscription ou enregistrement dans les registres des données suivants :
- les déclarations et les attestations de prospection
- de la demande d'octroi des droits miniers et ou de carrière
- des droits miniers et ou de carrières octroyées ainsi que des décisions de refus.
- Des retraits, d'annulation et de déchéance des droits miniers et de carrière
- Des mutations et amodiations des droits miniers
- Des sûretés minières.
- La conservation des titres miniers et de carrières
- Tenu des registres et cartes de retombés minières suivant un cadastre spécifique national.
- réaliser la conciliation ou l(arbitrage des litiges concernant la position des limites des permis.
- établissement des cartes cadastrales

II. La direction des mines

La direction des mines sera chargée des tâches suivantes :

- Suivi de l'activité des entreprises minières.
- D'examiner les rapports d'activité de ces entreprises.
- D'élaborer et de proposer une réglementation concernant la recherche et l'extraction des substances minérales.
- De promouvoir la concertation avec les organes représentatifs des entreprises.
- De suivre l'application des lois et règlements en vigueur dans les domaines de recherche, de l'extraction et de la transformation des substances minérales.
- De réfléchir sur le rôle et la place du secteur minier dans l'économie du pays (valeur ajoutée, emploi...).
- De proposer et programmer des actions, visant notamment à améliorer les incitations au développement du secteur minier via l'investissement privé en particulier.

Elle doit émettre des avis en cas de :

- opportunité de soumettre un droit d'exploitation à un appel d'offres
- octroi des droits miniers et des carrières d'exploitation
- ouverture d'une zone d'exploitation artisanale
- instruction des demandes d'agrément au titre de comptoir d'achat de l'or, du diamant et des autres substances minérales d'exploitation artisanale.
- réaliser les études économiques

Elle sera chargée également de la compilation et de la publication des statistiques et informations sur la production et la commercialisation des produits des mines et de carrières.

Et sur les cours des métaux.

III. La direction de géologie

La direction de géologie sera chargée de la promotion du secteur minier à travers la recherche géologique de base, la compilation et la publication des informations sur la géologie ainsi que de la publication et de la vulgarisation desdites informations.

La direction de géologie se livrera aux activités d'investigation et d'études du sol ou du sous-sol dans le seul but d'améliorer la connaissance géologique du territoire national ou à des fins scientifiques.

- En partenariat avec la direction de cadastre minier, elle sera chargée de coordonnée la levée de la carte géologique nationale et son actualisation périodique.

- Elle sera chargée de collecter, de centraliser et de systématiser l'information géophysique et géochimique remise par les entreprises en conformité aux règlements en vigueur
- Elle sera chargée également de transcrire toutes les informations utilisables pour la promotion minière et les sociétés intéressées en créant une banque de données et un système d'information géographique.
- De maintenir et de gérer une bibliothèque de la documentation technique relative à la géologie et domaines connexes.

IV. Direction chargée de la protection environnementale

En collaboration avec les administrations concernées, cette direction serait chargée de :

- élaborer et de proposer à l'adoption la réglementation en matière de l'environnement dans le secteur minier.
- convoquer et coordonner des réunions avec les experts environnementaux des administrations compétentes des autres ministères pour la concertation des résultats d'évaluation.

Elle doit contrôler et réaliser le suivi des obligations environnementales.
A ce titre, elle doit :

- contrôler la mise en œuvre des mesures d'atténuation et de réhabilitation environnementale par les titulaires des droits miniers.
- Vérifier l'efficacité sur le terrain des mesures d'atténuations et de réhabilitation environnementale réalisée par les titulaires des droits miniers et de carrières.
- Evaluer les résultats des audits environnementaux.

Elle doit procéder à la recherche et le développement des normes environnementales.
A ce titre, elle doit :

- Réaliser des recherches sur l'évolution des techniques d'atténuation des effets néfastes des opérations minières sur les écosystèmes et les populations ainsi que les mesures de réhabilitation desdits effets.
- Réaliser des recherches sur l'évolution des techniques de réglementation de l'industrie minière en matière de protection environnementale.
- Compiler et publier les statistiques sur l'état de l'environnement dans les zones d'activité minière
- Elaborer des directives sur les plans environnementaux et les mesures connexes.

V. Direction chargée des investigations

- Elle doit contrôler les activités minières et des travaux de carrières en matières de sécurité, d'hygiène, de conduite de travail, de production, de transport, de commercialisation et en matière sociale.
- Elle contrôle en partenariat avec la banque centrale, les opérations du compte principal à extérieur, des titulaires, ainsi que les contrats intra groupes.
- Veuille à l'application de la réglementation particulière sur la fabrication, le transport, l'emmagasinage, l'emploi, la vente et l'importation des produits explosifs.
- Elle facilite le règlement des différends concernant les servitudes de passage entre le titulaire de permis d'exploitation et le permis d'exploitation de rejets, par voie de conciliation.

VI. La direction chargée de la promotion minière

- Elle doit être chargée de réaliser la promotion de l'activité minière à l'intérieur du pays, et à l'étranger
- En coordination avec les autres direction, doit proposer des lois et mesures pour promouvoir l'activité minière.
- Doit organiser des séminaires, colloques et manifestations
- Doit recueillir des données et statistiques sur l'activité minières mondiale.
- Doit développer la coopération avec les organismes et institutions internationales qui traitent des matières premières minérales.
- Elle doit fonctionner comme une agence commerciale de la promotion immobilière, dans ce cadre.

Elle peut former quelques personnels des ambassades occidentaux afin que ces derniers puissent établir le premier contact avec les investisseurs potentiels.

Elle n'aura pas un pouvoir des décisions et ne se présentera pas comme un organisme qui délivre les autorisations.

Sa tâche première sera de prospecter les investisseurs, leur donner les premières informations et les guider vers les services du ministère compétent.

Son rôle doit être uniquement de faciliter les démarches et les prises de contact. Et elle doit faire tout son possible pour faciliter la tâche des investisseurs privés pour la fourniture de bonnes cartes et d'une documentation attrayante sur les zones productives possibles (en liaison avec le bureau d'étude géologique).

L'agence doit être capable de renseigner sur la législation générale et la fiscalité, les procédures à suivre pour obtenir des permis d'exploration et d'exploitation, les terrains disponibles, les zones productives possibles.

VII. Commission mixte

Afin de réduire les délais et les procédures d'octroi de titres miniers, il faudra mettre en place une commission mixte de toutes les directions du guichet unique minier plus le représentant de la province concernée par le projet.

Cette commission aura pour principale tâche :

- assure l'instruction des demandes en matière de :
- de demande de titres miniers
- agrément au titre de mandataire en mines et carrières
- de droits miniers et de carrières d'exploitation et leur
- renouvellement ou prorogation selon le cas
- agrément au titre de comptoir d'achat et de vente des
- substances minérales de l'exploitation artisanale, et leur renouvellement
- d'agrément au titre d'acheteur d'un comptoir agréé
- d'agrément au cas de force majeure
- d'exportation des minerais pour traitement
- d'approbation d'hypothèque
- de transfert d'un droit minier ou d'une autorisation d'exploitation de carrières.

Après avis, la commission pourra désigner un rapporteur qui pourra centraliser toute la procédure, et essayer d'obtenir les avis et autorisations nécessaires pour l'octroi des titres miniers.

Une fois que le dossier sera complet, elle pourra transmettre le dossier aux autorités compétentes pour la délivrance des titres miniers.

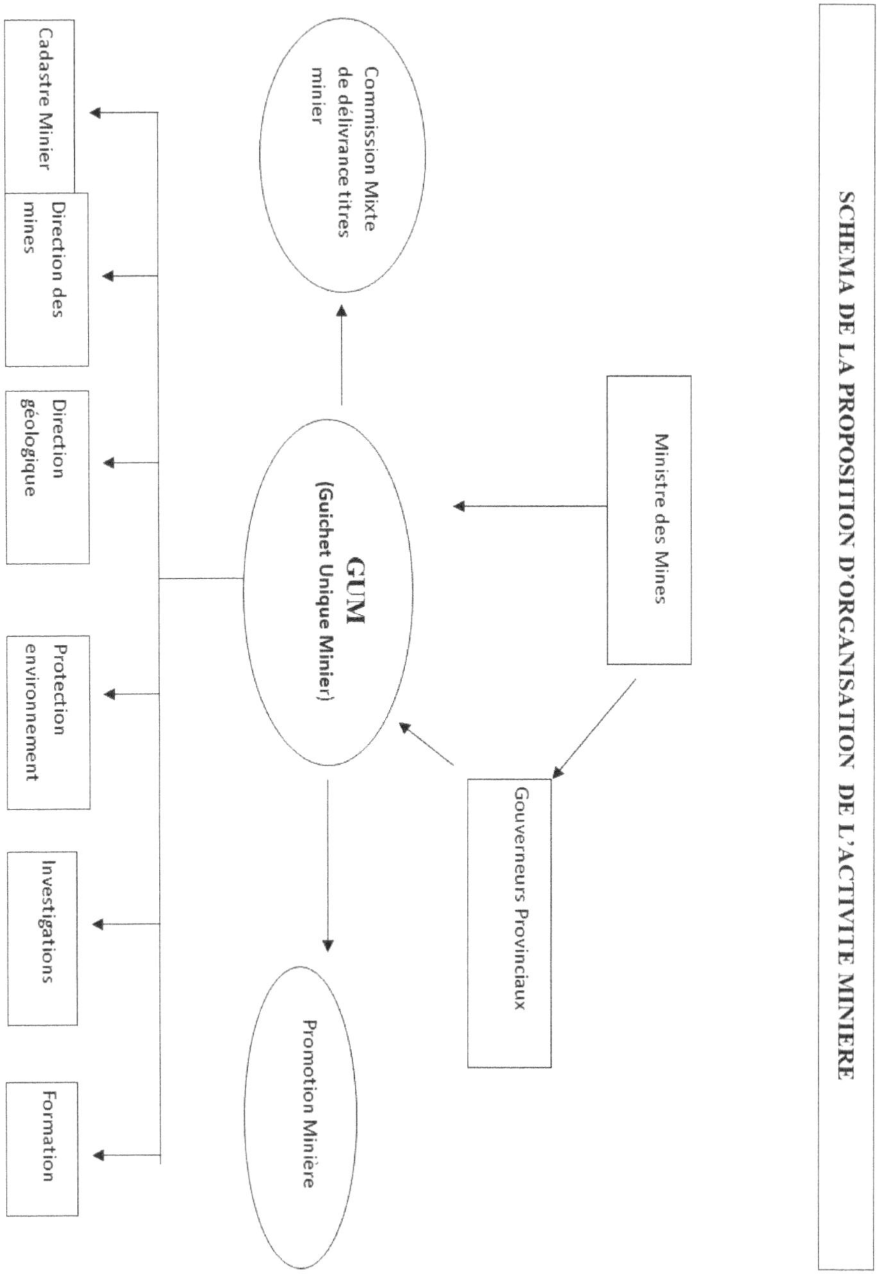

Schéma 4[256]

[256] Compilation personnelle

C. Création d'un centre de formation pour les activités minières

La carence du personnel qualifié dans le secteur minier en RDC et dans les pays en voie de développement, n'est plus à démontrer.

Pour une meilleure politique minière, il faut intégrer cet élément dans le programme global.

Ainsi, il conviendrait de mettre en place un centre de formation continue dans le domaine minier.

Ce centre aura pour principal but d'améliorer la qualification professionnelle des personnes qui travaillent dans l'activité minière.

Ce centre pourra se présenter comme une structure permanente qui réalisera la formation professionnelle continue de gestion, administration, et spécialités de l'industrie minière.

Ce centre doit avoir une structure de fonctionnement légère tel que :

- un responsable, qui s'occupera de la gestion générale du centre,
- un coordinateur, qui s'occupera de la formation des candidats, coordination entre les formateurs et les stagiaires, animation du centre…
- un méthodiste, il sera chargé de la préparation des programmes, et plans des études, composition des horaires, contrôle du processus de formation…
- une secrétaire dactylographe, qui sera chargée de fourniture de matériel, dactylographie, photocopie….

Le centre pourra organiser des formations courtes de 6 mois environ, pour une quinzaine de collaborateurs.

Le public cible sera :

Les dirigeants des sociétés minières, les décisionnaires de l'activité minière, cadres de l'administration, représentant de l'état, cadres miniers et géologues en charges d'activités techniques de promotion, production et traitement.

Le type de module à dispenser :

- Cadre législatif et réglementaire de l'activité minière, fiscalité minière, investissements miniers, étude de faisabilité d'un projet minier, évaluation économique des projets miniers, commerce international des matières premières minérales, management, gestion des entreprises, sécurité et environnement.

D. Création d'une holding minière de l'État

Pour une meilleure gestion des participations de l'Etat dans les projets miniers, il convient de mettre en place, une holding minière de l'Etat, qui pourra fonctionner comme n'importe quel financier.

Cette structure doit avoir une autonomie financière et de gestion.

Et ne doit en principe rendre compte qu'à une autorité stable et neutre.

SECTION II : LES REFORMES A APPORTER A LA FISCALITE ET A L'ADMINISTRATION FISCALE

Dans la plupart de pays développés, le système fiscal est au cœur des débats politiques, et constitue le pilier même des enjeux électoraux.

En RDC, les problèmes fiscaux sont relégués à un niveau tel que la matière fiscale est devenue un sujet tabou pour les uns (les politiques), un domaine réservé pour les autres (les professionnels de la matière) et un sujet de mépris (pour les contribuables).

Très souvent, ces derniers ne voient pas l'intérêt de payer les impôts, si cet impôt payé a pour vocation de finir dans la poche de certains individus.

Bref, la situation est telle que la matière fiscale est devenue quasi inexistante dans le dispositif de reconstruction du pays.

La plupart des réformes entreprises dans ce domaine ne sont que des «saupoudrages » par-ci et par-là, sans une réforme de fond.

Or comme l'adage biblique ledit, «un homme intelligent bâtit sa maison sur le rock, même s'il y a la pluie, le vent, sa maison ne tombera pas ».

Pour la fiscalité, on ne peut pas entreprendre des réformes efficaces, si on ne commence pas par la fondation même du système.

Et la fondation du système fiscal, ce sont les acteurs qui mettent en œuvre le système, à savoir, les politiques, les contribuables et le personnes qui sont appelées à faire fonctionner le système.

Comment peut-on voter les lois fiscales, le budget de l'état si on n'a pas une idée du fonctionnement du système : comment appréhender l'impôt, quel type d'impôts, à quoi sert l'impôt, comment il est affecté...

De même, comment est-ce qu'un contribuable peut remplir son devoir civique de paiement de l'impôt s'il ne sait pas pourquoi il doit payer l'impôt, où va être affecté son argent...

La réponse à ces questions est la base même de la réforme de fond du système fiscal congolais.

Par conséquent, nous pensons qu'il faut établir une sorte de plan Marshall de la fiscalité en RDC.

A la fin de ce plan MARSHALL, il faudra introduire une fiscalité de développement durable.

§ 1. LE PLAN MARSHALL DE LA FISCALITÉ EN RDC

Ce plan Marshall doit consister dans l'intégration de la matière fiscale dans les débats politiques, à savoir transmettre l'information fiscale aux décideurs du pays, afin qu'ils puissent obtenir les capacités nécessaires de décision dans le domaine.

Ensuite, rétablir la confiance rompue entre l'administration fiscale et les contribuables, cela consiste à apporter aux contribuables, les informations nécessaires sur la fiscalité, les taux des impôts pourquoi payer les impôts, bref réaliser un vrai travail de civisme fiscal.

Parallèlement à cette tâche de réconciliation entre les politiques, les contribuables et l'administration fiscale, il faudrait dans un deuxième temps, redynamiser l'administration fiscale et donner les moyens afin que le travail puisse être accompli dans les bonnes conditions.

Cette redynamisation passera par la mise en place des outils nécessaires (locaux, matériel informatique et roulant), la formation du personnel, la valorisation de la rémunération...

Enfin la dernière étape consistera à élargir la matière imposable, et à inciter les entreprises à sortir de l'informel.

A. La réconciliation des politiques, des contribuables et de l'administration fiscale

Cette réconciliation doit passer par la formation et l'information des hommes politiques et des décisionnaires sur le fonctionnement de l'administration fiscale et des impôts.

I. Au niveau du parlement et du sénat

En RDC, la plus part des parlementaires (sénateurs, députés...) n'ont pas une culture fiscale, à savoir, ne connaissent pas très bien le système fiscal Congolais.

Cette situation est d'autant plus déplorable dans la mesure où ces femmes et ces hommes politiques qui sont censés votés les budgets, et les lois fiscales et ne maîtrisent pas la technique fiscale, cela pose un réel problème.

Quand ces mêmes responsables politiques seront amenés à expliquer à leurs électeurs, le bien fondé de paiement de l'impôt, comment pourront ils expliquer par exemple les mesures à prendre pour l'amélioration des infrastructures routières, la création des écoles, des hôpitaux, comment défendre les mesures à prendre pour améliorer les conditions de rémunération des fonctionnaires ...

Donc la formation des décisionnaires politiques sur le système fiscal est primordiale pour le bon fonctionnement du système tout entier.

II. Au niveau du gouvernement

La situation sus indiquée est valable pour le gouvernement.

Mais ce dernier a une double mission par rapport au parlement dans la mesure, où il assure l'exécutif de l'état.

C'est le gouvernement qui dans la plus part des cas procède aux dépenses de fonds public.

Ainsi, il serait bénéfique que les membres du gouvernement connaissent les techniques fiscales, afin qu'ils soient à même de générer les recettes publiques, au lieu plutôt de se concentrer aux dépenses publiques, tel que cela se fait actuellement.

L'exemple concret est celui de la présentation par le gouvernement, de son budget pour l'exercice 2007.

Toute la classe politique, y compris les citoyens de la base, ont crié au « petit budget », ce budget représentait une enveloppe de 2 milliards de dollars.

Si les élus de la république avaient connaissance des techniques pour appréhender l'impôt, et du système fiscal, ils auront peut-être eu une réaction différente à ce qu'ils ont fait valoir.

Et les commentaires du budget qu'ils ont transmis à l'opinion publique n'a fait qu'accroître la méconnaissance du système fiscal.

B. La redynamisation de l'administration fiscale

Tel que nous l'avons indiqué ci haut, le problème de l'administration fiscale se situe à deux niveaux, la sous administration fiscale et la « mal administration fiscale ».

La sous administration fiscale qui consiste à ce que une administration fiscale qui est censée récoltée les recettes de l'état doit avoir les moyens et les conditions de travail nécessaires pour bien réaliser les tâches qui lui sont confiées.

Dans ce cadre, il convient de revoir tout le système de travail des fonctionnaires de l'administration fiscale, à savoir, les locaux, le matériel, et les conditions de travail.

Concernant la question du sous administration fiscale, trois mesures urgentes sont à prendre :

- Une meilleure affectation des agents, aux endroits où il faut.
- La formation permanente du personnel aux nouvelles techniques de l'import.
- La mise en place de système de primes, de motivation et la revalorisation de la rémunération.

C. L'élargissement de la matière imposable

Une fois que les contribuables se seraient réconciliés avec l'administration fiscale, et que les politiques et les décisionnaires ont compris l'intérêt des impôts, la troisième étape consistera à la réflexion sur la recherche des matières imposables, de sorte à diversifier les ressources de l'état.

On peut citer l'exemple de la mise en place, dans des grandes villes, d'une base de données cadastrale, qui pourra permettre de connaître les propriétaires de toutes les maisons dans les villes étudiées, et cette connaissance permettra la mise en place des impôts locaux (actuellement, les impôts locaux n'existent presque pas en RDC).

L'autre exemple de recherche de l'élargissement de la matière imposable, peut consister à la mise en place d'une politique de moyens pour permettre aux commerçant et entreprise de sortir de l'informel.

Pour cela, on peut obliger certaines entreprises à la tenue de la comptabilité, et à la présentation annuelle de bilan compte de résultat...

Dans ce cadre, il peut être accordé des abattements fiscaux, aux entreprises qui confieraient la réalisation de la comptabilité à des cabinets comptables agréés.

Après ce plan Marshall, il faudra instaurer un système fiscal viable et pérenne.

§ 2. INSTAURATION D'UNE FISCALITE DE DEVELOPPEMENT DURABLE

Nous rappelons que la fiscalité doit contribuer au développement durable et poursuivre à la fois les objectifs de réduire le déficit gouvernemental, d'assurer une meilleure justice sociale et d'améliorer les performances économiques et environnementales.

Nous rappelons également que la définition du développement durable tel que l'a défini en 1987 la commission Brundtland[257] c'est un « développement qui répond aux besoins du présent sans compromettre la capacité des générations futures de répondre aux leurs ».

En fait, on attend par développement, l'exploitation des ressources naturelles et humaines.

Ainsi donc la fiscalité durable devra tenir compte des principes suivants :

- Tant que l'économie ne s'orientera pas vers un développement durable, il s'ensuivra inévitablement des déficits.
- L'équité doit représenter un des objectifs fondamentaux de la fiscalité, qui doit réduire le ratio des inégalités de revenus. Ainsi, un contribuable ayant une capacité de payer plus élevée qu'un autre, doit être plus lourdement imposé.
- Les fonds publics ne devraient plus subventionner des activités dont la rentabilité sociale est compromise ou douteuse sur les plans sociaux et environnementaux
- La fiscalité doit concourir à rendre d'une part, les intérêts privés compatibles avec l'intérêt collectif et la rentabilité privée compatible avec la rentabilité sociale.

[257] Commission des nations unies sur l'environnement et le développement

§ 3. DIVERSES REFORMES PONCTUELLES A APPORTER

A. La révision de l'impôt exceptionnel sur les rémunérations des expatriés (IERE)

Mesures qui visent à dencourager le recrutement de la main d'œuvre étrangère.

Dans le but de décourager les entreprises à faire venir la main d'œuvre étrangère, il a été créé l'impôt exceptionnel sur les revenus des expatriés a été instauré, son taux est assez faible.

Cet impôt est déductible du résultat de la société.

Dans le souci de la maximisation des recettes de l'Etat, cet impôt ne devrait pas être déductible dans le calcul du résultat de l'entreprise minière et il conviendrait de revoir à la hausse son taux.

B. Création d'une base de données pour les trois régis financières

Très souvent, les régies financières ne partagent pas entre elles, les mêmes informations.

Dans le but de croitre l'efficacité, il conviendrait d'améliorer le guichet unique existant en mettant en place des mécanismes pour que les mêmes informations circulent et soit partager par les trois régies financières.

Et des sanctions devraient être mises en place afin de limiter les défaillances.

C. Déterminer les produits et les teneurs standards à l'exportation.

Pour contrôler les flux des sorties des produit miniers, l'Etat doit imposer des standards (métrologie) en qualité et en quantité des produits minier destinés à l'export pour un meilleur suivi.

D. Création d'une bourse pour les produits à l'export.

Dans le souci de maitriser les flux monétaires issus des ventes des produis miniers, le Gouvernement devrait créer une bourse des produits miniers destines à l'export, tel que préconisé par l'article 128 du code minier.

Au-delà de cet aspect, l'Etat pourra élargir son assiette fiscale par l'imposition des certaines transaction boursières.

E. Limitation des charges à transférer au siège

Dans le but de lutter contre la fraude et l'évasion fiscale, l'Etat doit limiter les charges du siège pouvant impacter négativement sur le résultat net de l'exercice comptable de la société selon la prise en charge du chiffre d'affaires (C.A) ou des frais généraux (F.G).

F. Le contrôle dans le laboratoire de CEEC

Pour la maitrise des produits et sous-produits miniers à l'export ainsi que leurs teneurs, l'Etat doit rendre obligatoire, la certification unique des produits miniers, auprès du laboratoire tenu par le CEEC avant toute exportation.

G. La justification des responsables des régis du non recouvrement des créances.

Pour un bon suivi des arriérés fiscaux et leurs causes, les responsables de ces trois régis doivent se justifier devant le Ministre des finances à la fin de chaque exercice fiscal, le non recouvrement des créances identifiées (dû et échues).

Dans le but de rendre indépendants et responsables les actions posées par les receveurs des trois régis financières pour le compte du trésor public, les receveurs doivent prêter serment devant les juges et ainsi devenir redevable vis-à-vis de la cour des comptes.

H. Sur le taux de rapatriement des fonds provenant du prix de vente des matières premières

Afin les flux des devises dans le circuit bancaires et monétaires du pays, le Gouvernement doit inverser la tendance à savoir, au lieu de ne rapatrier que 40% du prix de la vente, il conviendrait que les entreprises rapatrient 60%

La Banque Centrale doit redynamiser le service de CENAREF pour une meilleure traçabilité des flux financiers.

Faire respecter le plafond fixé par la Banque centrale aux banques commerciales pour la thésaurisation des billets des banques.

I. Les recommandations fiscales spécifiques pour l'activité minière

Pour une meilleure récolte des taxes et impôts miniers, nous préconisons la mise en place d'une fiscalité minière de développement durable.

Cette Fiscalité minière de développement durable signifie, une fiscalité minière dont l'objectif principal et majeure sera le développement du Congo et du peuple Congolais. C'est-à-dire une fiscalité minière qui va :

- Permettre à l'activité minière de devenir la locomotive des activités économiques de façon à ce que l'activité tire vers le haut, les autres secteurs d'activités économiques.
- Permettre à ce que le peuple Congolais puisse enfin bénéficier des retombées de l'activité minière du point de vue social et économique.

La fiscalité minière de développement durable signifie également que la réforme envisagée et la fiscalité minière qui sera mise en place doit être durable dans le temps, à savoir une fiscalité minière pérenne.

Quelques pistes de réforme (non exhaustives) en matière de la fiscalité minière que nous préconisons :

a. Révision du périmètre des bénéficiaires du code minier.

Il y a lieu de mettre à jour le code minier au regard des ajustements législatifs intervenus depuis sa promulgation et des faiblesses ci-dessus évoquées.

Il faudra au préalable procéder à une évaluation du régime fiscal et douanier dont bénéficie le secteur minier. Par exemple, faut-il supprimer la redevance minière et instituer des droits de sortie ?

La première proposition de réforme que nous proposons vise au recadrage du périmètre des bénéficiaires du code minier.

En effet, selon le code minier tel que rédigé en 2002, les personnes qui bénéficiaient des dispositifs du code minier étaient : les sociétés minières, les filiales et sous-traitants de ces sociétés, pour la partie de leur chiffre d'affaire qui sont concernées par les activités minières.

Avec la révision de 2018, l'art 2 dispose : « Les dispositions du présent Code s'appliquent, dans leur intégralité et dans leur ensemble, aux opérations de recherches, d'exploitation industrielle, semi-industrielle et artisanale ainsi que de traitement, de stockage, de détention, de transport, de commercialisation et d'exportation des substances minérales. »

Le problème que pose cette délimitation porte sur les activités de transport et de commercialisation des personnes non titulaire des titres miniers.

L'alinéa 2 de l'art précité stipule : « Les activités de transformation des substances minérales et des produits des carrières extraits ou traités, effectuées par une personne autre que le titulaire d'un droit minier ou de carrière d'exploitation, sont régies par la législation et la règlementation générale »

Ainsi, il conviendrait de rajouter à ces alinéas 2, que les activités de transport et de commercialisation des personnes non titulaires des titres miniers doivent relever du régime de droit commun.

b. Reconsidération de la méthode de calcul de l'impôt sur les bénéfices et profits (IBP)

La deuxième proposition porte sur la méthode de calcul de l'impôt sur les bénéfices et profits.

En effet, la plupart des sociétés minières qui exercent en RDC sont toujours déficitaires, et ne réalisent pas des bénéfices, par conséquent ne payent pas l'impôt sur les bénéfices.

Plusieurs facteurs peuvent expliquer ce résultat négatif que dégagent ces sociétés. Les éléments les plus pertinents et non exhaustifs qui permettent à ces sociétés d'être déficitaires sont :

Le chiffre d'affaires. Presque la majorité des sociétés minières vendent leurs productions à l'étranger et déclarent par la suite à l'administration fiscale, le prix de vente des matières premières minérales (principe fiscal : déclaration du chiffre d'affaires).

Par ce système, l'administration fiscale se trouve complètement désarmé pour valider ou non le prix de vente tel que déclarer par la société minière, car elle ne dispose pas assez d'éléments pour vérifier la véracité des déclarations de la société minière.

Pour pallier à ce problème de vérification des déclarations réelles des chiffres déclarées par la société minière, il convient de mettre en place dans chaque société minière, 3 types de conteneurs.

- Le premier peut avoir la capacité de contenir par exemple 100 tonnes de matières premières minérales,
- le deuxième peut avoir la capacité de contenir par exemple 50 tonnes de matières première minérale
- et le troisième peut avoir la capacité de contenir par exemple 10 tonnes de matière première minérale.

Et pour éviter la confusion qui peut survenir sur le type des matières premières minérales contenu dans les conteneurs, il conviendrait de spécifier les couleurs particulières qui correspondront à chaque matière première minérale à exporter.

Ainsi, à la frontière, lors de l'exportation des matières premières minérale, chaque service qui intervient à la frontière, pourra identifier sans s'approcher, que tel conteneur à telle taille donc le poids est de...ensuite puisqu'il s'agit de telle couleur, il s'agit donc de tel type de matière première minérale.

Ces informations ainsi recueillies facilement et rapidement pourront permettre aux administrations concernées, de faire des recoupements à partir des déclarations du chiffre d'affaires de l'opérateur économique.

Une fois régler le problème de l'identification de la quantité des matières premières minérales, le deuxième problème est celui **du prix de vente réel de ces matières premières minérale afin de reconstituer le chiffre d'affaires.**

Pour éviter les déclarations de chiffre d'affaires aléatoires, **il conviendrait de mettre en place une commission spécifique qui établira tous les 15 jours, le prix de vente moyens des 30 derniers jours**.

Et ça sera ce taux moyen qui sera appliqué à la matière première minérale à sa sortie du pays, et c'est ce prix qui sera considéré pour la constitution du chiffre d'affaires de la société minière concernée.

La prise en compte de certaines charges

Le bénéfice de l'entreprise est calculé en faisant la différence entre le chiffre d'affaires et les charges que l'entreprise a à supporter au cours de l'exercice. Pour payer moins d'impôts, les entreprises minières augmentent des charges qui souvent ne devraient pas être considérées comme charges déductibles du chiffre d'affaires.

- Pour parer à cette situation, il convient d'empêcher les transferts des bénéfices, et lesdits transferts se font souvent par les conventions intragroupes, les emprunts, et_par diverses charges, notamment les contrats d'assistance, qui peuvent revêtir plusieurs formes, management, assistance technique…
- Le nouveau code minier devra mettre des « gardes fous » de sorte que les charges générées par des contrats intra groupes, ne pourront être déductibles du chiffre d'affaires seulement si aucune entreprise de la place ne peut fournir le service demandé au prix et conditions similaires au contrat signé.
- Au cas où le principe de la déductibilité serait acquis, dans ce cas, il faudra mette en place une retenue à la source de l'ordre de 25% sur le montant à payer.
- Concernant les taux d'intérêts, ces derniers ne doivent être déductibles que pour la partie des intérêts qui excédent le taux applicable par la Banque Centrale. C à d la partie des intérêts qui excédent les taux directeur de la Banque Centrale ne sera pas déductibles du chiffre d'affaires.

c. Revalorisation du taux du forfait applicable pour les petites mines

Les petites mines bénéficient d'un système fiscal particulier, et le taux de l'impôt sur les bénéfices est de 10% au lieu de 30% pour le régime minier général et de Droit commun.

Cette situation est d'autant plus grave dans la mesure où le régime des petites mines exonère les entreprises qui en bénéficient de payement d'autres taxes.

Il conviendrait donc de reformer complètement le système d'imposition des petites mines, d'abord en augmentant le taux de l'impôt à 20% et ensuite, il faudra supprimer le système d'exonération de toutes les taxes qui s'appliquent à l'exploitation minière à petite échelle.

d. Un nouvel encadrement fiscal du secteur minier artisanal

Le code minier actuel ne traite pas avec abondance le secteur minier artisanal.

- Ce secteur pose actuellement plusieurs problèmes. Du point de vue fiscal, les retombées fiscales sont insignifiantes, la fraude et l'évasion fiscale s'effectuent normalement.

Pour pallier à cette situation, il conviendrait de mettre en place et de généralisé les centres de négoce.

L'objectif qui sera poursuivis dans ces centres sera triple :

- Premier objectif : identifié les acteurs, en effet, puisque tous les acteurs vont se retrouver dans un seul lieu pour réaliser les opérations, donc, on pourra les identifiés facilement.
- Deuxième objectif, connaitre toutes les transactions dans le domaine de l'exploitation minière artisanale, cette opération permettra de mettre en place un système de traçabilité.
- Troisième objectif, imposé les acteurs chacun suivant son niveau d'intervention, en effet, le fait d'identifié tous les acteurs qui œuvrent dans le secteur, et le fait de connaitre toutes les transactions réalisées, cela permettra d'imposer facilement mes acteurs.

Une meilleure identification des acteurs, permet une meilleure imposition du secteur, et un meilleur rendement de l'impôt.

e. Nouveau dispositif d'encadrement, de la gestion, du contrôle et de suivi de la fiscalité minière de développement durable

Nous préconisons la mise en place d'un mécanisme d'encadrement du système de gestion, de contrôle et de suivi de la fiscalité et parafiscalité minières.

Pour cela, nous proposons trois étapes :

- La première étape consistera à déconnecter la fiscalité et la parafiscalité minières, dans le circuit normal de procédure de gestion, de contrôle et de suivi des recettes minières.
- Ensuite, Il faudra mette en place une commission ad hoc.qui sera chargée de traiter directement avec les entreprises minières dans le but de suivre tous les flux et mouvements financiers émanant de l'activité minière, et suivre l'évolution des recettes en provenance des activités minières.
- Enfin, il faudra recruter un cabinet de renommer international, qui pourra procéder à des audits permanents sur les recettes minières, dans le but de vérifier si tout fonctionne convenablement et que les recouvrements et les procédures mises en place sont satisfaisantes.

Premièrement :

Déconnecter les recettes fiscales et parafiscales du circuit normal.

Pour la maximation des recettes fiscales et parafiscales provenant des activités minières, il conviendrait de déconnecter tout le système d'informations, de gestion et de procédure fiscales en matière des activités minières du circuit normal de procédure fiscale douanier. Cette déconnexion pourra se faire en vertu du principe selon lequel l'activité minière est une activité qui relève du domaine éminent de l'état. Ce qui signifie que cette activité devrait être traitée à part.

Dans ce cadre, il faudra mettre en place un compte tampon au ministère de finances. Ce compte permettra à la commission ad hoc tel qu'il sera précisé ci-après, de mettre en place, une gestion dynamique des flux financiers de l'activité minière, cette commission pourra gérer et faire des recoupements nécessaires de perception, et vérifier au jour le jour des performances de l'activité minière dans le budget de l'Etat.

Deuxièmement : mise en place d'une commission ad hoc qui suivra les procédures de recouvrement et de taxation des activités minières

Dans le cadre de renforcement des capacités au niveau du recouvrement des recettes fiscales et parafiscales liées à l'activité minière ; et dans le souci de redynamiser, d'encadrer et de maximisation des recettes de l'activité minière.

Il faudra créer une commission ad hoc, qui sera composée des représentants de différentes régies qui s'occupent de la matière.

Cette commission aura pour mission de recenser toutes les informations fiscales générales de l'activité, suivre les procédures de recouvrement et de taxation, et gérer les recettes et procéder au suivi de la trésorerie et des recouvrements.

Troisièmement : mise en place d'un cabinet d'audit et de vérification permanent des procédures et des recettes minières

il conviendrait de mette en place un cabinet indépendant qui pourra faire un travail parallèle de vérification et de contrôle, une sorte d'audit indépendant qui pourra rendre des comptes aux autorités, sur le fonctionnement et les disfonctionnements éventuels qu'ils pourront constatés de sorte qu'il puisse y avoir contrôle dans les activités minières.

Ce système de contrôle permanent existe déjà et s'applique dans les établissements financiers et dans des banques.

Il suffit juste de le transposer dans le secteur minier qui est à l'origine de beaucoup de flux financiers.

Une fois ce dispositif mis en place, les recettes provenant des activités minières pourront être « boostées » normalement.

CHAPITRE IV

Propositions d'harmonisation des politiques administratives et fiscales minières de différentes provinces

Les propositions d'harmonisation doivent porter sur trois axes :

- La bonne application uniforme du code et son règlement d'application,
- L'amélioration du cadre juridique et fiscal
- Un meilleur encadrement de l'activité : reformer le SAEMAP.

SECTION I : POUR LA BONNE APPLICATION UNIFORME DU CODE ET SON REGLEMENT DANS TOUTES LES PROVINCES DE LA RDC

A. Pour les exploitants miniers artisanaux de base

Tout le long de cette étude, nous avons constaté que les politiques du code et le règlement minier en RDC s'appliquent différemment dans chaque Province.

S'il est vrai que le rôle de l'état dans l'activité minière est complètement limité à la promotion et à la régulation,[258] et bien, il n'appartient qu'aux acteurs eux-mêmes d'apporter de solution nécessaire pour l'harmonisation des politiques.

Pour cela nous proposons que le ministère de Mines puisse mettre en place un statut particulier de l'exploitant minier artisanal.

Ce statut particulier peut être assimilé à celui octroyer par le droit OHADA aux entreprenants ou aux commerçants.

Ainsi, le fait de détenir une carte d'exploitant minière artisanal (creuseur ou négociant) peut assurer une certaine protection légale, notamment la

[258] Art 8 du code minier

création d'un fonds de commerce, avec la possibilité de le vendre ou de le louer.

Le ministère des mines doit développer une vraie politique de création de la classe moyenne des exploitants miniers artisanaux.

Pour cela, les exploitants miniers doivent bénéficier des formations spécifiques liés à leur activité, et à la fin de chaque formation, il conviendrait de mettre en place des kits composés des outils de travail modernes pour l'exploitation minière artisanale. Un suivi juridique et comptable de leurs activités sera intégré dans ce kit.

Une vraie politique financière devrait être mise en place, notamment la négociation avec les organismes financiers, pour l'octroi des crédits et facilité l'acquisition des maisons sociales construites pour les exploitants miniers artisanaux.

Cette politique permettra à l'activité de se réguler toute seule, dans la mesure où pour bénéficier des avantages accordés par le statut de l'exploitation minier artisanal, tout intéressé serait obligé de souscrire à la carte professionnelle, de ce fait, il pourra être identifié, suivi et former.

Une vraie politique de création de groupement minier pourra être encouragée également pour un meilleur suivi.

B. Pour les exploitants miniers désirant évolués vers la petite industrie

Les exploitants miniers de base qui auront acquis de l'expérience, et qui auront acquis la capacité et la volonté de se développer, des efforts pourront être menés avec les organismes financiers afin de soutenir les promoteurs et détenteurs des projets de développement.

Pour cela nous pensons que l'Etat devra réfléchir à la mise en place d'un fond spécial pour le financement de l'exploitation minière artisanale.

Ce fond dans un premier temps pourra fonctionner sous forme de société de caution, à savoir se porter garant des remboursements des fonds prêtés par les exploitants miniers artisanaux, par la suite devenir un vrai organisme financier capable de financer l'activité.

C. Concernant les négociants

Pour faciliter les transactions, dans le secteur minier artisanal, le gouvernement devra développer les politiques de création des marchés de négoce miniers dans plusieurs Provinces.

Ces marchés « réglementés » ne pourront être accessibles qu'à certaines personnes autorisées.

L'existence d'un tel marché permettra à tous les acteurs qui interviennent dans le secteur d'être présents, de pouvoir établir les statistiques, et le tout permettra de contrôler et de suivre et de réguler l'activité.

SECTION II : POUR L'AMELIORATION DU CADRE JURIDIQUE ET FISCAL

A la lecture du tableau récapitulatif ci haut des droits, taxes, redevances et impôts payés par l'exploitation minière dans les différentes Provinces cibles, on constate les faits suivants :

a- Au niveau national, il existe des droits taxes redevances imposés suivant la procédure de traçabilité et il existe également des droits taxes, redevances et impôts perçus à l'initiative du ministère des mines.
b- Au niveau des Provinces : Une multiplicité des droits, taxes, redevances et impôts. Certaines Provinces ont insaturé leurs propres impôts que d'autres provinces ne pratiquent pas.
c- Une diversité de taux pratiqués sans lien avec les autres Provinces.
d- L'examen attentif de procédures de payement de ces différents droits démontre que seuls les creuseurs supportent à la fin, tous les droits dus.

Plus précisément, la charge de l'impôt pèse plus particulièrement aux creuseurs, dont les conditions de vie sont très difficiles.

Ainsi, dans un souci d'alléger la charge de l'impôt sur ces acteurs de l'activité artisanale minière, et faciliter la promotion de la création de la classe moyenne dans les différentes Provinces minières nous proposons deux scenarios : Mise en place d'une table ronde entre les différentes parties prenantes afin de définir clairement les différents droits, taxes et impôts et taux qui devraient s'appliquer dans ce secteur.

Cette table ronde pourrait être organisée tous les 3 ans pour actualiser les informations et les données.

Les recommandations de cette table ronde devraient permettre au ministre des mines d'élaborer un arrêté de cadrage fixant la nomenclature de différents impôts et taxes ainsi que les taux planchés qui devraient s'appliquer.

Réunion de toutes les Provinces concernées par l'exploitation minière artisanale, dans le but d'arriver à une uniformisation de différents droits, taxes redevances applicables en la matière.

Il conviendrait que le ministère des mines édicte chaque année, une nomenclature nationale de droits, taxes, redevances et impôts que chaque organisme et chaque Province de la RDC devraient intégrer dans leurs dispositifs législatifs, et cet arrêté devrait fixer un taux maximum au-delà duquel les Provinces ne devraient pas dépasser.

Cet arrêté devrait être pris selon le modèle de l'arrêté interministériel Arrêté interministériel n° 0495/CAB/MIN/MINES/01/2008 et n°1951 CAB/MIN/FINANCES/2008 du 22 août 2008 fixant les performances, le régime douanier, fiscal et parafiscal applicable aux exploitants artisanaux, négociants, comptoirs d'achat des substances minérales de production artisanale et entités de traitement ou de transformation. JO 2009,2

Tarif des droits, taxes et redevances en dollars américains

Produit / Rubriques	Hétérogenite	Cuivre	Cassitérite	Coltan	Wolframite	Diamant	Or	Autres
A. Droits et redevances								
1. Carte d'exploitation artisanale	25	25	25	25	25	25	25	15
2. Carte de négociant								
- Catégorie A		1000	1000	500	500	3000	1500	50
- Catégorie B						500	250	
3. Comptoir								
- Redevance annuelle anticipative	-	-	6000	20000	20000	200000	50000	5000
- Caution			3000	10000	10000	50000	25000	100
- Agrément acheteurs	500	500	500	500	500	1000	1000	
- Agrément acheteurs supplémentaire (à partir de 11ème)	-	-	-	-	-	15000	7500	500
4. Entités de traitement								
Redevance annuelle								
- Catégorie A	50000	50000	50000	50000	50000	-	-	-
- Catégorie B	100000	100000	100000	100000	100000	-	-	-
* Caution pour agrément au titre d'entité de traitement								
- Catégorie A	30000	10000	6000	6000	6000	-	-	-
- Catégorie B	50000	15000	10000	10000	10000	-	-	-
5. Entité de transformation								
Redevance annuelle	100000	100000	100000	100000	100000	-	-	-
- Caution pour agrément au titre d'entité de transformation	50000	100000	100000	100000	100000	-	-	-
6. Tailleries de diamant								
* Redevance annuelle								
- Grande entité	-	-	-	-	-	200 000	-	-
-Petite entité	-	-	-	-	-	100 000	-	-
B. Taxes rémunératoire pourcentage à valeur à l'exportation à répartir entre	1%	1%	1%	1%	1%	2,5%	1,25%	1%
- CEEC	30%	30%	30%	30%	30%	65%	65%	30%
- CTCPM	5%	5%	5%	5%	5%	18%	18%	5%

Tableau n° 9 [259]

[259] Arrêté interministériel n° 0495/CAB/MIN/MINES/01/2008

Pour un meilleur encadrement de l'activité minière artisanale: reformer le SAEMAP

Le pouvoir exécutif devrait réfléchir sur l'organisation de l'encadrement des exploitants plus particulièrement sur les sites.

Cet encadrement devrait mettre en place un guide opérationnel sur le processus d'encadrement, de contrôle et d'assistance dans les différents sites.

Cette réorganisation de l'encadrement devrait tenir compte des ressources, de la spécificité de l'exploitation de chaque type de minerais, de l'environnement et des parties prenantes (communautés, forces de l'ordre, etc.). L'objectif in fine sera d'assurer une meilleure traçabilité des minerais et la réalisation des objectifs clés de développement.

Ce travail de réorganisation de l'encadrement ne peut être efficace que si le pouvoir exécutif arrive à reformer complètement le SAEMAP.

Cette réforme devra consister à :

Recadrer les missions du SAEMAP

Il existe un besoin réel de recentrer les missions du SAEMAP vers l'essentiel c'est-à-dire l'encadrement, l'assistance technique et le développement intégré des communautés locales.

Le SAEMAP devra réfléchir sur l'organisation de l'encadrement des exploitants sur les sites en définissant les guides opérationnels sur le processus d'encadrement, de contrôle et d'assistance dans les différents sites.

Cette réorganisation de l'encadrement devra tenir compte des ressources, de la spécificité de l'exploitation de chaque type de minerais, de l'environnement et des parties prenantes.

Réorganiser le travail de SAEMAP

L'organisation actuelle du travail de SAEMAP sur les sites miniers, obligent les agents à suivre les colis jusqu'au point de vente.

Cela nécessite une mobilisation permanente des ressources humaines.

Pour éviter la dispersion des agents, il convient d'organiser les ventes dans des sites spécifiques comme les marchés de négoce qui pourront être gérés par une structure créée par le ministère.

Redéfinir la couverture géographique du SAEMAP

La présence du SAEMAP dans toutes les Provinces de la RDC, même dans celles ou l'activité artisanale minière n'est pas très développée, devrait être repensée.

Le SAEMAP éparpille ses efforts avec des ressources déjà limitées. Il y a nécessité de reconsidérer ces déploiements pour se concentrer dans des Provinces à activités artisanales importantes et pour assurer un meilleur impact des activités du SAEMAP.

Vulgarisation du Code et du Règlement miniers

Il a été constaté que dans les sites miniers, tous ceux qui y opèrent n'ont pas connaissance du Code Minier en général et des dispositions qui régissent l'artisanat minier et la petite mine en particulier ; en conséquence, les exploitants artisanaux et ceux de la petite mine ne connaissent ni leurs droits ni leurs obligations vis-à-vis de l'Etat. Il est donc important, pour le SAEMAP, de vulgariser les dispositions du Code et du Règlement Miniers.

Elaboration du manuel de procédures de guide des opérations et des profils de postes

Pour le respect des obligations du code minier, le SAEMAP devrait élaborer des guides opérationnels pour les activités clés (contrôles de site, formation des creuseurs, collecte des statistiques de production, accompagnement de projet communautaire, etc.) auxquels tous les agents, même dans les régions les plus reculés, pourront se référer.

Renforcement des capacités humaines, financières et logistiques

Pour améliorer les performances du SAEMAP, il conviendrait de le doter d'un personnel compétent, de moyens logistiques appropriés et d'une dotation budgétaire qui tienne compte de ses besoins réels.

En matière de ressources humaines, le SAEMAP, devra, sur la base des profils des postes élaborés, faire un bilan interne de ses compétences pour évaluer les besoins en recrutements et en formations.

BIBLIOGRAPHIE

I. ARTICLES

- La réglementation minière dans les pays d'outre-mer et bureau de recherches minières, Revue : industrie et travaux outre-mer février 1961
- Roland PRE, l'industrie minérale dans les pays sous-développés : banc d'essai de la collaboration internationale, Revue : industrie et travaux d'outre-mer février 1961
- A. Marelle, la connaissance des ressources minérales et l'établissement de la carte géologique, Revue : industrie et travaux outre-mer septembre 1962
- bulletin hebdomadaire Redite Bank (Bruxelles)
- revue : problèmes économiques 4 janvier 1978
- revue : les marchés des denrées et des matières premières minérales en 1977 4 janvier 1978
- Wolf gang Michal ski les réserves mondiales des matières premières industrielles Revue : problèmes économiques 13 décembre 1978
- Carlos FORTIN : la lutte inégale des pays du tiers monde producteurs de cuivre revue : problèmes économiques décembre 1979
- Pierre JALEE : la course aux matières premières
- revue : CEE matière première et tiers monde n° 2 janvier 1974
- Henri LEPAGE : approvisionnement de l'industrie française en matière première minérale Revue : problèmes économiques septembre 1976
- Thierry GAUDIN et Claude SADO : recherche collective et parafiscalité
- Annal des mines mars 1978
- l'interdépendance des pays du monde annal des mines janvier 1975
- les préoccupations des producteurs : entreprises et gouvernements
- Annal des mines janvier 1975
- P. LEGOUX : réflexion autour de la déplétion alliance
- Annal des mines décembre 1971
- J. VINCOTTE : la loi minière du 2 janvier 1970 et l'évolution du droit minier français, Annal des mines mai 1970
- La contribution de l'industrie minière au développement économique : le courrier mai juin 1978

- Fiscalité minière dans les territoires outre-mer et dans les états africains d'expression française industrie et travaux d'outre-mer février 1961
- Nelly, P. LEGOUX, suggestion et recommandation pour favoriser le développement minier Annal des mines avril 1970
- John S.CARMAN : fiscalité des entreprises minières, annal des mines décembre 1971
- Jacques CHARBONNEAUX : la politique minière des pays en voie de développement : problèmes économiques mai 1978
- Exploration et exploitation minière dans le pacifique sud-ouest : courrier mai juin 1978
- Association internationale de bauxite courrier mai juin 1978
- 10 années de CIPEC : pour un meilleur contrôle des marchés : courrier mai juin 1978
- Importance de l'exploration minière et des enquêtes géologiques dans les pays en voie de développement le courrier mai juin 1978
- Les investissements miniers de l'Europe dans les pays en voie de développement courrier mai juin 1978
- Ressources minières et développement courrier mai juin 1978
- A LECLERC : le financement des investissements miniers dans les pays outre-mer de la zone franc Industrie et travaux d'outre-mer septembre 1962
- Pierre CHALEUR : l'industrie minière moteur de la promotion africaine industrie et travaux d'outre-mer septembre 1962
- M. KARVERN : le problème de la vente des minerais industrie et travaux d'outre-mer : septembre 1962
- M. VIGIER : les rapports entre l'état et les entreprises minières : industrie et travaux d'outre-mer septembre 1962
- Pierre CHALEUR : le rôle économique de l'industrie minière dans les pays en voie de développement et outre-mer industrie et travaux d'outre-mer février 1961.
- Les mécanismes des prix et leurs conséquences annales des mines janvier 1975
- Gobin T NANKANI : les problèmes posés par le développement des pays exportateurs des matières premières minérales autre que le pétrole Revue finance et développement mars 1980
- Pierre LEGOUX : éléments de réflexion sur une géopolitique des matières premières minérales : ressources minérales
- Michel GODET et Olivier RUYSSEN : les matières premières minérales : vers quelle crise Revue futuribles n° 20 février 1979
- B. CASTAGNEDE : la fiscalité des pays en voie de développement : revue statistique et finance 1981

- EL KTIRI : l'intégration de la fiscalité dans la planification du développement économique et social dans les pays en voie de développement
- Revue statistique et finance 1981
- TRETARE ; MAUDE, SERVAUX : fiscalité des échanges extérieurs
- Revue statistique et développement : 1981
- Roland JULIENNE : fiscalité et industrialisation et les codes des investissements et le développement minier. Statistique et finance 1981
- Maurice PAPON : allocution inauguration colloque fiscalité et développement: statistique et développement 1980
- Olivier BOMSEL : les risques d'approvisionnement en MPM les cahiers de cerna : avril 1995
- GIRAUD, LARMINE : économie minière ou pétrolière, deux familles résidantes sous le même toit Cahier de cerna décembre 1994
- Olivier BOMSEL : nouveaux inégalités de croissance des industries des minerais et métaux cahier de cernat 1994
- Banque mondiale : développement du secteur privé dans les pays à faible revenu document technique n° 181 banque mondiale.
- OCDE séminaire sur quel avenir pour l'économie africaine 1995
- Ministère des mines de l'énergie et de l'hydraulique au Sénégal déclaration de politique minière 6 mars 2003
- GRAMA colloque international RDC 2 AVRIL 2004
- Conférence internationale « bonne gouvernance et lutte contre la corruption.
- Nouvelles perspectives pour des partenariats publics privés 14 et 15 mars 2007 Bruxelles
- Fédération internationale des ligues des droits de l'homme (fidh) : l'exploitation minière de l'or et les droits de l'homme au Mali
- Keith HARMON SNOM, david BAROUSKI, pillages miniers : derrières les chiffres, la souffrance indicible au Congo journal la conscience 14 février 2007
- Benoit KUDINGA : croissance économique et amélioration des recettes publiques en rdc 28 septembre 2005
- Ghislain KAVULA MWANANGANA : la problématique de la fraude fiscale sur le développement de la RDC mémoire on line janvier 2007
- André FUTA, incohérences, archaïsmes et autres maux du système fiscal congolais in www.minfinrdc.cd /fiscal/archaisme.htm
- André FUTA, reformes fiscales et douanières initiées par le ministère des finances in www.minfinrdc.cd /fiscal/reforme.htm
- Amedee MWANARABU KIBOKO : le chantier des réformes fiscales le potentiel du 31 octobre 2006.
- Congorama : fiscalité à l'import et export in business.congorama.com/importexport/htm

- Congorama : fiscalité à l'import et export in business.congorama.com/importexport/htm
- André FUTA, actions déjà réalisées ou amorcées sur la réforme fiscale in www.minfinrdc.cd /fiscale/actions.htm
- Jean philippe MARCOUX : droits de la personne et activités minières en Afrique GRAMA- paru dans après-demain n° 452-453 mars avril 2003 p 25-29
- La fiscalité du nouveau code minier de la République Démocratique du Congo Analyse Novembre 2018 / Natural resource governance institute
- Le secteur minier au Congo : les enjeux d'une nouvelle législation antoinette van haute 13 septembre 2019 https://p.dw.com/p/3G8aQ
- la fiscalité minière en république démocratique du Congo, Publié le 14/01/2013 Par YAV & ASSOCIATES.
- la fiscalité minière en république démocratique du Congo, Publié le 14/01/2013 Par YAV & ASSOCIATES.
- L'Incidence fiscale de la Loi no 18/001 du 09 mars 2018 modifiant et complétant la Loi no 007/2002 du 11 juillet 2002 portant Code minier de la RDC Etude économique/01/DEP.ETUDES &DOC./FEC/2019 de février 2019
- Fiscalité et parafiscalité dans l'exploitation minière artisanale au Tanganyika en RDC, Anvers/Kalemie,
- Mine d'or à Tumbwe, province de Kalemie, IPIS 2015 Layout: Sakado Auteur: David Ngoy Luhaka (CDJP asbl)
- le projet de révision du code minier de la rdc : de l'incitation à la dissuasion ? philippe-alexandre sondji mulanza kating january 2014 egmont – the royal institute for international relations
- La fiscalité minière en Afrique : Un état des lieux sur le secteur de l'or dans 14 pays de 1980 à 2015 Bertrand Laporte, Cerdi Céline de Quatrebarbes, Ferdi Yannick Bouterige,
- Secteur minier au Congo : les enjeux d'une nouvelle législation, antoinette van haute 13 septembre 2019
- Mines : le nouveau code minier inquiète la filière congolaise 02 mars 2018 Par Christophe Le Bec jeune Afrique

II. OUVRAGES

- ONU publication II D, matière première et développement : les grands problèmes 1974
- Faycal YACHIR : les enjeux miniers en Afrique
- Pierre LEGOUX : la réglementation minière dans les territoires Françaises d'Afrique et Madagascar LGDJ 1950
- Rex BOSSON et Varon : industrie minière dans les tiers monde : banque mondiale 1977

- B. VINAY : fiscalité épargne et développement Libraire Arman colin 1968
- NGAOSYVATHAN : le rôle des impôts dans les pays en voie de développement LGDJ 1980
- PM GAUDMET : finances publiques LGDJ
- G. CHAMBAS : fiscalité et développement en Afrique sub saharienne : économica 1994
- Code de contribution RDC mise à jour août 1989
- Ministère de l'industrie et commerce extérieur : chiffres clés des MPM dumod 1991
- Serge CALABRE : MPM : marchés mondiaux et déséquilibre économica 1991
- Paul HENRI BOURRELIER, Robert DIETRICH, le mobile et la planète ou l'enjeu des ressources naturelles économica 1989
- Claude PERROT : énergie et MPM édition breal 1986
- Ocde : fiscalité et investissement direct étranger des économies en transition OCDE 1994
- Banque mondiale : stratégie pour le secteur minier en Afrique banque mondiale 1993
- Olivier BOMSEL : investissements miniers et métallurgiques dans le tiers monde : la fin des grands projets OCDE 1990
- Pierre NOEL GIRAUX : géopolitique des ressources minérales économica 1983
- Jean claude MARTINEZ : droit fiscal contemporain litec 1993
- Guy gest Gilbert TIXIER : droit fiscal international PUF 1985
- Azéma LAMA droit fiscal zaïrois calice Kinshasa 1986
- BAKANDEJA WA MPUNGU droit des finances publiques Ed Nora Kinshasa 1997
- BWABWA KAYEMBE traité de droit fiscal zaïrois Pu Kinshasa, 1993
- Mathias BUABUA KAYEMBE : droit fiscal congolais éditions universitaires africaines 2006
- Dieudonné BIFUMANU NSOMPI : les réformes fiscales actuelles en RDC : la remise en question presse de l'université libre de Lozi 2006.
- Le droit minier congolais à L'épreuve des droits foncier et forestier Adolphe Bambi Kabashi Collection : Comptes Rendus Afrique subsaharienne république démocratique du Congo, droit, justice
- Révision du code minier en RDC : Vers une fiscalité compétitive ou dissuasive. mugisa lirigo Richard, Université de Kisangani (UNIKIS/RDC), RD Congo Copyright © 2018 issr Journals
- Les prix de transfert dans l'industrie minière, avec focalisation sur l'Afrique Guide de référence pour les fiscalistes Janvier 2017 par Pietro Guj, Stephanie Martin, Bryan Maybee, Frederick Cawood, Boubacar Bocoum, Nishana Gosai et Steef Huibregtse

III. THÈSES

- Raquin : matière première et internationalisation de la production Thèse de doctorat université Paris Dauphine 1980
- Bidault FRANCIS : rente minière : échange internationale et accumulation thèse de doctorat paris 1979
- MPONDO ; industrialisation, développement et ressources minérales en Afrique du centre Thèse de doctorat université de Montpellier 1978
- Clément NDONG : impact de la rente minière au gabon : thèse de 3ème cycle université paris 10 (dauphine) 1980
- KIBUEY : influence de la fiscalité européenne sur le système fiscal zaïrois thèse de 3ème cycle 1978
- MPIRI OB : fiscalité et développement analyse de la situation au zaïre thèse de doctorat université de Montpellier 1973
- Raphaël POSSET : recherche sur la mesure de l'efficacité des codes des investissements en Afrique de l'ouest Thèse de doctorat université paris I 1977
- Pierre DANSEREAU et Jean Pierre DRAPEAU : une fiscalité de développement durable, conditions sine qua non pour éliminer le déficit et rembourser la dette (mémoire de l'union pour le développement durable) septembre 1996
- Saïd DIKHISI : spécificité du problème des MPM dans l'économie internationale et avenir des relations entre PSD thèse de doctorat université de Grenoble II 1986.
- MBAINAISSEM : mise en valeur internationale des ressources minérales africaines : option volontaire thèse de doctorat université de Grenoble 1992
- Ndela kubokoso jivet : Les activités minières et la fiscalité : cas de la RDC, UNIVERSITE PARIS I- SOBONNE 2008.

IV. MÉMOIRES

- Biama BILENDO fiscalité minière au Zaïre Mémoire école des finances 1984
- NDELA KUBOKOSO : système fiscal Zaïrois mémoire DEA FINANCES PUBLIQUES ET FISCALITE université Paris II ASSAS 1990
- NDELA KUBOKOSO : Fiscalité et développement : mémoire Maîtrise en droit univesité Paris 13 Villetaneuse 1989
- Raïs MEYA MUSOKI KAMENGA : le bien fondé de la reforme de l'administration fiscale en RDC école des finances 2004-2005
- Consty EKOFILOKO WUMBA : impact des reformes des structures de la direction générale des impôts sur les recettes fiscales de 2005 à ce jour : école des finances 2005-2006

- Freddy MUSINGWA KATAMBWE : analyse du régime fiscal des sociétés minières école des finances 2004-2005
- Daddy MBALA MUPOMBO : problématique de la fiscalisation du secteur informel « cas des eaux minérales » école des finances 2004-2005
- Guy MABEDY KINDA ; problématique de l'élargissement de l'assiette fiscale : cas du secteur médical aux CDIS » école des finances 2004-2005
- Philippe MEUNIER : l'approvisionnement de la CEE en MPM non énergétique mémoire de DEA économie européenne université paris 2 – 1979

V. RAPPORTS

- Rapport annuel OCDE 1994
- Commission pour Afrique : rapport mars 2005
- Thermes de référence du plan minier RDC CTCPM mars 2006
- Marie MAZALTO : nouvelles réglementations sur les
- Ressources naturelles et inégalités en Afrique :'expérience de la RDC. GRAMA novembre 2004.(dans le cadre du colloque « ombre et lumière de la mondialisation »
- Marie MAZALTO : réformes de la législation minière et rôle des institutions multilatérales de financement dans le développement du secteur minier en RDC dans le cadre du colloque « l'exploitation des ressources naturelles en situation de conflits : responsabilités internationales et perspectives de solutions en RDC » avril 2004
- Bonnie CAMPBELL : bonne gouvernance, enjeux de sécurité et activités minières en Afrique. Conférence « looking back and moving forward » janvier 2006.
- Bonnie CAMPELL : enjeux des nouvelles réglementations minières en Afrique. GRAMA.
- Faculté de science politique et de droit université du Québec UPPSALA 2004
- GLOBAL witness : une corruption profonde : fraude, abus, et exploitation dans les mines de cuivre et de cobalt du katanga. juillet 2006.
- Elizabeth GILFENBAUM et Shannon LAWRENCE : la banque mondiale en RDC juillet 2005
- Gouvernement RDC : mémorandum sur les politiques économiques et financières pour 2004 Kinshasa le 24 juillet 2004
- Banque mondiale et FMI : doing business 2007 comparaison des réglementations dans 175 pays
- Gouvernement RDC : mémorandum sur les politiques économiques et financières pour la période allant d'avril à décembre 2006 Kinshasa le 29 juin 2006.

- Gouvernement de la RDC : programme minimum de partenariat pour la transition et la relance (PMPTR) en RDC novembre 2004.
- Marie MAZALTO : reforme de la législation minière et politique de relance dans une économie de transition : la RDC GRAMA janvier 2005.
- CTCPM : guide de l'investisseur du secteur des mines et hydrocarbures juin 2003
- Assemblée nationale RDC commission spéciale chargée de l'examen de la validité des conventions à caractère économique et financier conclues pendant les guerres de 1996-1997 et de 1998
- Expérience en matière de réforme fiscale et de renégociation des contrats miniers : le cas de la république démocratique du Congo Third World Network-Africa Accra, Ghana Copyright © Third World Network-Africa, 2017
- Banque Mondiale, République Démocratique du Congo, Vue d'ensemble, 2017. http://www.banquemondiale.org/fr/country/drc/overview
- Révision du Code Minier – Examen, Observations, et Analyse Comparative Avril 2016 Département de la Gestion Macroéconomique et Budgétaire Région Afrique banque mondiale Document de la Banque Mondiale
- Code minier en RD Congo : les enjeux de la réforme Juillet 2019 Ed resp : Timur Uluç, Commission Justice et Paix

VI. CODES ET DECRETS

- Decret d'application de la loi minière de la RDC du 8 juin 2018
- Code minier de la RDC révisé LE ç Mars 2018
- Code des investissements RDC 2002
- Code minier RDC 11 juillet 2002
- Décret d'application loi minière RDC 26 mars 2003
- Code minier Malgache du 19 août 1999
- Décret d'application du code minier Malgache:15 mars 2000
- Code minier du Mali 19 août 1999
- Code des contributions RDC mise à jour 31 août 1989

TABLE DES MATIÈRES

DEUXIEME PARTIE

Structures éditoriales du groupe L'Harmattan

L'Harmattan Italie
Via degli Artisti, 15
10124 Torino
harmattan.italia@gmail.com

L'Harmattan Hongrie
Kossuth l. u. 14-16.
1053 Budapest
harmattan@harmattan.hu

L'Harmattan Sénégal
10 VDN en face Mermoz
BP 45034 Dakar-Fann
senharmattan@gmail.com

L'Harmattan Cameroun
TSINGA/FECAFOOT
BP 11486 Yaoundé
inkoukam@gmail.com

L'Harmattan Burkina Faso
Achille Somé – tengnule@hotmail.fr

L'Harmattan Guinée
Almamya, rue KA 028 OKB Agency
BP 3470 Conakry
harmattanguinee@yahoo.fr

L'Harmattan RDC
185, avenue Nyangwe
Commune de Lingwala – Kinshasa
matangilamusadila@yahoo.fr

L'Harmattan Congo
67, boulevard Denis-Sassou-N'Guesso
BP 2874 Brazzaville
harmattan.congo@yahoo.fr

L'Harmattan Mali
ACI 2000 - Immeuble Mgr Jean Marie Cisse
Bureau 10
BP 145 Bamako-Mali
mali@harmattan.fr

L'Harmattan Togo
Djidjole – Lomé
Maison Amela
face EPP BATOME
ddamela@aol.com

L'Harmattan Côte d'Ivoire
Résidence Karl – Cité des Arts
Abidjan-Cocody
03 BP 1588 Abidjan
espace_harmattan.ci@hotmail.fr

Nos librairies en France

Librairie internationale
16, rue des Écoles
75005 Paris
librairie.internationale@harmattan.fr
01 40 46 79 11
www.librairieharmattan.com

Librairie des savoirs
21, rue des Écoles
75005 Paris
librairie.sh@harmattan.fr
01 46 34 13 71
www.librairieharmattansh.com

Librairie Le Lucernaire
53, rue Notre-Dame-des-Champs
75006 Paris
librairie@lucernaire.fr
01 42 22 67 13

www.ingramcontent.com/pod-product-compliance
Lightning Source LLC
LaVergne TN
LVHW011144061026
849535LV00003B/586